国家社科基金项目“工程风险的分配正义研究”
（项目编号：14BZX103）资助出版

工程风险的分配正义研究

张　铃　著

东北大学出版社
·沈　阳·

图书在版编目（CIP）数据

工程风险的分配正义研究 / 张铃著. — 沈阳：东北大学出版社，2020. 8
ISBN 978-7-5517-2499-9

Ⅰ. ①工… Ⅱ. ①张… Ⅲ. ①工程项目管理－风险管理－分配（经济）－研究 Ⅳ. ①F284

中国版本图书馆 CIP 数据核字(2020)第 164682 号

出 版 者：东北大学出版社
地址：沈阳市和平区文化路三号巷 11 号
邮编：110819
电话：024－83683655(总编室) 83687331(营销部)
传真：024－83687332(总编室) 83680180(营销部)
网址：http://www.neupress.com
E-mail: neuph@neupress.com
印 刷 者：辽宁一诺广告印务有限公司
发 行 者：东北大学出版社
幅面尺寸：170 mm×240 mm
印 张：16
字 数：238 千字
出版时间：2020 年 8 月第 1 版
印刷时间：2020 年 8 月第 1 次印刷
责任编辑：潘佳宁 刘振军
责任校对：杨 坤
封面设计：潘正一
责任出版：唐敏志

ISBN 978-7-5517-2499-9 定 价：60.00 元

前 言

本书采用“问题中心”“自上而下”“由内及外”的研究策略，以风险社会中现代人所遭遇的困境为出发点，把理性思考与工程实践结合起来，从内部的道德自觉到外部的原则制度的规范，对工程风险分配正义问题进行理论上的追问和实践上的探索。在理论追问部分，立足风险与财富的异质性，拟通过既有伦理正义观的分析、整合、对话与互动进行追问，解答何谓工程风险分配正义的困惑。在实践探索部分，以多重责任主体间的理解、共识、妥协为正义目标，依循正义是否可欲、正义是否可能、正义何以实现的路径展开追诉，避免理论与实践的断裂。

本书包括如下主要内容。

（1）工程风险与风险社会的秩序重建。分析现代工程风险不可祛除性、毁灭性、隐蔽性、未来性等特征，借鉴风险社会理论资源，考察现代人独特的风险化的生活内容和生存方式，明确工程风险分配的必然性。

（2）财富分配的逻辑与风险分配的逻辑。风险分配与财富分配不同，财富人人想得之，而风险人人想避之。因此，对工程风险分配的困境有必要从与财富分配的比较中进行阐述；工程是政府、企业、工程师等多主体共同活动的结果，对工程风险分配问题也应基于多主体进行分析。梳理工程风险由个体责任朝着团体责任的转向，分析工程师、管理者、专家、公众等不同主体对工程风险的可接受性的不同理解及其为谋求自身利益的自由博弈引发的生存困境，从而阐明工程风险分配中正义伦理规约的必要性。

（3）工程风险分配正义的多维阐释。第一，工程风险分配正义的伦理学诠释。分析财富分配与风险分配的异质性，借鉴功利论、义务论、契约论等伦理学资源，论述工程风险分配正义的伦理价值及其辩证关系，以此为基础，吸纳哈贝马斯交往伦理的合理因素，从多种伦理正义观的多元对话与互动中获得关于风险分配正义伦理的商谈性、历史性、建构性、相对性等动态特征。第二，工程风险分配正义的现象学诠释。现象学发端于胡塞尔，胡塞尔的现象学是一种先验的现象学，是一种认识论体系。海德格尔继承了现象学，并且运用现象学探讨技术根本问题，使现象学从先验现象学转向本体现象学，现象学与技术哲学相联系，现象学开始关注现实的技术问题，但对于技术问题的思考仅仅停留在本体论层面是不够的，经由海德格尔对技术问题的关注，现象学对技术哲学的关注开始转向经验层面，转向对现代技术的复杂性与丰富性的经验分析。作为方法的现象学对工程哲学，尤其是对工程风险分配正义问题进行研究是有启示意义的。现象学的面向实事本身的哲学方法，为分析工程风险分配正义问题提供了基础，现象学的意向性理论及其主体间性理论，也为工程风险分配正义问题的研究提供了新的思考维度。第三，工程风险分配正义的生存论阐释。工程风险问题关乎人类社会生存，是工程哲学关注的现实问题，人的工程化生存需要工程风险分配正义从“资本逻辑”到“责任逻辑”再到“生存逻辑”的转化。“生存逻辑”的工程风险分配正义的实现，主要依靠正义理念、制度正义和程序正义三位一体共同发挥作用；一种特殊的工程风险（邻避设施中的工程风险）分配正义问题是另一个关于工程风险分配正义问题不可忽略的维度。一方面，工程对于人类社会所带来的福祉是毋庸置疑的；另一方面，工程，尤其是邻避设施对附近民众的影响又是不容忽视的，必须正视邻避工程风险，并予以合理公正的解决。

（4）工程风险分配正义的依据。一方面，打开工程“黑箱”，将工程看作一定时空中展开的过程，展现工程主体在风险决策中道德选择的过程，探寻风险分配正义的内在根据；另一方面，打开社会系统“黑箱”，将工程看作社会形塑的过程，考察工程风险的社会建构本质，探寻风险分配正义的外在根据。

（5）工程风险分配正义的可能。厘清风险分配正义的关键在于政府、企业、工程师、公众以及其他利益相关者之间妥协性共识的达成。以此为前提，分别从理论和现实两个层面探究风险分配正义的可能性。

（6）工程风险分配正义的实现。从工程社会学角度，探究工程共同体内部及其与政府、公众间利益冲突的现实结构及根源，引入以协商与博弈为主要内容的伦理规约机制，寻求多重责任主体间的理解、妥协、共识。

（7）工程风险分配正义的基本原则。廓清工程师、管理者、政府、公众等不同主体在工程风险中的责任和权利，以此为凭借，制定工程风险分配基本原则，去启发、引导工程活动中主体的伦理价值取向。

（8）工程风险分配正义的制度保障。考察政府在工程风险分配中特殊的角色和职能，制定各种风险分配保障制度，合理协调各利益主体间权利与责任对等、利益与风险共担、平等与差异共存的困惑与矛盾。

本书的基本观点。

（1）从功利论看，工程风险分配是要通过合理的制度安排使风险对共同体的总体伤害降至最低，为共同体提供最大善；从义务论看，工程风险分配要充分尊重每个个体的基本自由权利，少部分人不应该被当作促进他人福利的手段而加以利用；从契约论看，工程风险分配不是风险的平均分配，而是一种差异平等。工程风险的分配正义既是自由、平等伦理价值的体现，又是对多重伦理价值的平衡和限定。

（2）不同利益主体间存在利益、价值和文化等多方面的内在冲突，只能通过对话途径来实现沟通和调试。因此，工程风险的分配正义一定不是独语式的静态正义，一定是对话式的动态正义，一定是交互的、建构的，包含选择性与差异性，是关于正义的具体叙事，会在不同工程情境下取得不同的答案。

（3）工程风险的分配既是对工程风险的伦理规约手段，又是风险社会中人的生存法则的谋划。推动这种道德实践，仅靠共同体内部的、自觉的力量显然是不够的，它还必须依靠外部力量的制约和规范，并将两者结合起来。因此，要把风险分配正义的伦理价值外化为一套具体可操作的原则、制度。

（4）工程风险分配正义原则包括：利益与风险对等原则，即谁获得了工程利益，谁就要承担与此对等的风险责任；政府分担原则，如果工程主体无力承担全部责任，就要由政府来分担；弱势群体免伤害优先原则，如果工程的公共风险不可避免，普通公众，尤其是弱势群体优先享有免伤害的权利；矫正补偿原则，对于已经发生的不公正的风险分配均须予以矫正，并对受到不公正对待的一方给予合理补偿。这四大原则既是一套行动的指南，又体现了正义伦理的价值追求。

（5）工程风险分配正义制度包括：完善协商制度，建立“对话平台”，保障利益主体间沟通渠道的畅通；完善监督制度，以维护协商的程序、原则等；建立公众参与制度，使公众的诉求得到合理的表达；建立风险强制分配补偿制度、风险转嫁惩罚制度、风险承受者社会保障制度，以化解收益与风险不对称的矛盾。

本书在撰著过程中，参考了一些同行的著作，在此向作者表示衷心的感谢。

囿于著者的视域和学识，本书中难免存在考虑不周及疏漏之处，诚盼同行提出宝贵的意见或建议。

张　铃

2020 年 5 月

目 录

第一章 绪 论……………………………………………………… 1

第一节 问题的提出……………………………………………… 1

第二节 研究目的和意义………………………………………… 1

一、有助于社会正义的重新理解…………………………… 1

二、有助于我国工程伦理学的理论建构…………………… 1

三、有助于我国工程实践中的风险决策…………………… 2

第三节 国内外相关研究现状…………………………………… 2

一、工程风险责任的工程师个体承担……………………… 2

二、工程风险责任的共同主体的共担……………………… 2

三、工程风险在责任主体间的合理分配…………………… 3

四、简要评论………………………………………………… 3

第四节 基本思路和研究方法…………………………………… 3

一、基本思路………………………………………………… 3

二、研究方法………………………………………………… 5

第五节 主要内容、基本结构、基本观点与创新点…………… 5

一、主要内容和基本结构…………………………………… 5

二、基本观点………………………………………………… 7

三、创新点…………………………………………………… 9

第二章 工程风险与风险社会的秩序重建 …………………… 11

第一节 出场：工程风险占据主导的风险社会 ……………… 11

一、从自然风险到工程风险 ………………………………… 11

二、工程风险及其类型 …… 12
三、工程风险的特征 …… 13
第二节 在场：现代人独特的风险化的生活内容和生存方式 …… 15
一、工程风险与秩序重建 …… 15
二、从无序到有序 …… 16
第三节 秩序重建中的工程风险主体 …… 19
一、政府的主导作用与秩序重建 …… 19
二、工程师与专家的技术责任与秩序重建 …… 21
三、企业的风险责任能力与秩序重建 …… 24
第四节 秩序重建中的工程风险分配及其正义 …… 25
一、工程风险：风险社会中的政治面向 …… 26
二、工程风险的分配：困境与冲突 …… 28
三、工程风险的分配正义：自由与平等 …… 31

第三章 财富分配的逻辑与风险分配的逻辑 …… 36

第一节 现代性的两种主导逻辑：财富分配与风险分配 …… 36
一、现代性的区分 …… 38
二、简单现代性阶段：财富分配是社会发展的主导逻辑 …… 38
三、反思现代性阶段：风险分配是社会发展的主导逻辑 …… 39
第二节 财富分配的逻辑 …… 41
一、财富的认识过程及其含义 …… 41
二、财富分配的含义、层次及价值追求 …… 47
三、财富分配正义思想的历史溯源 …… 50
四、财富分配正义及其原则 …… 62
第三节 风险分配的逻辑 …… 65
一、风险分配与财富分配的比较分析 …… 65
二、工程风险分配的正义问题：谁之正义、何之正义与何为正义 …… 69
三、工程风险分配正义的资本逻辑 …… 71
四、工程风险分配正义的责任逻辑 …… 75
五、工程风险分配正义的生存逻辑 …… 78

第四章　工程风险分配正义的伦理学阐释 …………………………… 83

第一节　从工程的存在到工程的伦理 …………………………………… 83

一、工程的“具身”化：自然伦理 ………………………………… 84

二、工程的“他异”化：个体伦理 ………………………………… 86

三、工程创新：交往伦理 ………………………………………… 89

第二节　工程风险分配正义的三个伦理向度 ………………………… 92

一、功利主义分配正义：最大多数人的最大幸福 ………………… 92

二、自由主义分配正义：我们拥有我们自身 ……………………… 95

三、德性主义分配正义：得其所应得 …………………………… 98

第五章　工程风险分配正义的现象学阐释 ………………………… 102

第一节　工程哲学何以回归生活世界……………………………… 102

一、研究方法：走向“经验”的“实事本身” ………………… 103

二、研究对象：“生活实践”的“显示” ……………………… 106

三、研究旨趣：“生存”意向的“超越” ……………………… 109

第二节　工程的存在方式……………………………………………… 112

一、工程设计：理念世界的虚在……………………………………… 112

二、工程人造物：物理世界的实在…………………………………… 115

三、工程创新：生活世界的还原……………………………………… 118

第三节　工程风险分配正义的现象学分析………………………… 122

一、朝向实事本身的工程风险分配…………………………………… 122

二、工程风险分配正义中的意向学阐释……………………………… 124

三、工程风险分配正义的实现：现象学中的主体间性理论运用…… 125

第六章　工程风险分配正义的生存论阐释 ………………………… 126

第一节　工程伦理的生存论致思……………………………………… 126

一、人的工程样式的生存：工程伦理的致思前提………………… 126

二、人为何要工程化生存：工程伦理的自由根基………………… 131

三、人何以能够工程化生存：工程伦理的德性践履……………… 136

四、人怎样践行工程化生存：工程伦理的正义尺度
（在自由与德性之间） …………………………………… 142
第二节　工程风险分配正义三位一体的生存论分析………… 146
一、正义理念……………………………………………… 147
二、制度正义……………………………………………… 148
三、程序正义……………………………………………… 150

第七章　一种特殊的工程风险（邻避设施中的工程风险）分配正义 …………………………………………………… 153

第一节　邻避设施中工程风险的内涵、类型及特征………… 153
第二节　邻避设施中的工程风险识别及特征……………… 156
第三节　邻避设施中的工程风险分配正义………………… 159
第四节　邻避设施中的工程风险分配正义的案例分析…… 163

第八章　工程风险分配正义的依据 ……………………… 170

第一节　工程风险分配正义问题的思想由来：工具理性与价值理性…… 170
一、工具理性的反叛……………………………………… 171
二、价值理性的吁求……………………………………… 173
三、工具与价值的和解：工程哲学与工程伦理的兴起…… 177
第二节　工程风险分配正义的语境：和谐语境下的工程伦理规约……… 180
一、知行合一：工程与人的和谐………………………… 180
二、和而不同：工程与社会的和谐……………………… 183
三、天（地）人合一：工程与自然的和谐 ……………… 187
第三节　工程风险分配正义的内在根据…………………… 190
一、工程风险的类别……………………………………… 191
二、工程主体的工程风险………………………………… 193
第四节　工程风险分配正义的外在根据…………………… 196

第九章　工程风险分配正义的可能 ……………………… 199

第一节　协商民主：一种可能的解决工程风险分配正义的方式………… 199
第二节　工程利益相关者之间妥协性共识的可能性分析… 201

第三节 工程利益相关者之间妥协性共识的阶段性分析…………………… 204
一、工程风险的识别阶段…………………………………………………… 204
二、工程风险的评价阶段…………………………………………………… 206
三、工程风险的决策阶段…………………………………………………… 207

第十章 工程风险分配正义的实现 …………………………………… 208

第一节 工程共同体与公众、政府的关系…………………………………… 208
一、工程共同体与公众……………………………………………………… 208
二、工程共同体与政府……………………………………………………… 211
第二节 工程风险分配正义的实现条件：工程共同体与公众、政府的成功协商与博弈……………………………………………………………… 213
一、工程共同体与政府的成功协商与博弈………………………………… 214
二、工程共同体与公众的成功协商与博弈………………………………… 215

第十一章 工程风险分配正义的基本原则 ………………………………… 218

第一节 利益与风险对等原则………………………………………………… 219
第二节 政府分担原则………………………………………………………… 221
第三节 弱势群体免伤害优先原则…………………………………………… 222
第四节 矫正补偿原则………………………………………………………… 224

第十二章 工程风险分配正义的制度保障 ………………………………… 226

第一节 工程风险分配正义制度保障的必要性……………………………… 226
第二节 工程风险分配正义制度保障的主要构成…………………………… 228
一、完善协商制度，建立“对话平台”，保障沟通渠道畅通 ……… 228
二、完善监督制度，保障工程风险分配正义的正确执行………………… 229
三、建立公众参与制度，使公众的诉求得到合理表达…………………… 230
四、建立工程风险分配落实制度，切实实现工程风险分配正义…… 232

参考文献 ……………………………………………………………………… 233

后　记 ………………………………………………………………………… 240

第一章 绪 论

第一节 问题的提出

人们现在生活的时代，是一个前所未有的大工程时代，工程活动已经成为人类社会最基本的实践活动。但是，现代工程在给人类社会带来巨大福祉的同时，又把人们推向一个极其脆弱的“风险社会”之中，当代人正徘徊在文明的十字路口。然而，更深刻的危机还在于：与财富的分配相悖，工程风险的分配是以颠倒的方式附着在社会阶层上，即财富聚集在上层，而风险聚集在下层，从而加深了社会的不平等和不公正，工程风险分配的社会正义问题日益凸显。

第二节 研究目的和意义

一、有助于社会正义的重新理解

工业社会中，制度正义的核心是财富的分配；然而，在风险社会中，风险的分配已经成为制度正义的核心。当下时代，工程风险已经成为风险社会的秩序建构者及正义分配资源。因此，本书研究为社会正义的进一步思考和认知提供了理论资源。

二、有助于我国工程伦理学的理论建构

我国工程伦理学研究尚处在成长期，正经历着一个由隐到显的过程，理论空间亟待开拓。本书研究进一步拓展了我国工程伦理学研究的问题域及研究视野。

三、有助于我国工程实践中的风险决策

风险决策的关键在于主体间达成共识。工程主体由于背景不同，其所负载的价值体系和原则也是不同的，利益也是互相冲突的，由此引发风险决策的困境。本书研究为工程实践中的风险决策提供了基本价值尺度和合理路径。

第三节　国内外相关研究现状

20 世纪 80 年代以降，“挑战者”号事件等灾难性工程风险的频发，促进了伦理学研究对工程风险问题的关注。学者们主要围绕风险责任问题展开讨论，旨在对工程风险进行有效的伦理控制。

一、工程风险责任的工程师个体承担

一是工程设计、实施等过程中的风险考察，要求工程师为此承担基本职业责任。马丁和辛津格详尽地列举了工程活动各个阶段存在的安全隐患以及工程师要承担的风险责任。二是工程的社会应用引发的公共风险讨论，要求工程师为此承担社会责任。哈里斯指出，专家、管理者与公众对工程风险的认知各相异趣，引发了风险评估的困境，工程师必须首先保护公众免遭不可接受的风险，尤其当伤害没有征得同意或危害没有得到公正的分配之时，我们要以公平为尺度对工程的社会后果进行“合理关注”。三是工程异化带来的间接或潜在风险的思考，要求工程师为此承担道义责任，是一种更为积极的风险责任观念。伦克认为，工程师的责任要扩充至人类未来的存在以及子孙后代；维西林和冈恩提出工程师要承担环境风险责任。

二、工程风险责任的共同主体的共担

随着工程师风险责任的不断扩大化，学者们的研究视域不断拓展，逐渐超越了工程师个体责任伦理的藩篱，转向共同责任研究。曹南燕教授着重分析了工程师社会责任，在此基础上，强调工程师责任的有限性；朱法贞教授重点研究了工程实践中政府的伦理责任；

肖锋教授认为，工程师理所当然要承担风险责任，除此之外，工程的管理者和政治决策者甚至公众也要承担相应责任；刘则渊与王国豫教授指出，工程风险的责任主体不是个人，而是由个人、团体和社会形成的责任类型的形态矩阵；李伯聪教授发表“工程共同体”研究以及“工程伦理学”系列文章，建设性地指出工程的责任主体是工程共同体。

三、工程风险在责任主体间的合理分配

工程风险的个体承担向团体共担的转向，凸显了工程师、公司与社会公众等不同利益主体之间的利益冲突，工程风险作为“人为制造的不确定性”，与现代化进程交织在一起推动风险社会的形成，从而要求建立关于风险分配的新秩序，由此引发主体间风险分配的探索及思考。朱葆伟教授强调指出，工程风险涉及方方面面，并且已经渗透到政治领域之中，亟待建立一种对话协商制度，从而使不同风险承担者的利益平等地受到关注；王前教授指出，无论是政府、企业还是工程师本人，都要承担风险责任，要建构“对话平台”，实现主体间的充分对话，从而促使主体间的利益冲突与分配不公正问题得到合理解决。

四、简要评论

既有的研究成果主要在个体或团体责任框架下展开，呈现工程主体风险责任的不断扩大化以及责任主体的不断扩展的特征，凸显了风险分配研究进路的必然趋势，本书亦借此明确新的学术起点和方向，努力跳出责任伦理的窠臼，将工程风险的分配问题置于正义的诉求和限度下进行深入、系统的研究，尝试将工程风险的伦理学研究向前深入一步。

第四节　基本思路和研究方法

一、基本思路

本书采用“问题中心”“自上而下”“由内及外”的研究策略，

以风险社会中现代人所遭遇的困境为出发点，把理性思考与工程实践结合起来，从内部的道德自觉到外部的原则制度的规范，对工程风险分配正义问题进行理论上的追问和实践上的探索。在理论追问部分，立足风险与财富的异质性，拟通过既有伦理正义观的分析、整合、对话与互动进行追问，解答何谓工程风险分配正义的困惑。在实践探索部分，以多重责任主体间的理解、共识、妥协为正义目标，依循正义是否可欲、正义是否可能、正义何以实现的路径展开追诉，避免理论与实践的断裂。基本上是按照“提出问题——分析问题——解决问题”的逻辑思路展开。总体研究思路如图 1-1 所示。

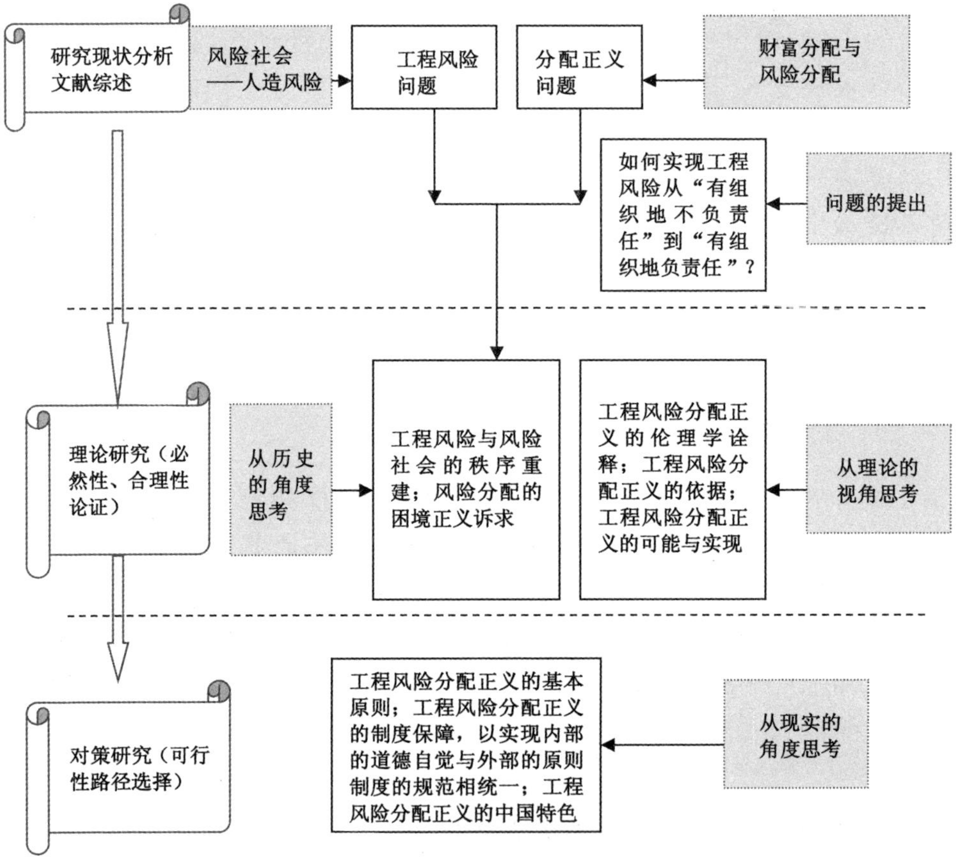

图 1-1　本书总体研究思路

二、研究方法

（1）分析与综合相结合的方法。对工程风险分配正义中所蕴含的每一种伦理价值的概念、范畴进行深入分析的同时，还要综合多种价值之间的矛盾与冲突，使之融合为一个价值整体。

（2）“面向事实本身”的现象学方法。对于工程风险分配正义的依据考察，要打开工程本身及社会系统黑箱，尝试用现象学的方法来拷问工程风险的事实本身，使其向自身、向人与社会敞开。

（3）系统整合的方法。工程风险是社会、环境和技术等多元复杂因素综合作用的结果，工程风险的分配不能只考虑其中某单一维度要素，而是要采取系统整合的方法，在多种要素的相互作用、相互关联中，思考正义伦理对工程风险的整体性作用。

（4）理论与实际相结合的方法。对于工程风险分配正义的考察，既从理论上阐述工程风险分配正义与秩序重建、工程风险分配正义的可能性与现实性，又联系实际案例，从实际的角度阐述工程风险实施的原则、制度及其中国特色。

第五节 主要内容、基本结构、基本观点与创新点

一、主要内容和基本结构

（1）工程风险与风险社会的秩序重建。分析现代工程风险不可祛除性、毁灭性、隐蔽性、未来性等特征，借鉴风险社会理论资源，考察现代人独特的风险化的生活内容和生存方式，明确工程风险分配的必然性。

（2）财富分配的逻辑与风险分配的逻辑。风险分配与财富分配不同，财富人人想得之，而风险人人想避之。因此，对工程风险分配的困境有必要从与财富分配的比较中进行阐述；工程是政府、企

业、工程师等多主体共同活动的结果，对工程风险分配问题的分析也应基于多主体进行。梳理工程风险由个体责任朝着团体责任的转向，分析工程师、管理者、专家、公众等不同主体对工程风险的可接受性的不同理解及其为谋求自身利益的自由博弈引发的生存困境，从而阐明工程风险分配中正义伦理规约的必要性。

（3）工程风险分配正义的多维阐释。首先，工程风险分配正义的伦理学诠释。分析财富分配与风险分配的异质性，借鉴功利论、义务论、契约论等伦理学资源，论述工程风险分配正义的伦理价值及其辩证关系，以此为基础，吸纳哈贝马斯交往伦理的合理因素，从多种伦理正义观的多元对话与互动中获得关于风险分配正义伦理的商谈性、历史性、建构性、相对性等动态特征。其次，工程风险分配正义的现象学诠释。现象学发端于胡塞尔，胡塞尔的现象学是一种先验的现象学，是一种认识论体系。海德格尔继承了现象学，并且运用现象学探讨技术根本问题，使现象学从先验现象学转向本体现象学，现象学与技术哲学相联系，现象学开始关注现实的技术问题，但对于技术问题的思考仅仅停留在本体论层面是不够的，经由海德格尔对技术问题的关注，现象学对技术哲学的关注开始转向经验层面，转向对现代技术的复杂性与丰富性的经验分析。作为方法的现象学对工程哲学，尤其是对工程风险分配正义问题的研究是有启示意义的。现象学的面向实事本身的哲学方法，为分析工程风险分配正义问题提供了基础，现象学的意向性理论及其主体间性理论，也为工程风险分配正义问题的研究提供了新的思考维度。再次，工程风险分配正义的生存论阐释。工程风险问题关乎人类社会生存，是工程哲学关注的现实问题，人的工程化生存需要工程风险分配正义从“资本逻辑”到“责任逻辑”再到“生存逻辑”的转化。“生存逻辑”的工程风险分配正义的实现主要依靠正义理念、制度正义和程序正义三位一体共同发挥作用。最后，一种特殊的工程风险分配正义。邻避设施中的工程风险分配正义问题是另一个关于工程风险分配正义问题不可忽略的维度。一方面，工程为人类社会带来福祉，这一点是毋庸置疑的；另一方面，工程，尤其是邻避设施对附近民众的影响又是不容忽视的，必须正视邻避工程风险，并予以合理公正的解决。

（4）工程风险分配正义的依据。一方面，打开工程“黑箱”，将工程看作一定时空中展开的过程，展现工程主体在风险决策中道德选择的过程，探寻风险分配正义的内在根据；另一方面，打开社会系统“黑箱”，将工程看作社会形塑的过程，考察工程风险的社会建构本质，探寻风险分配正义的外在根据。

（5）工程风险分配正义的可能。厘清风险分配正义的关键在于政府、企业、工程师、公众以及其他利益相关者之间妥协性共识的达成。以此为前提，分别从理论和现实两个层面探究风险分配正义的可能性。

（6）工程风险分配正义的实现。从工程社会学角度，探究工程共同体内部及其与政府、公众间利益冲突的现实结构及根源，引入以协商与博弈为主要内容的伦理规约机制，寻求多重责任主体间的理解、妥协、共识。

（7）工程风险分配正义的基本原则。廓清工程师、管理者、政府、公众等不同主体在工程风险中的责任和权利，以此为凭借，制定工程风险分配基本原则，去启发、引导工程活动中主体的伦理价值取向。

（8）工程风险分配正义的制度保障。考察政府在工程风险分配中特殊的角色和职能，制定各种风险分配保障制度，合理协调各利益主体间权利与责任对等、利益与风险共担、平等与差异共存的困惑与矛盾。

二、基本观点

（1）从功利论看，工程风险的分配是要实现共同体的最大善，即要通过合理的制度安排使工程风险对共同体的总体伤害降至最低；

从义务论看，工程风险分配要充分尊重每个个体的基本自由权利，少部分人不应该被当作促进他人福利的手段而加以利用；从契约论看，工程风险分配体现的是一种差异平等，不是要平均分配风险。工程风险的分配正义既是自由、平等伦理价值的体现，又是对多重伦理价值的平衡及限定。

（2）不同利益主体间存在利益、价值和文化等多方面的内在冲突，只能通过对话途径来实现沟通和调试。因此，工程风险的分配正义一定不是独语式的静态正义，一定是对话式的动态正义，一定是交互的、建构的，包含选择性与差异性，是关于正义的具体叙事，会在不同工程情境下取得不同的答案。

（3）工程风险的分配既是对工程风险的伦理规约手段，又是风险社会中人的生存法则的谋划。推动这种道德实践，仅靠共同体内部的、自觉的力量显然是不够的，它还必须依靠外部力量的制约和规范，并将两者结合起来。因此，要把风险分配正义的伦理价值外化为一套具体可操作的原则、制度。

（4）工程风险分配正义原则包括：利益与风险对等原则，即谁获得了工程利益，谁就要承担与此对等的风险责任；政府分担原则，如果工程主体无力承担全部责任，就要由政府来分担；弱势群体免伤害优先原则，如果工程的公共风险不可避免，普通公众，尤其是弱势群体优先享有免伤害的权利；矫正补偿原则，对于已经发生的不公正的风险分配均须予以矫正，并对受到不公正对待的一方予以合理补偿。这四大原则既是一套行动的指南，又体现了正义伦理的价值追求。

（5）工程风险分配正义制度包括：完善协商制度，建立“对话平台”，保障利益主体间沟通渠道的畅通；完善监督制度，以维护协商的程序、原则等；建立公众参与制度，使公众的诉求得到合理的表达；建立风险强制分配补偿制度、风险转嫁惩罚制度、风险承受者社会保障制度，以化解收益与风险不对称的矛盾。

本书的主要研究内容如图 1-2 所示。

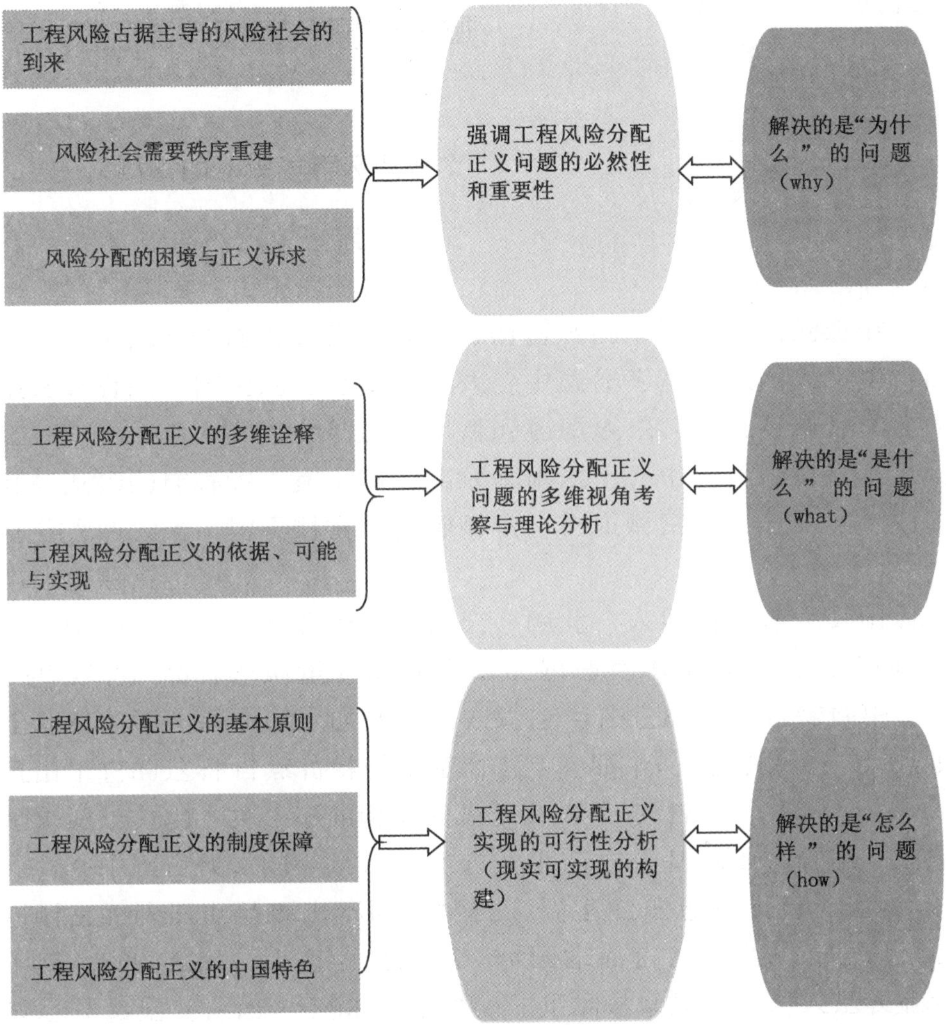

图 1-2 本书的主要研究内容

三、创新点

（1）视角创新。本书超出了惯常从主体责任角度去探讨工程风险的控制，而是从风险分配的视角探讨如何实现共同体合理利益的最大满足，借此对工程风险进行伦理上的规约。

（2）理论创新。既有的分配正义的伦理学资源中所探讨的都是关于财富的公正分配。财富是好的东西，风险则意味着伤害，是对人的自由或幸福的一种侵害或限制。因此，无论从理论诉求抑或实践际遇上，工程风险的分配正义一定不同于财富的分配正义。本书在既有的正义伦理基础上，立足于风险的异质性，尝试创造新的风险分配正义的话语体系。

（3）观点创新。提出“工程风险的正义分配是风险社会中当代人生存困境的求解以及生存法则的谋划”的新观点，突破了以往传统工程伦理学解释路径的局限性，在一种生存论的高度对工程风险加以理解和说明。

第二章　工程风险与风险社会的秩序重建

分析现代工程风险不可祛除性、毁灭性、隐蔽性、未来性等特征，借鉴风险社会理论资源，考察现代人独特的风险化的生活内容和生存方式，明确工程风险分配的必然性。

第一节　出场：工程风险占据主导的风险社会

从时间和空间的维度来看，风险是无处不在、无时不在的。在一定的意义上可以说，伴随着人类现代性的发展，人类社会已经进入风险社会。所谓风险社会，是指人类社会的发展业已进入这样的一个状态，以人类实践活动为基础的各种全球性风险和危机对整个人类社会的生存和发展存在着根本性的严重威胁①。与此前的社会存在状态相比，现代社会中的风险规模、性质、程度等都发生了根本性的变革，这种状态不容忽视，需要引起人类的重视。在风险当中，不仅有自然风险，更多的是人造风险。而工程实践又是当代人类最主要的实践形式，因此可以说，以工程风险占据主导地位的人造风险成为当下人们面临的主要风险。与以往人们面临的财富创造不同，财富的创造是人人都想要的，而风险的产生是人人都不想要的，却是不得不面对的问题。

一、从自然风险到工程风险

自然风险主要是指来自自然的风险，对人类来讲，是外部风险。而工程风险则是被制造出来的风险，是人为风险。国际知名学者吉

① 庄友刚. 跨越风险社会：风险社会的历史唯物主义研究［M］. 北京：人民出版社，2008：42.

登斯将风险分为两种类型，外部风险（external risk）和被制造出来的风险（manufactured risk）。“外部风险就是来自外部的、因为传统或者自然的不变性和固定性带来的风险。”“被制造出来的风险，指的是由我们不断发展的知识对这个世界的影响所产生的风险，是指我们没有多少历史经验的情况下所产生的风险。”① 在工业社会及之前，人类更为担心的是外部风险，但随着工业化的进程不断加快、现代性的不断扩张，人类开始进入风险社会。随着科学技术的不断发展，人类的各项工程，包括建造工程、制造工程等不断实现，被制造出来的风险逐渐占据统治地位。人类更多地由以往对自然风险的恐惧变为对人造风险的面对。

二、工程风险及其类型

工程总是伴随着风险，这是由工程本身的性质所决定的。工程一方面给人类生活带来巨大福祉，另一方面也带来巨大风险。福祉人人想要，风险无人愿意接受。工程系统不同于自然系统，工程是一种造物活动，它一方面体现的是工程的生产力功能，表现为人与自然的关系；另一方面，在造物的过程中，也必然涉及科学、技术、社会、政治、经济、文化等诸多要素，工程系统是一个远离平衡态的复杂有序系统②。由于工程系统会受到内外因素的干扰，也会由有序变为无序，而无序就是风险。

关于工程风险的界定，不同的学科、不同的视角会有不同的定义。

一个大的工程也是一个大的项目。工程风险在这个意义上也可以说是项目风险。美国项目管理协会（Project Management Institute，PMI）认为，从广义上说，项目风险就是一种不确定的事件和条件，一旦发生，对项目目标可产生某种正面的或反面的影响。一个工程项目，不可避免地会涉及工程师、业主、设计方、承包商、监理方、政府等，有着种种不确定性和条件，风险不仅仅是威胁，有时也可能是机会。

从狭义来看，国内有学者指出，工程风险是指在工程项目施工

① 安东尼·吉登斯. 失控的世界［M］. 南昌：江西人民出版社，2001：22.

② 殷瑞钰，汪应洛，李伯聪，等. 工程哲学［M］. 北京：高等教育出版社，2007：72.

过程中或一定的使用期内出现的，与工程预期相背离，进而使相关单位或个人蒙受损失的可能性。

综合以上观点，可以认为，工程风险是指工程项目在决策、设计、施工、竣工验收等阶段可能发生的，与工程目标相背离的，所造成的一系列不确定性的总和（包括人身伤亡、财产损失及其他经济、生态等损失后果）。这一界定表明，工程风险是存在于工程开展的各个阶段，贯穿于工程生命全周期，可以说，工程风险无处不在、无时不有；按照工程的组成来看，工程风险的承担也应包括建设单位、施工单位、咨询单位、监理单位等各相关组成部分；由于工程风险是可能发生的，也有可能不发生，所以工程风险具有不确定性；工程风险所造成的损失既包括当下的损失，也包括未来可能的损失，而未来的损失及其影响程度是不确定的①。

工程风险主要是指，在工程技术活动中或因工程技术活动而引发的一系列具有难以管控或预测的不良后果或伤害。从工程风险的形成原因来看，工程风险包括技术成因的工程风险与非技术成因的工程风险。从工程的过程来看，工程风险包括工程技术决策的风险、工程技术设计的风险、工程技术施工的风险和工程技术应用或运行的风险；可接受的与不可接受的工程风险；可控的与不可控的工程风险。

三、工程风险的特征

现代工程风险具有不可祛除性、毁灭性、隐蔽性、未来性等特征。

第一，不可祛除性。工程风险的不可祛除性是指尽管工程始终关注安全，但工程风险仍然不可避免。著名美国学者查尔斯·E. 哈里斯在《工程伦理——概念与案例》一书中指出，工程必然涉及风险，并且进一步地指出，随着技术的变化，工程风险也会发生变化②。工程中通过检验并通过审核的工程设计并不能完全避免风险，

---

① 任旭. 工程风险管理［M］. 北京：清华大学出版社，2010：10.

② 查尔斯·E. 哈里斯，迈克尔·S. 普里查德，迈克尔·J. 雷宾斯，等. 工程伦理：概念与案例［M］. 丛杭青，沈琪，魏丽娜，等译. 杭州：浙江大学出版社，2018：103.

工程中存在着诸多不确定性因素。工程中不仅使用常规技术，也可能采纳和使用新技术，新技术中可能就存在着人们不能完全理解和掌握的潜在风险，这也增加了工程风险的概率，但同时，也应很清楚地知道，没有新技术，也很难有工程的进步。随着科学技术的发展，工程师不断建造、制造新的人造物，在工程造物过程中，新材料不断被采用，新设计不断被采纳，新机器不断被制造，新化合物不断被合成，等等，这些新的人造物在给人们带来福祉的同时，也不可避免地给人们带来风险。它是工程造物过程中不可避免地同时出现的两个方面。

第二，毁灭性。随着科学技术的不断发展，人类工程已经由人类最初的经验层面的工程发展到今天的超级工程，工程的影响越来越大。但同时，也必须认识到，工程的影响是双重的，既有其积极的、给人们带来美好生活、带来便利、带来舒适的一面；同时，其所带来的工程风险也从无到有、从小到大，以致很多工程风险会给人带来毁灭性的影响。例如核工程、航空航天工程等大型工程和超级工程。对于工程风险，应该从全生命周期进行考察，核工程如果应用于战争，足以毁灭地球无数次。从这个意义上说，工程风险问题必须提到议事日程上来。

第三，隐蔽性。风险分配与财富分配是现代性的两种主导逻辑，与财富的显而易见不同，工程风险往往处于不可感知的状态。乌尔里希·贝克在所著的《风险社会——新的现代性之路》中指出，不可感知的风险在和可感知的财富的赛跑中不可能获胜，然而，可见之物不会和不可见之物赛跑。悖谬的是，不可见的风险在赛跑中将会获胜①。在阶级社会中，财富生产的逻辑是显而易见的，财富是人人都关注的问题，它满足了人们的物质需求。在资源、能源等都非常有限的前提下，阶级社会中人与人之间的对峙是饥饿和富余、有权和无权，直接显示着财富和权力在物质上的显著性。与财富和权力的显著性不同，工程风险往往处于隐蔽的位置。例如食品中的有毒残留物的说明，放射性物质或核废料泄漏的事实，往往都是在不

① 乌尔里希·贝克. 风险社会：新的现代性之路［M］. 张文杰，何博闻，译. 南京：译林出版社，2018：41.

得不公布信息的时候才公布，否则一直处于隐蔽的状态。工程风险的隐蔽性还体现在它是潜在的、难以感知的隐蔽性风险，这种隐蔽性是由工程风险本身的复杂性所决定的。

第四，未来性。工程作为造物工程，有一个很长的工程生命周期。更多的工程风险不是在工程建成之时，而是在其运行过程中或者其退役后所造成的风险。正是由于这一点，可以认为，工程风险是指向未来的。比如说航空航天工程，其对航天员的影响，以及航空航天工程中所产生的空间垃圾等的风险都要在不断持续的未来中显现。食品工程、基因工程、核工程、交通工程等，其工程风险既有当下的风险，更多的风险呈现是在未来。正是基于这一点，工程风险不仅存在于代内，更多地还呈现在代际，因此，对于工程风险的考察以及对工程风险分配正义的考察，都不能仅仅从经济的维度和伦理的维度来思考问题，而应该在人类生存论的视域下进行思考。

第二节　在场：现代人独特的风险化的生活内容和生存方式

人们今天生活在一个人为不确定性的世界①。在这个不确定的世界中，人造的工程风险是极其重要的因素。因此，如何规避、减少以及分配工程风险就是当今社会必须认识到的重要问题。

一、工程风险与秩序重建

工程风险的客观存在要求人们思考采取什么样的治理方式达到理想的秩序，以规避和减少工程风险。

从工程风险的角度来说，治理所希望达到的秩序目标包括以下三个方面：工程风险的选择、工程风险的分配和工程风险的减少与规避。在这其中，工程风险的分配是至关重要的方面。工程风险作为一种客观的存在，需要解决的问题包括：有哪些责任主体？需要承担的工程风险有哪些？由谁来分配工程风险？如何分配工程风险？

---

① 安东尼·吉登斯. 超越左与右［M］. 李惠斌，杨雪冬，译. 北京：社会科学文献出版社，2001：82.

而这些问题的解决，需要从生存论的视角确立相应的制度，在治理的过程中界定各个利益相关者的权利与责任，并不断构建相应的激励和惩罚机制，确定各主体在工程风险中的地位，然后才有可能进一步规避和减少工程风险。尽可能地实现工程风险分配正义，有助于重建秩序。

秩序并不会自发地生成，而必须依靠人类首先认识到工程风险问题，并将之放到重要的位置，并思考与构建行之有效的治理方式，才有可能实现秩序重建。

二、从无序到有序

如何实现工程风险从“有组织地不负责任”的无序状态到“有组织地负责任”的有序状态是风险社会秩序重建的关键。

“有组织地不负责任”实际上所反映的是工程风险的无序状态，是社会治理在工程风险问题处理中面临的困境。具体来说，主要表现在两个方面：一是尽管现代社会治理逐渐走向治理体系和治理能力的现代化，但面临工程风险却无法有效应对，工程风险是人人都不愿承担的责任，与财富的分配不同，这主要缘于工程风险的难以界定，进而工程风险分配的制度也难以建立。工程风险的责任主体涉及多个方面，既包括工程师，也包括政府、企业等相关利益群体。二是就整个人类来讲，无法界定既有的工程风险，如几个世纪以来的环境破坏、生态失衡问题，对环境破坏、生态失衡问题难以仅仅从当代来思考，前人的责任谁来承担？这也在一定程度上导致了责任主体及责任的难以界定。在工程风险来临时，如果最基本的责任都由于各种原因难以界定，更何况后续的责任分配。因此，在工程风险分配问题上，有必要认真思考，首先在理念上、思想上形成工程风险分配正义思想，才有可能在工程风险问题上实现从无序到有序、从“有组织地不负责任”的无序状态到“有组织地负责任”的有序状态。

随着人类科学技术水平的提高，工程所带来的工程风险也越来越大。人们在面对工程风险时，存在着作为理性人的一种行为困境，即对个体来讲是理性，但对人类整体来讲是非理性。也就是说，个体在进行行为选择时，能一定程度上清晰地识别工程风险，进而可以判断工程风险对自身的影响，个体往往会作出有益于自身的选择，而不是从整体出发，从全局出发来思考问题。这个问题的另一方面就是由于个体的选择是自身利益优先，如果相关利益个体都是从自身出发，人人都逃避责任、逃避风险，将很难达成一致意见。而面对工程风险，从短期来看，个体有可能会脱离工程风险；但从长远来看，随着工程风险的全球化特征及其“飞去来器效应”，谁都无法完全回避风险。基于这一点，工程风险的相关利益群体有必要采取民主的方式，从人类生存论的视域来思考工程风险的分配正义问题，以逐渐实现工程风险的“有组织地负责任”，进而实现工程风险控制的有序状态。

在工程风险面前，人们最低的共识就是共同的安全与存在①。共同的安全与存在意味着“共存”是工程风险问题解决的前提和基础。其原因主要在于：现代工程风险是普遍存在的，而不是一种相对孤立的存在。任何个人和群体都无法完全避免。即使是暂时按照“阶级原则”规避了工程风险，但从长远来看，也难逃工程风险之害。

要实现人类的共存，工程风险的相关利益者必须克服自身利益的局限，寻求一种共同生存之道。在这一方面，中国提出了人类命运共同体的理念，贡献了中国方案和中国智慧。今天的人类社会，面临着各种各样的风险，既有来自自然的风险，也有来自工程的人造风险。在由工程风险带来的风险社会中，人类有必要从人类生存的整体维度来思考工程风险问题的解决，因为个体首先是作为人类成员而存在的，人类的共同存在既可以被认为工程各相关利益群体共同商谈问题的最低原则，也可以被看作超越其他所有利益的最高利益。个体既要对自己负责，更要对他人负责，进而对人类整体的生存和发展负责。

人类是渴望有序存在的，秩序可以使人类有效地应对各种风险和挑战。那么，何谓秩序？《现代汉语词典》中是这样解释的，秩序就是“有条理、不混乱的情况”。《英汉大词典》中“秩序”的英文单词为“order”，有三层含义：一是顺序；二是命令；三是常规或法则。也就是说，秩序所表达的是一种在服从或遵从基础上的稳定

① 杨雪冬，等. 风险社会与秩序重建［M］. 北京：社会科学文献出版社，2006：70.

状态或情势。秩序是由具象的制度、规则、安排等构成的一系列关系的总和①。

秩序在形成的过程中是承载着价值与意义的，承载着特定群体或群体之间达成的共识。对于工程风险问题来说，工程风险分配正义是工程共同体应坚持的最大的善。亚里士多德指出："一切社会团体的建立，其目的总是完成某些善。"② 中国古代的老子对"善"的推崇和孔子对"仁"的推崇，都是为秩序赋予的价值取向。秩序所呈现的是"一种能维持社会生活像这样一些基本的、首要的或普遍目标的人类活动模式"③。

从一般意义上讲，对人类社会来说，秩序所实现的是基本价值，能提供安全和保障存在，其功能体现在三个层面：其一，秩序能确保人类社会或共同体的存在，这是秩序的底线功能；其二，秩序能保证人类社会或共同体的基本关系的再生产；其三，秩序能保障人类社会或共同体成员的发展，这是秩序的理想目标④。随着人类运用科学技术能力的增强，由工程所带来的风险越来越引起人们的关注，甚至可以说，人类社会已进入风险社会。风险社会与以往社会所不同的是，以往人们更为关注的是社会的经济发展，关注的是财富的增长与财富的分配问题。进入风险社会后，人们不仅要关注财富的分配，还要同时关注风险的分配，财富的分配与风险的分配呈现出不同的逻辑。因此，随着工程风险的出现，有必要进行风险社会的秩序重建。秩序的重建根植于社会的变化，社会的变化要求新的秩序以适应新的社会发展的需要。

在用风险社会来描述当今社会的时候，还必须清晰地认识到，风险社会不是由生产力所决定的社会形态发展的某一个阶段，也不是历史分期意义上独立的历史分期，而是通过对现代社会所呈现出的突出特征的一种描述，一种值得人类关注的社会呈现的重要特征，也是人类风险意识增强所呈现的一种风险文化，这种风险文化意味

① 杨雪冬，等. 风险社会与秩序重建［M］. 北京：社会科学文献出版社，2006：274.

② 亚里士多德. 政治学［M］. 吴寿彭，译. 北京：商务印书馆，1983：3.

③ BULL H. The anarchical society：a study of order in world politics［M］. London：Palgrave Macmillan. 1977：4.

④ 同①：276-278.

着，在风险社会中，只有风险共担，才能共同生存。在工程风险中，政府、企业、工程师及相关利益群体都应承担起相应的责任，共同规避和减少风险，以利于人类社会共同实现美好生活。

第三节　秩序重建中的工程风险主体

一、政府的主导作用与秩序重建

当工程风险对人类社会的影响成为一个不可忽视的事实的时候，从国家政权到市民社会，从政府到企业，从管理者到工程师，从工程师到工人，从设计者到实施者，从实施者到监理，在一定的情境下，都有可能成为现代工程风险的直接或间接责任主体，工程风险的各相关责任主体的地位是有差异的，且具有不同的责任。

由于政府在一个国家、一个民族各项工程决策及其执行中的特殊地位，其在工程风险问题的处理上及风险社会的秩序重建中必须具有重要作用，可以说，政府作为最大的、最有权威性的政治上层建筑，在工程风险与秩序重建中，应该担负起主导性的作用，在秩序重建中发挥积极作用，使工程风险的分配由“有组织地不负责任”的无序状态到“有组织地负责任”的有序状态。

政府要想对工程风险的责任进行有效治理，至少应该在以下三个方面有所作为：一是政府应通过制度创新和政府职能转变来推动工程风险分配的正义，这包括建立相对完善的工程风险预警机制，这是对工程风险问题的事前治理；二是对工程风险的事中治理，包括高效的应对机制和开放的沟通协调机制；三是工程风险问题的事后及防患于未然的闭型环反馈系统，包括规范的组织机制、国家间的合作机制以及强大的社会支持系统等。

政府自近代以来的主导型组织形态是科层制，又称官僚制（bureaucracy），这一科层制理论是由马克斯·韦伯（M. Weber）提出的。官僚制体现的是在法理型权威基础之上的一种组织和管理模式，具有等级化、规则化、专业化、集权化的特点。随着社会的不断发展进步，自20世纪70年代末以来，全球相继掀起了一场政府的公共管理变革运动，强调新公共管理。新公共管理提出了新的政府治理模式。在风险社会中，对工程风险问题，政府需要提出符合工程风险分配正义的制度架构，为保障工程风险分配正义提供政策支持和制度保障。

中国自 1978 年党的十一届三中全会以来，选择了改革开放。改革开放 40 多年来，人民的生活水平得到了极大改善，中国人迎来了从站起来到富起来再到强起来的巨大变革。在这一过程中，随着改革的不断深入，改革中进行的一系列工程在给人们带来福祉的同时，也带来了工程风险。党的十八大以来，中国特色社会主义进入新时代，新时代既有机遇也有挑战，中国作为发展中国家，一方面要进行发展中的财富的分配；另一方面也面临着风险的分配。财富分配与风险分配交织在一起，如何更好地处理这一问题，政府要起到关键的主导性作用。

政府在工程风险中的主导性责任主要可以从以下两个方面来进行阐述。

其一，现实中的很多工程，政府在其中的角色往往既是规划者和监督者，承担着规划和监督的职能；同时又是工程的建设者和组织者。在这个意义上可以认为，政府身份具有双重特征，既是工程造物活动的倡导者，同时也应是工程风险的重要承担者。作为前者，政府有必要在工程造物活动过程中，唤起工程相关利益者的工程风险承担的责任感；作为后者，政府在工程风险分配中，应承担起保护弱势群体在工程风险中免伤害优先原则，尽量减少普通民众受伤害；另外，如果其他工程主体无力承担工程造物活动所引发的全部风险责任，那么政府就要主动来分担责任，以实现工程风险分配的正义。

其二，政府在工程风险中承担主导责任，还表现在政府在工程造物的整个过程中的主体性地位。不论是政府投资的工程项目，还是企业投资的工程项目，政府一方面要实现工程造物的正面效应，另一方面也要在工程造物活动过程中发挥积极作用，尽量规避工程造成工程风险，如果工程风险不可避免，也要努力将工程风险降到最低限度。这是对工程风险产生的事前控制，也是一种积极的控制和最有利的控制方式，在这其中，政府的主导性功能最为明显，也最为有效。基于这一点，政府在投资工程项目或监督企业工程项目时，要尽可能保证工程决策的民主化和科学化，保证工程审批过程的合法化，保证工程造物活动的目标具有社会效益和生态效益，而不是仅仅从经济效益来进行考量。在工程的实施阶段，政府的主导性作用主要表现在对工程造物活动过程中的控制和监督，以保证工程决策的正确执行，进而避免或减少工程风险的发生。政府主要是要组织专家使工程方案的设计、施工都符合工程造物的规律；通过开工许可证的颁发、工程实施监督的到位等进行实时把握。在工程造物活动的事后阶段，政府对工程风险的主导性作用表现在要对工程造物活动进行竣工备案和验收，以及事后的质量检查评估等。政府应坚决叫停“豆腐渣工程”，并追究相关人员、相关部门的责任。

二、工程师与专家的技术责任与秩序重建

科学技术是促进社会发展的有力杠杆，在社会的财富创造方面起着至关重要的作用。但同时也必须认识到，由技术因素和非技术因素集成的工程造物活动也会给人类带来极大的工程风险，甚至在一定意义上可以说，工程风险是风险社会最大的风险源①。

工程师在现代工程造物活动中一直居于非常重要的地位。这主要缘于工程活动开展时工程师与专家在工程活动中的技术地位。随着人类由农业社会进入工业社会，人类对自然界的影响越来越大。现代的工程活动，其工程技术是相当复杂的，工程师不仅要处理好与自然的关系；同时，在工程活动中，也要处理好人与人的关系、人与社会的关系、人与自身的关系。工程师在工程活动中扮演着非常重要的角色。工程师和专家被认为精通技术业务，能够解决工程中的技术难题，能处理好与工程活动中其他利益相关者的关系，能够协调与工程造物活动有关的其他关系。

还必须认识到，在工程造物活动中，工程师与专家除了对技术的理解与运用具有一定的权威性与科学性外，也有其局限性。在社

① 查尔斯·培罗. 当科技变成灾难：与高风险系统共存［M］. 蔡承志，译. 台北：商周出版社，2001：420.

会发展的不同阶段，工程师在工程的决策、设计、施工过程中，由于更多关注科学技术的实效性与逻辑性，更多注重的是科学技术的工具理性，而忽视了科学技术的价值理性，即忽略了对人性的思考，忽略了对社会效益和生态效益的考虑，从而导致工程风险的发生。工程师和专家也有专业的局限，他们往往只是某一领域、某一专业的专家，也会受到所学专业的局限，因此，工程师所设计、制造、建造的工程，也有可能对人类的安全、健康、生存环境、自然生态造成危害。

工程师与专家的技术责任与风险社会的秩序重建有着非常密切的关系。在这个意义上，针对工程风险所引发的秩序重建，有必要对工程师与专家在工程风险中的技术责任进行分析与阐述。

要实现风险社会的秩序重建，工程师与专家的技术伦理责任、技术安全责任等方面的问题有必要进行规范并制度化，以利于工程风险的分配正义、风险社会的秩序重建。

首先，工程师在工程造物活动中，在理念上要坚持公众利益至上，在保障工程经济利益的同时，必须兼顾工程的社会效益和生态效益，只有这样，才有可能使工程造物真正造福人类社会，并为人类实现美好生活创造条件。在很长一段时间内，人们都曾经认为科学技术不具有价值取向，只是实现目的的手段和工具，也认为工程只涉及人与自然的关系，工程师无须对工程产生的工程后果负责，只要去工作、去进行造物活动就可以了。但随着科学技术的发展，随着工程对人类社会的影响越来越大，如果工程师和专家不关注工程对人类社会有可能产生的长远影响，不了解有的工程会对后代造成无可挽回的影响，那么，一个国家、一个民族未来的生存与发展也会产生问题。基于这一点，工程师和专家必须将工程的社会后果纳入工程造物的活动中进行考虑，并对其不利的影响加以限制。

其次，工程师和专家要对工程造物活动中的安全和质量负有责任，只有这样，才有利于工程风险的分配正义，才有利于风险社会的秩序重建。工程师与专家在工程造物活动中是技术专家，工程的造物活动是技术要素与非技术要素的集成，技术要素主要是由工程师和专家来承担，因此，工程造物活动中的设计及实施，都需要有工程师与专家的参与，在工程造物活动中，有可能会出现与设计不同的地方，需要变更设计，但所有工程活动的开展，工程师都应将安全原则和质量第一原则放在首位，在此基础上，对工程造物活动进行考量。离开了工程安全与质量的基础，工程风险问题将不可避免，而一旦发生工程风险，后果是不堪设想的。作为工程师，在工程活动中，必须坚持原则，坚持技术的适用性与安全性，坚持工程师协会所要求遵守的行业规则与制度。只有这样，才能尽可能规避风险，实现工程为人类造福的愿望。

最后，工程师和专家的主动责任意识的增强，有利于风险社会的秩序重建。如果等工程风险发生之后，工程师和技术专家被追究责任，那是一种被动地承担工程风险责任，对工程师和技术专家，以及对人类社会都将产生不好的影响。但如果工程师和专家能有一种主动的责任意识，能够防患于未然，那么，造成的工程风险势必会减少。主动责任意识的增强，是一种积极的预防，是值得提倡和推崇的事情。也就是说，工程师和专家在工程建造时，可以在工程领域实行知情同意原则，即在工程活动实施过程中，面向公众，倾听公众的声音，以利于实现工程造物活动的民主决策，规避工程风险。工程师的主动责任意识体现在工程的内部，也就是工程涉及的相关利益群体也要秉承知情同意原则，这主要是缘于现代工程活动的复杂性。在工程活动中，任何一个设计方案都有局限性，不可能十全十美，这是不可避免的。任何一个方案都不可能顾及所有的因素，而没有考虑到的因素和不可预见的因素难免会增加工程的不确定性，通过知情同意原则的实施，可以使设计更全面、考虑更周全，减少工程造物活动的不确定性，更有利于做出理性的决定。

随着社会的不断进步，工程师和技术专家的责任更加显现，从而引起社会关注。工程师和技术专家的社会责任显现主要是缘于与战争有关的工程项目，在这之中，工程给人类带来的消极影响是显而易见的，工程师和技术专家应承担什么样的责任？工程师制造的毒气室、杀人武器以及核武器等相关工程都增加了战争的残酷性，对人类的生态环境和安全都造成了巨大的影响，工程风险在增加。基于工程用于战争等不利于人类福祉，工程师的责任要求工程师能给人类带来更美好、更有尊严的生活。因此，工程师在进行工程活动时，应将公众的安全、健康、幸福放在至高无上的位置。

现代的工程活动不仅给人们带来了新的交通工具，如汽车、飞机、高铁等；给人们带来了新的居住地，如各式各样的楼房，既包括别墅，也包括舒适的公寓，还包括乡村振兴中的农村居住条件的改善等；也给人们带来了新的医疗卫生条件，既包括各种药物和治疗的仪器设备，也包括医疗技术的发展；还给人们带来了越来越多的食物种类，丰富了人们的物质生活；同时，现代的工程也丰富了人们的精神生活。但也必须看到，食品中的安全问题、汽车等交通工具的安全性问题、核工程尤其是核武器对整个人类社会的威胁，这些工程都不能不引起人们的关注，因为这关系到人类社会的生死存亡。

秩序重建中的风险社会，要求工程师对公众负责，这主要是因为工程师的工程造物活动能影响到社会活动的多个环节。工程活动中的技术要素尽管在工程之中起作用，但工程造物活动是要进入公众使用环节的，这就是工程师社会责任的重要性所在。

三、企业的风险责任能力与秩序重建

企业在工程风险中处于什么样的地位呢？在某种意义上可以说，企业就是一个小的社会公民①。企业作为市场经济的组织，在现实的经济社会中也承担着许多工程项目的建造与制造。

企业作为工程项目的相关利益主体，或者说，有的企业就是工程项目的直接承担者，其对于工程活动的开展有着重要的作用。企业的社会责任强，会有助于工程风险的减少，也有助于工程风险分配正义的实现。一个合格的、好的企业在工程中应该本着对社会负责、对生态负责的态度开展活动，这包括遵守法律、遵守规则、遵守标准，注意员工的安全、保护环境、节约资源与能源、对社会负责等。

一个企业，在承担工程项目时，如果生产具有危险性，尤其是有可能带来安全事故，一定要采取相应的安全措施，避免事故的发

① 钱亚梅．风险社会的责任分配初探［M］．上海：复旦大学出版社，2014：94.

生；一旦发生事故，也要采取各种积极措施，而不是逃避责任，要想尽各种办法阻止事故带来更多的不利后果。如果不这样做，就有可能带来意想不到的连锁反应，引发社会危机，使工程风险转化为更大的社会风险。

风险社会需要企业能注重“利益和道德”的双赢，积极承担工程风险，推动工程风险分配正义，进而也体现企业的社会存在价值。企业的价值绝不能仅仅局限于经济层面、局限于利益而不讲道德，企业应为创造更美好的社会贡献自己的一份力量。为此，要从以下几个方面约束企业，以利于风险社会的秩序重建。

其一，加强企业的自律建设。企业对于工程项目风险的承担应是一个自觉的和主动的过程。在当今中国，正在积极推进国家治理体系和治理能力现代化，体现在企业层面，就是要完善企业法人治理结构，既创造效益，也承担责任。为了实现这一目标，企业内部应专门设置风险管理部门，分管企业风险的相关事宜，在组织上和制度上约束企业，以使其更好运行。

其二，通过社会力量对企业进行约束。主要体现在要通过行业协会、环保协会、消费者协会等相关社会力量对企业形成一种监督机制，促使企业树立自身的良好形象和规划未来的长远发展，进而使企业积极地、主动地去承担应该承担的风险责任。

其三，通过相关政策法规的制定约束企业承担风险责任。政策和制度的力量是一种具有强约束力的力量，具有强制性和可执行性，要比伦理道德的规约更有效果。因此，国家和政府有必要通过立法、制定法规，并且行使国家权力，把企业应承担的工程风险纳入法治化的轨道上来，使其有规可循、有法可依、违规必究、违法必究，实现保证企业承担工程风险的可行性。

第四节　秩序重建中的工程风险分配及其正义

当代社会中，工程作为人类最基本的实践活动，在给人们带来巨大福祉的同时，又把人们推入一个极其脆弱的“风险社会”。工程风险无所不在、如影随形，已经成为这个时代的症候，当代人正站在文明的十字路口。而更深刻的危机还在于：一部分人可以通过对财富和权力的占有，获得免除风险的特权；另一部分人则由于财富、权力及机会的匮乏，不仅无法享受到工程发展所带来的利益，还可能被迫承担更多的风险。风险的不合理分配进一步加深了社会的不平等和非正义。因此，如何公正地分配工程风险，就成为人们生存的时代所必须面对的紧迫问题。

一、工程风险：风险社会中的政治面向

卢曼指出，人们正生活在一个“除了冒险别无选择的社会”①。风险社会的凸现意味着对现代性的反思和批判，风险社会中的风险并非纯粹自然意义上的，而是人的实践活动的相伴物，即吉登斯所谓“人为制造的不确定性”。在当代，工程活动是人类实践的最基本样式。“工程活动是现代社会存在和发展的基础，是人类能动性的重要、基本的表现方式之一。”② 由此，工程风险就成为风险社会的始作俑者。人们被抛入了一个前所未有的、由自己制造的风险社会之中。

一方面，工程实践打造了一个全新的生活世界，这个世界注定要超越人类而长久地存在。另一方面，工程造物活动又把人类裹挟进了一个风险社会之中，它已经成为人理解世界的无所不包和无处不在的背景。工程风险的存在既彰显了人类理性的权威，同时也暴露了人类理性的限度，已经成为当今时代所必须应对的紧迫问题，并且关乎我们共同存在的可能。正是在这种意义上，工程风险的政治面向逐步显现。

工程风险的社会建构本质使其成为一种政治话语。从工程主体层面看，“工程活动的基本主体不是个人，而是一种特定形式或类型的共同体——工程共同体”③。工程共同体由承载不同社会身份的投资者、管理者、工程师、工人等多重个体主体构成。在工程风险的分析和评价过程中，不同的参与主体看待工程风险的角度是不同的，

---

① LUHMANN N. Risk：a sociological theory ［M］. Berlin：Walter de Gruyter，1993：218.

② 殷瑞钰，汪应洛，李伯聪，等. 工程哲学 ［M］. 北京：高等教育出版社，2007：1.

③ 李伯聪，等. 工程社会学导论：工程共同体研究 ［M］. 杭州：浙江大学出版社，2010：2.

所得到的结论也是不同的。从风险层面看，现代工程风险多表现为超越人类感知能力的空气、放射性、食品中的毒素和污染物及伴生的短期和长期对人的健康和生命的戕害，这些伤害一般是不可见的，只能以知识的形式存在，依赖于因果解释。因此，“风险现象只能是而且必定是社会现象”①，工程风险的认知必然是一个社会建构的过程。也就是说，一个事件是否被称作工程风险，“取决于和这一事件相关的人的信仰、判断力和言论”②。如果工程风险的存在依赖于社会的形塑，这就必然使工程风险成为一种政治话语，它凸显了应该由谁来定义工程风险，以及究竟谁拥有权利对工程风险进行评估，并确定工程风险的“可接受”标准等一系列问题。在工程风险的认知中，重要的不是风险本身，而是辨别风险的技术以及话语权力，换言之，工程风险来自知识和权力的建构。

工程风险的文化特质使其成为一种政治反思力量。风险社会的出现，体现了当代人对工程风险理解的不断深化：工程风险从根本上解构了科学技术社会合理性的前提假设，“合法性危机”的全面爆发，使得简单现代性阶段的风险控制逻辑失效，换言之，本来用以解决问题的技术手段反过来又会引发新的，甚至更大的风险。人们对工程风险的恐惧正在演化为一种风险意识，推动着风险文化的形成。风险文化传递出的现实意义及价值是对现代性的反思和诘问，其中蕴藏着克服现代性的丰富的理论资源。因此，工程风险在当代的凸显更是一种文化现象，这种文化的形成意味着人们对工程造物活动本身的自省与批判。这样，在反思现代性阶段，工程风险超越了单向度的破坏或伤害的负面效果及旨趣，反过来成为预测和控制人类行为未来后果的现代手段和方式，“风险及其结果在政治上具有反思性”③。这意味着，风险社会中，政治的驱动力从简单现代性阶段的“我饿”变成了“我害怕”，风险已经“成为政治动员的主要力量”④，成为一种消解传统政治范畴的话语体系。工程风险之中蕴

① 李伯聪. 工程哲学引论［M］. 郑州：大象出版社，2002：141.

② 布希亚瑞利. 工程哲学［M］. 安维复，等译. 沈阳：辽宁人民出版社，2008：42-43.

③ 乌尔里希·贝克. 风险社会［M］. 何博闻，译. 南京：译林出版社，2004：19.

④ BECK U. World risk society［M］. London：Polity Press，1999：3.

藏着超越现代性的种种政治努力和希望。

工程风险的生存向度使其成为政治制度的“参序者”。当下时代，工程风险已经构成当代人的基本生存境遇，对工程风险的恐惧是身处大工程时代的人的基本精神状态。种种危机揭示了工程风险已经成为现代人无法逃脱的历史命运，成为现代人的独特生活内容和生活方式。我们的日常生活已经成为一种对“不幸”的非自愿抽奖活动，“在这里中奖的概率并不会比中每周六合彩的概率更大，但差别在于中奖者抽到的乃是不幸甚至是死亡，而想要不参加这次不幸抽奖又几乎是不可能的。”① 当人们反思和诟病工程风险的同时，必须要追问：风险社会中，人们究竟应该怎样生存？为此，当代人亟须在风险范畴的帮助下去开拓未来，需要“再造政治”，以应对工程风险。不同文化和社会背景下，同样的工程风险会取得不同的话语解释，不同群体对于工程风险的应对方式也各相异趣。因此，要应对跨地域和文化的工程风险，必须实现异质文化之间的对话与沟通。从这个意义上讲，风险社会不仅是一个文化概念，还是一个正在出现的政治秩序和公共空间，工程风险成为政治制度的重要“参序者”。在后一种意义上，它更具有现实性和实践性。

二、工程风险的分配：困境与冲突

在工业社会中，政治制度的核心是如何分配财富；而在风险社会的境遇中，政治制度的核心却转向风险的合理分配。因此，在反思现代性阶段，“再造政治”就是要建构一种新的风险分配秩序，实现“从短缺社会的财富分配逻辑向晚期现代性的风险分配逻辑转变”②。与此相应，风险社会中，如何合理地分配工程风险就成为工程决策的核心问题，甚至是决定工程项目成败的关键。“可以说，由于风险存在的普遍性，任何没有充分考虑到相关的风险问题的运筹和决策方案都必定蕴藏着一定风险甚至是很大风险的方案。”③

---

① 芭芭拉·亚当，乌尔里希·贝克，约斯特·房·龙. 风险社会及其超越：社会伦理的关键议题［M］. 赵延东，等译. 北京：北京出版社，2005：330.

② 乌尔里希·贝克. 风险社会［M］. 何博闻，译. 南京：译林出版社，2004：15.

③ 李伯聪. 工程哲学引论［M］. 郑州：大象出版社，2002：145.

“几乎不可能制造出完全安全的产品或永远不出故障的产品。”①“工程必然涉及风险。”② 工程风险在原则上不可祛除，这是必须进行风险分配的基本逻辑前提。一方面，工程风险意味着伤害，是对人的自由或幸福的一种侵害或限制，是人人致力于避免的，没有人会希望分得风险；另一方面，工程风险又具有两重性的特征，“虽然在某些情况下风险也可能是各种有害结果的集合，但在另外的许多情况下，风险也可能是多种有害结果和多种有利结果的集合”③，风险总是与利益或财富相伴相生。这就为工程风险的分配提供了一种可能性，人们愿意在获得一定利益的基础上，承担适度的可接受的工程风险。有鉴于此，工程的风险分配主要是指工程共同体中各个利益相关者对于可接受风险的可能性的伤害后果以及责任的分担，对于已经造成实质性伤害的事实风险（尤其是非自愿和不可接受的风险），风险分配则主要涉及对被伤害者的事后补偿责任的承担。

在工程风险的实际分配中，首先，要划分清楚工程共同体中各个利益相关者的权利与职责；其次，要确定工程风险要由哪些利益相关者来共同承担；最后，要进一步明确不同利益相关者应该分担哪些工程风险以及分担多少风险。这样，在工程风险的治理过程中，就能够有针对性地建立起一套激励机制与惩罚机制，使各个利益相关者在风险的应对中能够合理运用自己的权力，并承担起相应的责任，进而才能够有效地进行工程风险的预防和规避。但是，在工程风险的实际分配中，却充斥着诸多的困境与矛盾。

第一，工程风险的非确定性给责任的消解带来风险分配的困境。工程风险的分配制度中，最重要的凭借是责任。工程风险的合理分配首先要依据不同主体在风险事件中所担负的责任来进行。责任的明晰是规避和抵御风险的根本保障，这就是简单现代性阶段的所谓“保险原则”。但是，人们所创造出的工程物品一旦进入生活世界，就开始与其网络化环境产生互动和整合，表现出复杂多维的系统性

---

① 迈克·W. 马丁，罗兰·辛津格. 工程伦理学［M］. 李世新，译. 北京：首都师范大学出版社，2010：155.

② 殷瑞钰，汪应洛，李伯聪，等. 工程哲学［M］. 北京：高等教育出版社，2007：219.

③ 李伯聪. 工程哲学引论［M］. 郑州：大象出版社，2002：146.

特征：从工程内部看，工程造物活动是多种技术的运用，要对多种技术进行系统性集成；从工程外部看，工程又是社会形塑的，工程造物活动要与社会的政治、经济、文化等各个区位进行系统性整合。工程系统中多种要素进行复杂的相互作用，呈现出一种非线性的叠加效应，表现出一种强烈的非确定性。而这种非确定性的外在表现就是工程风险，工程越复杂，它的风险性就越难以确定。与此同时，人们正在经历的、由工程所建构的时空和社会都将呈现一种非确定性症候。这样，在反思现代性阶段，不同主体对工程风险应负的责任陷入空间、时间和社会的非确定性之中，变得晦暗不明，难以明确厘清和界定，“保险原则”失效。如果在母亲的乳汁中发现了放射性污染物，那么，究竟谁应当为此承担责任？显然，这样的风险责任是不明确的。这样就难以确定风险的事后赔偿究竟应该由哪些个体或群体来分担。

第二，风险的不可计算性引发风险分配难题。风险的合理分配还要依据不同群体消化风险的能力的异同而差别对待，否则风险的分配制度就是不可操作和没有实际意义的，风险量级的计算或评估就变得十分重要。当前所处的时代，是一个大工程的时代，工程规模越大，潜在的风险就越大，造成的损失就越难以估算。大规模爆发的、灾难性的工程风险，如核电站的爆炸等，彻底摧毁了现代制度应对工程风险所依托的理念与方法：风险计算或理性计算。有些工程风险不仅无法直接观察和间接计算，甚至超出了人们的常规想象范围，更难以通过公共方式加以防范。“这种灾难性潜能的概率（量级）的组合已经变得无法计算，以至于它已经失去了其最终的参照点。因此，风险不断增加的复杂性既带来了对更为复杂而且更为精确的计算的要求，同时也导致了这种计算的不可能性”①。因此，工程风险的价值评估就如同“在黑暗中透过玻璃”看东西，只能“是对危害性的可能性的一种非确定性的预测”②。如果风险不能量

① 芭芭拉·亚当，乌尔里希·贝克，约斯特·房·龙. 风险社会及其超越：社会伦理的关键议题［M］. 赵延东，等译. 北京：北京出版社，2005：19.

② 查尔斯·E. 哈里斯，迈克尔·S. 普理查德，迈克尔·J. 雷宾斯. 工程伦理：概念和案例［M］. 丛杭青，沈琪，等译. 北京：北京理工大学出版社，2006：118.

化，就不能准确地判断谁该承担什么样的风险以及多少风险。在切尔诺贝利核反应堆事故中，核辐射所造成的伤害远远超出了原来的估算，风险事故对欧洲人及其生存环境所造成的伤害的程度及量级，已经被广泛讨论了若干年而仍无定论，受到核风险伤害的公众也就无从获得合理的补偿。

第三，不同主体对风险可接受性的不同认知使风险分配陷入冲突与矛盾。风险分配方案的达成关键还在于不同主体间的共识。社会是多维度的，不同主体立足于不同背景中，负载着不同的价值体系和原则，他们的利益也是相互冲突的。因此，对于工程风险的可接受性往往有不同的理解，这就给风险分配带来了更大的困难。例如，专家往往立足于公司的利益，认为“可接受风险是这样的一种风险，在可以选择的情况下，伤害的风险至少相等于产业收益的可能性。”① 而普通公众立足于自身的基本权利，认为“一种可接受的风险指的是这样一种风险，它是通过行使自由和知情同意权而自愿认可的，或者它是得到适当赔偿的，并且它是公正地分配的”②。并且，对于普通公众而言，他们通常没有畅通的渠道去获取关于风险的确切信息，更缺乏足够的专业知识去推断和评估风险的强度及后果。“他们可能会低估了那些以前未发生过或没有留意的事情发生的可能性，而同时却高估了那些引人注目的或灾难性事件发生的可能性。”③ 这样，在工程风险分配中，专家和普通公众之间就很难达成对话和取得共识。

三、工程风险的分配正义：自由与平等

工程风险分配中的困境与冲突必然引发主体间为谋求自身利益的博弈，这将带来风险分配的不平等和非正义。一方面，一部分人可以通过对财富和权力的占有，有效规避工程风险。例如，有钱人可以用财富购买安全及免除风险的特权，他们可以通过变换居住地

---

① 查尔斯 · E. 哈里斯，迈克尔 · S. 普理查德，迈克尔 · J. 雷宾斯. 工程伦理：概念和案例［M］. 丛杭青，沈琪，等译. 北京：北京理工大学出版社，2006：126.

② 同①：131.

③ 同①：129.

点远离核辐射风险，也可以花更多的钱去购买原生态食物以躲避转基因食品的潜在风险。另一方面，少部分人则由于财富、权力及机会的匮乏，不仅无法享受到工程发展所带来的利益，还可能被迫承担工程的风险和代价。其引发的直接后果是：享受工程利益的是一部分人，而工程风险却是由另一部分人承担，甚至，工程利益由多数强势者分享，却把工程风险分配给少数弱势群体。其深远影响是：与财富的分配不同，风险分配以颠倒的方式附着在阶级模式上，即财富在上层聚集，而风险在下层聚集，加深了社会的不平等和非正义，风险分配的社会正义问题日益凸显。

分配正义被看作当代政治哲学的聚讼焦点，它直接关涉社会的公平正义及和谐。种种现代政治理论最大限度地尝试在分配视域以新的努力回答柏拉图的古老正义难题，其观点既相互印证却又各相异趣。所有分配正义的政治资源中所探讨的都是关于财富的公正分配。财富是好的东西，每个主体都希望分得更多的财富；而风险则是不好的东西，每个主体都希望分得最少风险或零风险。所以，无论从理论诉求抑或实践际遇上，工程风险的分配正义一定不同于财富的分配正义。但是，如前所述，工程风险又总是与工程所带来的财富或利益相伴，工程风险的分配正义一定关涉工程所带来的利益或财富的分配正义。因此有理由从有关财富分配的政治理论中探寻工程风险分配的内在逻辑和正当根据。任何一种单一的社会善都无法自始至终地支配一切领域的分配，任何一种单一的分配正义观都无法解决与适应工程风险分配的理论思考与现实践履的一切要求。必须从多种分配正义观的对话与互动中获得关于工程风险分配正义的启迪和智慧。

首先，风险分配正义要彰显共同体的最大善。工程风险是客观存在的，一定要有人为此付出代价。风险分配的目的不是要躲避风险，而是要通过合理的制度安排使工程风险对公众的总体伤害降至最低，实现合理利益的最大满足，即要遵循功利主义传统：努力为“最大多数人”提供“最多的善”。在有关分配正义的政治资源中，功利主义分配正义的表述最为简洁，也最具有直观上的吸引力：“它按照看来势必增大或减小利益有关者之幸福的倾向，亦即促进或妨碍此种幸福的倾向，来赞成或非难任何一项行动。”[①] 功利主义的分配原则是使快乐总体上超过痛苦，最高原则就是使幸福最大化，正义的实现方式即为谋求人们所能得到的最大多数人的最大幸福。功利论者的价值观曾经使美国环保局提出一个百万分之一概率“可接受”的风险分配原则：“如果效益是巨大的，那么一百万人中有一个人受到伤害的代价就可以忽略。”[②] 如日本核电站爆炸案中，用50人的牺牲换取公众安全是值得的，核电站工作人员的赴死行为就是一种善举，社会作出这样的方案选择是为了谋求全体成员的最大幸福。这样，工程风险的分配原则就展现为一种目的论的道德哲学，正义的实现同时也是善的实现。

其次，风险分配正义要尊重个体自由权利。功利主义是以计算和平衡得失为手段，以少数个体对风险的承担来换取共同体的最大福利，如何以最小的伤害为代价实现最大多数人的最大幸福是它的核心诉求。而问题的关键在于风险究竟应该分配给谁？“如果一个人不愿意他自己或者所爱的人在特定场合下受到伤害，那么让一百万个人中另外某个人承受伤害也是不正当的，因为强加给他人的伤害也是不公平的。”[③]正因为如此，自由主义反对“权利的功利主义”，主张权利要优先于善，认为少部分人不应该被当作促进他人福利的手段而加以利用，因为这样做侵犯了这些人根本性的自我所有权。每个人都先天地拥有这样一种根本性的自由权，正义就意味着要尊重每个人的自由权，并且，也要尊重他人这样做的权利。为此，在风险分配中，要坚持两条原则，以保障个体的基本权利：一是自愿性原则，非被迫是自由权利的直接体现；二是知情同意原则，即对工程风险本身及其分配的知情同意，知情同意是自由权利的基本前提。

最后，工程风险的分配正义要实现社会的真正平等。从某种意义上说，正义就是平等的代名词，正义总是意味着某种类型的平等，如果绝对的平等无法达成，正义就要说明何种差异平等是可以接受的。借此，在工程风险分配制度的建立中，社会平等是其基本价值

① 边沁. 道德与立法原理导论［M］. 时殷弘，译. 北京：商务印书馆，2005：58.

②③ 维西林，冈恩. 工程、伦理与环境［M］. 吴晓东，翁瑞，译. 北京：清华大学出版社，2003：35.

取向。德性主义者主张，公正分配意味着给予人们所应该得到的东西，即得其所应得。怎样才能让一个人得到他所应该得到的呢？这取决于如下两个基本规定：一是所分配的物品内在的目的；二是分配得到这些物品的人的能力或美德。德性正义实现的关键在于：看谁的美德或能力与所分配物品的目的最相匹配，即看谁最有能力实现所分配物品的目的，谁就是应该得到该物品的人。按照德性主义分配正义的基本规定，在分配风险之时，首先要厘清的就是不同主体所应承担的责任以及抵御风险的能力，然后根据不同人的不同责任及能力而有差别地对待。因此，工程风险的分配不是平均，而是差异平等，即事实上的平等。为此，工程的风险分配要遵循如下基本原则：一是利益与风险对等原则。即谁获得了工程利益，谁就要承担与此对等的风险责任。工程主体不能是一个纯粹的“经济人”，不应该只享受利益却把风险转嫁他人，而是要在赚取工程利润的同时，承担起相应的社会风险责任，甚至要为此牺牲部分经济利益。二是政府分担原则。对于已经发生或正在发生的风险，如果工程主体无力承担全部的责任，就要由政府来分担。三是弱势群体免伤害优先原则。如果工程的公共风险不可避免，并且一定要有一部分人为此付出经济、自由或健康的代价时，普通公众，尤其是弱势群体应该优先享有免伤害的基本权利。四是矫正补偿原则。对于已经发生的工程风险，如果涉及风险分配的不公正，均须予以矫正，并对受到不公正对待的一方给予合理补偿。

通过对上述工程风险及其分配正义的考察，可以得出以下几点结论。

第一，一方面，工程风险巩固了原有的阶级和阶层地位，加深了社会的不平等；另一方面，工程风险中“包含着一种打破阶级和民族社会模式的‘飞去来器效应’”①，灾难性的工程风险迟早会打破阶级或阶层的界限，同样会冲击那些富有和拥有权力的人。从这种意义上说，工程风险的承担是共同体的共同责任。

第二，工程风险的分担过程只能是一个沟通、说服和妥协的过程，通过充分对话来寻求理解，达成对分配方案的理解与认同，形

① 乌尔里希·贝克. 风险社会［M］. 何博闻，译. 南京：译林出版社，2004：21.

成非强迫性的共识。因此，工程的风险分配正义一定不是独语式的静态正义，而一定是对话式的动态正义，且一定是交互的、建构的。

第三，工程风险分配正义的实现最终要通过合理的制度安排。因此，要把风险分配原则转换为一套具体可操作的行为规范，去启发、指引工程活动中的人的价值取向。

第三章　财富分配的逻辑与风险分配的逻辑

风险分配与财富分配不同，财富人人想得之，而风险人人想避之。因此，对工程风险分配的困境有必要从与财富分配的比较中进行阐述。同时，由于工程风险的产生不仅仅局限于此时此地，工程的造物活动是一个过程，工程的投入使用是一个过程，工程的退出也是一个过程。对工程风险分配问题的考察也应基于工程的全生命周期。最后，工程是政府、企业、工程师等多主体共同活动的结果，对工程风险分配问题的分析也应基于多主体进行。梳理工程风险由个体责任朝着团体责任的转向，分析工程师、管理者、专家、公众等不同主体对工程风险的可接受性的不同理解及为谋求自身利益的自由博弈引发的生存困境，从而阐明工程风险分配中正义伦理规约的必要性。

第一节　现代性的两种主导逻辑：财富分配与风险分配

现代性是当代人类关注的话题之一，当谈及现代性时，不可避免地要追问什么是现代，什么是现代化，三者是有着密切联系的概念。何谓现代性？顾名思义，是指现代社会的一切特性。现代性首先是由国外学者提出的，指的是现代社会的特质，是现代化的本质表达，是与传统社会相对的概念，在生产方式、生活方式和思维方式及其蕴含的思想观念上，都有与传统社会不同的特点。

从现代性的内生逻辑，即现代性的起源来看，现代性起源于社会结构的转型，是由以“权力”为主导的社会结构转向以“物”和“个人独立”为主导的社会结构。从人类社会发展的历史过程来看，现代性首先是从社会结构转型开始的，现代化的过程也就是社会结构转型的过程①。这是现代性的普遍性特征。当然，不同国家、不同地区的社会结构转型也呈现出不同的方式和特征，这是现代性和现代化过程的特殊性。

现代性的本质呈现也是政治权力、经济力量和社会力量在社会结构中的力量变化体现出来的，从社会结构转型的维度看现代性的本质，可以看出，在前现代性，国家政治权力占据主导地位，而经济力量和社会力量较为弱小，随着社会发展，资本的力量逐渐壮大，经济力量逐渐摆脱政治权力不断生长，社会力量也逐渐摆脱政治权力依附不断生长，社会力量以独立主体力量得以呈现，这主要表现的是现代性的正能量，在这里，现代性所表达的是发展、进步和文明的趋势。从经济、社会和政治的三维角度来看，现代性在经济上表现为以市场或资本力量为导向的工业化生产方式，在社会上表现为强调个人物质利益和人格独立的市民社会的形成，在政治上表现为市场经济提供平等竞争环境，注重民众参与和法治的国家治理方式。

在西方的语境中，现代性一方面促进了独立人格的生成，另一方面也将人从自然中解放出来，使自然界由不适合人类生存的“非常态”变为适合人类生存的“常态”。人类享受着人工自然的幸福；同时，在科学技术以工程的形式呈现出人类巨大力量的时候，也给人类带来了难以避免的风险。人类历史上的分配可以划分为财富分配和风险分配，可以认为，财富分配是发展成果的分配，风险分配则是发展成本的分配。财富是由于稀缺性而需要分配，风险与之正好相反，是因为太多而产生分配问题。不同的社会形态，源于财富和风险在社会发展中的不同地位，财富分配和风险分配也居于不同的地位。

---

① 韩庆祥. 现代性的本质、矛盾及其时空分析［J］. 中国社会科学，2016（2）：9-14.

一、现代性的区分

按照吉登斯的观点，人们并没有从现代社会进入后现代社会，而是进入现代性的激烈化阶段①。并且进一步地认为，现代性可分为两个阶段：简单现代性与反思现代性。

按照贝克的观点，现代性可区分为“第一现代性”与“第二现代性”。将现代化区分为简单现代化和自反现代化。其中，简单现代化又称为传统现代化。传统现代化对应的是阶级社会，财富的生产与分配是其核心。自反现代化对应的是风险社会，风险的生产与分配是其核心，体现了现代性的两种不同进路②。

二、简单现代性阶段：财富分配是社会发展的主导逻辑

简单现代性阶段又称为传统现代化阶段。在这一时期，人类社会处于生产力发展的上升时期，注重的是人征服自然和改造自然的能力，彰显人的主体性，更多的是追求财富的增长。传统现代化对应的是阶级社会，财富的生产与分配是其核心。

这里的现代性主要指的是自人类的信仰从“神”到“人”以来，人类的信仰开始从宗教走向科学，开始走向启蒙时代。对于真理的认识，也逐渐地从宗教真理走向双重真理（宗教真理与科学真理并存）再到科学真理。在这一过程中，更多的是彰显科学的工具理性的力量。在这一时期，真正意义上的大国开始崛起，包括葡萄牙、西班牙、荷兰、英国、法国、德国、日本、美国、苏联，这一时期，人类开始由农业文明走向工业文明，由第一产业为主，开始转向第二产业的较量。工业生产能力是一个国家发展的重要标志，财富成为人们追求的目标，财富对人的政治地位、经济地位、社会地位有着举足轻重的作用。整个社会、整个世界都处在一个不断现代化的过程中。

现代性，就目前的一般意义上的理解来看，是指启蒙时代以来的“新的”世界体系生成的时代，是财富不断增长的时代。现代性

---

① 安东尼·吉登斯. 现代性的后果［M］. 田禾，译. 南京：译林出版社，2000：45.

② 杨亮才. 财富分配与风险分配：现代性的两种进路［J］. 学术交流，2011（5）：144-147.

意味着持续不断地进步，持续不断地满足人的需求，在合乎规律的基础上追求合目的性。在现代性不断形成的过程中，形成了民族国家，形成了与之相适应的政治上层建筑与思想上层建筑，形成了高效的社会组织，形成了自由民主平等的价值观念。现代性代表着一个新的世界体系生成的时代。

这一时代，科学技术的作用日益显现，呈现为运用科学技术带来的生产方式的变革、生活方式的变革和思维方式的变革，表现在物质层面追求财富的增长与财富的分配问题。初期的工业化进程并没有带来明显的全球性问题，但随着社会不断发展。20 世纪 60 年代，卡逊的《寂静的春天》给人们发出了警示，人们在追求财富分配逻辑的同时，风险问题也引起了广泛关注。

在简单现代性阶段，“工业社会或阶级社会”的概念是围绕着下述问题展开的：社会生产的财富在分配之时，为何既体现为社会不平等，又具有“正当性”①？在简单现代性阶段，人们在追求财富的同时，也注意到科学技术的发展及其在社会中的运用，不仅有其正面效应，还有其负面效应，这就是科学技术、经济发展的后果问题。现代化的进程因此而具有“自反性”的特征，并且成为其自身的主题和问题。人们开始反思，反思现代性中产生的问题。

三、反思现代性阶段：风险分配是社会发展的主导逻辑

如果说在简单现代性阶段，人们追求的是财富对人的欲望的满足。那么在这一时期，整个社会被财富的创造和财富的分配所主导，世界上国与国之间、人与人之间更多围绕社会的财富分配以及由此引发的冲突进行，现代化进程所呈现的是“稀缺的独裁”，财富是人人都想要的东西，现代化因此也宣称，可能通过科学、技术、工程与产业打开社会财富隐蔽源泉的大门。这在国外已经付诸行动，现代化确实在一定程度上将人从不应有的贫困和依附状态下解放出来，物质财富迅速增长，国外出现了典型的福利国家。

---

① 乌尔里希·贝克. 风险社会：新的现代性之路［M］. 张文杰，何博闻，译. 南京：译林出版社，2018：4.

与此同时，也应看到，生产力的过度发展同样带来了负面效应，在人类不断走向现代化的过程中，现代性同时也释放了人类不想要的破坏力，这引起了人类的反思，当这一破坏力不断增强、范围不断拓展至全球时，人类进入反思现代性阶段。人类开始反思在现代化的过程中财富分配与风险分配的交织。尽管还没有完全进入风险社会，但也不再是单纯的稀缺的社会。

与哥伦布等航海家扬帆远航的个人风险不同，现代社会的风险承载的是社会的意义，承载的是对全人类的影响。个人风险已经逐渐被社会风险所取代，社会风险占据了主导性的地位。风险分配日渐成为社会发展的主导逻辑，是必须加以思考的问题，是时代的课题。

反思现代性阶段所呈现的特征是风险的一种全球性的影响。如几个世纪以来，随着森林的大量被砍伐，森林的大规模减少或消失所引发的后果就是工业化隐含的结果的一种呈现。有的国家森林没有被砍伐，但同样也会受到其他国家的影响，也会深受其害，因为自然生态是一个大系统，任何个体都难以独立存在。这也是为什么世界上许多国家都参加气候大会，这是典型的全球风险问题，任何一个国家都不可能和不愿意独立解决，而需要各国通过协商来解决。非常典型的还有核工程，到目前为止，核电站还很难能够实现全生命周期的治理，核电站如何退役？这不仅是影响当代人的事情，还将波及数代人，甚至在发生核泄漏时还没有出生的人，或者是远在千里之外的人，都有可能深受其害而导致无可挽回的损失，甚至付出生命的代价。

当风险日渐成为不可避免的事实，风险又是一种被动的接受，反思现代性必须反思风险。在风险社会，人们开始越来越关注未来和安全，风险在包含着危险的同时，也寓含着机会和希望。处理好风险问题，尤其是工程风险问题，日益重要，业已成为风险社会的主导逻辑。

第二节 财富分配的逻辑

一、财富的认识过程及其含义

(一) 财富的认识过程

1. 中国古代传统的财富观

一个民族的优秀文化传统会对财富观的形成有重要的影响，但最终具有决定作用的还是生产方式。中国作为世界上四大文明古国之一，不仅为人类社会创造了丰富的物质成果，而且对精神文化的开拓发扬同样辉煌。在丰富的实践基础之上，中国传统财富观将财富分为两大类：物质财富与精神财富，物质财富又可分为实物财富与货币财富。

中国古代是以农业为主的社会，因此，人们将土地及其附着的一些劳动产品看作最重要的财富，正如马克思所说，在农业时代，土地对人的关系来说，这种存在方式应当在它的自然特殊性中，并且由于它的这种自然特殊性而起作用①。那个时代的财富“与其说是来源于劳动本身，不如说是来源于自然界的财富”②。

在中国古代，同样是建立在农业生产方式基础上，儒家和道家对财富的认识也呈现出不同的特征。儒家的理想是实行王道仁政，不反对富国强民，儒家学说认为，对国家而言：庶之，富之，然后教之（参见《论语·子路》）。“庶”指的是增加人口，人是农业劳动力，人丁兴旺是农业发展的首要前提；“富”是指让老百姓生活富裕；“教”是富而后教，加强教育，富而好礼。这也就是说，尽管儒家学说强调“仁”，但不反对富。儒家把民富寄托于统治者，寄托于统治者的仁政，在分配上主张平均主义，“不患寡而患不均”（参见《论语·季氏》）。孔子之后的孟子也持有相似的观点，认为“五亩之宅，树之以桑，五十可以衣帛矣……百亩之田，勿夺其时，数口

① 马克思. 1844 年经济学哲学手稿［M］. 北京：人民出版社，2000：75.

② 同①：75-76.

之家，可以无饥矣”（参见《孟子·梁惠王上》）。儒家重德不重富，重义而轻利，忧道不忧贫，是一种积极乐观的人生态度，儒家所倡导的仁政，希望实现的是小富和均富。这种财富观主要是由当时的生产方式所决定的，在农业社会，生产力水平较低，财富主要表现为自给自足，是一种自然形态的财富。与儒家积极入世的态度相比，道家呈现的是“小国寡民与安贫乐道”的态度，“小国寡民与安贫乐道”是中国古代财富观的重要观念。《道德经》的最高理想就是小国寡民，主张鸡犬之声相闻，老死不相往来，是一种安土重迁、老死不相往来的社会理想，这是东方式的小农经济的理想国。

儒家、道家之外，墨子认为，“凡五谷者，民之所仰也，君之所以为养也”（参见《墨子·七患》），也就是说，墨子将粮食等看作当时必不可缺的财富。

在物质财富中，除了实物财富，还有货币财富。在中国古代的一段时期，是将“贝”作为货币，看作财富的象征。后来又经历了从金属货币到金银货币再到纸币的不同阶段，人们将货币和劳动产品同样看作物质财富。

与物质财富并行的是精神财富观，儒家，特别是在其创始人孔子那里，“义”这一道德原则始终是放在首位的，“义”是人安身立命之根本，人对精神道德的追求要比物质追求更有价值和意义①。道教经典《太平经》认为，真正的富是积“德”得“道”，进而获中和之“善财”，以顺“天之道”，这是太平世道的最大财富。佛教则认为，人类社会中的一切现象都是有因缘的，财富的获得同样也有前因后果②。

2. 国外财富观

在国外思想史上，不同时期的思想家对“什么是财富”“财富的源泉是什么”等问题的回答，也有不同的认识，这主要是由于其社会历史背景不同、生产方式不同所决定的，由生产方式所决定的从农业社会到工业社会、从工业社会到后工业社会，财富的形式和内容发生了变化，与之相适应的财富观也必然发生变化。

---

① 张振超. 财富分配正义研究［D］. 苏州：苏州大学，2010：9.

② 崔正龙. 佛教的财富观及其现实意义［J］. 中国宗教，2009（7）：56-58.

国外对财富的认知，与我国相比，更加注重财富的物质形态，经历了“实物形态”“要素价值形态”为主导的两种财富观类型。其中实物形态又包括日常实物形态和货币形态两种类型①。

实物形态的财富观从古希腊一直延续到古典经济学时期。古希腊财富观的最早提出者是古希腊哲学家、历史学家色诺芬，他认为财富就是具有使用价值的东西。比如“一支笛子对于会吹它的人是财富，而对于不会吹它的人，则无异于毫无用处的石头”②，他把物品是否有用作为衡量财富的标准。同时，色诺芬也认识到物品有使用和交换两种功能，但他认为，货币是财富流通的媒介，不是财富本身。由于受到当时生产力水平的限制，他是仅仅从自然经济角度分析财富和交换问题及从使用价值的角度看待财富增长的③。

柏拉图的财富观带有明显的伦理色彩，他将财富划分为精神财富、肉体财富和物质财富。他认为，“所谓财富，如其所有者不是公正，不是有德性的，则不能称之为财富，如果所有者是鄙贱的，那么财富对他们反而是最大的恶，财富的价值要依据所有者的德性和是否能贤明的使用。”④

亚里士多德是从有限性与无限性来划分财富的，他将生财之道划分为两种：一种是家务管理的一部分；另一种是“货殖”。前者是有限的，是合乎自然的；后者是无限的，是违反自然的。

总之，这一时期的财富观主要是从物品的使用价值和交换方面来界定财富，对后来的经济学家使用价值概念的提出有重要的影响⑤。

从 15 世纪开始，欧洲重商主义盛行，货币作为财富代表的观念占据了主导地位，货币之所以能够成为财富的象征，就在于它可以通过交换，变成日常实物形态的必需品。重商主义者关注的重点是流通领域，把金银货币看作主要或唯一值得追求的财富形式。在重商主义思潮影响下，拜金主义盛行，人们的努力就是为了获取金钱。

---

① 张振超. 财富分配正义研究［D］. 苏州：苏州大学，2010：10.

② 色诺芬. 经济论·雅典的收入［M］. 北京：商务印书馆，1961：3.

③⑤ 任保平. 西方经济学财富观的历史演变：一个文献述评［J］. 经济学家，2010（1）：12-19.

④ 柏拉图. 理想国［M］. 北京：商务印书馆，1994：217.

与重商学派不同，重农学派认为社会财富来源于农业，可以说，社会财富就是从土地里生产出来的农业产品。法国重农学派的代表魁奈认为，财富是具有使用价值和交换价值的物质资料，他不反对货币是财富，但他反对将货币看作唯一的财富。

古典经济学时期，随着生产力水平的不断提高，经济思想也得以不断进步。对英国崛起有非常重要影响的人物亚当·斯密提出了"看不见的手"在经济领域的作用，在斯密看来，财富就是可供交换和消费的商品，他提出劳动是财富的唯一源泉，他从商品的两种属性对财富提出了两种不同的观点：其一是，一个人是贫是富，看他在什么程度上享受人生的必需品、便利品、娱乐品；其二是，是贫是富看他能够支配多少劳动①。

从威廉·配第开始，"实物形态"的财富观开始向"要素价值形态"转化，"要素价值形态"的财富观开始占据主导地位。关注的重点也发生了变化，从古典经济学家关注"财富是什么"转向关注"哪些要素可以创造财富"。在配第看来，土地和劳动是有价值的，原因在于它们可以生产财富。他认为，劳动是财富之父，土地为财富之母。法国的萨伊认为，资本、土地和劳动共同创造了财富。随着社会的不断发展，人类开始进入知识经济时代，知识就是财富的认识也逐渐为人们所认可。

（二）财富的含义

关于财富的解释，不同的工具书有不同的定义，《辞海》中指出，所谓财富就是财物以及金钱的总称；《现代汉语词典》中给出的定义是，所谓财富就是具有价值的东西，或者说，是所有劳动创造的产品、服务的总和以及一切能够应用于生产以及生活的资源。《经济学大辞典》中认为，到现在为止，还没有一个公认的财富定义。但财富基本分为两类：一类财富是指有形财产；另一类财富是快乐或效用②。从财富发展的历史演进来看，人们对于财富的认识主要有以下几种观点。

第一，土地财富观。从人类历史发展来看，土地财富观是在农

---

① 亚当·斯密. 国民财富的性质和原因的研究：下卷［M］. 北京：商务印书馆，1981：26.

② 梁小民，睢国余，刘伟，等. 经济学大辞典［M］. 北京：团结出版社，1994：292.

业社会占据主导地位的财富观，这是由生产力发展水平和生产方式的状况所根本决定的。农业社会中，人们满足基本生活需求的手段是耕种土地来收获农产品，用以保障人类社会的基本生存，在自然经济条件下，人们对财富问题的理解，更多的是将使用价值作为衡量财富的尺度，在自然经济条件下，人们自然地就将土地看作财富的主要源泉①。

第二，货币财富观。随着生产力的发展，人类社会逐渐地由自然经济走向商品经济，以分工和交换为主要特征的商品经济逐渐地占据了主导地位，交换价值逐渐成为人们衡量财富的主要手段，在这一时期，货币财富成为主要的财富形态。

第三，劳动财富观。马克思在前人研究的基础上，尤其在继承了古典政治经济学的基础上，在重新理解劳动创造财富的基础上，提出了劳动财富观。无论是土地财富还是货币财富，其实都是以劳动为基础的，从本源的意义上讲，财富是由劳动直接创造的。这是一些思想家早就注意到的财富与劳动之间的关系，并提出过劳动创造财富的观点。

第四，能力财富观。马克思不仅认同前人提出的劳动与财富的关系，而且在前人的基础上，将劳动区分为具体劳动和抽象劳动，提出了劳动二重性与商品二因素之间的关系，认为具体劳动创造财富的使用价值，抽象劳动创造财富的价值。在继承古典经济学家的“劳动创造财富”理论的基础上，进一步发展了劳动财富观，将古典经济学的劳动财富观向前推进了一大步②。马克思在考察工业社会财富创造时认为，一切财富都成了工业的财富，成了劳动的财富，而工业是完成了的劳动③。马克思以劳动与资本关系为前提，着重于生产劳动领域谈论财富问题，并且把生产劳动当作解释原则以及价值取向，认为唯有生产劳动是财富的直接源泉。马克思指出：“劳动不是作为对象，而是作为活动存在；不是作为价值本身，而是作为价值的活的源泉存在……劳动作为主体，作为活动是财富的一般可

①② 韩庆祥．马克思的财富观及其当代意义［J］．哲学研究，2011（4）：11-15．

③ 马克思．1844年经济学哲学手稿［M］．北京：人民出版社，2000：77．

能性”①。基于以上观点，可以看出马克思劳动财富观的创新之处：从对象与活动的关系视角，认为劳动作为活动而存在，具有永续的生成性和过程性；从价值本身与价值源泉的关系视角，认为劳动作为价值的活的源泉，具有本源性；从人与物的关系视角，认为劳动作为主体而存在，是通过现实的人的具体劳动创造了财富的使用价值，具有创造性。马克思不仅关注劳动与财富的关系，同时也关注劳动主体与财富的关系，认为在生产力的三个组成要素——劳动者、劳动对象和劳动资料中，劳动者居于主体地位，揭示了财富的主体本质，表明在劳动的物的因素和人的因素中人的因素的价值取向，体现了马克思“以劳动主体为价值取向的”人本财富观。马克思不仅关注劳动主体，而且进一步关注了劳动主体的能力，在马克思看来，工业作为创造社会物质财富的一种基本经济活动，与农业社会关注人的体力与经验不同，工业社会开始注重人的智力和专业技能，他倡导通过提高人的能力来扩大生产、提高效率和增进财富，提出了“以人的能力和公平为基石”的生成性财富观。在马克思看来，如果说变革生产关系以使其适应生产力的发展，这是推动生产力发展的必要条件，那么，人类对财富的追求则是生产力发展的内在动因；同时，一定的财富积累也是推动生产力进一步发展的外在因素，生产力的发展离不开一定的财富基础，发展是人类的生产力，也就是发展人类天性的财富这种目的本身。马克思提出了“揭示财富对社会生产力发展和人的发展的根本作用”的积极财富观，马克思从社会生产力发展和人的发展关系的角度，将人类历史划分为三个阶段：人的依赖性阶段、物的依赖性人的相对独立性阶段、人的自由充分全面发展阶段。在人的依赖性阶段，土地财富是财富的主要形态；在物的依赖性人的相对独立性阶段，货币成为财富的主要形态；在人的自由充分全面发展阶段，真正的财富就是所有个人的发达的生产力，个人能力的全面发展和人类共同的社会生产能力成为财富的主要形态。正是基于人类社会经济发展阶段的分析，马克思在批判继承重农学派的土地财富观、重商学派的货币财富观、古典经济

① 马克思．政治经济学批判［M］//马克思，恩格斯．马克思恩格斯全集：第46卷（上）．北京：人民出版社，2003：253.

学的劳动财富观的基础上，提出了从劳动主体的能力财富观①。

可以看出，财富是人类社会生产活动的条件和结果，随着社会生产力的发展，出现了注重使用价值的土地财富观，出现了注重交换价值形态的货币财富观，再到劳动财富观、能力财富观的发展历程。按照马克思的观点，人类首先要满足衣食住行用等生产生活资料，即物质财富的满足，然而，人又不仅仅满足按照“物种的尺度”来进行生产，还要按照“人自身的尺度”来进行生产，按照美的规律来塑造自然界，创造出一个属人的世界。因此，随着生产力水平的不断发展，人们对财富的追求也开始关注精神层面，开始关注伦理道德、价值信仰、行为方式等诸多方面，所以，可以认为，财富是可以被认为能够满足主体需要或对主体有意义的一切有价值的东西②。

根据当今世情、国情，我国在2006年提出了建设创新型国家。这就必然要求要积极倡导以创新为核心的时代精神，倡导尊重劳动、尊重知识、注重创新、注重技术、注重管理等多元财富观。在国际竞争日益激烈的今天，在挑战与机遇并存的今天，国与国之间的竞争归根结底是创新人才的竞争，提高创新能力、发挥创新能力在创造财富中的作用是一个不可回避的主题。在当今中国社会，提高财富生产的效率和增进财富积累的速度的关键在于提高人的能力，尤其是人的创新能力。马克思的能力财富观对当下中国的发展具有重要意义，因为它强调了劳动、知识、技术与管理这些创造财富的因素，同时也在一定程度上消解了权力财富观，弘扬了劳动、知识、技术和能力财富观③。

二、财富分配的含义、层次及价值追求

（一）财富分配的含义

按照马克思主义政治经济学的观点，分配是社会再生产过程的一个环节，是指产品的分配。马克思指出，按照通常的观点，这种分配关系被认为自然关系，是从一切社会生产的性质、从人类生产

①③ 韩庆祥. 马克思的财富观及其当代意义［J］. 哲学研究，2011（4）：11-15.

② 张振超. 财富分配正义研究［D］. 苏州：苏州大学，2010：12.

本身的各种规律中产生出来的关系①。社会再生产过程是生产、分配、交换和消费的统一体，分配是联结生产和消费的中间环节②，分配直接影响生产和消费。按照贝克的理论，在简单现代化阶段，财富分配是由于主体的需要引发，并由生产关系规定的社会经济形式。前者是财富分配的自然基础，后者是财富分配的社会基础。

财富分配由于受到社会生产方式的影响，主要具有以下几个特征：第一，财富分配的历史性。财富分配总在一定的历史条件下进行，不同的历史时期呈现出不同的阶段性特征。第二，财富分配的客观性。财富分配归根结底取决于生产方式的状况，因而它是客观的，因为生产力与生产关系的发展是不以人的意志为转移的，具有客观性。第三，财富分配的阶级性。不同的国体和政体、不同的阶级性质和政权组织形式的国家有不同的分配形式和内容，生产关系的性质在一定程度上决定了财富分配的阶级性特征。

（二）财富分配的层次

有学者指出，财富分配包括初次分配、再分配和第三次分配三个层次。初次分配主要是指国民总收入直接与生产要素相联系的分配，是以企业为主体，通过市场将国民生产总值在国家、企业和个人之间进行分配。再分配是以政府为分配主体，是指在经过初次分配之后，国家利用税收、社会保障、转移支付等调节手段对初次分配进行调节，以促进社会和平，主要调整的是不同区域之间（比如我国的西部大开发、中部崛起、东北老工业基地振兴等）不同阶层之间、不同社会成员之间等的财富分配。在这里，政府承担的是经济调节、市场监管、社会管理和公共服务的职能。与初次分配和再分配相区分，有学者提出“第三次分配”，厉以宁在1994年出版的《股份制与现代市场经济》中提出，第三次分配是基于道德力量的作用，也就是说，除了通过市场这只“看不见的手”和政府“看得见的手”进行的财富分配外，还有第三次分配，主要指的是慈善公益事业的力量，是指通过个人自愿捐赠而进行的分配，主体呈现出多元的特征。

---

① 马克思，恩格斯．马克思恩格斯全集：第46卷（下）［M］．北京：人民出版社，2003：993.

② 张卓元．政治经济学大辞典［M］．北京：经济科学出版社，1998：20.

也有学者指出，财富分配主要包括三个方面：第一，生产要素的分配。是指资金、生产资料、劳动力等生产领域的分配，这是生产成果作为经济资源如何配置以达到优化组合，目的在于实现社会财富的最大化。第二，国民收入的初次分配。新创造价值只有原始收入的一部分才构成主体的财富分配，这些收入会形成积累和消费，进而使财富的创造得以实现。第三，国民收入的再分配。如果说国民收入的初次分配关注的是经济维度的效率，那么国民收入的再分配关注的是社会维度的公平，主要包括财政分配、转移支付、社会福利与保险等①。

（三）财富分配的价值追求

财富的分配过程、结果的价值指向就是要体现人的尊严，体现以人为本的发展理念，实现社会的良性有序运行。习近平总书记在强调实现中国梦必须依靠中国力量时指出，当下时代是个伟大的时代，中国人民生活在我们伟大祖国，我们共同享有梦想成真的机会，共同享有人生出彩的机会，共同享有同祖国和时代一起成长与进步的机会，其实质就是正义的要求，也就是说，在经济发展的过程中，不仅要把经济发展的蛋糕做大，还要分好，体现公平与正义，财富分配的价值追求就是正义。

财富分配的理想状态是公正，即社会财富的天平能够在社会成员之间达到合理的平衡，为了达成这一目标，财富分配正义的价值诉求内含着三种正义：市场正义、政府正义、个人正义。市场正义是遵循市场调节的基本原则去分配社会财富，是由市场对财富进行自然分配，遵循“效率优先”原则，重视创造社会财富过程中个人的贡献，体现了按劳分配的价值导向。按劳分配制度所呈现的是一种市场正义，是对社会之中那些努力创造社会财富的人的充分肯定。任何事物都有矛盾对立统一的一面，市场正义一方面有利于调动个人参与社会经济活动的积极性、主动性和创造性；另一方面也会带来严重的社会贫富差距问题。为了社会能够良性运行，政府正义不可或缺、十分必要，也就是说，政府应该干预社会财富的分配过程，

① 吴俊杰，张红，等．中国构建和谐社会问题报告：问题·现状·挑战·对策［M］．北京：中国发展出版社，2005．

政府理所应当要通过合理的制度安排去干预社会财富分配，因此，从这个意义上讲，政府正义又可以称为制度正义，制度正义的内在价值取向为向那些在市场经济活动中处于劣势的人倾斜。尽管政府通过诉诸税收制度、财政支出制度和社会保障制度等制度正义在很大程度上能够弥补市场分配的局限，但是仍然达不到理想的公正程度。因此还有必要在财富分配方面有个人正义，即第三次分配，即依靠个人的道德正义感所进行的社会财富分配。第三次分配是对前两次财富分配的补充，有助于缓解贫困、缩小贫富差距。分配正义是社会财富分配理应体现的核心价值，是市场正义、政府正义与个人正义的有机统一，这不仅说明社会财富的分配要彰显正义，同时也说明社会财富的分配正义是一项复杂的系统工程，正义一定要成为主导财富分配的实践精神以及核心价值理念，社会财富才能够在人们之间公正地进行分配①。

三、财富分配正义思想的历史溯源

（一）中国优秀传统文化中的财富分配正义思想

人类对正义的追求从一开始就与经济活动密不可分，与社会财富的分配活动相伴相随，社会财富的分配正义作为社会正义之重要组成形式，是奠基于一定社会的经济基础的，人类对财富分配的认识也经历了一个历史的过程。

我国对正义的思考和认识，不同的时期也有不同的特点。在原始社会，由于生产力水平低下，社会劳动由人们共同承担，社会财富在人们之间平均分配，这样，整个部落才能够生存下去，这就是原始社会条件下人们的自然选择，是一种朴素的财富分配正义思想。

随着生产力水平的不断提高，生产力水平有了一定程度的发展，人类社会步入阶级社会，出现了社会财富分配的不公正现象。在我国春秋战国时期，财富分配问题成为社会发展中的突出问题。在这样的社会背景下，孔子注意到分配正义和社会公正问题，孔子对正义的思考不仅包含对个人德性的要求，也包含对社会制度的思考。他提出，不患寡而患不均，不患贫而患不安，盖均无贫，和无寡，

① 向玉乔. 财富分配的正义诉求［N］. 中国教育报，2010-07-05（4）.

安无倾倒①。除了儒家思想，道家认为，“损有馀而补不足”的财富分配原则是正义的，而“损不足以奉有馀”的财富分配原则是不正义的。墨子“有力以劳人，有财以分人”的分配原则（《墨子·鲁问》），即可以通过社会互助的方式实现社会财富公正分配，此为“为贤”或“为义”之举动。

在中国古代财富分配思想中，占据主流和主导思想的是深受儒家思想影响的财富分配思想，追求的是“均无贫”的等级财富分配思想，“均”指的是封建等级实行财富的差等分配，即不同等级在财富分配中具有不同的特权，同一等级享有大体均等的财富分配。也就是说，这是一种阶梯式的分配，是一种财富分配的差等思想，注重的是同一等级实行均衡分配，不同等级实行不均等的财富分配，这一思想在孔子之后得到了不断发展。在汉代，董仲舒的财富分配正义思想具有一定的代表性，他认为，针对财富分配不公所造成的严重社会后果，政府有必要制定合理的财富分配制度，以保障“富者足以示贵而不至于骄，贫者足以养生而不至于忧”（《春秋繁露·度制》）。很显然，这是一种包含着差异的分配正义思想。到了宋代，财富的分配，尤其是土地使用权的分配仍然是宋朝统治者感到棘手的问题。宋代的范仲淹提出“损上益下”的财富分配原则，认为“下者上之本，本固则邦宁”，“损上则益下，益下则固本也，是故谓之益”（《范文正集·卷五·易义》），除此宏观上的思想之外，范仲淹在财富分配正义的具体措施方面也有独到见解，倡导“以工代赈”，也就是要在灾荒年征百姓服役，以此来维系百姓生计，并鼓励有钱人奢侈消费，以增加贫苦百姓的就业机会。宋代的叶适提出了“安富和均富”思想，安富延续了前人的思想，主张继续推行差等的财富分配制度，以确保统治阶级的利益，但同时，他也意识到，要想维护社会的稳定，还要避免贫富差距过大、引起社会动荡；同时，在前人基础上，又提出了“均富”的思想。这一“均无贫”思想及其后续的发展，对中国封建社会的经济与政治制度产生了深远影响，这一思想既有历史进步性，也有历史局限性。它深刻地影响了我国封建社会的土地分配制度和国民财富分配的公正性，一定程

① 杨伯峻. 论语译注［M］. 北京：中华书局，1980：147.

度上维护了统治阶级的利益和社会的稳定，但同时，也极大地损害了农民的利益，加剧了社会矛盾。不仅在道义上将农民划入了社会的底层，而且从经济的维度，在财富分配方面将农民被剥削、被奴役的情况合法化①。

到了明代中后期，国家财富被少数权势集团所掌控，一些具有先进思想的官员开始思考财富分配正义问题。如历史上有名的海瑞，他的财富分配正义思想主要体现为“利民”“足民”，表现在对农民的关心上，提出“人必有田”，并通过“井田制”具体实施，提倡把财富直接分配给有需要的农民，还要为农民提供必要的生产条件来保障财富的创造。此外，海瑞还提出按资产征税、均税、均徭等思想。

鸦片战争后，中国开始沦为半殖民地半封建社会，中国社会陷入内外交困之中，这一时期，很多进步思想家提出颇有见地的财富分配思想，龚自珍提出对于社会中已经存在的贫富差距，统治者应“随其时而调剂之”（《龚自珍全集·平均篇》），以达到社会财富分配差距缩小、君臣关系融洽、社会稳定的良好局面。太平天国所倡导的“天朝田亩制度”也体现了财富分配正义思想，其主张的理想社会为“有田同耕，有饭同食，有衣同穿，有钱同使，无处不均匀，无人不饱暖”②。

（二）国外思想宝库中的财富分配正义思想

国外社会发展财富分配演化的现实是私有财产的不可侵犯和分配的不平等，其不平等的演进历程为：由主体意义上的不平等，到政治权力上的不平等，到道德伦理上的不平等，再到精神世界的不平等。在这一发展过程中，财富分配差距越来越悬殊，国外古代社会的财富呈现的是一种“渐进悬殊”的分配思想③。而同时，综观人类社会发展的历史，正义始终是人们最基本的价值追求和行为准则，人类追寻正义的过程，同时也对应着人类社会由不合理到合理

①③ 周家荣，王玉敏. 论中西古代财富分配思想与消费思想［J］. 武汉科技大学学报（社会科学版），2009（5）：39-44.

② 赵靖，等. 天朝田亩制度［M］//赵靖，易梦虹. 中国近代经济思想资料选辑：上册. 北京：中华书局，1982：267.

的演变过程[1]。国外思想家在面对社会现实进行思考的过程中，财富分配正义思想融会其中，其思想资源也比较丰富。

古希腊的智者学派代表人物斯拉斯马寇认为，正义不外是强者的利益。古希腊的执政官梭伦亲身践行正义思想，将在贵族和平民之间的“不偏不倚”作为自己的执政理念，以实现社会的和平与稳定。著名哲人苏格拉底把对正义的追问当作自己的终身事业，色诺芬认为，苏格拉底的一生除去思考何谓正义，何谓非正义，并且践行正义和避免非正义之外，别的事情什么都没做[2]。在苏格拉底看来，正义是一种美德，而这种美德就是要明白在某一特定环境中如何去行动[3]。柏拉图认为，正义是一种人类美德的道德原则，其所著的《理想国》的副标题就是“论正义”。正义就是人人安守自己的本分，合适的人做合适的事。表现为各司其职、各守其序、各得其所。针对财富分配不均的现实，柏拉图认为，财富分配的不均是由商业造成的，寡头政治赖以建立和存在的基础就是财富，寡头政治失败的原因就在于过度追逐财富，赚钱发财是其唯一诉求，其他一切都不重要[4]。亚里士多德认为，正义以公共利益为依归，正义寓于平等之中，地位相等的人应当分配到同样数量的财富。什么是平等？亚里士多德认为，平等分为两种：一种是数量相等；另一种是比值相等。所谓“数量相等”指的是每个人所得到的财富在数量上相等，是绝对的平均；所谓“比值相等”指的是根据每个人的实际价值，按比例分配与之相对应的财富。……正当的原则应该是在某些方面强调数量平等，而在另一些方面则强调比值平等[5]。针对社会财富分配的不均，亚里士多德给出的是折中的解释。在他看来，人们财产和地位的不同是由人先天的不平等决定的，既然人的不平等是上天注定的，那么财富分配的不平等也是注定的，因此，他认为，平均分配财富的想法也是不合理的。

---

①③ 何建华. 分配正义论［M］. 北京：人民出版社，2007：31.

② 色诺芬. 回忆苏格拉底［M］. 吴永泉，译. 北京：商务印书馆，1984：186.

④ 柏拉图. 理想国［M］. 郭斌和，张竹明，译. 北京：商务印书馆，1986：339.

⑤ 亚里士多德. 政治学［M］. 吴寿彭，译. 北京：商务印书馆，1983：234-235.

国外古代“渐进悬殊”的财富分配思想逻辑反映了国外古代社会历史发展的逻辑，其财富分配思想统治了国外古代社会几千年，最终随着社会的不断进步，这一思想也退出了历史舞台。

随着资本主义的产生和发展，国外关于财富分配正义的思想也呈现出多样性的特征，比较典型的有古典政治经济学派、空想社会主义学派、功利主义学派、新自由主义学派等关于财富分配正义的思想。

古典政治经济学派的代表人物主要有英国的威廉·配第、亚当·斯密、大卫·李嘉图，法国的布阿吉尔贝尔、西斯蒙第等。亚当·斯密关于财富分配正义的思想主要体现在著作《道德情操论》《国民财富的性质和原因的研究》等，其突出特征表现为互利以及“看不见的手”的市场调节机制。亚当·斯密以人的本性为出发点，提出“同情”的观点，指出同情是基本人性，这样，在财富分配过程中，在保障自我利益的同时，也要尽最大努力保障大多数人的利益，进而才能保证全社会的共同进步。他指出，社会中下层阶级生活状况的改善，是对社会有利的。一个幸福的社会不应该让社会中大多数成员处于贫困悲惨状态之中，并且，为全社会成员创造财富的人，合理享有自己劳动成果中的一部分，以保障自己的生存，才算是公正①。在财富分配正义的实现方式上，他提出了“看不见的手”的财富分配方式，认为尽管富人的天性是贪婪和自私的，虽然他们唯利是图，虽然他们雇佣劳动的目的在于满足他们自己的欲望，但是有一只“看不见的手”引导他们把生活必需品平均分配给全体社会成员，从而为不断增长的人口提供必要的生活资料，这样，就在不知不觉间增进了社会整体利益②。西斯蒙第的财富分配正义思想体现在著作《政治经济学新原理》中，他指出，社会财富的不公正分配所引发的贫富两极分化甚至是弱肉强食的状态，是对人类社会宝贵财富的损害，更是对人类生命力的损害。他不希望工场里的所有财富只是汇集到一个人手中，他的愿望是把工场的财产分配给为数众多的以手工作坊为代表的中等资本家，而不是仅被少数大资本家所

① 亚当·斯密. 国民财富的性质和原因的研究：上卷［M］. 北京：商务印书馆，1972：72.
② 亚当·斯密. 道德情操论［M］. 北京：商务印书馆，1997：229-230.

垄断①。

19世纪早期的空想社会主义代表人物包括圣西门、傅立叶和欧文，他们一方面揭露了资本主义的罪恶，另一方面又展望了未来理想型社会，一个理想型社会应该实现财富分配的公平与正义。圣西门指出，在实业制度下，要满足人们，特别是无产阶级的需要。并且认为，财富在社会成员中的分配要根据每个劳动者贡献的多寡，所谓财富分配正义就是要根据每个社会成员的才能以及贡献来分配财富，应以保障社会中最弱势群体的基本权利为根本宗旨，实现全体社会成员的共同幸福②。傅立叶提出了要成立一种新的社会组织——法郎吉，并且在财富分配上，按照按比例分配的原则进行。傅立叶首先指出资产阶级是富人巧妙地剥削和掠夺穷人的组织，资本主义制度是不合理的分配制度③。他提出在法郎吉的社会组织中，将确立劳动和享受的统一性，在具体的财富分配上，他主张将资本、劳动和才能同等看作“红利”，实行按比例分配。欧文同样认为资本主义制度是富人剥削穷人的制度，工人阶级没有享受到自己的劳动成果，在资本主义制度下，财富分配无法体现公平正义。基于此，欧文进一步提出要建立劳动公社组织，劳动公社遵循共同劳动、共同消费、共同保有财产以及特权均等的原则④，公社里的生产资料归公社所有，个人生活资料归个人所有。

功利主义学派的典型代表人物是边沁和穆勒。功利主义思想家所遵循的财富分配的正义基本原则为幸福最大化原则。他们判断行为是否正义的标准是看行为结果，能够带来最大幸福的行为就是正义的行为。以此推理，在功利主义者看来，财富分配是否正义，也就是看它是否实现了最大多数人的最大幸福。

新自由主义学派的典型代表人物是罗尔斯，罗尔斯关注社会公平正义问题。罗尔斯在对前人洛克、休谟和康德等人的正义理念进行分析和概括的基础上，提出了“公平的正义”的两个原则。第一

① 西斯蒙第. 政治经济学新原理［M］. 北京：商务印书馆，1964：476-477.

② 圣西门. 圣西门选集：第2卷［M］. 北京：商务印书馆，1982：17.

③ 傅立叶. 傅立叶选集：第1卷［M］. 北京：商务印书馆，1959：242.

④ 欧文. 欧文选集：第1卷［M］. 北京：商务印书馆，1979：327.

正义原则，即平等自由原则，每个人对与所有人所拥有的最广泛平等的基本自由体系兼容的类似自由体系都拥有平等的权利。第二正义原则，即差别原则，社会和经济的不平等应该这样安排：在与正义的储存原则一致的情况下，适合于最少受惠者的最大利益；依系于机会公平平等的条件下的职务和地位向所有人开放（机会平等原则）。这两个原则以及第二原则的两个分原则之间有着辞典式的序列关系，前者一般要优先于后者①。罗尔斯提出的公平正义理论，既来源于传统的契约论，又不同于传统的社会契约论，表现出一方面削除其神学意味，另一方面又提升了逻辑力量，尤其是十分强调先于契约而决定契约的条件，从“原初状态”“无知之幕”的虚拟情境中推导出正义两原则，这使罗尔斯的公平正义理论与传统契约论相比，更具真实感和可信性②。在罗尔斯看来，其第二原则适用于财富分配。罗尔斯认为，在自由平等的社会中，全体公民相互协作，贫富差距就会缩小，也就是说，财富分配的正义虽然无法做到平等，但可以通过合理的制度安排，使每个社会成员都获益。

（三）马克思、恩格斯财富分配正义思想及其发展

1. 马克思、恩格斯对前人财富分配正义思想的批判与继承

马克思财富分配正义思想的形成与古典政治经济学派、空想社会主义学派等有历史的继承性，既是对前人思想的坚持，又是对前人思想的发展，即对前人思想的批判、继承与创新；同时，在与同时代各种社会思潮的交汇中，也呈现出思想的深刻性。

对于古典政治经济学派，马克思认可现实的人作为出发点，但反对以私有制为前提的“经济人”的假设，提出要从宏观的维度考察社会经济制度是否合理。在他看来，古典经济学家依然只是着眼于资产阶级的利益，有必要揭穿其资产阶级的虚伪性，对资本主义社会财富分配的分析不应只从一般的意义上进行思考，有必要从特殊的意义上进行反思。因此，马克思做到了“把古典经济学从关于一般社会现象的经济方面的分析理论，转变成为有关一种特定经济

① 罗尔斯. 正义论［M］. 何怀宏，何包钢，廖申白，译. 北京：中国社会科学出版社，2009：237.

② 贾可卿. 分配正义论纲［M］. 北京：人民出版社，2010：4.

体制——资本主义体制如何起作用及其发展过程的历史理论"①。

一方面，马克思对空想社会主义者的财富分配思想进行了批判，指明其思想中的缺陷与不足，认为他们根本没有超越甚至也没有达到私有财产的水平②，同时也必须看到另一方面，即三大空想社会主义者对马克思、恩格斯的启示，圣西门的实业制度、傅立叶的法郎吉和欧文的劳动公社，都对马克思提出按劳分配和按需分配的思想具有启示意义。恩格斯对三大空想社会主义者的历史贡献给予了很高的评价，他认为，尽管空想社会主义者的思想中带有空想甚至虚幻的性质，但是，他们天才地预言了已经被证明了其正确性的无数真理，他们是所有时代最伟大的智者③。

对于功利主义学派，马克思认为其思想具有资产阶级的历史局限性，认为其是资产阶级个人道德的必然产物，是非历史的抽象，认为在资本主义制度下，功利主义者所倡导的"最大多数人的最大幸福"不可实现，并进一步揭示了功利主义学派所主张的功利关系的本质，其实质是"我"通过损害别人的做法来使"我"自己获得最大利益④。

尽管前人的思想在某种意义上或者代表了资产阶级的利益，或者某种意义上具有不可行性，但同时，这些思想家们的思想也给马克思、恩格斯分析现实资本主义社会提供了启示，为其财富分配正义思想的形成提供了重要的理论基础。

马克思在资本主义社会矛盾日益暴露的社会背景下，在社会日益分裂为两大对立阶级的时代背景下，在自然科学和社会科学不断取得发展的前提下，逐渐形成了唯物史观，在对财富分配的问题上，认为"平等"是体现在一定的社会制度之中的，作为上层建筑，必然会受到经济基础的决定和制约。资本主义制度下，资产阶级占据统治地位，他们利用手中的权力去剥削工人阶级，掠夺工人的生产资料。这样，资本家依靠剥削累积财富，占据社会财富的核心地位，

① 帕森斯. 社会行动的结构［M］. 南京：译林出版社，2003：545.

② 马克思. 1844 年经济学哲学手稿［M］. 北京：人民出版社，1979：72.

③ 马克思，恩格斯. 马克思恩格斯全集：第 18 卷［M］. 北京：人民出版社，1964：566.

④ 马克思，恩格斯. 马克思恩格斯全集：第 3 卷［M］. 北京：人民出版社，1960：479.

而工人阶级则一穷二白，居于社会财富的边缘地位。两大阶级在财富分配的问题上根本处于不平等的地位。

2. 马克思、恩格斯财富分配正义思想的理论内涵

马克思、恩格斯的财富分配正义思想主要是以批判的形式出现的，很少是正面的阐述，在批判反思中阐述了关于公平正义的系列思想。

首先，马克思、恩格斯指出，财富分配正义是对现存经济关系的反映，必然会伴随生产方式的变迁而演变。马克思认为，财产关系是国家、法律、道德的基础，而无产阶级只是生产财富的“劳动机器”①。恩格斯认为，公平的内涵不是永恒不变的，而是要随着社会历史的发展不断演化的历史范畴，不同的社会有不同的内涵，由此可以看出，恩格斯对于社会财富的正义分配问题，认为应该着眼于生产方式，而不是脱离人类的物质生产实践，反对从纯粹理性、主观德性的维度探究财富分配正义问题。

其次，马克思、恩格斯关于公平原则的序列为：需要原则、贡献原则、权利原则。所谓需要原则指的是按需分配原则，适用于人类的理想社会——共产主义社会，共产主义社会的特征就是物质财富极大丰富，阶级对立和社会分工消失，人类的发展阶段已经由物的依赖性、人的依赖性发展到人的自由、全面、充分发展阶段，按需分配是最理想的分配原则，是最能体现正义的原则。贡献原则指的是按劳分配的原则，即等量劳动获得等量报酬的原则，适用于共产主义社会的初级阶段，这必然会导致结果的不平等，但这种选择是基于现实的社会经济状况的选择，国家可以通过制度和政策对其导致的不平等进行矫正。需要原则为最优原则，贡献原则次之，贡献原则又优于权利原则。权利原则强调权利平等，适用于资本主义社会，也适用于共产主义社会初级阶段，这主要是由于权利有存在的客观经济结构和社会文化状况，是根据现实的经济条件以及文化状况所进行的选择，这一阶段有其存在的合理性，是不可逾越的，

① 马克思，恩格斯. 马克思恩格斯全集：第 47 卷［M］. 北京：人民出版社，1979：130.

需要主动地去面对①。

最后，马克思、恩格斯认为，劳动和正义是人类创造财富的手段，资本主义制度代表资产阶级利益，是一种非正义的剥削制度，主张在经济发达的经济基础之上消灭财富分配非正义现象，即社会中出现的异化现象，进而追求全人类的彻底解放②。

3. 马克思、恩格斯财富分配思想中国化的历程

（1）毛泽东的财富分配正义思想。任何思想的产生都有特定的时代背景和个人原因，毛泽东的财富分配正义思想的提出与当时的国际国内背景密切相关。毛泽东的财富分配正义思想源于马克思主义的财富公正思想和苏联社会主义建设的实践经验的启示。

第一，毛泽东立足于当时的中国国情，认为土地是这一时期最为重要的自然财富，财富分配正义的践行离不开土地。于是，毛泽东领导中国人民进行了土地革命，实现了“耕者有其田”。这从根本上解决了当时中国最大的财富分配不公问题。当然，随着中国国情的变化，在土地方面的财富正义思想也不断发生变化，如在抗日战争时期，为反抗日本侵略，发挥爱国统一战线的强大力量，毛泽东提出“地主减租减息，农民交租交息”的政策。

第二，毛泽东坚持唯物史观，认为人民群众才是社会财富的真正创造者，也是社会变革的决定性力量，坚持全心全意为人民服务，希望实现人民群众创造的财富平等地归属于人民。战争时期，毛泽东关心人民群众的基本要求，综合考量财富分配问题，提出要解决人民群众的衣食住行等基本生存问题③。中华人民共和国成立后，由于受到国际和国内形势的影响，以毛泽东为核心的第一代领导集体尽管面临着迫切需要提高人民群众生活水平的问题，但在具体政策的实施上，为了尽快完成工业化和加强国防建设，在实际的财富分配上，强调个人利益要服从集体利益、局部利益要服从整体利益、

① 刘云凤. 马克思恩格斯公平正义思想与米勒多元正义论比较［J］. 理论与改革，2012（2）：5-8.

② 姜涌. 马克思恩格斯的公平正义思想研究［J］. 广东社会科学，2004（3）：60-66.

③ 毛泽东. 论政策［M］//毛泽东. 毛泽东选集：第 2 卷. 北京：人民出版社，1991：767.

眼前利益要服从长远利益①。

第三，毛泽东从社会系统的经济、政治和文化结构践行财富分配正义。毛泽东于1953年正式提出过渡时期总路线，要实现工业化，还要对农业、手工业以及资本主义工商业进行社会主义改造，以促进我国生产力大发展，以此来满足人民群众日益增长的物质和文化需求。1956年，我国完成了三大改造，社会主义制度在我国确立起来。毛泽东又进一步提出要消灭特权，维护人民财富公正。在文化方面，毛泽东一直以身作则，并教育广大人民群众要树立共产主义财富观，极大地促进了我国的精神文明建设，全社会树立了共产主义社会意识，这种社会意识直接影响财富的分配正义②。

（2）邓小平财富分配正义思想。党的十一届三中全会以后，我国进入改革开放以及社会主义现代化建设新时期，我党的工作重心转向经济建设。在这一时代背景下，邓小平提出和平与发展成为时代的主题，邓小平继承和发展了毛泽东分配正义思想，在新的历史条件下，结合中国国情，提出了贫穷不是社会主义，允许一部分人先富起来，再带动大家共同富裕的财富分配正义思想。邓小平的这一思想，实际是在收入分配问题上的“双论结构”③，即“收入差距论”和“共同富裕论”，收入差距论又可以称为“先富论”。具体包括以下几个方面。

第一，打破平均主义，允许一部分人先富。邓小平从提高劳动生产率的角度出发，承认个人收入适度差距的合理性，这是对平均主义的否定。因为大锅饭的平均主义脱离了社会主义初级阶段的实际，实际上是共同落后、共同贫穷④。邓小平指出：“我国人口多，底子薄，经济发展不平衡，不可能同时富起来，在经济政策上，要允许一部分地区、一部分企业、一部分工人农民，由于辛勤努力成绩大而收入先多一些，生活先好起来，就必然产生极大的示范力量，

---

① 毛泽东．读苏联《政治经济学教科书》的谈话（节选）［M］//毛泽东．毛泽东选集：第8卷．北京：人民出版社，1999：136.

② 林彦虎．毛泽东的财富公正思想探析：基于财富的源泉和社会系统的基本结构出发［J］．嘉应学院学报（哲学社会科学），2012（3）：32-37.

③ 邓小平．邓小平文选：第2卷［M］．北京：人民出版社，1994：101.

④ 同③：130.

影响左邻右舍，带动其他地区、其他单位的人们向他们学习。”① 用合理的财富分配制度调动人民群众创造财富的积极性，这是中国社会主义制度在跨越资本主义卡夫丁峡谷后所经历的社会主义初级阶段首先必须要做的事情，即要把人们的积极性调动起来去创造财富，发展生产力。按劳分配是我国在探索社会主义市场经济过程中引入竞争机制的有效方式，按劳分配体现多劳多得、体现公平正义。

第二，以先富带后富，最终实现共同富裕。一部分人先富起来，指的是在改革开放的初期，中国实行的发展战略，首先强调经济效率的提高，但这并不意味着不要实现共富的目标。邓小平指出，我们的大原则是共同富裕，但是可以允许一部分人、一部分地区先富起来，让一部分地区快速发展，从而带动其他地区，这是加快发展速度，实现共同富裕的捷径②。社会主义制度根本目的是实现共同富裕，然而平均发展是不可能的③。

邓小平的财富分配正义思想也落实在具体政策上：1978 年 5 月，在《国务院关于实行奖励和计件工资制度的通知》中，重新确立了奖励制度和计件工资制度，标志着我国分配制度改革的开始。1978 年年底，党的十一届三中全会召开，提出要克服平均主义，开启了中国改革的序幕，中国的改革首先从农村开始，以农村为突破口，推行家庭联产承包责任制，实行财富分配制度的重大改革，即“缴够国家的，留够集体的，剩下是自己的”。1984 年，党的十二届三中全会召开，继续深化分配制度改革，进一步落实按劳分配的原则。1987 年，党的十三大报告中明确提出，要实行按劳分配为主体的多种分配方式，首次明确了非劳动收入的合法性，并且要在提高经济效率的基础上凸显社会的公平正义。邓小平进一步指出，社会主义本质是要解放生产力和发展生产力，是要消灭剥削和两极分化，最终目的是要走向共同富裕，因此，共同富裕既是社会主义本质规定，同时又是财富分配正义之要求④。

---

① 邓小平. 邓小平文选：第 3 卷［M］. 北京：人民出版社，1993：166.

② 同①：155.

③ 邓小平. 邓小平文选：第 2 卷［M］. 北京：人民出版社，1994：152.

④ 张振超. 财富分配正义研究［D］. 苏州：苏州大学，2010：36.

（3）新时期的财富分配正义思想。20 世纪 90 年代后，随着社会主义市场经济体制的确立和新的财富分配问题的出现，财富分配正义思想也更为丰富和具体。1992 年 10 月，党的十四大第一次提出兼顾效率、公平的分配制度。1993 年年初，党的十四届三中全会提出了收入分配制度的十一项基本原则，详尽阐述了与市场经济相适应的个人收入分配制度，提出效率优先、兼顾公平的个人收入分配原则。1997 年党的十五大召开，首次提出按生产要素分配，并明确地提出把按生产要素分配和按劳分配相结合。2002 年，党的十六大召开，明确劳动、技术、资本、管理等其他生产要素按贡献分配的原则。2007 年，党的十七大提出要逐步提高居民收入在国民收入分配中所占比重，要提高劳动报酬在初次分配中所占比重，初次分配以及再分配都要体现效率优先、兼顾公平的原则，再分配更要注重公平原则。

目前，我国正处在社会主义初级阶段，按劳分配为主体，其他多种分配方式共同存在。多种分配方式，究其实质，就是要按照生产要素的不同占有状况实行分配。按生产要素进行分配，就要建立健全劳动、技术、资本、管理等生产要素按贡献参与分配的制度，要从制度上保障多种分配方式。改革开放以来，我国收入分配制度改革不断推进，逐步形成了按劳分配和按生产要素分配相结合的分配制度，这种分配制度有利于资源配置的优化，有利于经济快速发展，更加有利于调动一切积极因素，共同创造社会财富①，这充分体现了我国财富分配的公平正义性的一面。

四、财富分配正义及其原则

（一）财富分配正义

一个社会中，人们对幸福以及美好生活的追求直接体现在财富分配上，可以说，财富分配正义是社会正义的基本形式。

在一定的社会关系中，财富分配正义是每个人都能够平等获取财富以及享有财富的伦理秩序与道德诉求。政府要通过合理的制度

① 毛泽东思想和中国特色社会主义理论体系概论编写组．毛泽东思想和中国特色社会主义理论体系概论［M］．2015 年修订版．北京：高等教育出版社，2015：175-176.

安排合理地配置社会各阶层的权利及义务，以保障各阶层所获取的财富差距是可以承受或合理的①。

从经济学的视域来看，财富的分配正义作为当下我国经济发展的重要问题之一，与经济增长也有着密切的关系，要实现经济增长与财富分配正义的一致，不是一件自然天成的事情，而是需要人的理性思考并能够指导人们的实践，才能够实现财富分配正义诉求与共享性经济增长相契合。

从历史发展的动态视角，从经济学与伦理学结合的视域理解财富分配正义，至少应该包括以下几个方面：首先，从经济正义和社会正义相结合的维度来理解分配正义。从经济正义的维度来看，分配正义体现在财富的生产、交换以及消费过程之中分配环节的公正性，在这里，分配正义的关键在于按劳分配和按劳动要素分配相结合的分配原则是否公正。而从社会正义的维度来看，财富分配正义要求对收入分配进行有效调节，以缩小收入分配差距，避免贫富分化太严重。因此，要实现财富分配正义，就要把初次分配、再分配与第三次分配密切关联，在初次分配中就要注重公平，同时要发展慈善以及公益事业。其次，从宏观和微观相结合的方法来解读财富分配正义，指的是“国富”与“民富”的关系问题，即国家财富和个人财富的分配。尽管不同的历史发展时期，人们对这一问题的看法不尽相同，但总的来说，还是倾向于国家财富和个人财富之间要保持恰当的分配比例，是适合社会发展规律的一种做法，这种做法可以促进社会财富的增长。最后，从财富分配与收入分配的关系来阐述正义。目前很多学者把财富分配仅仅局限于收入分配，这是不恰当的，应当将财富分配正义与权利、自由等的分配方式相关联②。阿马蒂亚·森指出，财富不平等不仅表现为收入的不平等，还表现为诸如失业、医疗资源匮乏、教育资源短缺以及社会排斥等其他经济因素导致的不公正。

（二）财富分配正义原则

财富分配正义是一个历史范畴，其原则也会随着社会历史的演

---

① 张振超．财富分配正义研究［D］．苏州：苏州大学，2010：18.

② 郝云．财富的分配正义与共享性增长研究［J］．伦理学研究，2013（3）：11-14，41.

变而不断发生变化。“一个社会的分配总是同这个社会的物质生存条件相联系。”① 在现代社会中，财富分配正义的基本原则必须满足两个条件：一是有利于社会的整体发展；二是要避免强弱分化导致的财富分配差距过大。

第一，程序正义原则。市场经济是规则经济，要求在公平、公开、公正的原则之下，按照个人的不同贡献获取相应的财富，注重的是个人的付出与回报之间的正比例关系。也就是说，每个社会成员均有获得规则所提供的平等竞争的机会和权利。这种程序正义体现的是非歧视以及平等对待的正义尺度，表达了对个人能力和贡献差异的尊重与认可，从而保证了每个社会成员的基本权利。

第二，社会整体原则。程序正义原则实现了起点和规则的正义，但也有其局限性。由于个体的差异所导致的每个人获得的社会财富有可能存在较大差异，程序正义是从自身出发，对社会公共财富关注较少，这会导致社会的非良性运行。因此，为了保障创造财富的效率以及财富分配的公平正义，就需要政府有针对性地进行二次分配。可以说，程序正义和社会整体原则是保障财富分配正义的基本原则②。

财富分配的理想状态是达到公平正义，即社会财富的天平在社会成员之间达到合理的平衡。财富分配的正义，体现在创造财富的人要能够享有财富，同时也要求保障弱势群体的基本权利，即社会财富的分配要向他们倾斜。财富的分配一方面强调经济效率，另一方面要注重社会公平。财富分配正义是一种价值取向和价值导向，从公民的维度来讲，应把追求财富的公正分配当作一种美德；从政府的维度来讲，应注重通过有效的制度实现社会财富的公正分配。财富分配的正义不是平均主义式的分配，而是强调财富分配的结果应将人与人之间的差距控制在合理的限度之内，限制在人们可以接受的范围之内。

---

① 马克思，恩格斯. 马克思恩格斯选集：第3卷［M］. 北京：人民出版社，1995：491.

② 张振超. 财富分配正义研究［D］. 苏州：苏州大学，2010：18-20.

第三节　风险分配的逻辑

所谓风险社会，是指这样一种社会发展阶段或者状态，在这一阶段，以人类实践活动为基础的各种全球性风险和危机对整个人类社会的生存和发展造成根本性的严重威胁，是一种与从前社会不同的人类社会发展的新阶段或社会生活的新状态，主要特征表现在风险人为化。现代社会中的风险多是人造的，从这个意义上讲，风险社会也是人为制造出来的。吉登斯将风险划分为两种类型：一种是外部风险；另一种是被制造出来的风险。外部风险指的是来自传统或自然的不变性或固定性引发的风险，而被制造出来的风险则是人凭借知识改造世界过程中所产生的风险①。在传统的工业社会及其以前，人们所担心的主要是来自自然界的风险；而在当代，人们所忧虑的则是由人类自己制造出来的风险。

一、风险分配与财富分配的比较分析

风险分配与财富分配分别作为风险社会和工业社会的主导逻辑，那么风险与财富有何相异之处？又有何相同之处？两者是如何作用于社会发展的？可以从生产的视域对风险与财富进行比较分析。

第一，生产对象的差异与统一。在生产对象上，财富是由于稀缺性而需要人类通过劳动生产出对人类有用的产品，具有以下特征。财富是相对于人的需要而言的，对人要有效用，并且具有社会历史性，在不同的历史时期，财富的内涵也不尽相同，财富的历史性也决定了财富的社会性，只有人类整体或社会大多数人需要的对象才是财富。与财富不同，风险是关系性的存在，是对人类的某种危害。此外，风险还具有隐匿性，与财富不同，财富的基础和前提是人们的需要，具有实用性特征，而风险作为一种伴随危害的发展趋势，是指向未来的，必然呈现一定的隐匿性。并且与财富的可精确度量不同，风险具有模糊性，还具有消极性和富余性，与人们对财富需

① 安东尼·吉登斯．失控的世界［M］．南昌：江西人民出版社，2001：22.

求不厌其多不同，人们对风险是避之而不及，因此，风险是富余的，没人喜欢要，这与财富的稀缺性形成鲜明对比。风险与财富在生产对象上不仅具有差异性，同时具有统一性。两者都是某种价值的体现，显然，财富体现的是正面价值，而风险体现的是负面价值。两者都具有恒定性及历史性，尽管人类社会持续进步，但对于不同时代的人而言，自然风险和社会风险的意义是一样的，不会因为时代的发展而不同。同样的，不同的时代，财富和风险的类型及形式都会发生变化，具有历史性。两者都具有个体性和社会性。风险具有个体性，因为只要是风险，就会对个人产生破坏性的危害；同时，风险还具有社会性，因为在人造风险领域，风险生产和财富生产是同步的。

第二，生产主体的差异与统一。财富和风险的生产主体的差异性主要表现在财富的生产主体是人类，是人类的劳动使劳动对象变为财富，并且是有组织地进行，财富的生产者是谁，归谁所有，归属权很容易确定。与财富的生产主体不同，风险的生产主体具有多元性，不仅人类自身可以制造风险，大自然本身也可以制造出自然风险，技术实践可以带来技术风险，工程实践也可以带来工程风险，风险的生产主体有人类，同时也有大量的非人类主体。与财富生产的组织性和确定性不同，风险生产主体呈现弥漫性特征，因而也就有“有组织地不负责任”之说。同时，风险与财富生产主体也有相通之处：主要表现在，人类确实也是风险的创造主体，大量的社会风险都是人类一手制造的，工程风险的主体是既有人类也有自然力的；另外，财富也不见得都是人类创造的，大量社会财富是人类劳动创造的，但同时也存在大量的自然财富。

第三，生产过程的差异与统一。财富生产与风险的产生过程是有差异的，财富的生产过程是以人的积极参与为基础的，但是风险的产生却是危害的动态作用的过程。但是，财富生产与风险的产生又是统一的，从人为制造的风险的产生过程来看，风险与财富相伴相生，这样，财富就变得“有毒”，因此，风险的治理就是要在财富的生产过程中祛除风险；二者的统一还在于两者之间的相互转化，风险的生成有时也会意外地带来财富，比如我们患上某种疾病反而会产生一定的抗体，会增强我们的免疫力，如接种牛痘来防治天花，就是一个典型的案例①。

风险与财富之间既对立又统一，但两者之间的差异是主要的，也正因为如此，两者各自的特殊性决定了各种不同的逻辑。

人类面向风险而生。风险既有来自自然界的风险，也有来自人类自身的人造风险。一方面，在自然界之中，地震、海啸、干旱等不断危害人类，大自然的力量使人类遭受损失；另一方面，在社会方面，战争、工程风险、化学风险、物理风险、恐怖事件和一些群体性事件等层出不穷，来自自然的和人为的因素将人类社会带入风险社会。随着科学、技术、工程、产业等不断发展，在发达的现代社会中，财富总是与风险相伴相生。相应地，财富分配所引发的问题也同风险分配所带来的问题相重叠②。在诸多风险研究中，主要有三种研究视域：一是社会学视野中的“风险社会”理论，以吉登斯和贝克为代表；二是文化人类学视域下的风险的“文化/象征”理论，以玛丽·道格拉斯为代表；三是由埃瓦尔德等人借助福柯的理论从后现代视域提出的“治理性理论”。在乌尔里希·贝克和安东尼·吉登斯看来，后现代背景中，风险已经呈现全球化趋势，难以被管理、计算以及避免，现代性引发了多重危险或“缺陷”；玛丽·道格拉斯指出，风险是当代西方用以维护文化边界的工具和手段，“有风险”的制度或群体是危险的，“有风险”的他者会对他所从属的共同体或社会产生威胁，对风险的理解是通过文化假定完成的③；埃瓦尔德等人指出，16 世纪以来，专家知识网络已广泛形成，与此相伴生的是围绕这些知识的建构、再生产、传播等而衍生的一系列后果，维持秩序和规则所凭借的是自愿的“自我训诫”，而风险被看作政府使用训诫权力的战略，用以实现民主人道主义④。在风险研究中，影响最为深远和广泛的，是贝克的风险社会理论。

与贝克的风险社会理论不同，国内学者马光选认为，以往的研

① 马光选. 风险分配与制度正义［D］. 武汉：华中师范大学，2013：26-30.

② 乌尔里希·贝克. 风险社会［M］. 何博闻，译. 南京：译林出版社，2004：15.

③ 田文婷. 风险分配研究文献综述［J］. 企业导报，2012（16）：8-9.

④ 杨雪冬，等. 风险社会与秩序重建［M］. 北京：社会科学文献出版社，2006.

究中更多的是将风险界定为一种无序结构，人们无法把握风险。他强调，毋庸置疑，风险在本质上是一种危害，但它的危害性是有序的，而非混乱与无序。人们之所以认为风险是无序的，是因为人类理性所固有的局限性以及人类认知结构的无序性，这并不能表明风险本身的无序性。基于这样的认识，马光选认为，风险在本体论上是一种有序结构，并将这种有序结构称为“势”。因此，将“风险”称为“风险势”。他认为，作为有序结构的风险势具有以下要素，缺一不可。首先是人的要素，风险是一种危害，只有当它危及人的时候，风险才有意义，否则风险就不能称为风险，所以人一定是风险的第一要素。其次，事的要素，就是说，必须要有事实风险，有某种风险危害的存在。最后，关系要素，指的是某种风险恰好给施加对象造成某种程度的危害，如果施加对象并未受到危害的影响，风险关系也不能够成立。总之，如果缺少风险要素中的任何一个，风险就不成立。根据本体论的风险定义，风险具有以下特性：第一，时空关系上的广泛性。从时间的历时性维度，风险存在于人类社会发展的每一阶段，不仅存在于人类社会发展的早期，也一直存续至今，并且呈现愈演愈烈之趋势，伴随着现代化的进程，伴随着科学、技术、工程以及产业的长足进步，各种技术风险、交通风险、工程风险等层出不穷；从空间的共时性维度，不仅存在自然风险，也存在人造的社会风险。第二，存在形式的关系性。所谓关系性，是指风险本身是一个各种要素综合作用的结果，并且风险体现为“与人相关性”。第三，行为逻辑上的事实性和关系性，即风险既是一种事实，同时也是一种趋势。第四，性质属性上的确定性与有序性，主要表现在两个“一一对应”上，即各种风险要素之间关系与风险危害之间的确定性对应关系、风险现象和风险对象之间的确定性关系。第五，作用方式上的条件性，就是说，只有各种要素共同存在一定的时空场域中，它们之间才有可能发生关系。第六，样态上的虚拟实在性，即是说，风险不同于财富，它可能只是一种趋势，并不一定形成实质上的危害。风险的这六个方面的特性是有着密切关系的，风险的确定性与条件性辩证地存在，风险的广泛性和关系性以及实在性都是以风险的确定性、条件性为基础的①。

综合以上分析可以看出，风险已经成为社会中基础的和重要的现象，是分析社会不可忽视的维度，也是每一个人面临的不可回避的现实。如何认识风险，在某种意义上决定着我们行为的态度。可以说，风险社会的提出意味着风险在社会中的基础和核心地位，也意味着风险既是随处可见，也是难以准确把握的存在。对于风险的认识，既要在宏观上、战略上予以重视，又要在微观上尽可能地提高人类的认识能力，以尽可能多地把握风险的有序性与确定性。

二、工程风险分配的正义问题：谁之正义、何之正义与何为正义

工程风险主要是一种“人造”风险，工程风险的产生与工程活动的主体有着密切的关联。工业化之前，风险概念并没有受到广泛关注。工业化以来，随着科学技术的广泛应用，风险一词引起了社会学家的关注，由于大量工程出现以及对人类社会的广泛而深刻的影响，工程风险的概念也逐渐受到关注。工程风险的分配正义主要涉及谁之正义、何之正义、何为正义三个方面的内容。

“正义”在国外思想史上是一个重要概念。赫拉克利特认为，正义就是“逻各斯”，认为体现“逻各斯”的正义是无所不在的，是绝对的。苏格拉底和柏拉图也认为政治中的正义是绝对的、永恒的、无条件的。亚里士多德指出：“政治学中的善就是‘正义’，正义以公共利益为依归。”② 亚里士多德认为，正义是道德的善在政治生活中的体现。西塞罗也认为，正义只有一个，它对于所有的人类社会都有约束力③。对正义理念的理解，在国外古代政治哲学中最初是追求永恒的、绝对的正义。但正义却是在不同的时代、不同的民族有不同的呈现，正义是历史的、相对的，而非永恒的、绝对的。因此，按照思想是现实的表达，正义的思想也应体现出历史性、相对性，不存在普遍适用的、永恒的正义理念。

到了近代，永恒正义的追求仍然是正义理念的主流，对正义理

① 马光选．风险分配与制度正义［D］．武汉：华中师范大学，2013：9-13.

② 亚里士多德．政治学［M］．吴寿彭，译．北京：商务印书馆，1983：136.

③ 西塞罗．国家篇·法律篇［M］．沈叔平，苏力，译．北京：商务印书馆，1999：170.

念的理解开始从神性逐渐摆脱了信仰主义的藩篱，走向人性，从人的理性来思考问题，这是正义理念的进步，也为走向生存论的正义理念奠定了基础。

随着社会的进一步发展，哲学社会科学也不断发展，特别是文化人类学的发展，使人们越来越发现，不同的民族、不同的文化系统、同一民族不同的历史发展阶段，正义的理念呈现出种族的、文化的和历史的差异。不论是古代的还是近代的，追求永恒的、绝对的正义理念被质疑，呼唤着新的适应时代需要的正义理念。

具体的正义理念逐渐被人们所认可。正义是具体的、实际的，随着时代的变化而发生变化。

“谁之正义”问题是工程风险分配正义问题的逻辑起点，强调的是工程风险，关乎的是“谁之正义”问题。对于这一问题，不能仅从一般的、抽象的视角来分析，而要回归到社会历史境遇中社会分化和社会分层中的现实个人，只有回归到现实的个人、具体的个人来进行分析，工程风险分配正义问题才能真正落到实处，才有可能真正地得到解决。这主要是缘于如果从抽象的维度来分析阐述工程风险，仅仅从理论上阐明工程风险问题的应然问题，那是不能够解决问题的。必须打开工程风险的“黑箱”，分析工程风险产生的具体过程及其对现实的个人的影响，才有可能走向有组织地负责任。同时，由于工程风险在最初呈现时，也是遵循阶级逻辑的，也就是说，上层阶级在某种程度上可以躲避风险，减少风险对其自身的伤害，因此，对工程风险“谁之正义”问题，要强调处于一定社会分化和社会分层中的现实的个人来进行分析。当然，从长远来看，工程风险是遵循平等逻辑的，即工程风险具有“飞去来器效应”，谁也逃避不了工程风险。

“工程风险分配中的何之正义”，主要是指工程风险的分配正义遵循什么样的模式，对这一问题的认识经历了从工程风险分配正义的经济维度的“资本逻辑”，到伦理维度的“责任逻辑”，再到从人类整体维度来思考问题的“生存逻辑”，具体内容将在后文论述。

“工程风险分配中的何为正义”，是对工程风险分配正义的实现条件的阐述。本书认为，工程风险分配正义的实现需要正义理念、制度正义和程序正义三位一体共同发挥作用。

工程风险与分配正义问题既包含事实维度，也包含价值维度。工程风险的客观存在要求人们必须正视工程风险存在及其对社会发展有重大影响的事实；同时，工程风险分配也有着明显的价值取向，到底是谁之正义？何之正义？何为正义？这三个最为基本的问题表达了工程风险分配正义问题的价值取向。

我国在正义的实现方式上更侧重于实体正义，侧重于结果的正义；西方更侧重于程序正义，侧重于过程的正义，是由程序建立和保证的。实体正义与程序正义二者各有特点，过分追求实体正义或过分追求程序正义都是不恰当的。程序正义有助于工程风险分配规范化，这主要源于程序正义是契约社会的产物，是社会经济发展规则的抽象，基于契约社会和社会经济发展的程序正义，符合人类文明进步的要求。当然，如果过分追求程序，也会偏离正义的轨迹。因此，也不能唯程序论，程序的过分周全、细化、僵化也不利于实现工程风险分配的正义。

随着工程活动的不断开展，工程风险对人类生存的影响日益受到人类社会的关注。工程风险分配正义的实现对风险社会的秩序重建至关重要。因此，不仅要准确地理解工程风险分配的正义问题，还要在实践中具有可行性。要想真正实现秩序重建，使风险社会人类的存在处于一个有序的状态，对正义的理解和对责任的承担至关重要。如何真正地实现工程风险的分配正义，需要对工程风险分配问题进行反思，使工程风险相关利益者都承担应承担的责任，对这一问题的认识，人们的思考经历了一个过程：从工程风险分配的“资本逻辑”，到工程风险分配的“责任逻辑”，再到工程风险分配的“生存逻辑”。只有真正从“生存逻辑”思考工程风险分配问题，风险社会的秩序重建才有可能实现。

三、工程风险分配正义的资本逻辑

现代社会中工程对人类社会的影响既广泛又深远。《辞海》中对工程的界定是：将自然科学的原理应用到工农业生产部门中去而形成的各学科的总称。这就意味着工程是科学发现的规律在社会中的应用，典型的如第一产业的土木工程、水利工程等，第二产业的机电工程、化学工程、建筑工程等，新兴的生物工程、基因工程、信息工程、航空航天工程等。当工程在社会中发挥着越来越大作用的时候，工程逐渐被认为独立于科学技术的另一个重要维度，中国科学院大学李伯聪教授提出科学、技术、工程三元论的观点，在对工程的哲学研究中，中国工程院与哲学界的著名学者共同研究，并出版了相关著作，发表了诸多论文，对工程给予了极大关注，其中具有广泛影响的著作有《工程哲学》《工程演化论》《工程方法论》。

工程作为造物活动，是直接的生产力，是人类社会存在和发展的基础，工程活动既体现了人与自然的关系，也体现了人与社会的关系①。工程作为造物活动，一直都伴随人类实践活动之中。在古代，人类的造物活动更多的是经验的产物，符合“拇指规则”，不会对自然和人类社会造成太大影响。但随着科学技术的进一步发展，机械、电机、化学、核等工程出现，这些工程一方面显著促进了经济发展和社会进步，但同时也给人类带来了极大风险。人们最早对工程风险的考量是从经济维度开始的，即以“成本—收益”作为衡量工程是否实施的标准。这种对工程风险分配的资本逻辑与风险社会的秩序重建有着密切的关联。资本逻辑的工程风险分配是人类对工程风险分配模式的最初探索，也具有一定的成效。

安全始终是工程关注的首要问题，但工程没有绝对的安全。工程必然涉及风险，并且随着科学技术的发展，风险也会随之发生变化。任何一个工程都要涉及设计和检验，但即使通过检验且是可靠的设计也难以完全规避风险。同时，也必须意识到，随着新技术的使用，新技术中也包含着潜在的风险，新技术增加了新的未知的失败模式，但工程又不能始终只使用传统技术，没有新的技术的使用，这样工程也不会有大的进步。工程师需要使用新设计、新材料、新机器、新的化合物，但这些新的事物究竟会对人类或环境产生什么样的影响，这都有一些不确定的因素在里边。或者说，即使是人们曾经以为安全的产品、安全的设计等也会发现新的危险，基于以上分析，可以认为，工程风险也不是一个静止的存在，而是一个不断

---

① 张永强. 工程伦理学［M］. 北京：北京理工大学出版社，2011：70.

变化着的存在①。

认识到工程风险的存在，工程风险如何分配，才有利于秩序的重建。因此，工程风险的界定就是一个首要的必须解决的基础性问题。

当工程可能涉及伤害时，工程风险问题该如何处理？为了评估风险，工程师对于风险以及风险分配的逻辑首先采用的是经济的方法，即用资本的逻辑来思考工程风险分配与秩序重建的问题。因此，传统上的工程师是通过相对容易量化的因素来评估风险的，即通过经济损失和伤亡人数来进行分析。对于工程师而言，风险是危害发生的可能性和危害量级的乘积②。工程师在传统上是将风险界定为相对容易量化的事物，即经济和身体福祉。如果建筑物的设计缺陷或施工中出现问题，工程师会认为其风险在于造成了房屋所有者的经济损失，或者也可能造成居住者的伤亡。如果化工厂或核电站发生事故，也可以通过这样的一些数据来计算：伤亡的人数及化工厂或核电站的维修或重建的成本等。

对于工程风险的界定采用风险发生概率和量级的事实性问题，可以看出，这是一种功利主义的方法，是采用成本—效益分析方法。这种分析方法不包含风险在道德上是否可以被接受的隐性评价。就是说，他们所采用的是最大的效益的方法，对于某些不可以做的事情不是采用坚决的、不可做的态度，而是将成本—收益方法的理念放在优先的位置。

这种成本—收益的资本逻辑的工程风险分配模式无疑具有清晰、明确、简洁等特征，但同时也必须看到这种资本逻辑的成本—收益分析方法的局限性。其局限性主要表现在：首先，随着工程活动造物的复杂性增强，这种资本逻辑的工程风险分配所具有的量化优势面对着越来越大的不可完全量化的挑战，也就是说，随着工程风险的技术要素和非技术要素集成性越来越复杂，资本逻辑的工程风险

① 查尔斯·E. 哈里斯，迈克尔·S. 普里查德，迈克尔·J. 雷宾斯，等. 工程伦理：概念与案例［M］. 丛杭青，沈琪，魏丽娜，等译. 杭州：浙江大学出版社，2018：103.

② LOWRANCE W W. The nature of risk［M］//SCHWING R C，ALBERS W A，et al. Societal risk assessment：how safe is enough Safe Plenum，1980：6.

分配就变得几乎不可能了，因为随着复杂性的增强，量化难以实现。需要新的工程风险分配的逻辑来突破资本逻辑的工程风险分配的限度，以利于风险社会的秩序重建。其次，资本逻辑的工程风险分配问题的解决更多的是依赖于风险专家或工程专家，社会公众对工程风险的认知几乎被忽略。对于工程风险问题的解决更多的是从专业的角度进行思考。最后，资本逻辑的工程风险的分配没有更多地考虑人文因素、道德因素，往往只是考虑经济因素。

基于资本逻辑的工程风险分配不大可能将工程选择的所有风险后果都预料到，必然导致成本—收益的资本逻辑分析方法的结论不可信赖；同时，将成本与收益都用货币来表示，也是一件不容易的事情，例如该怎样评价为了建设一个新的工程，使一片树林或湿地消失的风险？因此，就这一点来说，资本逻辑的工程风险分配也是不完善的，对于可接受的风险的界定也是值得怀疑的。设想，如果将工程活动中的工人置于疾病和死亡的严重风险之下，但能产生更多的总体效益，这对于工程活动中的风险当事人来说，也是极其不人道的，是缺少最起码的人文关怀的，是不可以接受的风险，但这种风险如果按照成本—收益的工程风险又被认为合理、可行；成本—收益的资本逻辑的工程风险分配是否对所有工程相关者有风险的知情同意权问题，也是工程风险分配的资本逻辑需要思考的问题。

尽管工程风险分配的资本逻辑有局限性，但同时其合法性及合理性也是存在的，要从辩证的观点看待这一问题。当工程中的工程相关者的个人权利没有受到严重伤害时，这种资本逻辑的工程风险分配方法是一种可接受的工程风险。并且资本逻辑的工程风险分配是系统的，采用量化的分析方式，也具有其清晰、简洁的优势，这一点也是必须承认的。资本逻辑的工程风险分配模式对风险社会的秩序重建无疑有积极的一面。对于其消极的一面，即其局限性的一面，也有必要采用一种人文的，兼顾量的分析与质的界定的方式来进行完善，以利于秩序的重建。这就在一定的意义上突破了资本逻辑的工程风险分配，在强调资本逻辑的同时，要注重工程风险分配的责任逻辑。

四、工程风险分配正义的责任逻辑

责任一词包含两种含义：一种是分内应做的事；另一种是没有做好分内应做的事，因而应当承担的过失（《现代汉语词典》）。这表明了以下观点：一是责任意味着应将该做的事情做好；二是一旦出现问题，应该承担责任，即要追究责任。在工程风险问题上，也就意味着工程风险一经出现，相关利益群体都要承担其自身的追溯性责任。依据工程风险产生的原因，工程风险的主体按照责任的约束力来源，包含法律责任与道德责任；按照工程风险产生的时间，可分为事前责任与事后责任；按照工程风险的行为后果，可分为积极责任与消极责任。

随着由工程所带来的人类能力范围的扩大，在积极和消极的意义上，人类的行为在某种意义上已经改变了地球的存在状态。基于这一点，工程风险的责任界定就被提上了议事日程。

工程风险总是和责任相联系，一旦出现工程风险，责任问题必然产生①。责任在本质的含义上意味着风险一旦产生，就有相关的主体责任。工程风险分配正义的资本逻辑主要关注的是量化的一种工程风险分配方式，其对工程可行性的决策分析也是从成本—收益的经济维度出发，资本逻辑的工程风险分配思维优势明显，其局限性也很明显，主要表现在：一是很多工程风险是无法完全量化的；二是工程风险不仅要从经济维度去考量，还要从人文维度、社会维度去考量；不仅要考虑工程风险的经济损失，还要考虑工程风险对人的影响、对人类社会的公正的影响、对自然环境与生态的影响等。另外，更为重要的一点是，工程风险不仅涉及代内人的问题，还涉及代际的问题，不能不顾及人类后续的进一步生存与发展。

由于工程风险与责任的关联，以及工程风险分配正义的资本逻辑的局限性，工程风险分配正义的逻辑有必要从资本逻辑走向工程风险分配正义的责任逻辑。

工程风险分配正义从资本逻辑到责任逻辑，首先表现为工程师对于工程责任的承担。这主要是由于工程本身蕴含着风险，而工程

---

① 费多益．科技风险的社会接纳［J］．自然辩证法研究，2004（10）：91-94，110.

师又通常被认为在特定领域经过专业技术培训并拥有专业知识和专业技能。工程风险产生的原因是多方面的，其中包括科学知识本身的不完备所引致的工程风险，工程设计中所造成工程的不确定性而引致的工程风险，工程施工中由于工程施工环境的不确定性而引致的工程风险，工程应用中的不确定性所导致的工程风险①。

工程师既是工程造物活动的利益相关者，也是工程中的主要技术使用者。工程师在工程风险中的责任既有职业责任，也有社会责任和道义责任。工程师的职业责任主要表现在工程师要全程跟踪工程活动，因为工程风险是存在于工程造物活动的全过程之中的。因此，一个负责任的工程师要想尽可能地规避和减少工程风险，需要自工程实施起就对工程进行监督，总工程师要负责自己的工程风险监督职责，专业工程师要负责所负责的专业的职责，只有这样，才能尽早地发现工程中的不确定因素、不安全因素，并有可能及时反馈并采取措施加以改正。如果工程师能够将自己的责任关心贯穿于工程造物活动的全生命周期，那么对工程师来讲，无疑是承担了工程风险的职业责任。

工程师除了对工程风险具有职业责任，同时具有社会责任和道义责任。工程造物活动在一定意义上也可以说是社会性试验②。工程师有责任告知公众工程活动有可能产生的工程风险，以维护公众的利益。只有这样，才有可能使信息准确地传达到公众那里。除此之外，工程师还可以以专业技术人员的身份对公众进行工程教育，提高公众对于工程活动的认知。工程风险有时不仅仅是工程风险，而是有可能转化为社会风险，这就要求工程师不仅要关注工程技术本身，还要关注工程活动的社会后果。工程师要尽可能地在自身具体技术工作之外，关注工程技术活动的社会影响，关注工程与社会互动的情况，关注工程是否满足社会需求。

在一定意义上可以说，工程师必须承担工程风险的责任，但是同时也必须思考，工程风险的全部责任都应该由工程师承担吗？工

---

① 高红杰. 工程风险与工程师的伦理责任［J］. 沈阳师范大学学报（社会科学版），2008（2）：24-26.

② MARTIN M W，SCHINZINGER R. Ethics in engineering［M］. New York：McGraw-Hill，1989.

程师能承担起工程风险的全部责任吗?

工程师的工作性质决定了其在工程活动中的特殊地位，他们相应地要承担起相比于其他工程利益相关主体更直接的责任，但工程活动不只是技术要素的集成，工程活动中还包括诸多非技术要素，工程活动是技术要素与非技术要素的集成。基于这个原因，工程风险的生成也不单单是工程师的原因。因此，工程风险的全部责任都由工程师来承担不仅是不合理的，也是不现实的。工程师囿于自身所学的专业技术，他们对于工程活动的复杂性不可能全部掌握，因此，工程师更多地只是关注于工程活动中与自身专业相关的内容，而对于涉及其他专业的相关活动只能是一般性地掌握，也是基于这一点，造成了工程师的技术工作一定程度上远离了对公众所造成的不良影响。同时，工程师又总处于一定的组织之中，他们需要服从组织的安排，有的工程师在面临工程风险时，尽管他们知道有可能会造成风险，但一旦说明，就有可能失去工作，被迫辞职。工程风险的分配正义要求工程师在面临这种困境时，可以诉诸工程师协会、行业协会或工会等组织，以坚持工程活动原则，规避或减少工程风险，而不应做违背原则之事，给国家、社会和人民带来重大损失。

总体来讲，工程师限于自己的专业，限于自己在组织中的地位，他们既无力承担全部的工程风险责任，也不应该承担全部的工程风险责任。工程风险分配正义的责任逻辑面临困境。从理论上讲，由于工程风险是人人都不愿意要的富余，工程共同体都不希望将工程风险的责任分配给自己，进而造成对工程风险的“有组织地不负责任”。

为了更公平地分配工程风险，实现工程风险分配的正义，工程风险需要各责任主体共同承担，承担起共同的同时又有区别的责任。政府、企业、工程师、社会公众有必要通过协商、对话的方式达成一致意见，进而实现有组织地负责任。

工程风险分配的各工程共同体共同承担，可以借鉴功利论、权利论与义务论、契约论的观点，通过各相关利益主体的协商，通过合理的制度安排，将工程风险对工程共同体的总体伤害降到最小；同时，根据不同的风险责任，实现一种工程风险分配的差异平等。

中国应有中国特色的工程风险治理体系和治理能力：一方面要体现中国共产党的领导及社会主义的性质；另一方面要体现为人民服务的价值取向。

五、工程风险分配正义的生存逻辑

工程风险关乎人的生存。当工程风险分配正义问题从经济维度的资本逻辑再到伦理维度的责任逻辑，当工程风险分配的责任逻辑从工程师的单一主体走向工程共同体的共同承担，强调共同的责任，这在某种意义上也就意味着工程风险分配正义从责任逻辑走向生存逻辑。

工程风险分配正义有必要从责任逻辑走向生存逻辑，主要是由于工程风险的全球性特征。农业时代的工程、工业时代初期的工程、知识经济时代的工程，对自然和社会都没有产生非常大的影响，而当今时代的工程的影响则是全球性的。

工程造物活动非常重要的特征就是工程的生产力属性。按照马克思主义的观点，生产力是人类在生产实践中形成的改造和影响自然以使其适合社会需要的物质力量。

史前时期，人类学会了将简单石器进行组合从事生产实践，这是人类工程活动的原初萌芽。随着农业经济的出现及其不断发展，工程活动也不断丰富。早期工程的出现是在与自然互动的过程中不断形成的，人类为了生存，工具的发明与使用体现了原始工程技能的应用及其不断演化，也正是这种简单的、原始的工程活动，使早期人类得以在自然界中生存，并开始不断拓展和加深对自然的认识，充分利用自然资源与环境，不断拓展生存的空间。这一时期，人类工程与自然互动并未对自然形成生态上的威胁。

史前时期，工程技能的获得及其发展还是相当缓慢的。直到新石器时代，随着向农业经济社会的变迁，才有了真正意义上的工程活动，如建筑工程、水利工程、金属冶炼工程等。在新石器时代，人类发生了第一次产业革命，即农业革命，进入农业经济时代。在农业经济时代，人类基本上从事与生活和定居相关的工程活动，出现了建筑工程、机械工程，并且建成了很多大型工程产物，如我国的万里长城和都江堰至今仍是举世瞩目的工程奇迹。在欧洲的中世纪，即公元5世纪到公元15世纪，人类的工程出现了新的特征，工程活动内容逐渐扩展，农业工程、冶金工程、城市建设工程、造船工程等工程活动不断发展，尤其突出的是欧洲的教堂建筑，是西方建筑工程的典范，工程开始出现建筑设计、项目设计和组织等形式。

在农业文明主导的时代，人类的工程从“无”到“有”，人们对自然的认识主要依赖自然原材料的使用经验，并在此基础上从事工程活动，这是这一时期独特的工程特征。这一时期工程与自然互动的知识在工程理念上是敬畏自然的工程理念。工程就是物质资料的生产，与生产具有直接统一性①。

在农业经济时代，工程与自然互动呈现的是经验化的特征，是素朴的常识②。工程实践中的工程师在应用知识的同时，也积累知识，且不断有新知识产生，与自然互动的工程出现累积性增长。再到文艺复兴时期，随着工程实践不断发展，已经形成相对完整的经验性的工程知识体系，并在工程与自然互动中发挥着重要作用。在农业经济时代，经验是一切实用性工程的来源，工程因此也带有经验属性。这时的经验除了指感官知觉，更主要的是手工操作、技艺和实践等主体的直接体验，即“拇指规则”。

18世纪60年代，以蒸汽机的发明及其工业应用为标志，人类进入了工业革命新时代。19世纪初到20世纪中叶的电力技术革命，是人类科学技术发展的另一次重大突破，人类“工程与自然互动”的动力机器体系也由蒸汽动力为主转向以电力动力为主的机器体系。以蒸汽动力和电力动力推动的工程活动，将“工程与自然互动”也带入了一个新的范式之中，形成了工业经济时期的机器——能源主导的工程。

动力是人类工程实践的一个重要问题，人类从农业社会走向工业社会，蒸汽动力和电力动力为主导的两次机器体系变革显示了巨大的作用。人类社会生产进入由机器主导生产的时代，工程知识的生产力属性也随之呈现出新的范式特征。现代机械工程（17世纪中期）、结构工程（1770年）、海运工程（1807年）、铁路工程（1825

① 蔡乾和. 哲学视野下的工程演化研究［M］. 沈阳：东北大学出版社，2013：59-67.

② 张铃. 工程知识的历史演进［J］. 科技管理研究，2009（7）：490-492.

年）等新的工程门类不断涌现。

动力机器的发明与创新，“制造机器的机器”的发明与生产，工业革命中的一系列技术创新，推动了工程实践的加速发展。以动力机器体系为先导，带动了矿业工程、纺织工程、机械制造、结构工程、化学工程、铁路工程、汽车工程、海洋工程、电信工程等工程体系的建立与发展，并催生了一批新兴产业①。

工程作为人类的主要实践方式，在这一时期，随着科学技术的进一步发展，“工程与自然互动”更多彰显了人类改造自然的自觉性、能动性和创造性，以至于在一定意义上可以说，人是自然界的主人，是改造自然的优胜者。但同时也必须认识到，人类所从事的工程活动除了具有能动性外，还具有受动性，即要受到客体的制约，人类的工程活动必须以某种特定的受动性为依据，必须适应自然。能动性与受动性是相互联系、相互渗透和相互促进的②。

可以说，工业经济时代，工程活动是以动力机器为支撑的，而动力机器是依赖能源的。以动力机器为支撑的能源型工程体系在“工程与自然互动”中所体现的特点是，对作为工程活动支撑条件的自然资源与环境的知识、对工程活动的开展有促进或制约作用的自然规律知识，在深度和广度上都有很大的提升，充分展现了工程知识的生产力属性，但在工程知识的价值属性上还需要进一步认识，尤其是对工程活动的开展有促进或制约作用的生态规律知识需要进一步增强认识。这是由于工业时代的工程对自然的掠夺式、强制性的干预，已造成严重的环境污染和生态问题，产生了严重的负面影响。

工业经济时代的“工程与自然互动”呈现出工具化的特征。这一时期，工程成了人类理性的载体，工程进步借助科学的力量，作为一种工具形态而出现。并且工程知识通过工程教育、工程教育制度化获得发展空间。与此同时，工程师协会也相继成立，以促进工程实践的开展。

20 世纪中叶，随着计算机技术的发明和广泛运用，人类社会进

① 蔡乾和. 哲学视野下的工程演化研究［M］. 沈阳：东北大学出版社，2013：67-71.

② 陈昌曙. 自然辩证法概论新编［M］. 2 版. 沈阳：东北大学出版社，2001：76.

入了以知识和信息的生产、传输和利用为主要特征的知识经济时代。信息技术的发展在工程领域引起了广泛而深刻的影响，带动了新材料工程、新能源工程及其他工程的发展，并且工程愈来愈向智能化迈进。

在知识经济时代，工程的门类既有传统意义工程的信息化和智能化，又不断地衍生新的工程类型、新的专门化和职业化。它们彼此之间相互交叉、叠合，形成了一个“全球适应性进化系统”①。

“工程与自然互动”在知识经济时代呈现出新的特征，从人类可利用的非生命能源的过程讲，能源工程由史前时期的木材生火，到矿物资源，再到核能源。在知识经济时代，“工程与自然互动”对能源的可获得性、初始条件、控制要求等都呈现了新的样态。交通工程、制造工程、能源工程呈现出集群式的发展，全球性的运营成为可能，形成了纵横交错、结构复杂的全球性的“集成”。

知识经济时代的工程与自然互动，相比于之前的农业经济与工业经济时代，工程的生产力属性表现为工程与自然互动节奏加速，综合性工程（如生物工程、基因工程、人因工程、生物医学工程、航空航天工程、海洋工程、环境控制工程、系统工程等）增多。工程与自然互动的空间和时间范围不断拓展。

知识经济时代的工程与自然互动特征主要表现为信息化、智能化、综合化、网络化。随着工业时代的工程对自然及生态环境的破坏，到了知识经济时代，绿色文明成为工程与自然互动的价值目标。这主要是缘于工业经济时代的工程活动所造成的环境负荷积累，生产必生废，资源开发利用后的残渣，金属反应过程中形成的重金属，工农业生产、交通运输中产生的废气、废水、废渣等。

随着工程活动所带来的变化，人类进入风险社会。工程风险一方面具有地区性特征，但更重要的已经具有全球性的影响。表面上，世界上某些发达国家是远离工程风险的，但实际上，工程风险会在发展中国家通过各种方式、途径扩大影响，最终通过食物链、生态链回到发达国家，这是工程风险的“飞去来器效应”。现代工程风

① HARMS A，BAETZ W，VOLTI R. Engineering in time：the systematic of engineering history and its contemporary context［M］. London：Imperial College Press，2004：165.

险，诸如生态灾难、核泄漏等，是没有国家边界的，它可以在全球游荡，进而引起破坏、造成恐慌。这些工程风险有可能带来地球上所有生命都面临消失的危险，需要构建人类命运共同体来共同应对。

同时还必须加以注意的是，尽管工程风险分配早期是可以遵循阶层模式的，但这种阶层模式与财富分配的阶层模式不同，工程风险是在下层聚集，现代工程风险可能会加剧财富分配的不平等，从这个意义上说，风险貌似不是改变了阶层社会，而是巩固了阶层社会。但问题是，即使富人拥有财富，也会受到工程风险的威胁。在全球化风险影响下，工程风险分配的逻辑被打乱，人人都可能遭受工程风险带来的伤害。

因此，有必要从生存论的视域讨论工程风险分配正义问题。生存论视域的工程风险分配关注的是具体的生活在一定社会阶层中的人，生存论视域中的工程风险分配不只是局限于某一个地区，而是从全球视野、用世界眼光来看待工程风险分配问题；生存论视域的工程风险分配不只局限于当今时代的代内思考，还考虑未来，用未来的眼光考量代际问题，考虑人类发展的延续问题。正是基于以上时空分析，本书认为，工程风险分配正义的生存逻辑是未来工程风险分配正义的必然选择。

第四章　工程风险分配正义的伦理学阐释

风险分配与财富分配不同，在人类进入风险社会之前，人们更为关注的是财富的分配，随着人类改造自然能力的增强，人造风险逐渐占据主导性地位，带来了以下一系列问题。如何进行风险分配？谁来主导工程风险的分配？分配按照何种原则进行？如何实现工程风险的分配正义？如何实现对于工程风险由“有组织地不负责任”到“有组织地负责任”？

分析财富分配与风险分配的异质性，借鉴功利论、义务论、契约论、德性论等伦理学资源，论述工程风险分配正义的伦理价值及其辩证关系，以此为基础，吸纳哈贝马斯交往伦理的合理因素，从多种伦理正义观的多元对话与互动中，获得关于风险分配正义伦理的商谈性、历史性、建构性、相对性等动态特征。

第一节　从工程的存在到工程的伦理

工程的存在始终是一种动态的关系性的存在，或者说，“是一个远离平衡态的复杂系统”①。人和技术是其中两个主导性要素，二者的意向相关性构成了一个复杂的工程“连续统”。这样，在这个“连续统”中就应该内在地包含着附着在人的主体性之上的伦理向度，如此才能实现人的在世的栖居，才能真正给人类社会带来福祉。但是，与此形成鲜明对照的是，对于工程的伦理反思却晚至西方20世纪60年代。在当下中国，工程伦理学的研究则更是一门“隐学”。那么，能否从工程的关系性存在方式中找到解蔽工程伦理的内在依

① 殷瑞钰，汪应洛，李伯聪，等. 工程哲学［M］. 北京：高等教育出版社，2007：72.

据？工程存在方式的演变能否成为工程伦理由隐到显的理论路径？相对于工程存在方式的演变，工程伦理自身又是如何演化的？对于上述问题需要作进一步澄清，本书的目的就是试图对这些问题进行解答。

工程存在方式的历史演变伴随着工程伦理原则的演化：古代工程以“具身”方式存在，遵循自然伦理原则；工业革命以来，工程以“他异”方式存在，遵循个体伦理原则；20世纪中叶以后，工程以工程创新的方式存在，遵循交往伦理原则。

一、工程的“具身”化：自然伦理

工程是技术的集成。在古代工程体系中，作为其基础性要素的技术是以技艺的形态存在的，并且技艺有着深厚的艺术内涵，艺术被看作技艺的表达。今天普遍使用的 technology（技术）的词根 techn 来源于古希腊语 techne，它指技艺。技艺不同于今天的技术，“在古代，工匠的巧就是技术，那时的技术不是现代的 technology，它是 technique（艺术性的手法、技巧），是 art（技艺、艺术、熟练）”①，所以古代技术是经验性技术形态。

古代工程体系中，人的要素就是工程师，但他们并不是现代意义上的工程师，而是古代工匠，他们构成古代工程活动的主体。工匠在生产实践中主要借助经验，他们所谓经验除了感官知觉外，还包括经验性机械力学知识，但更主要的是指手工操作、技艺和实践等主体性直接体验，即“拇指规则”。“拇指规则”不同于古希腊高贵的自然哲学，它停留在经验层次上，是一种经验科学的形态，也是工程知识的早期形态。

这样，古代工程实践表现为工程师运用“拇指规则”，直接把握工具作用于自然，手工工具是靠人的体力驱动的。工程师几乎完全靠肢体（主要是手）进行操作。在古代工程系统中，特别强调工程主体的经验性直觉和灵感，工程师的经验技能即人的因素在这一系统中占据主导地位。简单的手工工具只是作为“代具或器具”用来补救爱比米修斯的过失。此时，工具并不独立于工程师，它犹如动

① 陈昌曙，远德玉．技术选择论［M］．沈阳：辽宁人民出版社，1991：40.

物的尖牙和利爪，成为人的身体的一部分。这样，“上手之物”就内化为工程师的经验技能而在使用中隐退。

可见，古代工程的存在方式就不是单纯的工程人造物本身，它是一种关系性的存在，是技术现象学家伊德教授所说的“具身”化的存在。他指出，如果将基本的人类经验作为分析的起点，这样，“在实践中，具身是我们参与环境或世界的方式”①。“具身”关系是人们跟环境之间的关系，在这种关系中，人们将人工物融入身体的经验中：视觉是由眼镜或目镜为中介的；听觉是由移动电话作为中介的；触觉是以探头的末端为中介的。在人与世界的关系系统中，人工物成为人的“身体”的一部分，“它进入到人与环境的身体的、活动的和知觉的关系中”②，“上手之物”已经“抽身而去”，变成准透明的。

在“具身”关系体系中，内化为人的身体的一部分的经验技术是还没有被“祛魅”的技术。在人类历史上，火作为经验技术的隐喻是普罗米修斯从神的手中盗取的，它尚未与巫术和神话分离，象征一种神秘超然的力量。“盗出的火包含了智慧和技艺双重性”③，技术中的创造性是从神的手中偷来的，是一种天命。当作为天命的技术与工程师合而为一时，技术就赋予工程师一种神秘而近乎神圣的创造的权力，工程师成了赫菲斯托斯神的化身。这样，工程实践就要服从自然本身的目的或神的意志。

服从自然本身的目的，这构成亚里士多德自然伦理学的主旨。亚里士多德认为：“万事万物皆有其自然行为和功能，当其功能能够正常发挥时，它即是完善的”④。任何活动都包含目的因，能完全实现其自然的目的就是善举。因此，亚里士多德的自然伦理学被称为目的论。亚里士多德认为这种目的论可用于所有的自然物体，其中包括人类及其建造行为。工程造物活动，只要服从了自然的规则，实现了其目的，就是一种善举。例如按照自然规律建造的一座房子，

① 唐·伊德. 让事物“说话”［M］. 北京：北京大学出版社，2008：55.

② 同①：56.

③ 斯蒂格勒. 技术与时间［M］. 南京：译林出版社，2000：228.

④ 戴斯·贾丁斯. 环境伦理学：环境哲学导论［M］. 北京：北京大学出版社，2002：26.

如果实现了人居住的目的，就是善的。

托马斯·阿奎那进一步用基督教神学发展了亚里士多德的自然伦理。他认为，亚里士多德的目的论伦理解释为上帝存在提供了本体论证明。在阿奎那体系中，服从自然本身的目的就是服从神的意志。上帝是绝对的善，自然界的目的就是上帝的目的，自然秩序就等同于道德秩序。自然界的和谐之目的是上帝计划的善举，该目的的实现体现了伦理的最高形式。因此，在阿奎那式的世界体系中，人类的每一项建造活动及其创造物，都理所应当地属于上帝或大自然规划的一个组成部分，理所当然地具有一种道德价值。人们的工程建造活动就是对伟大上帝的承认，是遵从上帝旨意的表现，甚至可以说是对上帝工作的协助和延续。于是，在中世纪的《圣经》中开始出现一些描绘规模庞大的工程建造活动的图画，其中有两幅最为流行：一幅是描绘诺亚修建方舟的图，极好地表现了当时木匠工作的情形；另一幅图表现的是工兵在前线上修筑防御工事的情形。

人借技术的力量成为神的化身，而世界是神本的世界。于是，工程师是怀着爱和敬畏的心情在工作，他们要在尊重自然、顺应自然的前提下去改造自然，即要遵循自然本身的伦理原则。显然，这种伦理原则不是以人为本的，而是以自然或神为本的，是非人类中心主义趋向的伦理学。因此，在古代工程实践中，人们只关心工程师是否按照理性要求的秩序把工作做好了，而不用为自己的行为后果负责任，即工程师本身无伦理责任。

二、工程的“他异”化：个体伦理

工业革命以来，工程连续统中的技术要素发生了深刻变化，诞生了一种和古代手工工具有着本质区别的新的技术实体——机器。技术的本质不再是内化于人的技艺能力，而是外在于人的没有生命的操作装置，技术就是工具、机器和设备。马克思则进一步把技术归结为工具、机器等这些实体形态的劳动资料要素，强调其在征服自然力过程中的工具主义作用。作为对马克思技术思想的继承，《苏联大百科全书》中明确出现技术的“手段说”定义，即技术是“为实现生产过程和为社会的非生产需要服务而创造的人类活动手段的总和”，“生产技术是技术手段的主要部分”，而“生产技术中最积极部分是机器”①。这样，技术被看作异己的强大力量，被降低为纯粹的榨取能量的征服自然的工具，成为“祛魅”的技术。

这一时期，工程系统中人的要素也相应地发生改变。工业研究的兴起促使“工匠传统”与“学者传统”走向融合，人们的专业化意识逐渐增强。19 世纪中叶，科学理论和工程实践的结合形成了一种有别于纯科学的知识体系——工程科学，它是科学理论、应用数学以及“拇指规则”构成的知识混合体。作为工程主体的工程师就是指掌握工程科学的专业人士。他们主要负责整个工程项目的设计、实施，一般不从事手工技能操作。这就是“工程师”一词在 19 世纪欧洲所表征的基本内涵。

工程实践中，机器取代了手工工具，在工业生产中占据统治地位，古代社会能工巧匠“技艺”的“制作”过程逐渐被制造和利用机器的过程所取代。人的因素在工程实践中所起的作用越来越小，技术、工程本身的逻辑所起的作用越来越大。随着工业革命的持续发展，由工作机、传动机、动力机所组成的机器系统形成并逐渐完善。它的出现使生产工艺过程更加规范化、程序化、标准化、系列化。这样，在工程实践中，人必须服从流水作业的特定操作程序和机器的“绝对命令”，人实际上已经沦为机器的奴仆。这就会使人进行想象和产生希望的能力枯竭或消失，于是人不再存在于工程之中，而是存在于工程之外。

于是，工程人造物从人的身体中分化出来，成为外在于人的工具性的存在，成为“他者”。这正如伊德教授所列举的人与机器人的关系：机器从人的身体中分化出去，成为与人相对立的“他者”，即机器人。这样，工程人造物就逐渐侵袭和宰制了生活领域，世界越来越工程化，最终成为一个“他异”的世界，即中立化的工程世界。这样，相对于常人而言，以科学、技术为基础的工程人造物被剥离了神性和人性，成为“他者”；相对于质朴的、感性的、经验的生活世界而言，工程的世界异化为“巨型机器”的神话，是“他异”的世界。工程存在不再是“具身”关系的直接体现，而是一种瞬间性的操作关系，是一种“他异”关系的体现。

---

① 苏赫尔金，等. 技术［J］. 科学与哲学，1980（5）：133-134.

工程的他异化存在使工程人造物被剥离了神性和人性，成为纯粹的中立的工具。人已经失去了主体地位，而沦为客体或实现机器本身目的的手段。于是，原有的自然伦理原则不再起作用。工程实践过程一旦完成，工程人造物就脱离了人的控制，成为一个自在自为的体系。工程师意识到，要想避免工程本身的异化，要让工程造物真正给人类带来福祉，就必须引入一套新的世俗的人本评价机制，以替代神本的伦理原则，对工程设计及实践过程进行伦理道德的斟定和规约。这样，就能实现人对工程物的柔性干预和控制。

19世纪末爆发了埃德温·莱顿（Edwin Layton）笔下的所谓"工程师的叛乱"。这场工程师的叛乱的实质就是工程师的伦理思想的表达，即工程师事实上能"负责任"，能够独立承担支配自然力量之源泉去造福于人类的责任①。美国桥梁专家莫里森（George S. Morison）于1895年在美国民用工程学会（ASCE）就职演说中指出，工程师作为技术改革及工程创新的主要促进力量，是人类社会进步的主要力量之源，他们对工程进步最终是否能造福于人类负有广泛的责任。工程师亨利·普鲁特（Henry Goslee Prout）在20世纪初美国康奈尔民用工程协会的会议发言中同样指出：工程师将成为指引人类前进的人，一项从未召唤人类去面对的责任落在工程师的肩上②。

那么，工程师怎样才能"负责任"呢？按照康德的说法，人们只对那些在他们自己能力之内的事负责任，即"应当即是能够"。从这个前提出发，康德认为，当人们的行为所依据的原则合乎理性时，其行为就是合乎伦理的。这样，伦理学的中心任务就是要制定该如何行动的基本原则。"伦理上合乎理性的原则，如其他领域的理性一样，能够被所有的行为者所发现和接受。"③ 即合理的原则应该是普适性的基本的伦理箴言，康德称之为绝对责任。借此，在工程实践中，工程师就成为伦理主体，是有自己的目的和意愿的理性、自由

① LAYTON E. The revolt of the engineers [M]. Baltimore and London: The Johns Hopkins University Press, 1986: 12-23.

② 卡尔·米切姆. 技术哲学概论 [M]. 殷登祥，等译. 天津：天津科学技术出版社，1999：89.

③ 戴斯·贾丁斯. 环境伦理学：环境哲学导论 [M]. 北京：北京大学出版社，2002：31.

的生物，他们的理性能够自由地形成意向并主动选择行为，而不应被当作客体或手段。

绝对责任伦理是把笛卡儿的哲学沉思方法和结论植入伦理领域而逻辑地产生出来的一门伦理学，倪梁康先生称之为“个体伦理”。这里的个体是指把作为整体的神消解为原子式的个体的人的集合并列。个体伦理“更应该被定义为以个体为本的伦理学”①。在工程领域，个体伦理即以工程师个体为本的伦理学。倪梁康先生指出，以个体为本的伦理学的施行者通常会有一些共同之处：共同的伦理诉求、共同的道德意识、共同的准则。工程师共同体正是基于这些共同的范式建构了共同的伦理箴言。

个体伦理成功地消解了自然伦理的同一性和神圣性，代之以主观性和世俗性的征候。伦理向人本价值的回归在某种意义上应该看作伦理本身的进步，但事情往往又走向另一个极端，这几乎成了现代人的宿命。个体伦理学中存在着强烈的以人为中心的或人本主义的基本逻辑：因人是理性的，故以目标项待之，非人的事物是非理性的，故可当作工具。这样，在工程建造过程中，把资源、环境简单地当作达到目的的工具似乎是合理的。其直接后果是造成工程师个体与工程物实体的分离与对立，工程师的个体主体性过度彰显而失去客观公度性的良心。如尼采所言：我就是伦理，我就是道德。其深远影响是造成现代社会中愈发深重的人与自然、人与人、人与自身的矛盾与分裂。伦理从根本上“祛魅”了。

三、工程创新：交往伦理

20世纪中叶以后，工程连续统中的技术要素再次被赋予新内涵。技术哲学家米切姆指出，尽管提到技术，人们首先想到的是诸如工具、机器的物质对象或硬件，但技术的基本范畴是活动过程，即技术中最本质的东西是将对象、知识、意志结合在一起进行人工物的制作并使用人工物的活动过程。20世纪80年代兴起的社会建构者认为，技术是多种因素共同形塑的结果，借此，“在社会建构论的

① 倪梁康．理念人：激情与焦虑［M］．北京：北京大学出版社，2007：88.

视野中，技术可以被界定为一个社会过程”，“一种特定社会活动过程”①。我国学者远德玉先生系统地阐述了技术过程论的思想，认为“技术存在于按照人的目的将自然界人工化的过程之中，因而技术乃是过程的存在”②。

工程连续统中，人的要素变得复杂多维。工程活动中，作为工程主体的人不再是工程师个体主体的集合并列，而是由工程师、设计师、技师、管理者等组成的“群体主体”。“群体主体”要将各自的社会性“嵌入”工程人造物本身。此外，在对工程物的使用和消费过程中，工程的“群体主体”会进一步扩充为多元复数的主体，使公众扩展为工程的外围主体。

技术的过程性本质特征将工程活动展现为一个过程，一个由计划、设计、制造、操作、管理、消费等构成的全过程，既包括造物阶段，又包括用物阶段。多维度的工程主体使其中每个子过程都与社会紧密相关。这样，工程表现为由工程的“群体主体”共同编织起来的具有概念力量和政治力量的“社会行动者网络”。工程活动相应呈现以下新特点：工程建设的规模越来越大，组织系统越来越复杂；工程对资源和能源的依赖性越来越强；现代工程带有越来越明显的人文价值指向。

工程贯穿于社会、经济价值的实现以及人的日常生活的全过程。即工程在工程创新中存在。与技术创新相比，工程创新更本源性地根植于人的生活世界。“技术创新是一个过程，它始于技术发明，终结于创新成果的商业化或销售。”③ 只要实现了经济价值，技术创新的过程就结束了。工程创新也是一个过程，是一个生发、展现的过程，它不仅要展现经济价值，还要展现人的生存方式。通过它，人们构建了生活世界，展现了人与人打交道的方式，这样，工程存在的意义才被“解蔽”。对工程的存在方式的追溯，只有达到了始源性的生活世界，才是澄明的。

---

① 邢怀滨. 社会建构论的技术观［M］. 沈阳：东北大学出版社，2005：44.

② 远德玉. 技术过程论的再思考［J］. 东北大学学报（社会科学版），2003（6）：391-393，400.

③ 陈昌曙. 自然辩证法概论新编［M］. 2版. 沈阳：东北大学出版社，2001：207.

工程创新是一项全体公众参与的、关乎常人的日常生存的行动，它重点关注工程能否为公众带来福祉。这就要求各工程主体之间、工程主体与公众之间以及公众与公众之间进行广泛的对话与协商，达成理解，形成非强迫性的共识，即实现交往伦理。交往伦理会超越个体伦理的强纲领，努力在原子时代下重构伦理普遍性与社会同一性，回归意义审视的根本。交往伦理的实践要求工程主体要为公众的福祉承担伦理责任，要求工程实践成为一项公众广泛参与的、关乎公众日常生活的行动，实现工程决策和评价的最充分的民主化。

如何才能实现交往？工程以工程创新的方式存在，工程创新根植于人的生活世界。只有回归始源性的生活世界，才能实现由公众广泛参与的交往实践，才能弱化、消解专业话语和专业霸权。因此，要实现交往的目的，就要在个体伦理主导的“物质世界”之外，加入交往理性所调节的属人的“生活世界”。哈贝马斯认为，生活世界蕴藏着克服强化的人类中心主义所带来的严重后果，并限制其作用范围的潜在资源，人类的出路就在于重建生活世界。生活世界具有整体性、知识性、前反思性、稳定性等特点，是交往行为的发生场域。生活世界是朝向常人的，是公众所在的世界，生活世界中公众才是真正的主体。生活世界成为专家与公众实现交往的公共领域和空间。

如何才能实现最广泛、最充分和最普遍的交往？交往实践只能建立在多向度复数之间，即要突现“主体间性”这一主旨。正如哈贝马斯所言：“有了主体间性，个体之间才能自由交往，个体才能通过与自我进行自由交流而找到自己的认同，也就是说，才可以在没有强制的情况下实现社会化。”①

交往实践如何重构工程伦理呢？工程活动作为现代人的基本生存方式，不仅要关注能否实现人的“栖居”，更要关注能否实现人的“诗意地栖居”。因此，伦理的交往实践应该以人的基本生存为旨归，是“生存交往”的实践。“生存交往”的实践所带来的生存体验是朝向未来和意义本身的，是伦理重构的基本方式，也是应对现代性

---

① 哈贝马斯．交往行为理论：第1卷［M］．上海：上海人民出版社，2004：375.

这个终结者的最审慎和最小文化风险、文明风险的伦理策略。

通过以上分析，可以得出以下几点结论。

第一，工程的存在是关系性存在，是由人和技术的意向相关性建构的关系性存在，其中工程伦理始终附着在人的主体性之上，但在不同的工程存在方式中，工程伦理具有不同的表现形式。

第二，从历史的维度看，工程的存在方式经历了从“具身”到他“异化”再到工程创新的过程化转向；与此相对应，工程伦理经历由自然伦理到个体伦理再到交往伦理的演进路径。

第三，交往伦理强调交往、协商，是对哈贝马斯的商谈伦理核心思想的继承，但它又不完全等同于哈贝马斯的商谈伦理。商谈伦理重在语言交往实践，而交往伦理是以人的基本生存为旨归的实践伦理，重在“生存交往”的实践。

第四，借此可以看出，工程伦理本质上是非专制的，具有交往向度，只是在不同的历史境遇和工程存在中，商谈的方式和效果各相异趣。

第二节　工程风险分配正义的三个伦理向度

现代社会中，工程作为人类社会最基本的实践活动，在给我们带来巨大福祉的同时，又把我们推入一个极其脆弱的“风险社会”。工程风险已经贯穿、制约并影响着社会政治生活全部过程，成为至关重要的社会“建序者”。风险的不公正分配带来的直接社会性后果是：享受工程利益的是一部分人，承担工程风险的却可能是另外一部分人。由此引发的深远的政治难题是：风险分配会成为少数人谋求财富和权力的凭借，并最终演变成为社会不平等的最深层根源。如何公正地分配工程风险，是工程伦理学也是我们当下时代所必须面对的一项重要课题。

一、功利主义分配正义：最大多数人的最大幸福

在工程伦理规范中，功利主义价值观的表述最为简洁，也最具有直观上的吸引力，并始终在工程风险的实际分配中发挥着重要的

指导性作用。功利原则是指："它按照看来势必增大或减小利益有关者之幸福的倾向，亦即促进或妨碍此种幸福的倾向，来赞成或非难任何一项行动。"① 功利主义的基本原则是使快乐总体上超过痛苦，最高原则就是使幸福最大化，正义的实现方式即为谋求所能得到的最大多数人的最大幸福。与此相应，在工程风险的社会分配中，功利主义正义观可以表述为：是否能为最大多数的当事者带来最大的整体福利。

在工程风险分配的实际操作中，功利主义原则就落实为风险—收益的定量计算。如果一种分配方案带来的福利总额超过了风险的计算成本，就是正义的；在两种方案的选择中，如果其中一种方案的总体福利减去风险成本之后的余额，大于另一种方案的总体福利减去风险成本之后的余额，那么，前者就是更善的或更公正合理的选择；在所有备选方案中，所包含的福利计算超过风险的盈余最大的那种方案就是最具正义维度的选择。与此相应，工程主体的行为规范应当以能够增进共同体的最大幸福为伦理限度。工程主体的基本职责就是利用风险—收益法则，计算出工程所涉及的最大多数当事人的最大福利，要在个人利益、公司利益、公众整体利益之间进行权衡。而当我们对工程进行风险评估时，我们的评价标准就是该项工程增多还是减少了最大多数当事者的幸福。例如，一项工程污染了当地河流，当地人吃了河里的鱼会影响健康。但是这项工程会为当地居民提供就业机会，并能够促进当地经济的持续发展。也就是说，只要将风险分配给少数人，这项工程对当地大多数人还是有利的，能够增进他们的幸福。根据风险—收益分析，继续保留这项污染工程就是正当的。

毋庸置疑的是，功利主义分配原则的出发点是好的，它致力于寻求共同体所能得到的最大的整体利益，努力去确定什么样的方案和行动能带来最好的结果。并且，在工程风险的实际分配中，功利主义的风险—收益分析通常是一种简单且十分有效的模式，它的应用已经成功地解决了很多实际矛盾和冲突。因此必须承认，"在特定的情景中，即在根据单一的衡量标准即货币价值来对许多有争议的

① 边沁．道德与立法原理导论［M］．时殷弘，译．北京：商务印书馆，2005：58.

问题进行评估的能力上，成本收益分析法还是很有价值的”①。如果没有详细的风险—收益分析，许多工程项目的建造，尤其是大型工程项目的建造是不可能实现的。从这个意义上讲，功利主义为工程风险的社会分配提供了一种最基本和最有效的可操作的伦理规范和原则。然而，作为一种道德分析工具，功利主义分配正义观还存在明显的局限性。

功利主义正义观的第一个缺陷在于：仅仅考虑福利的总和，没有充分尊重每个个体的基本权利。如果将风险分配的社会公正建立在特定的功利主义幸福观之上，就要求社会中所有人必须认可和接受这种幸福观而不能再接受其他的，这就意味着把这一特定价值观强加给了社会中的一部分人，没有充分尊重每个个体自由地追求自己的幸福的权利。康德指出，每一个个体都是理性的存在，都拥有尊严，都是值得尊重的，而尊重理性人的尊严就意味着要将每个人当作目的本身而非达成目的的手段而加以对待，“即是说，是这样的存在者，其存在本身就是一个目的”②。在前述的事例中，多数人的幸福是以牺牲少数穷苦的捕鱼者的福利为代价的，把少数穷苦的捕鱼者当作了手段，没有充分尊重他们作为个体的尊严和基本权利。为了总体福利而把某些少数个体当作工具来利用是有失公正的。正义的分配原则，旨在使每个个体都能够获得与任何一个人平等地追求幸福的权利，如果将多数人的幸福建立在少数个体的痛苦之上，甚至在追求整体幸福的名义下，恣意践踏少数人的幸福和权利，即是说，享受工程利益的是一部分人，而工程风险却由另一部分人承担，甚至工程利益由多数强势者分享，却把工程风险分配给少数弱势群体，这在道德上是不可接受的，这样的社会也是不值得我们追求的。

功利主义正义观的第二个缺陷在于：错误地将一切道德事务都单向度地转化为快乐与痛苦来算计。当工程主体运用风险—收益分析法对特定的风险和收益进行评估时，为了便于计算各种福利，必

① 查尔斯·E. 哈里斯，迈克尔·S. 普理查德，迈克尔·J. 雷宾斯. 工程伦理：概念和案例［M］. 丛杭青，沈琪，等译. 北京：北京理工大学出版社，2006：65.

② 康德. 道德形而上学基础［M］. 北京：中国社会科学出版社，2009：59.

须使用同一个尺度去衡量它们，把消极和积极效用都转换为货币用语。于是，功利主义原则就成为一种衡量和计算幸福的量化工具。然而，在工程风险的实际分配中，把所有的风险都转化为货币数字是不可能的。例如，我们无法去评价一种新技术所带来的潜在风险，我们也不知道该如何确定他人生命的货币价值。并且，仅仅因为某物给大多数人带来快乐，并不能构成确证某物为正当的充分理由。功利主义的最大幸福原则“对于确立道德而言毫无贡献，因为，使一个人幸福不同于使他变好；使一个人在追求自己的利益时变得审慎明智，不同于使他更有德性”①。更为严重的后果是，风险—收益分析法的应用可能会使道德上不正当的行为变成正当的，以致我们最终会背离正义的基本主旨。例如，在19世纪采矿工程中，坑道和矿井太小，容不下成人，使用童工则会降低风险并提高工作效率。于是，根据风险—收益分析法，雇佣童工的行为就成为正当的。

二、自由主义分配正义：我们拥有我们自身

如果工程风险的分配不能仅仅基于功利，那么，什么才是它的正义基础？自由主义给出了另一种答案：有关正义的任何命题都必须建立在权利的基础上，都必须纳入权利的话语体系。维护人的基本权利是自由至上主义者的传统，他们强调权利的先在性和神圣性：“我们拥有我们自身，我的生命、劳动力和人格属于我，且仅属于我。”② 每个人都先天地拥有这样一种根本性的自由权，正义就意味着要尊重每个人的自由权，即用自己所拥有的东西去做任何事情的权利，并且人们也要尊重他人这样做的权利。正因为如此，自由主义反对“权利的功利主义”，主张权利要优先于善，认为少部分人不应该被当作促进他人福利的手段而加以利用，因为这样做侵犯了这些人根本性的自我所有权。

公民的基本权利不可以任由社会随意处置。“个人拥有权利，有些事情是任何人或任何群体都不能对他们做的，否则就会侵犯他们

① 迈克尔·桑德尔. 公正：该如何做是好［M］. 朱慧玲，译. 北京：中信出版社，2011：121.
② 洛克. 政府论：下篇［M］. 北京：商务印书馆，1983：5.

的权利。"[1] 从而，自由主义主张一种功能最少、权力最小的最弱意义上的国家：除了保护公民的生命、财产和自由外，国家没有也不应有任何其他目的，没有也不应有任何其他权力。借此，自由主义充分相信市场的力量，主张借助市场机制来协调各种政治过程。按照自由主义的基本逻辑，工程风险的社会分配中，公正的方式就是遵循市场规律进行自由交换。只要对工程风险所造成的经济、健康等的损失和伤害进行经济核算，计算出具体赔偿金额，再按照自由市场的交换原则进行自愿交换。在自由主义风险分配中，要坚持以下三条原则，以保障正义的践行：一是自愿性原则，非被迫是自由权利的直接体现；二是知情同意原则，即对工程风险本身及其分配的知情同意，知情同意是自由权利的基本前提；三是理性原则，人们必须运用理性能力来评价工程风险，理性能力是自由权利的基本保障。

自由主义分配正义有两个明显的优势。首先，自由主义成功地克服了功利主义的第一个根本缺陷，即维护了作为个体的基本权利。在工程风险的分配中，功利主义因为侵犯了个体的基本权利而屡受诘难，而自由主义用自愿、知情同意及理性等基本原则保障了每个个体的自由，充分尊重了每个个体的基本权利。其次，自由主义分配正义增加了社会总体福利。当我们对工程中的可接受风险进行自由交换之时，当事双方如果达成交易，一定是双方都获得了利益和好处，否则交易就不可能发生。而当交易在不伤害任何其他人的前提下使双方获利，那么它肯定会增加社会总体的福利。所以，即使是功利主义者也同样会支持自由主义的风险分配方案。然而，自由主义分配正义又存在以下几个明显的缺陷。

第一，自由主义的风险分配并不像表面上看起来那样自由，人们之所以做出这样或那样的选择，有的时候并非出于自愿；相反，可能是一种被迫的选择。首先，在风险分配的实践中，不同的工程主体之间或工程主体与公众之间往往会存在冲突与矛盾，要解决这些冲突与矛盾，必须要有人做出妥协和让步，而对于这部分人来讲，

---

① NOZICK R. Anarchy, state and utopia [M]. New York: Basic Books, 1974: 29.

他们的自由权就没有得到充分的彰显。并且，少部分人对于工程所引发的潜在风险或者正在发生的事实风险的承担可能是因为机会的匮乏，而并非自由权利的体现，因为他们除此之外，别无选择。“当工人们继续在一家已知存在安全隐患的工厂里工作时，他们是否是自愿同意的呢？也许他们根本就没有其他的就业选择。”[①] 所以，工程风险的自由交换不可能实现所有人的自由权利，即在自由选择的名义下，对于那些只有最少选择余地的人来说是不公平的。

第二，工程风险分配中的知情同意方案很难达成。首先，普通公众与工程专家对于可接受风险的理解不尽相同。专家从功利主义出发，认为“可接受风险是这样的一种风险，在可以选择的情况下，伤害的风险至少相等于产业收益的可能性”[②]。普通公众则立足于自身的基本自由权，认为“一种可接受的风险指的是这样一种风险，它是通过行使自由和知情同意权而自愿认可的，或者它是得到适当赔偿的，并且它是公正地分配的”[③]。因此，在他们之间很难达成对话和取得共识。其次，对于普通公众而言，他们通常没有畅通的渠道去获取关于风险的确切信息，更缺乏足够的专业知识去推断和评估风险的强度及后果。“他们可能会低估了那些以前未发生过或没有留意的事情发生的可能性，而同时却高估了那些引人注目的或灾难性事件发生的可能性。”[④]最后，对于事实上已经发生的工程风险，尤其是不可接受的工程风险，获取正在遭受风险伤害的公众的有意义的知情同意通常是不可能的，受到伤害的公众只能被动接受事后的赔偿。而对于一些伤害，如重伤或死亡，根本就不存在恰当的赔偿。

第三，自由主义的风险分配虽然成功地克服了功利主义的第一个缺陷，却没有能够克服第二个缺陷。不过，与功利主义用货币计算解构道德的方式不同，自由主义以人的基本权利的名义排除了社会道德，从根本上祛除掉工程主体所应当承担的风险责任。为了充分尊重人的基本自由权利，工程主体可以选择成为纯粹的“经济

①④ 查尔斯·E. 哈里斯，迈克尔·S. 普理查德，迈克尔·J. 雷宾斯. 工程伦理：概念和案例[M]. 丛杭青，沈琪，等译. 北京：北京理工大学出版社，2006：129.

② 同①：126.

③ 同①：131.

人”，可以只享受工程利益却通过货币交换的形式把风险转嫁给他人，进而推卸掉本应由他们承担的相应的社会道义责任。如果迫使他们承担风险责任，就意味着减损了他们应得的利益，这就侵犯了他们的根本性的权利，侵犯了他们用自己的钱做任何喜欢之事的自由，除非他们是自愿的。工程主体根据自由选择，在工程目标和效果的设定上，完全可以偏向于为某一特殊的强势群体服务，而社会中的其他人，尤其是弱势群体，不仅无法享受到工程发展所带来的利益，还可能由于选择权利的匮乏被迫承担工程的风险和代价。这样，工程就成为少数人谋求财富和权力的手段，它中立于道德生活，甚至成为为恶的工具。而当人们丧失了道德的彼岸世界，则无论如何也不可能赢得正义。

三、德性主义分配正义：得其所应得

无论是功利主义者还是自由主义者，都试图将正义与善分离开来，他们致力于寻求那些中立于各种良善生活的公正原则，这被看作现代政治哲学的进步。但在施特劳斯看来，这正是现代政治哲学的症结所在，并已经演变为我们这个时代的难题。“摆脱那些困扰我们智力难题的方法，那就是返回到古典政治哲学，尤其是返回到亚里士多德的《政治学》。”① 回溯到亚里士多德的德性传统就会发现，亚里士多德并不认为公正可以以任何一种方式中立于德性本身；相反，公正的争论不可避免地就是关于荣誉、道德以及良善生活的本质的争论。德性主义的公正分配意味着给予人们所应该得到的东西，即得其所应得。

怎样才能让一个人得到他所应该得到的呢？这取决于如下两个基本规定：一是所分配的物品内在的目的；二是分配得到这些物品的人的能力或美德。德性正义实现的关键在于：看谁的美德或能力与所分配物品的目的最相匹配，即看谁最有能力实现所分配物品的目的，谁就是应该得到该物品的人。要根据与所分配物品相关的不

① 刘小枫. 苏格拉底问题与现代性：施特劳斯讲演与论文集：卷二［M］. 北京：华夏出版社，2008：17.

同人的不同能力而有差别地对待。假设人们在分配长笛，与此相关的美德就是吹奏的能力，如果基于任何其他因素，如财富、身份、外貌等进行分配，都是不公平的。应该把最好的长笛分配给最擅长吹奏它的人。这样做的理由是：长笛存在的目的是产生动听的音乐，能够实现这一目的的人，就应当拥有最好的长笛。因此，德性主义的分配正义不是平均，而是差异平等。

按照德性主义分配正义的基本规定，人们在分配工程事务之时，在确定每个人的道德应得之前，首先要厘清的就是工程的本性目的，然后按照与之匹配的不同人的不同能力来进行分配，根据不同人的不同能力而有差别地对待。现代社会中，工程已经成为人的生存之基本样式，工程的目的无疑是为现代人谋求幸福的生活。与功利主义幸福观不同，德性主义的幸福并不是关于快乐与痛苦的算计，而在于能够让人们从高尚的事物中获得快乐而从卑贱的事物中获得痛苦，进而不断地修正恶行，过一种良善的生活。德性主义的幸福生活就是道德生活，幸福的人就是有德性的人。而如果有人从观看斗狗中获得快乐，那么这就是一种需要克服的恶，不是一种真正的幸福之源。正如亚里士多德所言："幸福就是合乎德性的现实活动。"①因此，工程的本性目的在于促进道德生活，在于平等地给每一个人提供能够充分展现各自独特的道德能力的机会。

事关工程风险分配的公正宪制不能够且不应该中立于良善生活；相反，要推理一种正当的风险分配秩序，就不得不从整全的道德生活本身出发。只有首先搞清楚在一个共同体内，人们彼此之间承担着什么样的义务和责任，然后才能构建起一个公正的风险分配制度。如果按照自由主义的主张，将自己看作自由选择的自我，不受任何先在的、未经选择的道德观念的限定，就不能理解人们通常会同意甚至赞赏的多种工程伦理规范，诸如工程主体要承担的对公众的安全责任、对后代子孙的关爱责任以及对自然环境的保护责任等。"除非我们将自己看作受约束的自我，对一些我们并不想要的道德主张

① 亚里士多德. 尼各马科伦理学［M］. 北京：中国人民大学出版社，2003：14.

开放，否则我们很难理解我们的道德和政治经验中的这些方面。”①

要做到工程风险的公正分配，就必须做到如下三点：一是不能从我们的各种社会性身份中抽离出来，要保持自我生活的整体性。这样的自我即麦金太尔所谓叙述性自我：“它的整体性在于这样一种叙述的整体中，这种叙述把诞生、生活和死亡联结起来作为叙述的开端、中间和结尾。”② 二是不能脱离塑造我们身份的共同体的传统道德主张。否则，将很难界定我们在工程风险的社会分配中的各种责任和义务。正如麦金太尔所言：叙述性自我“要回答‘对我来说什么是善的’，就是回答我如何最好地生活和如何最好地过完它”③。三是要正确评估共同体中不同群体抵御或承受风险的能力，在风险分配中做到差别对待。

德性主义从目的论出发，推导出工程风险的道德分配方式。它既包含了功利主义的考量，又超越了功利主义，成功地克服了功利主义的两个根本缺陷。首先，德性主义主张差异平等，根据承受或化解风险的能力的异同，将风险分配给不同的主体，最大限度地避免工程的恶，同时也最大限度地增加了共同体的福利总和。因此，德性主义的分配正义本身就包含着功利主义的诉求。其次，德性主义规定了人们之间彼此负有责任和义务，用人的各种社会性角色将其与所在的共同体联结起来。这种叙述性生存状态凸显了主体间性，人们可以通过对话与商谈达成风险分配的共识，为人的自由选择留下了余地，克服了功利主义的第一个根本缺陷。最后，德性主义将公正的思考建基于良善生活本身，这样，工程风险的分配就不只是一种算计，而是试图甄别在风险社会中所能达到的最高的人类善。德性主义又成功地克服了功利主义的第二个根本缺陷。

通过对三种风险分配正义的考察，可以得出以下几点结论。

第一，功利主义分配虽然具有很强的实用性，但没有充分尊重每个个体自由选择的权利，更缺少道德上的逻辑支撑。自由主义分

① 迈克尔·桑德尔. 公正：该如何做是好［M］. 朱慧玲，译. 北京：中信出版社，2011：252.

② 麦金太尔. 德性之后［M］. 龚群，等译. 北京：中国社会科学出版社，1995：259.

③ 同②：276.

配正义充分尊重了人的自由权利，却从根本上祛除了道德前提。德性主义分配正义以道德为根基，包含了功利主义的考量，也给自由主义留下了空间。因此，在工程风险的分配中，德性主义路径最能彰显社会正义。

第二，德性主义分配虽然是理想型的正义路径，但并不能因此全面否定功利主义以及自由主义中的合理因素，在工程风险的实际分配中，工程主体要根据待分配的风险种类的不同以及所处的具体情境，权衡出最好的分配方案。“工程师存在于一个启发式的世界中，好的概念被评价为多变量的空间中的最优化权衡。”① 因此，工程社会中的风险分配正义一定不是独语式的静态正义，一定是对话式的动态正义。

第三，风险分配正义的实现最终要通过合理的制度。因此，工程风险的分配中，要把德性主义转换为一套具体可操作的行为规范、伦理原则等，去启发、指引工程活动中的人的价值取向。

---

① KOEN B V. Quo vadis，humans? engineering the survival of the human species［J］. Philosophy and engineering，2010（2）：313-341.

第五章　工程风险分配正义的现象学阐释

现象学发端于胡塞尔，胡塞尔的现象学是一种先验的现象学，是一种认识论体系。海德格尔继承了现象学，并且运用现象学探讨技术根本问题，使现象学从先验现象学转向本体现象学。现象学与技术哲学相联系，开始关注现实的技术问题，但对于技术问题的思考仅仅停留在本体论层面是不够的，经由海德格尔对技术问题的关注，现象学对技术哲学的关注开始转向经验层面，转向对现代技术的复杂性与丰富性的经验分析。作为方法的现象学对工程哲学，尤其是对工程风险分配正义问题的研究是有启示意义的。现象学的面向实事本身的哲学方法，为分析工程风险分配正义问题提供了基础，现象学的意向性理论及其主体间性理论，也为工程风险分配正义问题的研究提供了新的思考维度。

第一节　工程哲学何以回归生活世界

以科学理性为象征的近代哲学用一件裁剪得体的“观念外衣”遮蔽了本真的、始源性的生活世界，它将人从地球上“连根拔起”，失去了存在的根基。生活世界与人的存在须臾不可分离，人类必须返回其中来寻找自己的支点。生活世界作为与人的存在最切近的概念，彰显着现代哲学的时代精神和基本价值趋向，重返生活世界已经成为现代哲学致思的路标。工程哲学作为现代哲学的焦点与象征，必定要延伸这一时代的人文坐标。回归澄明无蔽的生活世界是现代工程哲学的基本趋向。由此引发的问题是：工程哲学要怎样回归生活世界？换言之，为了回归生活世界，工程哲学自身在研究方法、研究对象及研究旨趣上应怎样进行相应的理论建构？这尚是需要进一步澄清的问题，本章的目的就是试图对这一问题进行解答。

回归生活世界的普遍趋势所引发的工程哲学的变革表现为三个向度的建构：研究方法上，远离形而上学的超越论视角，响应走向“经验”的“实事本身”的召唤；研究对象上，重点关注工程物的被给予方式，即“生活实践”；研究旨趣上，以人的向世生存为旨归，实现工程美的建构和工程伦理的“解蔽”。它们分别从方法论、本体论和价值论层面引导工程哲学回归生活世界。

一、研究方法：走向“经验”的“实事本身”

20 世纪 20 年代，生活世界作为一个正式概念在胡塞尔现象学中取得核心地位，代表着胡塞尔“历史哲学”的行进方向。它所引起的反思要超出胡塞尔哲学中的任何其他基本概念，成为拯救“欧洲科学的危机”的一个最恰切的概念。生活世界具有非课题性，它没有把哲学的任务限制在纯科学的疆界之内，而是把它扩充到日常经验的最广阔领域，它是科学世界存在之根基，也是一切其他世界存在之根基。因此，生活世界不是观念的世界，而是一个经验的世界，“我们经验地直观到的周围世界是一种经验的总体样式”①。而“哲学应当探讨的不多不少就是这种与日常生活中的兴趣有关的东西”②。这样，哲学才站在了坚实的土地上，才能回到自己的家。正如海德格尔所言：理性应当是生活的理性。

生活世界概念的提出是为了科学危机的救赎，但更重要的是一种新的研究方法的揭示，是胡塞尔为他的现象学研究“选择的一种真正的探究方法的纯粹描写”③。生活世界是经验的世界，经验指的就是生活世界中的明见性，它才是科学的客观规定性的来源，“一切可想到的证实都要回溯到这种明见性的样式”④。胡塞尔所指出的明见性是笛卡儿意义上的原初被给予，是一种“直接地把握到”，即要面向实事本身。“在直接地把握到这个概念中显然包含着无前设性、

---

① 埃德蒙德·胡塞尔. 生活世界现象学［M］. 上海：上海译文出版社，2002：216.

② 倪梁康. 现象学及其效应［M］. 北京：生活·读书·新知三联书店，1994：167.

③ 汉斯-格奥尔格·加达默尔. 哲学解释学［M］. 上海：上海译文出版社，2004：183.

④ 同①：266.

无成见性、面对实事本身的意义。”① 面向实事本身的召唤成为现象学的基本纲领。对于海德格尔而言，“无论在消极的还是积极的意义上，‘走向事情本身’这一召唤都是要确立和建构一种方法，一种哲学的程序，只有通过这一程序，事情本身才可达到那明证的被给予性”②。因此，方法才是实事本身，面向实事本身首先是对新的研究方法的召唤。面向实事本身就是面向经验的实事本身，指的是回溯到明见性的经验本身的方法。

现代社会中，工程已经成为一种普遍、始终“在场”的存在，并已经衍生出德韶尔意义上的第四个世界——技术、工程的世界。与此相对应，“欧洲科学的危机”已经演变为由技术、工程主宰的“现代性的危机”。现代的工程折射着人本身的存在，并宰制着“现代人的历史命运”。“现代性的危机”又进一步演变为“现代人的危机”。工程向人类历史的全面侵袭，迫使人们追问这样的问题：哪里才是现代人的救赎之途？一个概念就是一个答案，生活世界不仅是科学危机的救渡良方，也是胡塞尔为现代人摆脱困境提供的备选方案。因此，工程的世界应该以生活世界为根基，应该成为生活世界的一部分。工程从生活世界中的剥离意味着工程的异化，就会引发“现代性的危机”，这就需要“第四个批判”，即工程哲学。同样，工程哲学也应该是立足于生活世界的哲学反思，抛离了生活世界，就意味着哲学的危机。工程哲学要回归生活世界，就要响应面向实事本身这一研究纲领的召唤。正如胡塞尔所言：“一切原则的原则”首先就是方法的原则。工程哲学回归生活世界，首先要在研究方法上面向实事本身，要排除所有不明见的东西，只把握明见性的东西，即面向经验的实事本身，唯有这样才能接近生活世界的本真情境。

面向经验的实事本身的召唤同时也是对当下技术哲学经验转向运动的回应和追随。海德格尔作为经典技术哲学家的代表，他把技术视为现代人的“命定”。他在虔敬的追问中接近了现代技术违背天命的危险，却又在撤向语言的途中寻求救渡。他认为，唯有在语言

① 倪梁康. 现象学及其效应［M］. 北京：生活·读书·新知三联书店，1994：178-179.

② 海德格尔. 哲学的终结和思的任务［C］//熊伟. 存在主义哲学资料选辑：上卷. 北京：商务印书馆，1997：496.

之中技术才能被理解、限制，存在才能被拯救①。语言才是存在的家，“词语破碎处，无物可存在”②。于是，技术成为超越生活世界之上的形而上学的前设或神话，成为祛人化的“大写的技术”。这正是经典技术哲学的症结所在。经典技术哲学家们远离了生活世界，囿于某种自我的语言关系模式之中，对技术进行形而上学的抽象摹写，与真正的技术世界隔离开来。技术哲学被置于人类思想的十字路口，或走向繁荣，或走向衰败。为了应对现代技术给哲学带来的新挑战，20 世纪 70 年代后期，技术哲学研究逐渐转向新的、充满朝气的经验性的发展方向。经验转向是方法的转向，方法的转向带来研究主题的延伸和转向，衍生了一个新的研究领域：工程哲学。工程哲学生成于经验转向的背景之中。

与经验转向运动的基本主张相一致，工程哲学必须要远离形而上学的高姿态或者超越论的视角，工程的哲学反思必须建立在对工程本身的复杂性与丰富性的适当的经验描述上，要在明见的直观中把握工程存在，即要面向经验的实事本身。可见，面向经验的实事本身的召唤，内在地包含着经验转向的思想内涵。借此，工程哲学要努力排除形而上学的幽灵，不应是对工程的简单地抽象摹写，而是要消解“宏大叙事”，回归工程实践本位，致力于打开工程“黑箱”，以对工程的内在洞察为基础，将对工程的反思建立在有关工程实践的具体的、可靠的和充分的经验材料上。正如胡塞尔所主张的，要把哲学史上的形而上学的大纸票兑换成直观的有效的小零钱。工程哲学既体现了经验转向运动的主旨，同时又是面向实事本身这一现象学精神的彰显，它的到来改变了哲学的前景。

工程哲学回归生活世界就是要悬置形而上学的理论前设，让工程如其所是地显示自身，“这种显现必然是在一定的光亮中发生。只有借助于光亮，才能使显现者显现自己”③。“光亮”具有方法论的意义，而面向经验的事情本身的召唤则成为通达生活世界的“光亮”

---

① ACHTERHUIS H. Borgmann, technology and good life? and the empirical turn for philosophy of technology [J]. Techne, 2002, 6 (1): 64-75.

② 海德格尔. 在通向语言的途中［M］. 北京：商务印书馆，2004：150.

③ 海德格尔. 哲学的终结和思的任务［C］//熊伟. 存在主义哲学资料选辑：上卷. 北京：商务印书馆，1997：498.

所在。“所有明确或隐晦地响应了‘走向事情本身’的召唤的哲学思维，已经在运动中并通过其方法而被纳入了林间空地的自由之境。”① 工程的反思只要响应了面向实事本身的召唤，就可以重返作为“源初事情”的“林间空地”。“林间空地”就是现象本身，它是在场者和不在场者的敞开之地，也就是自由无蔽的生活世界。只有回到澄明无蔽的生活世界，才会有“浑然不颤的无蔽之心”，才会产生存在与思的合一，才会有真正的工程哲学。

二、研究对象：“生活实践”的“显示”

当我们作为自然的人沉湎于生活世界中时，并没有把这个世界当作反思的对象，它处于非课题性状态。而当我们以“哲学的态度”“苏醒”过来时，我们就会意识到这个“在身边”的世界，我们开始将这个世界作为反思的课题。正如海德格尔所说：生活还应当是理性的生活。但在胡塞尔那里，这种哲学意识的“苏醒”意味着祛除了人及现实的生活世界的“先验悬搁”，生活世界只是作为先验分析的出发点成为先验哲学的课题。胡塞尔的理论哲学意向将现实的生活世界回溯到纯粹的先验世界。这无益于现代人的现实生活境遇的救赎。

真正能够成为哲学反思对象的生活应该是人的现实、日常的生活，而不是纯粹的意识生活。生活世界就是常人栖居于其中的感性而直观的周围世界。在这样一个具有始源性意义的世界中，即使是爱因斯坦也要把自己理解为常人，生活世界是一切人存在之根基。但是，如前所述，生活世界不仅包括“已经在此”的“前科学世界”，还包括人的生活实践活动所创造的人化的技术、工程的世界。正是因为有了在世的生活实践，人才成为真正意义上的人，才能回归此在的本真情境；反之，正是因为有了人的生活实践活动，世界才成为为我的世界，才成为鲜活的属人的生活世界。“生活世界实质上是指现实的人通过自己的生活实践，了解自己的本质，以自己的价值观衡量和调整一切生活关系而创造出的感性世界。”人与生活世

---

① 海德格尔. 哲学的终结和思的任务［C］//熊伟. 存在主义哲学资料选辑：上卷. 北京：商务印书馆，1997：500.

界是相互生成和相互建构的。生活世界是以人为主体的实践意向的世界。“从历史上看，不可否认，将‘生活世界’课题化，对‘生活世界’进行反思，这种要求原初带有实践的目的和意义。”①

实践哲学的意向才能将我们带回到生活世界。工程哲学应该是一门基于人的日常生活的实践哲学。现象学视角中的面向实事具有多重向度，它既是方法的召唤，也是意向相关项的确立，即要将实事本身作为“我思”的对象。工程哲学中方法上的明证性是面向实事本身，即要将工程的实事本身作为反思对象。走向实事本身的召唤中强调的是“本身”，什么是工程实事“本身”呢？在胡塞尔那里，实事“本身”等同直观的“被给予之物”，它是“思”或意向性。在海德格尔那里，现象学是一门显示学，它把存在如其所是地那样显示出来。现象学的“现象”所指的就是存在者之存在和存在的意义的显示，现象学的任务在于从存在者的身上逼问出它的存在来。实事“本身”即现象。但现象绝不是“现像”，“现像”是一种不显现，虽然任何“现像”都指向现象。“现像作为‘某种东西的’现像恰恰不是说显现自身，而是说通过某种显现的东西呈报出某种不显现的东西。”② 因此，日常所见的、广泛存在的工程物的现象并非工程实事“本身”，它只是工程的物质载体或物质外衣。工程人造物的存在及其存在的意义，即它的显示或被给予方式才是实事“本身”。因此，不能停留在存在者层次上的工程人造物来反思工程。工程的实事“本身”在本质上是一种关系存在，是意向性的关系存在。“‘某物’的被给予方式就是构造某物的方式，世界的被给予方式就是构造世界的方式”③，工程人造物的构造方式就是人的工程实践活动，它同时也是构造世界的方式。

从一般的意义上说，工程人造物的建构，就是以工程理念为导引，将“自在之物”转变为“为我之物”，将存在于人的思维中的理念实在化、外在化。一个新的物理存在物出现在世界上，意味着工程实践过程的结束。现代工程造物活动更多地包含了海德格尔所

① 倪梁康. 现象学及其效应［M］. 北京：生活·读书·新知三联书店，1994：137.

② 海德格尔. 存在与时间［M］. 北京：生活·读书·新知三联书店，2006：35.

③ 舒红跃. 技术与生活世界［M］. 北京：中国社会科学出版社，2006：34.

说的“促逼”作用，“促逼”着自然之物变性、变质和变型，“促逼”着人的意志服从“物”的逻辑和科学理性的强力意志。这样，工程人造物就逐渐侵袭和宰制了生活领域，“物”以及“物的符号”逐步成为衡量一切价值的圭臬，这正是“现代性的危机”的深层根源，其引发的后果是：相对于常人而言，以科学、技术为基础的工程人造物被剥离了神性和人性，成为“他者”；相对于质朴的、感性的、经验的生活世界而言，工程的世界异化为“巨型机器的神话”，是“他异”的世界。可见，如果人们只关注造物活动本身，就会造成工程和人的双重异化，这样构造出来的世界就是祛人化的、中立的工程世界，而不是鲜活生动的生活世界。

生活世界应该如海德格尔所规定的：它是统摄着天空、大地、终有一死的人和诸神四方的四重整体。造物的实践活动就是让四方之四重整体栖留于自身，只有这样的实践活动才能打造生活世界。“物化之际，物才是物。物化之际，物才实现世界。”① 真正的工程实践应该是关注人的栖居的生活实践。正如李伯聪教授所指出的，一个完整的工程实践活动由计划、实施和用物这三个阶段组成。其中用物阶段是指人对工程人造物的使用和消费，是生活实践不可或缺的内容，是朝向生活世界的敞开。因此，生活实践不仅包括计划阶段的工程理念的确立、造物阶段的具体实施，还包括用物阶段的消费及评价。通过生活实践，人们才能构建生活世界，才能展现人与人打交道的方式，工程的存在及其存在的意义才能被“解蔽”。通过生活实践，剥离了工程人造物的物理外衣，便可以将工程物还原到生活世界，还原为生活世界中的各种因素和它们之间的生成性关系。因此，生活实践才是工程的实事“本身”，它是工程在生活世界中存在及其意义的显示方式。工程哲学向生活世界的回归，应该在研究对象上转向对生活实践的关注。

人要在社会中生活，人的生活实践是社会中的实践，这是不言而喻的。因此，生活实践是工程在世的显示方式，同时也是隐藏在工程人造物背后的社会性的显示方式。显示方式即构造方式。工程社会性的构造需要工程主体将具体的社会性载入其中，这要通过一

① 海德格尔. 在通向语言的途中［M］. 北京：商务印书馆，2004：14.

个复杂的社会选择过程来实现。处在多种复杂的、相互牵制的社会因素和关系中，工程主体要根据社会需要在多种各有所长的工程实践方案中作出相对合理有效的折中选择。因此，基于生活的工程实践，不可能有理想化的最优解，工程建造方案也通常不是唯一的，我们只能在其中选择一种“妥协解”。与“中间技术”“适用技术”提法相对应，该“妥协解”或许可以称作“中间工程”或“适用工程”。这样，作为实体的工程越来越受社会经济、社会文化和政策法律等诸多因素的制约，聚集和折射出其特定的政治社会背景。

三、研究旨趣：“生存”意向的“超越”

科学理性造成历史的断裂，把人变成缺少“生命的冲动”的巨大机器中的零部件，人的连续性中断，人正在失去生存的根基。“现代人的危机”主要表现为现代人的向世生存的危机。生活世界应该是属人的世界。作为此在的人的本质就在于它的向世的生存，这是海德格尔对此在的生存论之规定。生活世界课题化的实践或实用的目的是指向人的向世生存的，即要实现人在世界中的栖居。因此，对生活世界的反思是生存意向的。换言之，生活世界哲学正是基于对现代人的现实境遇的考察，试图给出人类走出生存危机的方案，是基于人的生存的谋划。

当今世界，人们不是生活在自然的世界中，而是生活在自身所创造的工程世界中。工程已被植入生活世界，并成为其中最基本的内容和形式，成为人的生存之基本样式。工程的存在方式即人的生存方式。这样，对工程的反思应重点关注人在世界中的“栖居”，工程的哲学反思要以人的基本生存为旨归。当我们将工程反思之目的置于生命哲学框架之下时，就可以剥去工程人造物的物质外衣，弥合断裂的历史，恢复被物性世界吞噬的人的历史性的生存模式，就可以引导工程哲学回归生活世界。

生活世界的生存意向表明它是一个主体性的世界。从生存论意义上看，作为此在的人的主体性首先表现为“忧虑”，是在“忧虑”中的自身失落。在海德格尔看来，忧虑的本质结构包括“忧烦”和“忧心”两种境遇：忧烦是指“在之旁”的存在，即在“上手之物”旁的存在，是与他物有关的存在；“忧心”是与在世界内相遇的其他此在的共在，是与他人有关的存在。这样，此在的生存结构表现为两种交往方式：一是与物的交往；一是与人的交往。生活世界是交往理性的世界，是交往行为发生的场域。生活世界中此在的主体性表现为交互主体性。与此相对应，在工程活动中，作为工程主体的人也存在两种生存意向的交往：一是与工程物的交往；一是与其他工程主体的交往。

在海德格尔那里，生存意味着“超越”，是超越自身存在者形式的能力，它是此在最本己的自由存在的可能性，表现为“能够存在”的样式。借此，作为工程主体的此在的生存意向交往就表现为一种能在，即“能够存在”，它表明人的存在对于人的生活世界所具有的超越性。从时间性的角度来说，它是面向未来的。生存意向的“超越”召唤着此在脱离自身的常人状态，向其本己的自身，向其最本己的自身能在，向其最本己的可能性。作为工程主体的人无论是与工程物的交往还是与其他工程主体的交往，其目的都是避免工程异化，是对人如何能够存在的未来考量，是关于人的向世生存之方案的谋划和斟定。

工程主体与工程物的生存意向交往主要应表现为人对于工程美的建构和感召。生存意向的“超越”召唤此在去“发现物质物在我之前，既充满了物的性质，又充满了价值特性，如美与丑、令人愉快和令人不快、可爱和不可爱等等”①。

工程的美感首先表现为科学规律所赋予人造物的外在形式和内在功能的和谐一致。这要通过工程主体与工程质料，即自然之物的交往来实现，属于工程的造物阶段。工程主体将合规律性的审美理念和要素植入自然物之中。此外，工程美还表现为工程物与周围环境的和谐一致。这要通过工程主体与“为我之物”，即工程人造物的交往来实现，属于工程的用物阶段。工程主体要将工程物中的美感映射及辐射向周围环境，产生与周围环境的和谐效应，建构美的生活环境，实现工程的生态效益。在生存意向下，对工程的哲学反思，旨在于建构工程之美。

工程主体之间的生存意向的交往则主要表现为工程伦理的诉求。

---

① 胡塞尔．纯粹现象学通论［M］．北京：中国人民大学出版社，2004：37-38.

在工程活动中，工程主体不是个体主体，而是由设计师、技师、工程师、管理者等组成的“群体主体”。在生存意向的引导下，工程的“群体主体”会进一步扩充为多元复数的主体，使公众扩展为工程的外围主体。这样，工程活动就成为一项全体公众参与的、关乎常人的日常生存的行动，它重点关注工程能否为公众带来福祉。这就要求各工程主体之间、工程主体与公众之间以及公众与公众之间进行广泛的对话与协商，达成理解，形成非强迫性的共识，即实现“生存交往”。交往的生存意向会超越科学理性的强纲领，转向关注人的行为和价值的道德领域，回归意义审视的生存之根本，使工程的伦理诉求成为其主旨。工程活动作为现代人的基本生存方式，不仅要关注能否实现人的“栖居”，更要关注能否实现人的“诗意地栖居”。以人的生存为旨归的工程伦理是具有交往向度的实践伦理。

“生存交往”的实践所带来的生存体验是朝向未来和意义本身的，是伦理的“解蔽”方式。交往实践只能建立在多向度复数之间，即突现“主体间性”这一主旨。工程伦理具有主体间性。“在之中”是一切“意义”存在和恢复的基础，并且，多重复数的主体之间通过交往与协商，意义就会在主体间传递，达到众多主体对意义的共享，成为一个意义共享的世界。这样，主体间的“生存交往”实践成为伦理重构的语境，为工程伦理的“解蔽”提供了场域。工程伦理的生存论导向能够改变工程实践的纯功利的旨趣，软化专业范式，正确处理工程建设与经济社会的关系以及人与自然的关系，树立正确的工程理念。这样，保护自然就是维护人类自身的生存，破坏自然就是毁坏人类自身的生存。在生存论的框架下，工程伦理责任的承担就是必然的、合理的了。因此，在生存意向下，对工程的哲学反思，其目的还在于恢复工程的伦理之维。

重返生活世界已经成为现代哲学的核心诉求。这一普遍趋势所引发的工程哲学的变革将首先表现为研究方法、研究对象及研究旨趣这三个向度的建构，它们分别从方法论、本体论和价值论上保证了工程哲学回归生活世界的行进方向。与此相对应的经验实事、生活实践、生存意向构成了现实生活世界的三个基本维度，也是人存在于世界中的三个支撑点，它们将工程人造物置回人的生活之本位。

这表明：工程哲学要回归的生活世界，不是胡塞尔意义上的先验的世界，而是属人的、现实的世界，它是建构工程哲学三个向度的原动力；工程哲学向生活世界的回归，不是被动地被抛入，而是主动转向和建构的过程，回归生活世界是工程哲学的必然趋势；工程哲学向生活世界的回归也预示着工程哲学研究的一个新的发展方向和理论进路，即工程现象学。

第二节　工程的存在方式

现代社会中，工程已经成为一种普遍、始终“在场”的存在。作为现时代的焦点与象征，工程折射着人本身的存在，成为人的生存之基本样式，并宰制着“现代人的历史命运”。工程向人类历史的全面侵袭，迫使人们追思这样的问题：工程怎样存在？它如何与人本身的存在相关？它是何时以怎样的方式被植入人的生活世界的？海德格尔说：“只有在澄明的环境中，在敞开的澄清中，真理本身和思想才能够如其所是。”① 因此，应该打开工程的“黑箱”，回归工程存在的本真的时间境遇，才能让工程的存在如其所是地“敞开”和“绽出”。

工程的存在在时间境遇中表现为三种前后相继的方式：首先，工程以设计的方式存在，它是理念世界中的虚在；其次，工程以人造物的方式存在，它是物理世界的实在；最后，工程在工程创新中存在，它是朝向生活世界的还原。

一、工程设计：理念世界的虚在

工程设计是工程活动的初始阶段。在时间的维度上，工程首先是以工程设计的方式存在着。现代工程哲学认为，设计是以人的目的为导向的，包括人的思维、想象、意志及手段采取等的总体筹划过程，“是对工程建构、运行过程进行先期虚拟化的过程”②。在工

① 阿兰·布托. 海德格尔［M］. 吕一民，译. 北京：商务印书馆，1996：56.

② 殷瑞钰，汪应洛，李伯聪，等. 工程哲学［M］. 北京：高等教育出版社，2007：135.

程活动中，设计起到定向性、指导性的作用。由此可见，工程设计是工程的“应然”存在方式，是带有目的性的人类思维和智力活动。这里所说的工程理念就是指理想化的、总体性工程观念，在时间上，它是先在的，在空间上，它是虚在的，并渗透和影响到工程活动的全过程。“对工程设计而言，设计过程也是一个体现和落实工程理念的过程，全部的设计工作都必须在工程理念的指导下进行，而不能脱离工程理念自行其是。”① 工程设计就是存在于人的头脑中的工程理念，它属于“我思”的范畴，换言之，在设计阶段，工程是以理念的方式存在着。在时间上，理念是先在于工程实践的存在，在空间的维度上，它以虚体的方式存在。这样，就在作为设计主体的“我”和作为“我思”的理念世界之间建构了一种意向关联性，它涉及以下三个环节的连接。

首先，工程设计是承载人的目的的思维活动，合目的性就是设计活动的首要的根本要求。工程的目的就渗透在工程理念之中，或者说，工程理念就是工程目的的潜在的表达方式，它是“实然”工程的“图画”或“范型”。工程理念设定之后，由它所承载的人的目的就在整个工程活动中发挥一种导向性作用。“在整个工程活动中，目的不但发挥着第一推动的作用，而且还发挥着最终引导的作用。”② 但处在设计阶段的工程目的只是一个潜在的观念，它即是李伯聪教授所指出的工程目的范畴中的目的 1。“目的范畴从表面上看是一个单一的概念，而从实质上看，它却是有两种形态的：目的 1 和目的 2。目的 1 是观念形态的目的，目的 2 是现实形态的目的。目的 1 是在工程过程的计划阶段所设定的观念形态的目的（例如图纸），它表现为在时间上先在的东西，它是促使、推动工程前进的力量。”③ 目的 1 的存在是实现目的 2 的前提。工程实践就是目的 1 向目的 2 转化的过程，同时也是工程的存在方式由理念世界向现实世界转化的过程。

其次，工程设计的第二个根本要求是合规律性。按照柏拉图的

---

① 殷瑞钰，汪应洛，李伯聪，等. 工程哲学［M］. 北京：高等教育出版社，2007：135.

② 李伯聪. 工程哲学引论［M］. 郑州：大象出版社，2002：91.

③ 同②：94.

说法，理念世界按照其自身规律即“理性”或曰“逻各斯”运转，“逻各斯”才是世界的真正本体，它按照一定的目的，井然有序地、能动地推动着世界万物。“逻各斯”最初是指一个被赋予意义的词，如“三角形”。不久之后，“逻各斯”的含义发生了演变，它指由有意义的词所构成的有意义的语句整体，如三角形三个角之和等于两直角之和，指“我们身上能连接不同的句子，使之成为一个具有意义的整体论证的东西”①。它排除了由有意义的词组成的无意义的组合，例如：直角三角形的各角之和等于蟾蜍。在这里，“逻各斯”就被引申为“规律”，它成为某种建构智慧的方式。工程设计作为工程的一种理念世界的存在方式，它的实施也需要按照其自身的“逻各斯”也就是“规律”来进行，工程设计应该是合规律性的设计。正因为有了“规律性”，才保证了工程人造物对作为“原型”的工程理念的有效“模仿”和“分有”。这里所说的规律指的是客观规律，即反映客观因果性的客观知识。工程设计中的合规律性就是指符合客观规律。这保证了工程设计的现实可操作性，使之不会成为乌托邦式的空想或随意的幻想。工程设计的实质就是将客观规律转化为工程人造物的先导过程。按照工程理念的“范型”运用“逻各斯”进行工程设计，就是沃尔特·文森蒂所说的“常规设计”过程。常规设计中包括两方面的主要内容：第一，设计师要解决“这个装置是怎样工作”的问题，即“运行原理”或“逻各斯”的选择和应用；第二，设计师还要决定这个装置“看上去像什么”，即“常规型构”或“范型”的选择。“运行原理”与“常规型构”二者合起来构成了一个装置的“常规设计”，同时它们也形成了“被接受的传统”的基础。

最后，工程设计的第三个根本要求是合社会性。工程设计所在的理念世界，不同于柏拉图所谓本质上稳定、透明的“理念”世界。按照柏拉图的说法，理念世界是存在于彼岸的真正的实在，在来源上它是神创的。而工程理念是存在于人的思维中的，是一种虚在，在来源上，它是人造的。实际上，工程过程是人的理念转变为人造物的过程，同时也是人的理念的社会化过程。因此，在工程的设计

---

① 弗朗索瓦·夏特莱. 理性史［M］. 北京：北京大学出版社，2000：26.

阶段就应该充分体现其社会性，工程设计活动是情境性的实践。路易斯·布希亚瑞利教授在《工程哲学》一书中还原了工程设计的社会过程模型。该模型强调设计过程中人的因素的决定性作用，突出人的社会维度，最终阐明工程设计是一个社会建构的过程。他指出，工程设计需要不同的人参与，不同的人会以不同方式看待设计目标，甚至可以说，他们处于不同的“世界”中。这犹如“藻类的世界不同于菌类的世界，而且昆虫也有完全不同的环境需要去与之奋斗”①。在工程设计中，不可通约的“世界”被引申为社会背景，不同“世界”就是指社会背景的迥异。社会是多维度的，不同参与者立足于不同背景中，带有不同的价值体系和原则，工作于各自特殊系统单元中，使用不同的语言、工具，描述、解释和应对设计客体。虽然他们有着共同的目标，却对设计负有不同的职责。在某些方面，他们的利益也相互冲突。这就需要不同参与者之间进行交流和沟通，为了实现设计目标的最优化，甚至有人要进行必要的妥协和让步。工程的世界，是一个与他人“共在”的世界，要使不同社会背景相互交织、融合在一起。这样，工程设计被植入社会背景之中，展现为一个社会的过程。

二、工程人造物：物理世界的实在

根据工程设计的理念“范型”建造出新的工程人造物是工程活动的核心和基本标志。工程总是“物象化”为物理实体。工程人造物的建构，就是以工程理念为导引，将“自在之物”转变为“唯我之物”，将存在于人的思维中的理念实在化、外在化。一个新的物理存在物出现在世界上，意味着工程实践过程的结束。这个新的物理存在物是真实的，具有广延、质量等的存在。与工程设计的理念世界的存在方式相比较，在时间的维度上，工程人造物是后在的；在空间维度上，它以实体的方式存在。这样，通过人的建造活动，实现了工程的存在方式的转换。工程人造物是人的设计理念在时空轴线上的延伸。工程的存在方式的转换不是简单的空间位移上的变化，而是工程从“应然”向“实然”的转化，从虚体向实体的转化，是

① 路易斯·布希亚瑞利. 工程哲学［M］. 沈阳：辽宁人民出版社，2008：18.

工程的存在由理念世界向物理世界的转移、演化。这样，就在作为工程理念的“我思”与作为工程人造物的“我思”的对象之间形成某种意向性结构，工程人造物成为意向性的“载者”。在该过程中涉及以下三个环节的转变。

首先，是工程目的由潜在到现实的转变。如前所述，在工程设计阶段，工程目的还是一个潜在的观念。“单纯的目的 1 只是一种设想，如果它不能通过实施转化为目的 2，它就只是观念上的设计或设想，而不是一个真正的目的。”① 李伯聪教授所说的“目的 2”即现实的目的。这样，随着人的建造活动的展开，工程目的开始了由潜在到现实的转化，也就是目的 1 向目的 2 转化。从一般意义上说，人的工程建造活动就是以自然物为质料，人为地将其转变为工程人造物，是天然物向人造物的转化过程。但是，人们仅仅在自然之物上留下人的印迹，或者只造成了物的空间的位移，还不能称之为工程人造物。现代工程更多地包含了海德格尔所说的“促逼”的作用，“促逼”着自然之物变性、变质和变型。工程人造物涉及自然之物的根本属性的改变。“目的性”参量的引入，实现了这一改变。人通过对“在手之物”和“上手之物”的操作，把观念中的目的性转移并依附在自然物的实体结构之内，即主体的目的性的客体化。进入自然物客体的主体的目的性还要经过物体内在结构的选择、过滤，保留最优化或合理化的目的元素，滤掉那些与客体结构相差太大，需要更多成本或代价的目的性。通过人手的劳动将人的目的性“嵌入”自然物之中，实现目的性由潜在到现实的转变，进而“促逼”自然之物向工程人造物转变。

其次，是规律性由知识形态到实物形态的转变。工程是解决实际问题的实践活动，它要“面向实事本身”，知识的“实事本身”是人造物，规律性要由知识形态还原到工程人造物本身。工程人造物是“人”造的，是通过人的感性活动对自然物进行建造的结果，是通过人把客观规律贯彻和凝聚到自然物上。人造物是“人的意向性与客观世界的规律性相互碰撞的结果”②。该过程内在包含两个阶

① 李伯聪．工程哲学引论［M］．郑州：大象出版社，2002：95.

② 舒红跃．面向技术的实事本身［J］．自然辩证法研究，2006（1）：57-61.

段的转变：其一是客观知识主观化的过程。在工程设计阶段，“我们通过玻璃看世界，这玻璃只允许工具的、计算的、科学的东西通过，世界的其他部分只是迷雾一团”①。理念世界中的规律性是存在于波普尔所说的柏拉图式的第三世界中的客观知识。在工程造物阶段，客观规律已经通过人的意向行为演变为“人化”的知识，即融入了人的社会性的知识。它不是静态的“自然之镜”，不只是在书本上勾画我们的世界，它是有关人造物的操作的实用知识，其中包含很多“难言”的成分和要素，是用来解决实际问题的独特形式的情境知识。它克服了镜像知识“不可通约”的障碍，转变为能够跨越各个工程领域使用的“食谱”。约瑟夫·皮特教授用一句基本的隐喻来表达这一思想——一本好的食谱应该可以为任何人准备一顿美餐。其二是自然物的客体元素的主体化过程。人造物首先必须以自然物为质料，自然物是由客体元素“自然而然”地建构起来的。“人化”知识的“嵌入”解构了自然物，使之部分的客体元素趋向主体化而重新建构为一个新的功能整体，转变为工程人造物。

再次，是社会性由抽象到具体的转变。在工程设计阶段，工程的社会性是依附于目的性的，表现为抽象的意志。在工程造物阶段，随着目的性的转变和传递，社会性才实现了抽象到具体的转变。同设计活动一样，工程建造活动的主体也是由不同人参与的工程共同体。“工程活动实实在在地就是各种类型的人的社会性活动的集成或综合，是各种相关主体以共同体的方式从事的社会活动，是多种形式、多种性质社会活动的集合。从这个方面看，工程是社会建构的。”② 这样，社会建构主义的研究纲领给出了社会要素形塑了工程人造物的解释。工程的社会形塑的过程即是具体的社会性的载入的过程，它要通过一个复杂的社会选择过程来实现。处在多种复杂的、相互牵制的社会因素和关系中，需要工程主体根据社会需要在多种各有所长的工程实践方案中做出相对合理有效的折中选择。因此，工程实践中，不可能有理想化的最优解，工程建造方案也通常不是唯一的，只能在其中选择一种“妥协解”。与“中间技术”“适用技

① 路易斯·布希亚瑞利. 工程哲学［M］. 沈阳：辽宁人民出版社，2008：81.

② 殷瑞钰，汪应洛，李伯聪，等. 工程哲学［M］. 北京：高等教育出版社，2007：190.

术”提法相对应，该“妥协解”或许可以称作“中间工程”或“适用工程”。社会选择的结果是使得工程人造物相应呈现以下新特点：它的规模越来越大，组织、管理系统越来越复杂；它对资源和能源的依赖度越来越高；它带有越来越明显的人文价值指向。作为实体的工程越来越受社会经济、社会文化和政策法律等诸多因素的制约，聚集和折射出其特定的政治社会背景。

三、工程创新：生活世界的还原

人造物作为工程的一种存在方式，能给予人们关于工程“存在”的原初的“物”的质感，对工程的原初感知就是通过人造物获得的。从这个意义上来看，工程人造物是作为工程的物质载体或物质外衣而存在。这样，物理世界中的工程尚不能揭示工程存在的全部本质。在时空轴线上，工程的存在不是到人造物这里就结束了，它还要向生活世界延伸。正如李伯聪教授所指出的，一个完整的工程活动由计划、实施和用物这三个阶段组成。其中用物阶段是指人对工程人造物的使用和消费，是朝向生活世界的。工程的存在是活动中的存在，是相对于人的活动的关系性的存在。这样，从动态角度来考察，工程活动的三个阶段是与其存在方式相对应的：计划阶段对应着工程设计，是理念世界的虚在；实施阶段对应着工程人造物，是物理世界的实在；用物阶段对应着工程的经济效益、社会效益以及生态效益的实现，即工程创新，是朝向生活世界的还原。

工程在工程创新中存在。与技术创新相比，工程创新更本源性地根植于人的生活世界。“技术创新是一个过程，它始于技术发明，终结于创新成果的商业化或销售。”[①] 只要实现了经济价值，技术创新的过程就结束了。工程创新也是一个过程，是一个生发、展现的过程，它不仅要展现经济价值，还要展现人的生存方式。通过它，人们构建了生活世界，展现了人与人打交道的方式，这样，工程存在的意义才被“解蔽”。对工程的存在方式的追溯，只有达到了始源性的生活世界，才是澄明的。通过工程创新，剥离了工程人造物的物理外衣，我们便可以将工程的存在还原到生活世界，还原为生活

① 陈昌曙. 自然辩证法概论新编［M］. 2版. 沈阳：东北大学出版社，2001：207.

世界中的各种因素和它们之间的生成性关系。该过程涉及以下几个生成性关系的转向。

（1）目的性的生存转向。对于现代大型的工程项目而言，要在工程活动伊始就明确地把它的全部目的确定下来是不可能和不现实的。工程的目的是复杂的和多维的。一般说来，工程的总体目的是其经济和（或）社会价值的实现。但在工程的不同的存在方式中，目的的表现方式是不同的。在设计和造物阶段，其最主要的目的是实现工程人造物由观念到现实的转变。在现代社会中，工程人造物广泛存在，它已经成为社会存在和发展的基础，它塑造和改变着现代社会的面貌，并且已经全面侵入人类历史，成为海德格尔所谓“现代人的历史命运”。这根本改变了原有的世界图景，使整个世界变成一架缺少“生命的冲动”的巨大机器，而人的存在成为完美机器中的零部件。工程的物质化存在将世界凝固，造成历史的断裂，使人的连续性中断，人正在失去生存的根基。工程人造物具有“非生存”的缺陷。

当工程的存在方式延伸至生活世界时，它就成为人的生存之基本样式。工程的存在方式即人的生存方式。在工程创新阶段，关注的是人在工程存在中的“栖居”，人的生存成为工程的存在依循时间之轴而附着在该时间维度上的根本目的。目的性的生存转向旨在于超越由工程的物性所设定的“前定和谐”的藩篱，恢复人的“生存历史性”这一本真的和整全的生存模式框架。存在主义哲学家柏格森指出，世界的本质不是客观的物质世界，而是一种无法追溯的、永不停息的生命的流动或“绵延”。“实际的绵延咬住事物，并在事物上留下了它的牙印。”① “绵延”即是“真正的时间”，只有它才是人们存在的基础，只有它才能揭示存在的本质。当人们将工程的目的置于生命哲学框架之下时，就可以剥去工程人造物的物质外衣，就可以弥合断裂的历史，恢复被物性世界吞噬的人的历史性的生存模式，就可以将工程的存在还原至生活世界。这样，“此在”就可以通达存在的本真的意义了。

（2）规律性的审美转向。对于生活世界中的常人而言，美是一

① 亨利·柏格森. 创造进化论［M］. 北京：商务印书馆，2004：45.

种不可或缺的感觉元素。美是人在对外在生存环境认知的基础上产生的和谐、愉悦的内在感受，它是人的永恒的精神诉求。现代社会，工程无所不在地建构了我们的生存环境，可以说，我们就生存在工程的世界中。这样，工程的美感就成为置身于生活世界中的常人对于工程的基本要求。“历史和现实中成功的工程都表明：工程与审美有着本源性的天生联系，工程活动中应该始终重视美性，注重体现工程美。”① 而物象化的工程存在会侵袭和宰制人的精神世界，使人远离生活世界进而失去对美的感召能力。工程创新作为一种新的工程的存在方式，它变换了视角和路径，通过对物本身的“悬置”，透过人的精神层面而通达生活世界。这样，重返生活世界的人就会恢复对美的感悟和追求。工程创新向生活世界的还原同时也是人的自我还原。

工程之美来自工程内在所包含的规律性，是规律性在物象上的映射和外在表达。“而那些和谐、有序、稳定等审美因素往往蕴藏着工程科学的规律性、本质性。”②只有符合规律的工程才是合理的，才是和谐的，也就是美的。但这种工程之美只有到了生活世界才是澄明无蔽的。因此，工程的存在向生活世界的还原要涉及规律性的审美转向。在工程创新中，工程审美首先表现为规律性所赋予人造物的外在形式和内在功能的和谐一致。这产生于工程实施过程中对技术单元的合规律的集成。工程美还表现为工程本身与周围环境的和谐一致。这产生于规律性向周围环境的映射及辐射效应。在现代以及未来的工程创新活动中，人们将更多地注重人类自身、人类与其他生物、人类与环境的友好和和谐共处。这样，一项美的工程应该像海德格尔所说的，能够用自己的方式把大地、苍穹、诸神、众生摄聚到自身中来，成为“天地神人四重整体”和谐共处的栖居之所在。

（3）社会性的伦理转向。工程实践是社会中的实践，工程的存在是社会中的存在，这是不言而喻的。如前所述，造物阶段的社会性来源于人，是工程的“群体主体”将各自的社会性“嵌入”工程人造物本身的。于是，工程表现为由工程的“群体主体”共同编织

---

①② 殷瑞钰，汪应洛，李伯聪，等. 工程哲学［M］. 北京：高等教育出版社，2007：17.

起来的具有概念力量和政治力量的“社会行动者网络”。在以工程创新为形式的用物阶段，行动者网络被广泛地扩充至生活世界。工程创新成为一项全体公众参与的、关乎常人的日常生存的行动，它重点关注工程能否为公众带来福祉。因此，在生活世界中，社会性就会超越建构论的研究纲领，转向关注人的行为和价值的道德领域，回归意义审视的生存之根本，工程的伦理诉求成为其主旨。工程创新作为以体察现代人的生存为指向的工程的存在方式，不仅要关注能否实现人的“栖居”，更要关注能否实现人的“诗意地栖居”。只有这样才能在人、工程与社会之间保持必要的张力，使“社会行动者网络”成为一张真正意义上的“无缝之网”。

工程作为现代人的一种“栖居”方式，应该内在地包含伦理向度。伦理具有主体间性，它是通过主体间的广泛的“生存交往”实现的。它所带来的生存体验是朝向未来和意义本身的，是伦理的“解蔽”方式。而物化的世界是一个缺乏人性内涵的、“祛魅”的世界，是丧失了意义追求的实用化的世界。在这样的世界中，人们缺少一种合理的生活方式，无法实现“生存交往”。工程创新所指向的生活世界，使“群体主体”进一步扩充为多元复数的主体，实现主体间最广泛、最充分和最普遍的交往，使此在回复“共在”的本真情境。生活世界总是我和他人共同分有的世界。生活世界中的交往是以常人的生存为指向的交往。“在之中”是一切“意义”存在和恢复的基础。并且，多重复数的主体之间通过交往与协商，意义就会在主体间传递，达到众多主体对意义的共享，成为一个意义的世界。生活世界是一个意义共享的世界。这样，主体间的“生存交往”成为伦理重构的语境，生活世界为工程伦理的“解蔽”提供了场域。

正如海德格尔所言：“存在包括在时间的境域里，时间是存在的真理。”① 通过对工程存在在时间轴线上的不同样式的考量，可以得出以下几点结论。

第一，工程的存在从工程设计的虚在，到工程人造物的实在，再到工程创新的生存框架是依时间之轴的完整的延续过程，对工程存在方式的内在考察是与当前经验转向的研究背景相一致的。

---

① 阿兰·布托. 海德格尔［M］. 吕一民，译. 北京：商务印书馆，1996：21.

第二，工程设计和工程人造物聚集和反映着人类的意向，正是通过其所凝聚的人的意向性，工程创新才得以全面进入人类的生活世界。

第三，生活世界具有始源性的生存论意义，它不仅是工程创新的载体，同时也是工程伦理“解蔽”的场域。生活世界的还原成为现代人摆脱海德格尔所谓“现代人的历史命运”的救赎之途。

第四，现代工程哲学研究应远离高姿态或者超越论的视角，转向对与人的生存密切相关的生活世界的研究，转向对生活世界中作为文化现象的工程创新的研究。

第三节　工程风险分配正义的现象学分析

现代人与世界打交道主要是通过工程来实现的，工程已逐渐成为人类社会的重要实践活动形式。随着人类工程的不断演化，工程对人的影响越来越大，工程一方面给人类带来巨大的福祉，另一方面也带来巨大的风险。工程与人类之间是动态互动的关系，是共同进化的过程。对于工程风险问题的考察，除了工程伦理的视域，还有必要运用现象学的方法对工程进行考察与分析。现象学自 1900 年由胡塞尔创立以来，历经一百余年，不断向前发展，在每一时期，都呈现出不同的样式，但又有其相同的基因，呈现出家族相似的特征。

现象学从先验论走向本体论，现象学对现实技术问题的关注，影响最为深远的当属海德格尔，海德格尔是第一个运用现象学的方法分析技术问题的思想家，开启了现象学不仅关注形而上的问题，同时还关注形而下的问题。对于工程风险问题，对于工程风险分配问题，运用现象学的面向实事本身的基本原则，运用现象学的意向性理论和主体间性理论进行分析。

一、朝向实事本身的工程风险分配

现象学非常重要的方法就是“朝向实事本身”，这是现象学提倡的哲学态度，不能仅仅停留在一般意义层面上的描述，而是要打开工程的“黑箱”，深入到事情本身，做具体的分析，实现对问题的分析从“大写的工程风险”到“小写的工程风险”，要通过现象学的本质直观和本质还原的方法来实现对工程风险分配正义问题的认识。

通常情况下，人们看到的都是存在者的层次，而对问题的深层次的认识，要达到从“存在者”到“存在”的层次。

（一）“存在者”层次：朝向工程风险分配正义的“实事”

当代社会，无论是在空间领域，还是在时间领域，工程风险普遍存在。这一现象既表明了人类征服自然的工具理性的力量，与此同时，也体现出人类征服自然的缺陷所在，出现了“有组织地不负责任”现象，成为必须面对的时代课题。工程作为人类实践活动的范畴，既包含了工程实践活动的成果，又同时呈现为一个过程，对这一过程的理解，既要考虑到作为一种职业和专业的工程实践活动不同的工程共同体，在工程实践中的相互作用及其各自所处的地位，又要从哲学的视域，尤其是运用现象学“面向工程本身”的方法对工程活动及其风险产生、风险分配、风险分配正义问题等“实事”达到最为“本真”的认识①。工程风险分配正义涉及工程共同体各自在工程风险生成过程中的权利与职责，同时，工程风险分配正义是一个动态的过程，在这一过程中，只有考察工程共同体在工程风险生成过程中的责任，才能为工程风险的分配正义提供可能。

工程共同体由投资者、管理者、工程师、工人等多个主体构成，不同主体由于其在工程建造中的地位、利益不同，其看待工程风险的视域也不同，对工程风险分配问题的观点也不同。实现工程风险分配正义需要各工程共同体主体相互协商对话，逐渐形成对于工程风险分配问题的原则、内容及实施方案的共识，在动态中不断落实工程风险分配的正义问题。工程共同体及其对工程风险分配正义的认知、沟通、共识与实现是工程风险分配正义必须直观的“实事”。

（二）“存在”层次：通过还原工程风险分配正义实现

工程风险分配正义问题的阐释既包括“存在者”层次，也包括“存在”层次，从“存在者”到“存在”的实现，在不同的研究领

---

① 张彬，易显飞．“工程”范畴界定的多维透视［J］．贵州大学学报（社会科学版），2016（3）：12-17.

域有不同的研究路径。对于工程风险分配正义问题，涉及现实与历史两方面：一方面，工程风险分配正义问题是现实存在着的，它置身于我们生活于其中的世界；另一方面，工程风险分配正义问题的产生又具有历史性，具有其形成的“原促创”过程，这恰恰是被遮蔽的一面，是容易被忽略的一面，而问题是要达到对工程风险分配正义问题的“存在”层次，必须兼顾历史与现实，兼顾时间性与空间性的发展中的“存在者”呈现方式。

在现代社会中，工程风险分配正义问题在工程共同体中存在，工程风险分配正义是物化在工程风险形成及分配过程中的工程共同体身上，也是聚集和物化在每一个社会个体和社会共同体身上的。理解工程风险分配的重点就在于通过对工程风险分配正义的时空维度进行考察，通过对工程风险分配的共时性与历时性分析实现工程风险分配正义“实事”的还原，实现在工程风险分配正义问题上从“存在者”层次到“存在”层次的转换①。

二、工程风险分配正义中的意向学阐释

工程风险的产生从意向性理论来讲，是工程共同体不愿意看到，却又不得不面对的现实。工程共同体的意向性在于生产更多的财富，产生更少的风险，这是最理想的一种状态。风险在某种程度上是不可感知的，人们很难提前预料得到，与之相反，财富是可以感知得到的，不可感知的风险与可感知的财富如何权衡？如何避免或减少不可感知的风险？工程风险分配正义的意向性如何呈现才是合理的？

在工程活动中，追求财富的阶级处境和避免风险的处境是相互交叠、相互加强的。如果说，对于财富的意向性追求，人们所体现的是一种需求型团结，表现为阶级模式，那么，对于工程风险的避免的意向性所体现的则是一种焦虑型团结，这两种团结模式表达出的是完全不同的价值体系。需求型的团结模式是与阶级社会的发展动力和平等观念联系在一起的；而焦虑型团结所表达的意向性则是安全的意向，这也是自然风险与工程风险给今天的人类社会所带来

① 傅畅梅. 工程风险分配正义的现象学阐释［J］. 长沙理工大学学报（社会科学版），2017（1）：20-24.

的现实。面对这样的现实，呈现的是人们不同的意向性。

如何能在工程造物活动过程给人们带来财富的同时，也尽可能地减少工程风险，进而使需求型团结取代焦虑型团结成为主导，这是风险社会人们工程活动中所呈现的主动的意向性。但在具体的实践中，个体的意向性能否与整个社会发展的意向性保持一致，就需要积极地创造条件，为人类更美好的生活的意向性达成一致，才能最终从整体上避免人类整体灾难的发生。

三、工程风险分配正义的实现：现象学中的主体间性理论运用

工程风险的产生不是单一的主体，因为工程造物活动是技术要素与非技术要素的集成，涉及多个主体，是工程共同体。在工程共同体中，有政府、企业、工程师、工人、公众等多利益主体，各利益主体又都有各自的利益诉求。如何能实现工程风险分配正义？首先要在理念上、制度上形成共同的、一致的意见。工程风险分配正义最早采用的是经济学的分配方法，运用的是伦理学的功利论的理论基础，这种理论尽管操作相对简单，但也有着致命的弱点，不能只有一种理论来解决所有的工程风险分配正义问题。随着人们对工程活动复杂性的认识越来越深刻，对工程活动的认识不只是从工具理性来思考问题，也更多地从价值理性来思考问题；不只是注重资本逻辑，也注重责任分配，并且，责任分配主体也从最早的工程师的单一责任主体走向多元责任主体。

当人们对工程风险的考察不只是停留在经济维度，不只是停留在单一责任主体时，也就意味着开始强调共同的责任。多主体之间是相互影响、相互作用、相互制约的，现象学的主体间性理论为工程风险分配正义的主体责任考察提供了一种可以借鉴的方法。

工程风险的分配正义与财富的分配正义不同，在质上工程主体间对工程风险的追求是安全，在量上是越少越好。因此，各工程主体首先需要尽可能地减少工程风险，其次是平等地协商、公正地分配风险，只有这样，才有助于实现工程风险的分配正义。工程风险的分配正义要求各主体之间既要明晰责任，也要尽可能地成长为理性风险人，尽量减少或避免工程风险的产生。

第六章　工程风险分配正义的生存论阐释

工程风险问题关乎人类社会生存，是工程哲学关注的现实问题，人的工程化生存需要工程风险分配正义从“资本逻辑”到“责任逻辑”，再到“生存逻辑”的转化。“生存逻辑”的工程风险分配正义的实现主要依靠正义理念、制度正义和程序正义三位一体共同发挥作用。

第一节　工程伦理的生存论致思

工程伦理学就其本质而言，是对身处工程时代的人的生存本性的领悟以及生存法则的谋划，从这个意义上来讲，工程伦理就是现代人的生存困境的求解，是人生存在工程社会中追求应该怎样做才更好的生存诉求和生活需要。不过，人的生存总是向时代敞开，这就决定了工程伦理对人的生存的领悟与反思总是彰显时代症候。历史已经义无反顾地把现代人裹挟进现代性，现代性这只怪兽的最大怪异之处就在于，它兼具建设和破坏双重向度，它开启了人的向世生存的主体地位，却又最终将人从地球上“连根拔起”，失去了生命存在的根基，人类社会全面陷入风险之中。由是，发端于现代的工程伦理自诞生之日起就疏离了应有的生存论的致思之途，使原本自明的工程伦理成为时代难题，人类的命运也因此变得扑朔迷离。人们只有回溯到对人的本真生存的追问和反思，才能克服现代性的原罪，才能够为工程伦理确立基本逻辑支点和内在价值基础。唯有立足于此，人们的思想才能启程。

一、人的工程样式的生存：工程伦理的致思前提

伦理的根本诉求就是人的生存幸福，是为人的生存幸福谋求智

慧和法则的学问。但是，人的生存幸福却总是时代的映像。因此，伦理首先是境遇的，是人的实然的生存境遇的面向，会在不同的生存境遇中彰显不同的人性朝向，是一定时代中的人的历史性生存困境的求解，是一定语境下人的应然的存在方式的展开。与此相应，工程伦理首先是现代性语境下人对自身的生存境遇的自觉与反思，是现代人对自身的生存困境的求解，是身处大工程时代的现代人的生存法则的谋划。借此，对工程伦理的生存论追问首先就是其出场路径的回溯，即人是在什么样的存在境遇下才生发工程伦理的诉求？

海德格尔称人这一特殊的存在者为此在，它没有任何先在的本质或规定。此在的存在沿时间之轴展开为一个动态过程，此在只有在这一过程中才能获得自身本质及历史的规定性。海德格尔称此在的这一存在方式为“去存在”，即生存。人的生存是朝向未来的，其中充满各种机遇和可能性，可以开显为各种可能的方式。究竟哪一种可能会变成现实，则取决于他的时间境遇。

现代性开启了一个新的历史境遇。现代性根源于一种世俗化的圣经信仰，人们不再向往彼岸的生活，而是要凭借人的理性力量在尘世建立天堂。在我们所生活的时代，工程已经成为现代性的最大载体。“工程活动是现代社会存在和发展的基础，是人类能动性的最重要、最基本的表现方式之一。”① 人们相信，依托工程实践的现代性会带来一个普遍富裕和完全正义的“理想国”。“在那种状态下，没有谁会再觊觎侵略其他人或其他民族。普遍的富裕会带来普遍的且完全正义的社会，就像一个完全幸福的社会。”② 这样，工程活动就展开了一个新的生存境遇，工程就成为人的最基本生存样式，人的生存是工程过程中的生命的开显，人在工程实践中获得了自身的历史的规定性。但是，现代性在本质上是不确定的。“现代性，就其核心而论，是令人迷惑不解的，而且，似乎也没有什么办法使我们能够解除这种迷惑，我们在曾经似乎有过答案的地方又遇到了新的

---

① 殷瑞钰，汪应洛，李伯聪，等. 工程哲学［M］. 北京：高等教育出版社，2007：1.

② 刘小枫. 苏格拉底问题与现代性：施特劳斯讲演与论文集：卷二［M］. 北京：华夏出版社，2008：2.

问题。”① 那么，人的工程的生存究竟呈现何种状态？换言之，现代性究竟将人类的命运带向何方？

海德格尔指出，此在首先要以“操心”的方式与世界建立一种独特的关系，这就是此在的生存论状态，是人类生存的构成规定性，一种适用于此在的存在方式。工程实践打造了一个全新的日常生活世界，并且，这个世界注定要超越人类而长久地存在。这样，人的工程样式的生存首先要与工程世界建立起某种关系。人所创造出的工程物品是作为一种“外来物”进入人们的生活世界的。但是，“一旦它们被塞入生活环境之中，它们就开始与其网络化环境产生互动，从这一时点开始，科学家和工程师就无可避免地失去了对他们的创造物所产生后果的控制。”吉登斯将这种现象称为“人为制造的不确定性”②。这样，由工程物品塑造的“人造世界就像天然的世界一样，很快就会具有自治力、适应力以及创造力，也随之失去我们的控制”③。身处工程世界中的人丧失了应有的主体性地位，不能够再以笛卡儿的方式与周围的工程世界发生交往，“存在于世界中的现象尤其不能被等同于由一个主体对一个客体的认识”④。人是“一下子就与它自身的世界互相联系”⑤，即人是寓于工程世界之中的。正如阿伦特所言：“工作的人的境况是世界性。”⑥ 寓于工程世界的此在是存在于工程世界之中的一种生存论形态，“在这种形态中，此在被其世界所占据或征服”⑦。与此相应，遮蔽了人本身的工程世界只是真实世界的替代品，“这个虚假世界不能完成人造物最重要的任务——为有死者提供一个比他们自己的存在更持久、更稳固的住所”⑧。

此在在世界中以“操劳”的形式与“周围世界”中的上手状态的工具打交道。“人在日常生活中与之相联系的存在者，绝不是一种用理论的观点能捕捉的存在着的存在者，而首先是为某种事物服务，

① 安东尼·吉登斯. 现代性的后果［M］. 田禾，译. 南京：译林出版社，2011：43.

② 芭芭拉·亚当，乌尔里希·贝克，约斯特·房·龙. 风险社会及其超越：社会伦理的关键议题［M］. 赵延东，等译. 北京：北京出版社，2005：9.

③ 凯文·凯利. 失控［M］. 张行舟，等译. 北京：电子工业出版社，2016：7.

④⑤⑦ 阿兰·布托. 海德格尔［M］. 吕一民，译. 北京：商务印书馆，1996：29.

⑥ 汉娜·阿伦特. 人的境况［M］. 王寅丽，译. 上海：上海人民出版社，2009：1.

⑧ 同⑥：116.

为其生产的存在者。”① 工具不同于一般意义上的单纯地存在着的存在者，每件工具中都显示大量的“指引”，这些“指引”导引着此在通达海德格尔所说的世界。人造物因为人的操劳才能将天地神人聚集于自身，获得存在的意义，繁忙的世界因此凝结成意义的境域。现代工程实践中，机器或机器系统取代了上手状态的工具成为首先与此在相遇的存在者。机器不同于手工工具，机器有自身的内在的逻辑，人通过对机器的操作获得的不仅是“指引”还有机器的逻辑和命令。这样，工程实践中，人们将自然逻辑输入机器系统的同时，也把技术、工程的逻辑引入生命之中，“以至于我们一度运用自如的设备，开始看起来更像‘海龟身上的甲壳一样，变成了人身体上的壳’”②，本真的生命生存被遮蔽了，沦为阿伦特所谓“劳动动物”，成为马尔库塞所谓“单向度的人”。在现代工程社会中，有两种具体趋势正在发生：一是人造物变得越来越像生命体；二是生命变得越来越工程化。工程化的生命存在迷失了生命至善的内在价值基础，失去道德生存能力，无法成为道德实践以及道德控制的主体。于是，当工程人造物与自然物最终融为一体的时候，“那些由我们制造出来的东西将会具备学习、适应、自我治愈，甚至是进化的能力”③。这将是一种难以想象的可怕力量。

此在在世界里，不仅与“在手”的用具相遇，而且也以“操持”的方式与其他的此在相遇，此在的世界始终是一个与他者共在的世界。此在分散于常人，海德格尔称之为此在的“沉沦”。在这样一个世界中，此在以一种更为普遍的方式，被“常人”所支配，被剥夺其自身的存在。海德格尔称为“常人的独裁”。因此，此在的被抛在世是被抛入了公众意见领域。“此在的被抛在世不恰恰首先是被抛入常人的公众意见之中吗？而这种公众意见不意味着常人特有的展开状态还意味着什么呢？”④ 这样，被抛的此在不能再由自己来做决定，而是要根据常人的意见来作出决定和判断。“它像常人高兴的

① 阿兰·布托．海德格尔［M］．吕一民，译．北京：商务印书馆，1996：29.

② 汉娜·阿伦特．人的境况［M］．王寅丽，译．上海：上海人民出版社，2009：116.

③ 凯文·凯利．失控［M］．张行舟，等译．北京：电子工业出版社，2016：7.

④ 海德格尔．存在与时间［M］．陈嘉映，等译．北京：生活·读书·新知三联书店，2008：194.

那样来高兴，像常人所判断的那样来判断，读着常人所读的东西，等等。”① 沉沦的此在回避了他自己的能在，被“无名氏”牵引，迷失了本真的自我，在人群中随波逐流，陷入平庸的日常性，在闲言、好奇和两可中寻求避难。工程为现代性提供物质框架的同时，也建构了权利框架。在工程实践中，一部分人可以通过对资源和资本占有来谋求财富和权力；另一部分人则由于资源或资本的匮乏，被排除在民主决策之外，被迫屈从于专家权威，无法在公众意见领域中彰显自我，即“没能和自己站在一起”。其引发的直接后果是：无法公正地分配工程的发展和应用所带来的利益、风险和代价；其深远影响是：造成社会的不平等和非正义。

于是，人们得到了答案：现代性依托工程实践抽离了人的本真的感性生存，将人单向度地抛入工程化生存之中，而人的工程化生存全面开启了一个风险社会，它已经成为人们理解世界的无所不包和无处不在的背景。正如吉登斯所言：“我们不但没有超越现代性，而且正在经历着它的激烈化阶段。”② 工程是技术的集成，工程远比技术复杂得多，工程的风险性就根源于它的复杂性，工程越复杂，它的潜在风险就越大。更大的危险在于：这些风险不仅无法直接观察和间接计算，甚至超出了人们的常规想象范围，更难以通过公共方式加以防范。“这种灾难性潜能的概率（量级）的组合已经变得无法计算，以至于它已经失去了其最终的参照点。因此，风险不断增加的复杂性既带来了对更为复杂而且更为精确的计算的要求，同时也导致了这种计算的不可能性。”③ 风险社会正在成为现代人无法逃脱的历史命运，现代性也似乎成为无法破解和超越的谜题。

“哪里有危险，哪里就生救渡。”④ 一方面，人的工程化生存引发了风险社会的深刻危机，风险社会已经不可回避，人们的日常生活已经成为一种对“不幸”的非自愿抽奖活动，“在这里中奖的概率并不会比中每周六合彩的概率更大，但差别在于中奖者抽到的乃

---

① 阿兰·布托. 海德格尔［M］. 吕一民，译. 北京：商务印书馆，1996：31.

② 安东尼·吉登斯. 现代性的后果［M］. 田禾，译. 南京：译林出版社，2011：45.

③ 芭芭拉·亚当，乌尔里希·贝克，约斯特·房·龙. 风险社会及其超越：社会伦理的关键议题［M］. 赵延东，等译. 北京：北京出版社，2005：19.

④ 海德格尔. 海德格尔存在哲学［M］. 孙兴周，等译. 北京：九州出版社，2004：191.

是不幸甚至是死亡，而想要不参加这次不幸抽奖又几乎是不可能的”①。另一方面，人的工程样式的生存也构成了当代伦理学探索的基本维度，成为工程伦理建构的基本尺度，工程伦理一定要是向生存论的敞开，其根本诉求是在风险社会中谋求生存法则。风险不等于毁灭，当人们反思和诟病人的工程化生存的同时，必须要追问：在风险社会中，人们究竟应该怎样生存？这种追问使工程伦理既向人本身敞开，同时也向人的生存敞开。在生存论的观照下，工程伦理就是人的工程化生存的历史境域中的自我超越、自我规范，它会把人们带回到此在的本真生存的澄明之境。

鉴于前述现代人的工程化生存的困惑，工程伦理的生存论建构应具备以下三个维度：寓于工程世界中的人的自由；工程化的人的德性自觉；工程社会中的公平正义。这三个维度对应着以下三个生存困惑：人为何要工程化生存？人何以能够工程化生存？人怎样践行工程化生存？

二、人为何要工程化生存：工程伦理的自由根基

工程伦理关注的是工程社会中人的生存法则，它的核心诉求是工程社会中人的生存幸福。人的幸福生活应该是善的，或者至少是趋善的，而善恶的价值判断要依赖于人。因此，工程伦理一定是以人为中心的，是属人的伦理，它在场的基本前提就是人的在场。“人本身就是其具体的生命形态，人这种生命存在形态与其他生命存在形态都存在着生死与共的关联性，人的伦理必然是生命的伦理。”②所以，人的到场隐喻着生命的在场，即工程伦理的本原性前提就是生命的在场。

但是，生命的在场，并不意味着必然有工程伦理诉求，只有当现代人对自身的工程样式的实然生存状态具备了自觉和反思的能力时，他才想知道自己应该怎样去生活。所以，工程伦理就是现代人针对自身的工程化生存所引发的具体生存困境的求解。正如伽达默

---

① 芭芭拉·亚当，乌尔里希·贝克，约斯特·房·龙. 风险社会及其超越：社会伦理的关键议题［M］. 赵延东，等译. 北京：北京出版社，2005：330.

② 唐代兴. 生存与幸福：伦理构建的知识论原理［M］. 北京：中国社会科学出版社，2010：84.

尔所言："道德是在自由中被接受的。"① 只有当人是一种自由的存在之时，人才可能是伦理的存在。人的自由是工程伦理践行的道德根基，工程伦理是人本的。

自由是工程伦理责任承担的逻辑依据。工程伦理实质上是一种责任伦理，其核心问题就是责任分担问题。萨特指出，人有两种自由，一是命定的自由；二是境遇的自由。命定自由赋予人自由选择的无限权利，但这种选择的无限性却在工程造物和用物的现实境遇中遭遇有限性的藩篱和矛盾性的困境，这样，人就从自由选择的主人变成了戴上枷锁的普罗米修斯。萨特引入了责任概念解决了两种自由的冲突："人可以作任何选择，但只是在自由承担责任的高水准上。"② 人在自由选择的状态下才能够承担责任，反之，责任是自由选择的限度和必然后果。人可以自由地进行工程造物方案以及用物方式的选择，但一经选定，就要为自己的选择承担责任，并且，这种责任不仅涉及其本人，还涉及其他人以及他所在的世界。因为，"只要我承担责任，我就非得同时把别人的自由当作自己的自由追求不可"③。即在自由的状态下，工程伦理不仅是针对雇主以及客户的直接责任，还涉及对社会公众的广泛责任。并且，"当一个人对一件事情承担责任时，他完全意识到不但为自己的将来作了选择，而且通过这一行动同时成了为全人类作出选择的立法者"④。即在自由的前提下，工程伦理还扩展至对后代子孙乃至整个生态环境的无限责任。

自由是工程伦理抉择的理性基础。工程伦理中的责任概念不仅指因为过失而应该接受责备和惩罚，还指人要将自己的行为交付道德的审视和考量，对他者的道德判断保持开放态度，负责任是指担负道德上的责任。"它涉及在适当的环境下当被要求时，愿意为自己的行为提出道德上令人信服的理由。"⑤ 道德价值是多元的，当多种

---

① 伽达默尔. 真理与方法［M］. 洪汉鼎，译. 上海：上海译文出版社，1993：359.

② 萨特. 存在主义是一种人道主义［M］. 周煦良，等译. 上海：上海译文出版社，2005：30.

③ 同②：28.

④ 同②：8.

⑤ 迈克·W. 马丁，罗兰·辛津格. 工程伦理学［M］. 李世新，译. 北京：首都师范大学出版社，2010：108.

道德理由发生冲突时，伦理困境就会出现，因此，道德不仅是自觉的，还是选择的。康德指出，道德选择要依靠人的自由意志，自由意志是人的理性能力，它能够使人超越物的限定和感性欲望的原罪而实现道德自律。这样，当人面临伦理困境时，就能够凭借自由意志自觉地趋善避恶，限制自然本性而遵从理性原则。由此得出，自由意志是工程伦理抉择的理性基础。因此，在工程实践中，人要依靠自由意志进行道德抉择从而超越伦理困境：当公众利益与个人的利益发生冲突时，公众的利益要高于个人的利益，为公众谋求福祉成为工程伦理的最基本道德箴言；当人的道德行为和道德选择是他们自己的自由意志时，人才真正成为道德上的主体。

自由是人的在世生存的基本前提，也是工程伦理之所以在场的人性根基。因此，工程伦理的生存论建构首先就要恢复寓于工程世界中的人的主体性自觉，即要让身陷“铁笼”中的现代人重获自由，“有目的、有能力、有权利做他应该做、能够做和愿意做的事情，从而达到自觉、自为、自主的状态”①。人何以能够从工程的世界中抽离出来重获自由从而成为责任承担的道德主体？

为了从根源上厘清这一问题，有必要返回问题的原点发问：人为什么要选择工程样式的生存？答案无疑是为了让生命变得更轻松和闲暇，即为了自由。近代以来，笛卡儿用“我思”替代“神思”，用“我在”取代了“神在”，理性的启蒙把人从中世纪的彼岸王国中解放出来而获得自由。从天国中挣脱出来的自由人又再次借助理性天赋克服必然性从物质世界中分化独立出来从而取得了更大的自由，以“主体—客体”的强大关系模式，开始了对自然界的征服和改造。因此，在马克斯·韦伯看来，现代化的实质就是一个理性的持续启蒙和不断合理化的过程，这种理想化过程，表征为现代技术、工程等的兴起和持续进步。工程的发展使人挣脱了必然性的桎梏，把人从冰冷的自然世界中解放出来而获得自由。因此，人的自由的形下根据在于“现代方案”的蓝图之中。因此，人之所以选择工程的生存样式无疑是为了克服必然性的强力获得自由。正如马克思所指出的，当人们从自然界的强制中解脱出来时，“在这个必然王国的

① 袁贵仁. 马克思的人学思想［M］. 北京：北京师范大学出版社，1996：217.

彼岸，作为目的本身的人类能力的发展，真正的自由王国，就开始了”①。但是，人如何能够承受自由之重？

工程实践中，机器系统的节律极大地扩张和强化了生命的自然节律，人们不仅突破了自然界的必然性框架，而且大大缩短了用于生产的必要劳动时间，于是，人们超越了谋生的基本需求获得了充分的自由时间。如何消耗剩余的自由时间呢？现代性宰制下，人内在的理性天赋外化为一种工具强力，基于机器系统的律令，自然资源被改造为工程人造物成为供人们消费的商品。单向度的工程世界中只剩下两个内容：生产和消费。因此，人的自由时间只能用来消费，并且，自由时间越多，人就贪婪，以致人不再仅满足于生活必需品的消费，而是要追求多余的奢侈品的消费。这样，“从辛苦的桎梏中解放出来的人类，又要自由地去消费整个世界，并自由地再生产他每日想消费的所有东西”②。于是，人们陷入了生产—消费的无限循环中无法自拔，无论做什么，其实质都是为了谋生，最终没有能够超越生存必然性的藩篱。正如阿伦特所言：“现代劳动的危险是，它不仅不能把所有人都带入一个自由的时代，而且相反，它第一次迫使全体人类都处于必然性之轭下。”③ 工程化生存的出发点是人的自由，但现代性的运作过程及运作终点却使人彻底丧失了自由，人已经异化为生产的工具、消费的机器、欲望的奴隶。这正是人寓于工程世界之中无法彰显自身的深层根源，也是现代风险社会的症结所在。

自由的追求却带来自由的匮乏，并使现代人身陷风险社会的藩篱无处遁逃，人的工程化生存也已经成为天命的追随。但是，“人的存在具有自反性和为我性，人必须、应该而且也能够在他的一切生存活动所止的地方返回人本身”④。因此，人应该能够通过工程化生存超越生存必然性从而获得自我救赎。

休谟指出，理性只是激情的奴隶，它和它所带来的强制性的逻

① 马克思，恩格斯．马克思恩格斯全集：第25卷［M］．北京：人民出版社，1974：927．

② 汉娜·阿伦特．人的境况［M］．王寅丽，译．上海：上海人民出版社，2009：94．

③ 同②：93．

④ 曹典顺．自由的尘世根基［M］．北京：中国社会科学出版社，2009：58．

辑过程不能建立一个真正的世界。阿伦特同样指出，劳动以及消费的强制过程都是无世界的。工程物如果只是供人们使用和消费的商品，那么，由它们打造的世界就是一个由工具理性宰制的必然王国，人无法克服生存必然性而走向自由之境。因此，只有当工程人造物超越了单纯为消费而生产的纯粹功能主义，超越了单纯为使用而生产的纯粹功利主义，它才能脱离谋生的必然性而恒久地在世，工程的世界才能克服工具理性的强力转换为日常的生活世界，才能最终显现为"终有一死者"的家园。

鉴于此，工程人造物在供人们使用和消费的同时还应该成为艺术品，具有艺术以及审美的维度，如我国的世博园工程。艺术品同样是人造物，但它的实现过程不同于商品，艺术品的塑造是自我实现的自主活动。艺术品直接来源于人的自由的能力，通过人手的操作，人的自由的思想和情感进入世界并变形为具象事物，借此，"本性上向世界开放的和供交流的人类能力，都超越了自我的牢笼，向世界注入了炽热的激情"①，在这个过程中，自由既是前提，又是结果。这样，当人们筑造的工程人造物同样具备了艺术以及审美的维度时，人就可能从工程的世界中抽身出来恢复主体性的自觉，将工程造物活动展现为栖居，而筑造的本质就在于"让栖居"。作为栖居的筑造活动展开为拯救大地、接受天空、期待诸神和护送"终有一死者"的四重整体的四重守护。在这样的过程中，生命才能以"终有一死者"所筑造的不朽之物为形式真正到场，"它闪耀而被看见，它发声而被听到，它言说而被理解"②。

生命的到场并不必然地导致人的自由，工程世界中还要开放公共空间。阿伦特指出，人的在世生存遵循复数性法则，"活着"和"在人们中间"是同义词。因此，人在单独状态下，不会产生生存的自由意识，人只有在与他者的互动交往中，才会意识到自己是自由的或不自由的。在追求自由时，"我们发现它完全离不开别人的自由，而别人的自由也离不开我们的自由"③。但不是每一种人的生存交往方式都能产生自由意识，如果人屈从于权威或仅仅被动地按照

①② 汉娜·阿伦特．人的境况［M］．王寅丽，译．上海：上海人民出版社，2009：128．

③ 萨特．存在主义是一种人道主义［M］．周煦良，等译．上海：上海译文出版社，2005：28．

其社会或职业的特定习俗或规定去行动，人的生存就没有自由。因此，自由不仅需要他人的共在，更“需要一个与他们相遇的公共空间——一个政治上组织起来的世界，换言之，每个自由人能以言辞和行动切入的空间”①。人在公共空间中自由地行动和言说，表明他是谁，保存富有意义的生命故事，展现他独特的自由人身份，从而使自己彰显在周围的世界中。在阿伦特看来，当人以行动和言说让自己显现在周围世界之时，就是人的第二次降生，因为人重新获得了自由。“由于人的被造，开端的原则才进入了世界，当然这就等于说，在人类被创造之时，才出现了自由原则。”② 为了让人成为真正的自由人，工程人造物就必须是一个适于行动和言说的所在，工程世界必须存在一个自由行动和言说的舞台，即工程的世界中要开放公共空间。

三、人何以能够工程化生存：工程伦理的德性践履

人是未被问及就被抛到这个世界上来的，人的降生是一种天命，但人的生存则是超越，亦即超出现状，面向未来的筹划，是一种可能。所以，当自由的追问开启了现代性铁笼的大门，当人从工程世界中觉醒而重获自由之时，首先就要追问：我们究竟应该怎样工程化生存？费尔巴哈指出：“一切有生命和爱的生物、一切生存着的和希望生存的生物之最基本的和最原始的活动就是对幸福的追求。”③据此，上述问题的最直接答案就是：在工程社会中，人们应该通过工程造物活动使现代人幸福地生存，而这正是工程伦理的核心诉求。那么，接下来要厘清的问题就是：在工程伦理的语境下，如何理解幸福生活呢？

在亚里士多德那里，善是人类本性意义上的目的，对人而言，善意味着幸福，换言之，拥有善，就会使一个人获得幸福生活，拥有共同善，就会使整个人类社会获得幸福生活。而在这种生活中，

① 汉娜·阿伦特. 过去与未来之间［M］. 王寅丽，等译. 南京：译林出版社，2011：141.

② 同①：139.

③ 唐凯麟. 西方伦理学名著提要［M］. 南昌：江西人民出版社，2000：292.

“德性的践行是其必要的和中心的部分”①。因此又可以说，幸福是人的一种生存方式，是一种“灵魂与德性相符合的行为”，幸福即德性的践行。正如包尔生所言：“对于真正善良的人来说，对于意志完全由德性支配的人来说，有德性的行为始终是最大的幸福和喜悦。”② 正是共同体成员对善与德性的一致认同，使公民之间可以联结为幸福的城邦。因此，一个幸福的城邦之目的不是要建立一套权力框架，而是要追求一种良善生活，要培育公民的德性。这就是麦金太尔所谓长久地存在于前现代社会中的德性传统。工程作为现代人的生存方式，也是现代人最基本的实践方式，因此，依据亚里士多德的德性传统，如果现代人想要谋求幸福生活，工程造物就应该成为一种德性的实践，它在价值判断上一定是善的或趋善的。现代社会中，工程造物的道德实践意味着人的幸福生活，缺乏德性的支撑，人类的工程造物活动将难以为继，或者成为麦金太尔所说的“为获取外在利益的诡计”，从而背离人的幸福生活之基本旨趣，于是需要我们从伦理的层面进行规约与控制。因此，工程伦理就是指“好的道德价值、道德上要求的（正确的）或道德上允许的（可以的）行动以及值得期望的政策和法律”③。工程伦理就是人生存于工程社会之中追求应该怎样做才更好的一种德性诉求。从这个意义上讲，工程伦理又是实践的，它随着工程实践的展开而开显，是面向现代人的工程化生存的德性践履。

德性实践表现为工程决策中的适度原则。亚里士多德把伦理德性定义为在行为、情绪、期望及态度等的两级之间达到一种适度平衡的习惯，是在过度与不及之间发现中庸之道的能力。他强调，在人的技艺活动中，同样应当以“居间”和“适中”为原则和尺度，避免过度或不及，每一种技艺之所以做好它的工作，就在于选择居间者，并以它为标准来衡量其作品。当人们将伦理德性践行于工程活动的具体情境和行为境遇中，就表现为在过度与不及之间作出公

---

① 麦金太尔．德性之后［M］．龚群，等译．北京：中国社会科学出版社，1995：14.

② 包尔生．伦理学体系［M］．北京：中国社会科学出版社，1988：347.

③ 迈克·W. 马丁，罗兰·辛津格．工程伦理学［M］．李世新，译．北京：首都师范大学出版社，2010：7.

正的理性的权衡。工程实践要涉及多种复杂的、相互牵制的甚至相互对立的利益及因素，这样，在工程决策中，就需要人们在工程的成本与安全性、公司利益与公众利益、经济价值与环境价值等之间作出相对合理的折中选择，避免过度或不及，因此，工程只有妥协解，没有最优解。这个找寻适度点的过程就是工程伦理的规约与控制过程，也是伦理德性的践行过程，其中，谁更善于找到适度的折中点，谁就是最具德性能力的工程技术者。

同样受到亚里士多德的中道伦理德性的启发，美国学者麦金太尔把工程师职业责任设想为一项有价值的社会实践。它既能实现包括公共善和个人善在内的内在善，也能产生包括金钱、权力、自尊和威望等的外在善。而“无论是个人还是组织过分关注外部善，都威胁内在善”①。这就需要工程师运用德性能力，在内在善与外在善之间不断调节，寻找适度点，做到既能够实现内在善，又不让外在善干扰他们的公共义务。

德性实践是工程民主化的重要途径。亚里士多德指出，中道的命中是困难的，其挑战在于：对适当的人，在适当的分寸上，在适当的时间，出于适当的动机，以适当的方式，做适当的事情。与此相应，工程中的伦理德性践行同样是困难的，工程决策往往是相对合理的选择。那么要如何确定适度点？关键在于如何在工程主体之间、公众与工程主体之间以及公众之间达成对适度点的共识，工程伦理的根本性意义就在于公共空间中公共善的达成。这就需要人运用理智德性才能实现。这里的理智德性指具有理性的互动能力，亚里士多德称为“实践智慧”或“明智”。倪梁康先生称之为“相互说理能力”，因此，“当希腊人说，人是逻各斯的动物时，他们不仅是指人是理性的动物，而且还可以指人是话语的动物；或者更确切地说人是说理的动物”②。当我们将理智德性践行于工程活动的具体情境和行为境遇中，就表现人们通过公共空间中的相互说理来获得对适度点的认同。要求各工程主体之间、工程主体与公众之间以及

---

① 迈克·W. 马丁，罗兰·辛津格. 工程伦理学［M］. 李世新，译. 北京：首都师范大学出版社，2010：75.

② 倪梁康. 理念人：激情与焦虑［M］. 北京：北京大学出版社，2007：63.

公众与公众之间进行广泛的对话与协商，达成理解，形成非强迫性的共识，即践行理智德性。唯此，工程活动才能成为一项全体公众广泛参与的、关乎公众生存幸福的行动，才能实现工程决策和评价的最充分的民主化。

因此，伦理德性就需要判断，这是亚里士多德称为“实践智慧”的一门知识。实践智慧与如何行动有关。亚里士多德将其定义为“一种合乎逻辑的、真实的、根据人类善而行动的能力”。具有实践智慧的人，能够不仅为自己，也能为同胞和全人类很好地探讨什么是善。

道德的践履是工程伦理的实现方式，也是现代人谋求幸福生活的必要手段。所以，工程伦理的生存论建构的第二个维度就是要恢复工程化的人的道德生存能力，即要成为道德实践和道德控制的主体。人是否能够在自由框架下获得道德的救赎?

在康德那里，道德实践意味着遵从道德法则行动，而道德法则是作为理性存在者的“我”为自己设定的绝对命令，即要求人们尊敬地将他人当作目的本身加以对待的原则。当“我”的行动遵从了“我”为自己设定的道德法则，“我”就是自由的。因此，康德的自由与道德是内在同一的，自由地行动与道德地行动（即遵从绝对命令地行动）是一回事，自由地行动就是自律地行动，自律地行动就是根据“我”给自己所设立的道德法则而行动。根据道德律令，在工程实践中，人们要始终尊敬地将他人当作目的本身，不能为了自身的目的把别人当作工具，即不能为了自身的利益而侵犯“他者”的利益。不能为了公司的利益而侵犯公众的利益，不能为了强势群体的利益而剥夺弱势群体的利益，不能为了当代人的现实利益而侵犯后代子孙的潜在利益，不能为了人类主体的目的，把自然当作客体不断地索取。如此，“我”就是在道德地实践，因为“我”遵从了绝对命令；“我”又是自由的，因为绝对命令是“我”为自己设定的。道德律令既是为“我”的自由主张，又是对自由的德性限定。

“我”何以能够为自己设定绝对命令呢?或者说，道德律令何以得到所有人的认同和遵从?“当我命令该道德法则时，我不是仅根据我的偶然性的欲望或忠诚而选择；相反，我远离于各种特殊的利益和情感，而作为纯粹的实践理性的参与者来命令。”① 在这里，康德将道德实践看作独立于自身的各种特殊目的以及情感的自由意志的选择。这样，按照康德的逻辑，为了让工程化生存的道德法则普遍化为人人接受并自愿遵从的绝对命令，为了让工程实践成为真正意义上的道德实践，当人们命令道德法则之时，必须从各种独特的社会角色和身份中抽离出来。但是，这种被抽离了任何社会规定性的自我并未完成整全道德生存之使命，相反，它还肢解了作为生活整体的传统德性基础。因为这样无根的自我“可以是任何东西，可以扮演任何角色，采纳任何观点。因为他本身什么都不是，自我不过是角色之衣借以悬挂的一个‘衣夹’”②。于是，人们对待任何事物都可以从自我的任何观点出发，客观的、非个人的道德标准碎片化为不同人的不同偏好，社会道德彰显情感主义症候。这就是麦金太尔对现代社会的道德诊断。

借此，被剥离了社会规定性的自我只能遵循各自的职业道德规范，即设计师只要遵循设计师的职业准则，工程师只要遵循工程师的职业准则，管理者只要遵循管理者的职业准则。囿于各自不同的职业藩篱，现代人的诞生、生活、死亡的生存整体被分割为不同的生存碎片，现代人的工程化生活也被自身的不同的职业角色分割成不同生活片段，而不同的生活片段有不同的道德原则规范，工程的世界变得不可通约。迷失了共同善的共同前提，工程世界中到处都充满了互不相容的目标和利益，甚至沦为各人追求各自利益的竞技场，人们的道德生存陷入无休止的争论之中，现代社会陷入“德性之后”。这就是现代人沦为“劳动动物”进而失去道德实践和道德控制能力的社会原因，并成为现代风险社会的道德根源。

自由的匮乏使人身陷工程世界之中无法自拔，但自由的过度又引发了现代社会的道德危机。现代人并不能够仅仅凭借康德的自由意志获得道德践履的能力，人虽然是理性的存在者，但人并非生活在理想型的理智王国。何以对抗道德个人主义以保持对自由的限度？关键在于重构传统德性赖以存在的基本社会背景：一个有着共同利

① 迈克尔·桑德尔. 公正：该如何做是好［M］. 朱慧玲，译. 北京：中信出版社，2011：245.
② 麦金太尔. 德性之后［M］. 龚群，等译. 北京：中国社会科学出版社，1995：6.

益的共同体内对共同善的共同追求，即要整全被不同职业所分割开来的不同人的生活片段。麦金太尔提出了叙述性生存的解决方案。

麦金太尔指出，人类是叙述性的存在，“我”的生活故事总是镶嵌于由他者构成的共同体的故事之中时，“我”生而带有一个过去。“我的生活故事是永远被包括在我得到我的身份的那些社会共同体的故事中。”① 人们无法脱离社会的和历史的情境，“我”是设计师、工程师、管理者的同时，还是某人的儿子或女儿，还是属于这个或那个城市的公民，还是这个行业或那个公司的成员等。当人们带着这些特殊的社会身份进入工程世界之时，“我”的生活故事就与他们的生活故事融合为一个整体。因此，叙述性生存是这样一种生存状态：“它的整体性在于这样一种叙述的整体中，这种叙述把诞生、生活和死亡联结起来作为叙述的开端、中间和结尾。”② 这样，叙述性生存能够将破碎的工程化生存弥合为一种整体性生存状态。

并且，正是共同体中的叙述性生活，让我们拥有了道德身份，“这些构成了我的生活中的特定部分，我的道德起点。在一定程度上，正是这一切使我的生活有它自己的道德独特性”③。也就是说，只有当人们知道了自己处于什么样的故事之中时，才知道应该做什么以及应该怎样去生活，因为“我只有通过进入我自身所处的那些故事，才能理解那种对我的生活的叙述”④。因此，只有在叙述性生存中人们才能践行德性，正如麦金太尔所言：“对我来说，绝不可能仅仅以个人的资格寻求善和践行德性。”⑤因为，“道德慎议更多的是阐释我的生活故事，而并不只是运用我的意志”⑥。道德主体的这种叙述性生存之优势就在于，它凸显了主体间性，为工程决策中的对话与商谈留有余地。因为，在叙述性生存中，分享了“我”的生活故事的其他人可能会比“我”自己更加清楚，“在我眼前的各种道路中，哪一条道路更加符合我的生命轨迹”⑦。

① 麦金太尔. 德性之后［M］. 龚群，等译. 北京：中国社会科学出版社，1995：278.
② 同①：259.
③⑤ 同①：277.
④⑦ 迈克尔·桑德尔. 公正：该如何做是好［M］. 朱慧玲，译. 北京：中信出版社，2011：254.
⑥ 同④：253.

四、人怎样践行工程化生存：工程伦理的正义尺度（在自由与德性之间）

无论是自由的追问还是德性的践履，其最终都要表达为现实的风险社会中人的具体的生存法则，才能成为人们践行工程化生存的具体伦理原则。自由的基础和德性的践行是工程化生存的必然伦理要求，但自由的实现不能诉诸纯粹理性，德性也不能只践行于理智王国中，人们只有通过现实的社会生活的实践才能争取自由、践行德性。即在现实社会中，无论是自由的实现抑或德性的践履都将具体化为具有现实可操作性的规范和原则，其标准和尺度是能否促进社会的公平和正义。

这样，工程伦理就具有了现实与理想的双重向度：其理想方向是让自己从“常人”中被召唤出来，回到本真的自我，实现人的生存自由与道德整全；其现实方向是实现社会的公平正义。理想要根植于现实，并以现实为通道才能最终得以实现。工程伦理要最终落实到社会制度层面，就要以社会正义为基本尺度，唯此，人们才能在现实的社会中真正践行工程化生存。从这个意义上讲，工程伦理又是社会的，是针对工程这项“社会实验”（马丁和辛津格语）的发展和应用所带来的利益、风险和代价等的社会分配法则的谋划，是现代人的工程化生存得以践行的正义尺度的诉求。那么，人们是经自由而正义，还是经德性而正义呢？

罗尔斯沿用了康德的意志自由的自我观，他指出，人们所做出的选择经常是迫于现实压力，而并非真正的自由选择。如果希望社会成为一种自由自愿的安排，那么人们就不能将它建立在实际同意的基础之上，相反，应当悬置自身各种特殊的利益和优势，在“无知之幕”的背后作出公正选择。身处无知之幕的背后，人们不知道自己是谁，也不知道自己在社会中身处何处，人们是真正自由选择的自我。罗尔斯思考公正的方式就是在这样一种假想的自由平等的原初状态中询问：我们同意什么样的公正原则。正义就是在无知之幕背后，通过自由人的自由选择达成的理想型契约。无知之幕隐喻这样一个正义前提：当人们自由地选择公正原则的时候，必须搁置各自独特的角色和特定身份。那么，工程实践中，作为自由、独立的自我只需对自己的行为负责，不必为"我"所在的集体承担责任，当代人无需对上一代人的行为以及后代子孙的未来负责，而这意味着代内及代际的非正义经自由而正义的思想实验，最终会背离正义之主旨。并且，将人看作自由、独立的自我，将公正看作一种选择，还有一个深远的含义：公正原则不应当建立在任何一种德性观念之上，相反，它们应当中立于良善生活。于是，由现代工程提供的权力框架就成为一种必要的恶，而非良善生活之本质。当现代人丧失了彼岸世界，他无论如何也没有赢得这个世界，或者说，没有赢得生命本身。这就是现代人身陷"常人的独裁"，"没能和自己站在一起"的深刻根源，也是现代风险社会中人之生存的所有问题的渊薮。

与罗尔斯的自由主义进路不同，麦金太尔为现代社会开出的处方则是重返亚里士多德的德性传统，即公正宪制不能够且不应该中立于良善生活，相反，要推理一种正当的社会秩序，就不得不从良善生活本身出发，只有首先弄明白宏大的叙述性生活的全部意义以及应该遵循的适度生活方式，然后才能构建起一个公正的宪制。如果将自己看作自由选择的自我，不受任何先在的、未经选择的道德观念的限定，那么就不能理解人们通常会同意甚至赞赏的多种公共道德或责任，如工程师对组织的忠诚、工程师对公众及后代子孙的责任等。"除非我们将自己看作受约束的自我，对一些我们并不想要的道德主张开放，否则我们很难理解我们的道德和政治经验中的这些方面。"① 公正不仅包括正当地分配工程事物，它还指涉正确地评价工程事物，脱离塑造人们身份的共同体的传统道德主张，很难界定人在工程社会中的各种权利和义务。如果不慎议所分配工程事物的道德意义，就不可能慎议公正；即使这是可能的，这样的社会也是不值得欲求的。

行文至此，可以看出：自由选择，即使是在平等条件下的自由选择，因为脱离了共同善的基本前提，不能作为公正社会的充分基础；而道德应得又似乎没有给自由留下余地，即没有给人们自主地选择自己的善的自由。基于某种良善生活观念的正义宪制，其实质

---

① 迈克尔·桑德尔. 公正：该如何做是好［M］. 朱慧玲，译. 北京：中信出版社，2011：252.

是将一些人的价值观念强加给另一些人，没有把人作为自由而独立的、能够自主地选择自己的目的的自我而加以尊重。而人们所追求的社会正义一定要兼具自由和道德的双重面相，要在自由与德性之间保持必要的张力。怎么才能既承认共同体的道德力量，同时又给人的自由留有余地呢？或者说，在工程化生存方案中，怎样才能既把自己看作情境的，同时又是自由的呢？

走向人的生存历史性。在马克思那里，历史就是人的一种自为的生存活动，是针对人的实践和实践的人而言的，自然本身无历史。工程实践的视界里，历史首先展开为人的自由的逻辑。历史既是自然向人敞开而生成生活世界的过程，也是人通过工程实践占有自身本质的自我诞生、自我完善的过程，正是在历史中，人获得了生存自由。其次，人在历史中生成类意识或社会意识。马克思说："通过实践创造对象世界，改造无机界，人证明自己是有意识的类存在物，就是说这样一种存在物，它把类看作自己的本质，或者说把自身看作类存在物。"① 历史性生存是社会化的人的共存，或者说，是人的类生存。历史性生存将人的自由与情境性统一于动态的工程实践之中。在此，人确证自己生存的真实性，生成自我的个性和类意识，成为"现实的有生命的人"。

历史性生存是整全的人的生命活动的故事，它超越了自由主义的碎片化的个体生存的限定；历史性生存是现实的人的生存，克服了德性正义的抽象的叙述性生存的缺陷。"现实的有生命的人"通过工程劳动与他人共同生存在现实的社会中，不必像康德的"人"生活在理智王国，也不必像罗尔斯的"人"躲在无知之幕背后，更不必像麦金太尔的"人"通过讲故事的方式抽象地敞开自我。在历史的境遇中，以现实的人为逻辑起点，工程伦理才能最终落实到社会层面，才能表达为工程社会中的正义原则。从这个意义上讲，有什么样的时代境遇，就会有什么样的人的观念；有什么样的人的观念，就会有什么样的正义伦理。

在历史中建构正义原则。马克思将人的生存置于历史与现实的双重维度中来考察，现实的人生存于历史之中，作为现实的人的一

---

① 马克思. 1844 年经济学哲学手稿［M］. 北京：人民出版社，2000：84.

切只能到历史中去寻求根据。因此，事关工程事务分配的正义原则并不存在于历史之外，只能存在于历史之中，脱离历史，工程事务分配的正义原则将是无根的，必然会导致正义的虚无。以历史为根据的正义只能是一种相对正义，因为任何人所追求的正义，都只能是他所处的历史中的正义，都只能是面向他那个时代的正义。因此，有关工程事务的分配正义一定是多维度的，它有着一张普罗透斯的脸，会在不同的时代中呈现不同的面相，也会在不同情境下取得不同的答案，不存在超越历史的独白式的永恒正义或静态正义。因此，人们所追求的工程社会中的利益及风险等的分配正义一定是对话式的动态正义。这种动态正义一定是交互的、建构的，包含选择性与差异性，必然是关于正义的具体叙事。对待动态正义，我们要做的是充分对话与寻求理解。

在生活世界中进行道德交往。哈贝马斯用道德实践重建了马克思的历史生存论，将道德形而上学引入人的现实的历史性生存之中。他指出，交往行动是历史性生存的具体形态和内容。在历史性生存中，人们以对话为媒介，把自己的意向性传递给他人，以学习为手段，达成人与人之间的理解与共识。现实的人所共同遵从的正义原则就是通过对话和学习的交往行动建构的，其实质就是一种道德实践。落实到工程活动的具体情境和行为境遇中，交往行动的根本目的就是要找到每个具体工程事务分配的适度点，即实现中道正义。但是，适度点的确证是困难的，其挑战在于：对适当的人，在适当的分寸上，在适当的时间，出于适当的动机，以适当的方式，做适当的决定。这就决定了，事关工程的利益及风险等的分配的正义原则往往是相对合理的选择，其关键在于如何通过交往行动在生活世界中达成对适度点的共识。首先，交往行动一定要发生于生活世界中。如前所述，生活世界中参与交往行动的人都带有各自的公共性和私人性的身份，这保证了正义原则的完整的德性背景。其次，人们在生活世界中，在良善生活这一共同基础上，通过学习与对话来获得对适度点的理解与认同，形成非强迫性的共识，这保证了正义原则的自由尺度。最后，针对不同的工程情境下具体的工程事务的分配，合理协调权利与责任对等、利益与风险共担、平等与差异共存的困惑与矛盾，这维系着自由与德性之间的必要限度和张力。生活世界中的道德交往将自由选择与德性实践在工程实践中连接起来，人的自由追求和道德的实践在历史性生存中落实为现实的正义原则。从这个意义上讲，工程的正义原则就是包含自由与德性双重向度的社会规范。

当下的时代是一个大工程的时代；当下的时代更是一个有待重新启蒙的新时代。而当代启蒙需要唤醒的，就是对生命本身的敬畏以及对人类幸福生活的深切关怀。自由、德性与正义作为工程伦理建构的三个基本维度，就是一种朝向生命本身、回归生活本位的思想方式，同时也是现代人通往幸福生活的路标。与这三个基本维度相对应，工程伦理就展现为三种形态：首先，工程伦理是属人的，可以内化为大工程时代人类追求自由与幸福生活的理想；其次，工程伦理是实践的，可以展开为一种人的本真的生存样式；再次，工程伦理是社会的，又可以外化为可操作的社会正义原则，成为工程社会中人的生活行动的指南。从这个意义上讲，工程伦理学就是对身处大工程时代的人的生存本性的领悟以及生存法则的谋划。

第二节　工程风险分配正义三位一体的生存论分析

生存论的视域就是既考虑当代，也考虑未来。因此，从生存论的视域分析工程风险分配正义问题，就使工程风险分配正义不再是此岸世界之外的“应然”状态，而是基于此岸世界的批判和改造原则，并且强调此岸世界的现实社会力量。工程技术带来的福祉与风险并存，福祉人人求而得之，风险，尤其是工程的邻避风险人人避之，越少越好。工程技术所带来的福祉在社会上层聚集，风险则在社会下层聚集，越是弱势群体，越要承担大量的工程风险，这必然会加剧社会矛盾，影响社会和谐。从生存逻辑考察工程风险分配正义体现了社会主义核心价值观的社会层面的自由、平等、公正、法治。

一代人有一代人的使命、一代人有一代人的担当。工程风险分配正义问题要到时代的背景中，从所处时代人的生存论视域来进行阐述。现代社会是一个工程化的社会，工程化生存描述了现代人的一种生存状态。只要按照事物的本来面目及其产生根源来理解事物，任何深奥的哲学问题都会被简单地归结为某种经验的事实①。生存论视域的工程风险分配正义的实现问题，可以从制度正义、程序正义和作为观念的正义进行考察②，即从理念、制度和程序三位一体的路径进行分析。

一、正义理念

正义是人类永恒的话题，代表着价值取向。“正义是社会制度的首要价值，正像真理是思想体系的首要价值一样。”③ 要实现工程风险分配正义，工程风险分配的正义理念不可或缺。倡导与社会发展相适应的工程风险分配正义理念至关重要。

马克思对于正义理念的理解是将其从人性的维度、历史的维度来进行考察，体现了正义的历史性与超历史性、批判性和建构性的统一。马克思的正义理念是基于具体的历史境遇中的现实的人和社会群体分化，这是马克思正义理念的逻辑前提；人不断否定和超越其实际生活境况的本性的思想，是正义问题实然与应然的矛盾解决方式，是马克思正义理念的观念依据；运用面向历史与现实的分析方法，马克思实现了对以往正义理念的超越，即从自然状态的设计到具体历史阶段的分析，是马克思正义理念的历史基础；正义的理念经由神性到人性，经由私有财产不可侵犯的权利正义，再到马克思追求整个人类解放的价值正义，体现了从人类整体思考问题的生存论视域。

历史发展到今天，随着工业文明的发展，随着人类工程化的生存方式的不断拓展，正义的视域不仅仅是财富分配的正义，更是工程风险分配的正义。随着工程风险的不断增大、增强，工程风险分配正义的理念既需要从人类生存的全球视野来思考，也需要从代内和代际的未来视域来考量，只有这样，才能为工程风险分配正义问

① 马克思，恩格斯．马克思恩格斯全集：第3卷［M］．北京：人民出版社，1960：49.

② 乌尔里希·贝克．风险社会［M］．何博闻，译．南京：译林出版社，2004：87.

③ 约翰·罗尔斯．正义论［M］．何怀宏，等译．北京：中国社会科学出版社，2003：3.

题的更好解决提供理念上的支持。从宏观的视角，我国提出了人类命运共同体的思想，体现了全球视野中的正义理念。结合中国改革开放40多年来的发展，我国在工程风险分配正义理念上彰显了中国特色，表达了中国话语。主要包括坚持以人民为中心、坚持工程风险分配正义的中国共产党领导、倡导治理体系和治理能力的现代化的中国话语。

二、制度正义

正义是一种价值观念，它的实现需要强制性的制度支撑①。贝克和吉登斯的风险社会理论都特别强调制度设计对风险分配至关重要。制度正义所要表达的是一个国家的制度体系能够保障整个社会的和谐、社会各阶层的协调以及个人的平等自由，进而实现社会的良性运行。制度既包括发展成果的制度安排，也包括发展成本的制度安排。工程化生存日渐成为当下人类的主要生存样态，还给人们带来福祉，即发展的成果，这是人人都想要的，且人人都愿意共享工程所带来的福祉。但工程风险相伴而生，工程风险作为发展的成本，是人人都不愿意承担的却不得不面临的现实。如何在制度上界清工程风险的个体责任与社会责任、道德责任与法律责任、事前责任与事后责任及在制度上实现正义，促进人类社会的持续生存与发展，就是一个无法回避的问题。制度正义的理解，可以从经济制度正义、政治制度正义和文化制度正义三个层面考察②。工程风险分配的制度正义主要体现在经济层面，即对工程风险分配的经济维度的制度设计，应本着“谁受益谁承担”的“利益与风险对等原则”的制度安排，按照资本的逻辑来思考工程风险的分配正义问题。工程风险分配的制度正义在政治层面的考量主要源于工程风险分配正义政府责任的考量，即工程风险分配中政府所起作用的制度安排，应本着工程风险分配中“弱势群体免伤害优先”的制度安排和“工程主体无力全部承担时的政府分担”的制度安排。工程风险分配的制度正义在文化层面的体现，主要在于对于工程风险分配正义问题在精神层

---

① 崔希福，李璐. 正义·制度·秩序［J］. 牡丹江师范学院学报（哲社版），2018（1）：23-27.

② 刘常梅. 试论制度正义是实现人的自由的根本保证［J］. 长沙医学院学报，2008（2）：68-70.

面上应提倡自觉践行“工程风险矫正补偿”的制度安排，即对已经发生的不公正的工程风险分配要进行补偿，给受到不公正对待的一方以合理补偿。这一制度正义的实现很大程度上有赖于文化制度的正义，因为文化制度的正义能够带来精神文明程度的提升，以克服工程风险分配中非正义的现象出现，主要强调的是工程风险分配正义中的公民道德素质的提升是工程风险分配正义的重要文化因素。工程风险分配正义的经济、政治和文化三个层面的制度正义安排将为工程风险分配正义提供经济、政治和文化上的基础。

正义是“共在”关系的合理状态。随着工程活动的人造风险的增强，人类在一定意义上已进入风险社会。风险社会中的个人正义与社会正义不仅包含人与人之间利益关系的财富分配，还包括风险分配。罗尔斯在《正义论》中指出，“正义的基本主题就是社会的基本结构，或者说得更准确些，就是主要的社会体制分配基本权利和义务以及确定社会合作所产生的利益分配的方式”，认为“主要体制规定了人们的权利和义务”①。这里的社会体制主要是指社会的制度设计，通过制度设计为制度正义实现提供条件，正义的制度设计应具有兼顾各个群体要求的品质。

工程风险分配正义可以借助制度的力量，使“不负责任的组织”具有正义观念，担负起应该担当的责任，避免可以避免的工程风险，承担该承担的工程风险，并且也可以反过来促进制度的完善，使工程的建造减少对自然生态的影响，合理化解生态风险，实现人与自然的可持续发展。正义的历史实现形态，要还原给现实的制度建构，要符合正义的历史图式，要作为现实的社会批判和社会改造服务于人的历史发展。现实的个人和社会分层决定了正义的历史实现形态。工程风险自身的特点决定了工程风险分配的阶级方式是暂时的，需要从生存论的视域，从超阶级的，即从人类整体和长远来思考工程风险分配正义问题，并逐渐形成被普遍认可的制度正义安排。

在我国，要构建政府主体主导、市场主体协同、公民个体参与的工程风险分配正义的制度体系，规范工程师主体应该如何去做？企业应该如何去做？民众应该如何去做？政府应该如何去做？对与

① 约翰·罗尔斯. 正义论［M］. 何怀宏，等译. 北京：中国社会科学出版社，2003：7.

工程风险分配正义的相关主体的权利、义务、责任等进行分配与界定。目前，政府作为工程风险分配的重要主体，承担着重要角色。社会和公民个体作用发挥还不充分，一定程度上影响工程风险分配正义。从生存论视域分析工程风险分配正义，将政府、企业、工程师等通过协商民主的形式，参与到工程风险的分配，并且将工程风险分配正义问题从责任的伦理视域到人类的整体生存视域进行反思。

三、程序正义

制度正义兼顾各个群体的利益，提供了社会正义的宏观框架，但仅仅有宏观框架是不够的，还需要通过规范的程序化才能保障工程风险分配的正义，这就提出了程序正义的要求。程序正义是制度设计运作方式的正当性。

工程风险分配的正义不仅应该得到实现，而且要以人们看得见的方式实现，这就是工程风险分配正义中的程序正义问题。程序正义的观念最早起源于英国，其规范性表达可见于英国 1215 年的《自由大宪章》，其中第 39 条阐述了程序的重要性。程序正义至少包括两个方面的内涵，一是制度或法律要制定出符合正义的程序，并且程序具有中立性和合理性，二是在此基础上，对符合正义的程序的执行要公开、公平和公正，这两个方面的内涵也可以表述为“有标准、有程序”。

按照罗尔斯的观点，程序正义是指作为规则的正义（justice as regularity），是指规则的制定与执行其程序本身所具有的正当性。程序正义要求制度的执行应该是始终如一且对所有人都是一律的①。

程序正义对工程风险分配正义具有十分重要的意义。一是通过制定中性化、合理化的程序，使工程风险分配在正义理念和制度正义有了程序上的支持，从而提高工程风险分配正义的可行性，进而更好地实现工程风险分配正义，并且在此过程中要体现程序正义的独立性，使工程风险分配的程序正义得到认可，获得尊重。二是对于人人都不愿意承担的工程风险，要实现其分配的正义，程序正义

① 姚大志. 论程序正义［J］. 天津社会科学，2000（4）：36-39.

就显得尤其重要。通过程序正义的制约，不仅可以制约工程风险分配的各责任主体，而且也可以使工程风险分配的过程通过程序保障而获得正义性，进而使工程风险的分配正义得以实现。

我国在正义的实现方式上更侧重于实体正义，侧重于结果的正义，国外更侧重于程序正义，侧重于过程的正义，是由程序建立和保证的。实体正义与程序正义二者各有特点，过分追求实体正义或过分追求程序正义都是不恰当的。程序正义有助于工程风险分配规范化，这主要源于程序正义是契约社会的产物，是社会经济发展规则的抽象，基于契约社会和社会经济发展的程序正义，符合人类文明进步的要求，当然如果过分追求程序，也会偏离正义的轨迹，因此，不能唯程序论，程序的过分周全、细化、僵化也不利于实现工程风险分配的正义。

工程风险分配制度的正义如何成为可能？程序正义如何成为可能？分配正义如何实现？正义理念不可或缺。任何制度正义都是要建立在人们接受的基础上，从生存论的视域来讲，首先是基于人们的某种正义理念，在此基础上不断实现制度正义、程序正义，最终实现工程风险分配的正义。工程风险分配的正义理念、制度正义和程序正义是既相互区别又相互联系的有机整体，分别从不同的维度为工程风险分配正义提供支持和保证。

我国正处于全面建成小康社会的关键历史时期，能否实现工程风险分配正义问题，对我国全面建成小康社会，实现中华民族的伟大复兴至关重要。解决好工程风险分配正义问题，有助于提高公众对工程风险的正确认知，使社会成员对政府、企业做出的工程决策及实施更加理解与支持，有助于社会的有序良性运行，进而促进社会生产力的发展，有助于实现人民对美好生活的向往。

基于生存论工程风险分配正义的分析，可以看出，工程风险分配正义的真正实现，离不开工程风险分配的正义理念、制度正义与程序正义。工程风险分配的正义理念在不同的地区，随着时代的变迁具有不同的内涵，不存在永恒的、绝对的工程风险分配正义理念，需要从生存论的视域，根据时代的变化和国情的具体情况丰富发展工程风险分配的正义理念。制度正义与程序正义是实现工程风险分配正义理念的两翼，既需要有工程风险分配正义的制度安排，也需要有程序正义的标准、程序。正义理念、制度正义和程序正义三位一体，共同回答了生存论视域工程风险分配的“何为正义”问题①。

① 傅畅梅，陈凡. 生存论视域的工程风险与分配正义分析［J］. 科学技术哲学研究，2019（6）：51-56.

第七章　一种特殊的工程风险（邻避设施中的工程风险）分配正义

邻避设施中的工程风险分配正义问题是另一个关于工程风险分配正义问题不可忽略的维度。一方面，工程给人类社会带来福祉，这一点是毋庸置疑的；另一方面，工程，尤其是邻避设施对附近民众的影响又是不容忽视的，必须正视邻避工程风险，并予以合理公正的解决。

工业革命以来，一方面人类的生产力水平得以提升，但也给人类社会带来极大风险，人造风险已经成为一个不可忽略的现象，是继人类财富分配之后另一个需要分配的重要因素。与财富不同的是，风险是人人都避之不及的富余，是“过街老鼠”。在诸多的可能产生工程风险的工程中，邻避设施是一个需要特殊关注的现象。这主要是由于，一方面邻避设施是人类生活所必需，但另一方面又有很强的负面效应，有人人想避之的工程风险的存在。因此，邻避设施成为政府、企业、公众关注的焦点，邻避设施与邻避设施所引致的工程风险问题也成为学界研究的重点问题。

从其现实性上，邻避设施引发诸多冲突事件，究其根本原因，很重要的一点就是邻避设施中的工程风险分配的不公正。与之形成鲜明对比的是，工程风险相关利益群体的利益失衡成为邻避设施冲突发生的直接诱因。对这一问题的解决，学界更多的是从管理学、社会学、心理学等视角来进行关注，从工程伦理和伦理学角度来进行专门的、系统的、全面的思考还很少。

第一节　邻避设施中工程风险的内涵、类型及特征

邻避设施一般情况下指的是大型的工程设施，这种大型的工程

设施一方面解决了一个地区或一个城市的发展需要，更多地体现为一些公共设施，为人民的生活提供必要的条件，使一个地区或一个城市能够很好地运转，是一个好工程。但同时必须意识到，没有十全十美的好工程。为了一个地区、一个城市的发展所建造的大工程，如公路车站、铁路车站、医院、变电站、核电站、垃圾掩埋厂、垃圾焚烧厂等，这些作为邻避设施的大工程都会给附近的居民带来工程风险。

按照邻避设施的邻避效果来进行划分，可划分为轻度邻避效果、中度邻避效果和高度邻避效果。按照邻避效果所造成的影响，从居民的可接受程度，即知情同意原则所呈现的来划分，可分为轻度易接受的、中度不易接受的和高度抗拒的市政和交通设施（如核电工程、风力发电厂、垃圾处理工程设施等）①。

邻避设施对于一个地区、一个城市的发展具有十分重要的意义。邻避设施的重要意义首先表现在其为一个地区、一个城市提供了生产、生活运行所必需的能源与资源，使当地人的生产、生活更为便捷、高效，为美好生活的实现提供了基础性的条件。但同时，这些邻避设施作为大型的工程设施，又会干扰或影响附近居民的生活，甚至会对附近居民的身体健康造成非常严重的影响，这又是一个不能忽视的问题，是必须引起注意和高度关注的问题。作为大型工程的典型代表，这些邻避设施一方面给一个地区、一个城市的居民带来福祉，但同时又给附近的居民带来工程风险。这些工程风险有的可以通过量化的方式给予合理的经济补偿；但有些工程风险，会给附近居民的生活、健康，甚至生命造成影响。

邻避设施作为大型工程的代表，其总体上的特点又可以通过以下三个方面进行阐述。

首先，邻避设施的必要性。需要说明的是，邻避设施主要是一些表现为公共设施的工程。如发电厂、变电站、核电站、炼油厂、垃圾掩埋厂、垃圾焚烧厂等，这些设施都是一个国家、一个地区、一个城市的发展所必需的基础设施，这些设施的缺失会给居民带来极大的不便，甚至生活很难运转。因此，就这个意义上来说，邻避

① 吴云清，翟国方，李莎莎．邻避设施国内外研究进展［J］．人文地理，2012（12）：7-12，42.

设施是必需品，不能因为会影响当地居民的生活就不建设邻避设施这样一些大型工程。

其次，邻避设施风险的不可避免性。同时必须认识到的事情是，邻避设施的风险又是不可避免的，其具有很强的负面效应，具有很大的工程风险。例如，发电厂及其高压线运输、变电站等的电磁对人的身体的影响，由发电厂所产生的噪声及天气变化时发电厂的一些潜在的危害对人的身体健康的影响；炼油厂等石油化工行业的设施也会对环境形成一些负面影响，一旦泄漏，会造成非常严重的危害；垃圾掩埋或焚烧厂对当地的地下水、空气、土壤等都会造成影响，对当地居民的身体健康状况的影响也是显而易见的，这是不容忽视的问题。对于这些不可避免或者难以避免的风险，应当想尽办法将工程风险降到最低，并予以适当的补偿。

最后，邻避设施正负效应的不对称性。邻避设施所带来的福祉与工程风险在分配上不对称。这主要表现在邻避设施是为一个地区、一个城市提供福祉，但受工程风险危害的却只是邻避设施附近的公众。最为典型的是核能源，核能源是一种清洁、高效的能源，不仅为一个地区、一个城市提供能源，甚至可以说为一个更大的地区或者全国提供能源，但核电站的负面影响——核辐射，可能直接威胁到附近公众的身体健康，甚至生命安全。更有甚者，核电站一旦发生事故，对附近公众的影响后果更是不堪设想。

作为大型工程的邻避设施，一方面会给一个城市、一个地区甚至更大范围的公众带来福祉；另一方面，邻避设施的工程风险又具有不可避免性和不对称性，其中的不对称性突出地表现了工程风险分配的不公正①。从这个现实意义上说，邻避设施的工程风险分配正义问题尤其值得经济学界、伦理学界和工程哲学界的学者思考，并希望引起政府、企业、工程师等的关注，以利于更好地解决问题。

---

① 井泉. 邻避性工程设施中工程风险的分配正义问题研究［D］. 昆明：昆明理工大学，2018：19.

第二节　邻避设施中的工程风险识别及特征

同样的邻避设施工程风险，工程利益相关者对其识别却呈现出不同的特征。政府相关部门、相关的企业、相关的工程师、相关的工人、相关的公众，由于其在邻避设施中地位的不同，对邻避设施工程风险的认知及识别也呈现出不同的特征。工程风险认知和识别的差异直接影响到工程分配的正义问题。

何谓工程风险的识别？对工程风险的识别可以通过工程进行的阶段来进行，即从工程的设计、施工、运行、维护、退役全生命周期来进行思考。在工程进行的不同阶段，由于其承担着不同的角色，对工程风险思考的角度也必然不同，基于这一点，可以看出，即使是同一工程，不同的工程利益主体对工程风险的认知和识别也是不同的。而工程风险的识别又直接关乎工程风险的责任与责任分配正义。

对于工程风险，政府主要是依据邻避设施工程对当地经济社会的影响来衡量和识别，而且，更为突出的是，政府在工程是否进行的问题上占有绝对的优势地位，甚至可以说，拥有绝对的话语权和决策权。因此，在工程风险的识别中，政府毫无疑问具有风险识别的责任。一个项目在多大的程度上满足当地民众的需求？一个项目会对当地民众造成多大的危害？当地的民众有多大的知情同意权？这些问题在很大程度上都取决于政府的认知和决策。政府会尽量促成项目的建设并保证工程的顺利进行，同时，也努力实现邻避风险的补偿以避免因邻避工程而发生群体性事件。这是政府基于自身的维度来识别邻避工程的风险并应对。

作为工程项目的设计者，工程师对工程风险的识别更多的是依照专业技术来进行。工程师在设计阶段就可以计算出可确定的工程风险，当然一些非技术要素的风险或不可抗力的工程风险是无法计算的。对于邻避设施中涉及的可以确定的因素，工程师通过其掌握的专业技术知识是可以预测到的。比如，发电站的建设指标是否符合安全标准；变电站的安全系数是否达到标准；核电站的辐射水平是否符合安全标准；PX项目的污染及其安全标准如何；垃圾焚烧与掩埋的规模与标准如何；等等。工程师依据行业标准及其专业知识，是从技术上来识别工程风险并以此为基础来考虑工程风险的分配正义问题的。

对于邻避工程的具体实施者，主要指相关企业，更多的是从经济的视角来识别工程风险，企业主要是以是否能带来利益来判断是否进行工程活动。相关的企业会按照最小的成本、最大的收益原则来进行工程活动，当然相关企业在进行工程活动时，是在一定的风险范围内进行的。

而对于邻避设施工程所涉及的民众，他们对工程风险的识别更多地只能依据自身的感受来进行。因此，他们需要时刻关注工程的进展，一旦发现有不利于自己身心安全的方面，民众就会联合起来，向有关部门提出自己的建议与想法，以便被政府、企业和工程师所采纳，以最大限度地减少风险，减少对民众自身的伤害。

尽管邻避设施的各相关利益主体对邻避设施的工程风险看法各自视角不同，但邻避设施的工程风险是有存在的共性特征的，这种共性特征主要表现在以下几个方面。

第一，邻避设施的工程风险是客观存在的，是不以人的意志为转移的客观存在，不会因为不同的主体看待工程风险的态度不同、角度不同，工程风险就发生变化。这也是人类任何工程的一种共同特征，有工程的产生，就必然有工程风险的存在，工程在造物活动中必然伴随着风险。邻避设施一般都属于大型工程，工程作为技术要素与非技术要素的集成，其中存在着诸多不确定性因素，必然会有风险产生。在一定意义上可以说，工程风险是不可避免的，人们所能做的，只是努力去创造条件减少风险，规避风险，以将风险的损害或危害降到最低。

第二，邻避设施的工程风险是不确定的。工程风险的存在是毫无疑问的，但工程风险在何地发生，却有着诸多不确定性。工程造物活动中的技术要素本身就存在着风险，在工程活动中，除了常规技术，通常还会采用某些新技术，因为时代的发展，新的工程需要新技术的支撑，新技术的使用，无疑更增加了工程风险的不确定因素和更大的可能性。工程活动中除了技术要素，还存在着诸多非技术要素，因此，即使是同一工程，在规划、设计之初，也会有诸多方案可供选择，而每一个方案都有有利的一面，也有局限的一面。在由规划、设计转向现实施工、维修阶段，也会由于设计与现实施工条件的不完全相同、所用材料的差异及质量不同而存在风险，加之外在的自然条件的变化也都有可能成为产生工程风险的不确定因素。技术要素的不确定性与非技术要素的不确定性的叠加会使风险的不确定性变得更为复杂，也正是由于这些不确定因素的存在，增加了工程风险分配正义的难度。

第三，邻避设施的工程风险具有难以计算的特征。现代工程由于使用更多的高技术，使得工程风险的来源更加难以计算。对于专业技术人员，他们所能确定的也只是高技术在理论上的安全性、实用性，但高技术运用于工程中，需要长时间地不断试用、反复反馈，才能更全面地反馈问题，而在这一长时间的试验过程中，是存在着风险的，并且难以准确估算。高技术运用于邻避工程设施，对一般民众来说，很难直观感受到邻避设施工程中可能出现的风险，即使出现风险，也会由于信息不对称、对高技术认知不专业等而无法准确估量邻避工程风险的大小与受损害程度。不论是专业技术人员，还是一般民众，不论是政府，还是企业，即使是想大公无私，主观上想公正地去认识风险问题、分析风险问题、解决风险问题，也会因为人类整体对世界的认知有限性而不可能准确地量化所有工程风险。比如，水利工程的建设，在截流时，对周边地区的生态所引起的变化，就目前的认知水平，是难以完全准确计算的；如核电站的建设，会对周围的土壤造成影响，会有一定程度的辐射，达到准确地计算也是几乎不可能的。诸多邻避设施工程风险都面临着这种难以准确计算的情况。既然工程风险难以计算，也就意味着工程风险是难以做到分配正义的，这也是邻避设施所造成的工程风险容易导致邻避摩擦的重要原因。

第四，邻避设施中的工程风险具有威胁性。由于邻避设施一般都是为一个地区、一个城市服务的，其往往存在于人口密度较大的闹市区，而不是在一片空地上建造。一些邻避设施，由于相关企业更多的是从追求经济利益入手，他们往往会尽可能地减少成本，进而会导致工程的质量勉强达标或者很难达标，一旦外界发生条件变化，就会对周围居民的人身安全造成致命影响。而邻避设施涉及的相关政府部门，由于是一个地区、一个城市之内的管理者，有时难免对邻避设施监控不力、治理不够，这也在一定程度上增加了工程风险爆发的可能性。当然，邻避设施本身也会产生废水、废气、废渣等，这也会对当地民众的生活产生长期的、难以规避的影响。基于以上分析，可以看出，邻避设施的工程风险其现实的威胁与潜在的威胁并存，对附近居民会产生非常大的危害。如 2015 年的天津港爆炸事件，就对附近的小区、附近的居民造成了很大的威胁，甚至生命威胁①。

第三节　邻避设施中的工程风险分配正义

在现实生活中，邻避设施往往会出现这样的情况：风险的制造者及受益者获得最大利益却承受最小风险，而邻避设施周围的民众获得最小收益却承受最大风险。这是邻避设施工程风险分配不公正的极端表现。但总体上来讲，邻避设施附近居民承受的工程风险最大，从中受益却不是最多；远离邻避设施的居民往往享受着邻避设施带来的福祉，却几乎没有什么工程风险会影响到他们。这是一种很不公正的现象。

那么，如何实现邻避设施的相关利益主体共同地承担起邻避风险的责任？这需要正确的风险分配正义理念去支持，需要国家制定相应的制度去保障，需要一定的权威组织去具体实施。邻避设施更多的是作为公共设施，如果处理不好邻避设施工程中的收益与风险分配正义问题，就会引发邻避冲突，进而影响社会和谐，不利于社会有序发展。

要实现邻避设施中的工程风险分配正义，至少应该坚持以下工

① 井泉. 邻避性工程设施中工程风险的分配正义问题研究［D］. 昆明：昆明理工大学，2018：21-22.

程风险分配原则。

第一，知情同意原则。知情同意一词最早并不是应用在工程上，而是起源于医学用语。邻避设施的知情同意主要是指邻避设施附近民众有权获知邻避设施的收益与风险，并且有权决定是否同意建设邻避设施。这一方面有助于避免或减少邻避设施投入使用后产生的问题；另一方面也有利于工程决策中的民主决策。在这里需要提出的是，由于民众对于工程的了解并不是源于自身对于邻避设施的理性认知，他们的理性认知更多的是来源于政府、企业的宣传，以及自身通过网络等方式的查询。在这一点上，工程师因为是专业技术人员，对工程风险的认知专业性最强，也最权威，因此，“工程师承担确定与每个任务相关危险的责任……并且通知到每个需要知道它们的人”①。

第二，尊重自主原则。邻避设施工程的决策者在决策时，需要首先尊重弱势群体的生命安全、身体健康、财产安全，应尊重弱势群体的自主原则，不能将其作为获得物质利益的手段。由于邻避设施各相关利益群体所获的收益不同，其承担的工程风险也不同。因此，在邻避设施建造之时，不能只考虑获利多的利益主体，如政府、工程师、企业，政府在邻避设施建造中，更多是从社会整体出发，通过建造邻避设施，可以获得政绩与声望，却只需承担很少的风险；工程师也可以通过邻避设施的建造，而使自己的专业技术才能有用武之地，并且在工程建造中获得相应经济收益，且也只需要承担很少的风险，因为工程在建造过程中如果符合科学的设计原则，且能得到监理、业主等诸多部门的配合，一般情况下，邻避设施的建造少有安全问题；对于邻避设施相关企业来说，同样如此，他们在邻避设施建造过程中获得更多的是财富，而不是工程风险。但邻避设施对于其附近的居民来讲，就不是这种情况了。邻避设施给附近居民带来的往往是工程风险，而不是财富和收益。大多数居民对邻避设施的建设都是迫不得已而同意的。因此，对于邻避设施的工程风险，要尊重自主原则，尤其是尊重邻避设施附近居民的自主原则，尊重他们的选择，这也是邻避设施工程后期能够顺利进行的前提条

① 代亮，史玉民. 工程伦理视域中的知情同意探析［J］. 自然辩证法研究，2015（1）：38-42.

件。

第三，权利保障原则。邻避设施的权利保障主要是指应保障附近民众的参与权、监督权等，这主要是由于附近民众是工程风险的直接承担者，只有保障他们的权利，邻避设施才有可能正常地建造和运行。附近民众的权利保障从其实质上讲主要包含两个层面的内容。一是生命层面的内容。也就是说，邻避设施的建造首先要保障附近民众的生命安全，使他们的生命安全不受侵害。二是生命层面之上的权利保障，要保障他们的衣食住行用等生活安全不受或少受侵害。只有让民众参与邻避设施的选址，监督邻避设施的施工，才能有助于附近民众心理的安抚，让他们体验到被尊重，体会到权利得到保障，只有这样，才能为邻避设施的建造奠定基础。

为了实现邻避工程的风险分配正义，需要在以下几个方面下功夫。

第一，工程风险识别的科学性与合理性。对工程风险的识别首先要进行定性的分析，分析哪些风险是必然出现的工程风险，哪些风险是可能出现的工程风险；哪些风险是可以避免或减少的，哪些风险无法减少但可以通过设计保障措施来规避的。对这些问题的回答有助于更好地进行风险识别，并保证其科学性和合理性。如核电站的辐射、车站附近的噪声、发电站的电磁辐射等都是客观存在的，要客观地、全面地去识别存在的工程风险，为工程风险的分配正义做基础性的工作。

第二，建立起相应的责任机制。邻避设施的工程风险不只应由附近的民众去承担，而要确立起与利益相对应的责任机制。工程中产生的风险最初人们更多地只是从经济利益上去思考，注重经济利益的补偿，但仅仅经济上的补偿是远远不够的。在工程风险的承担上，应该坚持谁带来风险谁就应当承担责任的原则，因此，承担邻避设施的工程风险责任的前提是要厘清工程风险的由来，是谁造成的工程风险，这是一个首先需要弄清的问题。政府、企业、工程师更多地都是从邻避设施的建造中受益，对于工程建造后运行中的风险关注得很少。因此，有必要对邻避设施的工程风险从全生命周期进行考察与分析。在邻避设施的建造过程中，要建立监管机制并上升到法律的高度，一旦在建造中不符合规范，应接受法律的制裁。要从严治理，对邻避设施的建造要实现治理体系和治理能力的现代化，要坚持常规检查与抽查相结合，以杜绝邻避设施工程中的不规范现象，或不作为、乱作为等。只有确立了责任机制并切实执行，才能更好地建筑邻避设施并很好地运行。

第三，建立责任主体的多元协商机制。邻避设施的风险不是单一责任主体，单一责任主体既是不可能的，也是不可行的。而多元责任主体按照一种什么样的模式来协商就是一个非常现实的问题，如何在协商中达成一致意见也是一个现实问题，因此，有必要形成一个模式，来明确各利益主体的地位及各自的责任，以及承担责任的方式。通常情况下，对于邻避设施中的工程风险问题，政府的地位与其他利益群体的地位是不同的，政府应该在工程风险责任分配的问题上起到主导性的作用，并在企业和工程师无力承担的前提下，充分发挥政府的功能去解决邻避设施的工程风险问题。工程师作为责任主体，一度被认为工程风险的唯一承担者，工程师一方面是工程技术人员，但工程师在邻避设施建造中也不是完全自由的。一方面，工程师要受限于自己的工程技术知识，往往只是某一方面的工程技术知识，而不会是全面的工程技术知识；另一方面，工程师的局限性还在于工程师总是某一企业的工程师，总是某一部门的工程师，他们在某种意义上也受制于所属组织的管辖，也受制于所在企业的现实利益的考量，因此，工程师在邻避设施的工程风险承担上更多是属于技术层面的责任。企业在工程风险中责任的承担更多的是在邻避设施工程建造中的具体实施，是否完全按照设计来执行，是否按照标准来执行，等等。总之，需要一种机制来实现邻避设施工程风险的“有组织地负责任”问题。

第四，邻避设施工程风险补偿中物质与非物质的结合。邻避设施的工程风险是必然存在的，处于弱势地位的附近民众，最后往往还是以个人利益让步于公共利益，同意了邻避设施的建造。既然附近民众不得不承受邻避设施带来的风险，基于必须回馈和保护弱势群体的原则，应通过多元利益补偿方式来弥补邻避设施工程给附近民众带来的风险和伤害。物质上的补偿可以由政府来进行发放，如政府对受影响的民众发放一定的补贴，或者减免有关税费。如为了建造高铁站，占用了一些土地、房屋等，应给予民众适当的物质补偿，同时，由于占用的是当地农民的土地，会影响到他们的生活，政府就有必要采取一些短期物质上的补偿与长期的非物质补偿相结合的方式。同样是建造高铁站，也可能会给附近居民的出行带来极大的不便，由于高铁及车站的建造，可能会使原来连接在一起的村庄一分为二，要想通过就得绕行，这对于年纪大的农民来说，也是一件需要考虑的事情。总之，由于各种类别的邻避设施的建造，会给当地民众造成不同程度的影响，这些都需要具体问题具体分析，才能够更好地解决。

当前，我国大型邻避设施的建造是不可回避的。从邻避设施的维度来探讨工程风险分配正义问题，无疑是具有极强的现实意义的。只有解决了工程中的风险分配正义问题，民众共享人生出彩的机会才会成为可能。

第四节　邻避设施中的工程风险分配正义的案例分析

案例一：天津滨海新区的爆炸事件

1. 事件经过

2015 年 8 月 12 日，位于天津市滨海新区天津港的瑞海国际物流有限公司危险品仓库发生火灾爆炸事故，爆炸总能量约为 450 吨 TNT 当量。事故造成 165 人遇难，8 人失踪，798 人受伤入院；304 幢建筑物、12428 辆商品汽车、7533 个集装箱受损。另外，事故中残留的化学品与产生的二次污染物逾百种，对局部区域的大气环境、水环境和土壤环境造成了不同程度的污染。本次事故核定直接经济损失高达 68.66 亿元人民币。

2. 事件原因

2015 年 8 月 18 日，经国务院批准，成立了由公安部、安全监管总局、监察部、交通运输部、环境保护部、全国总工会和天津市等有关方面组成的国务院调查组，邀请最高人民检察院派员参加，并聘请爆炸、消防、刑侦、化工、环保等方面专家参与调查工作。

调查组查明，事故直接原因是瑞海公司危险品仓库运抵区南侧集装箱内硝化棉由于湿润剂散失出现局部干燥，在高温等因素的作用下加速分解放热，积热自燃，引起相邻集装箱内的硝化棉和其他危险化学品长时间大面积燃烧，导致堆放于运抵区的硝酸铵等危险化学品发生爆炸。

此外，调查组还查明，瑞海公司严重违法违规经营，是造成事故发生的主体责任单位。该公司严重违反天津市城市总体规划和滨海新区控制性详细规划，无视安全生产主体责任，非法建设危险货物堆场，从2012年11月至2015年6月在现代物流和普通仓储区域违法违规多次变更资质经营和储存危险货物，安全管理极其混乱，致使大量安全隐患长期存在。

最后，经国务院调查组调查认定，天津港“8·12”瑞海公司危险品仓库火灾爆炸事故是一起特别重大生产安全责任事故。

3. 事件责任

该事件不仅需要明晰法律上的责任，还有必要对此事件进行伦理的思考。法律的最大优势在于它的强制性，但法律责任的追究也有非常大的局限性，即法律的事后性和非全面性。在这方面，责任伦理的分析非常重要，只有界定责任，才能为更好地解决问题提供前提。伦理的优势在于它的全面性和事前性。只有最大限度地减少风险，只有在事前能够有效地预防，才是对工程风险分配的负责任。

天津港爆炸事件发生后也引发了许多工程伦理上的思考，对此事件的工程伦理分析至少应当包含以下四个维度：人的维度、技术的维度、管理组织的维度和社会的维度。

第一，邻避工程风险的人的因素的分析。此事件突出地呈现了工程活动中人的负责任意识的缺乏。这包括从工人到企业管理者、再到政府的规划者都缺乏工程活动的责任意识，缺乏工程风险意识，没有将工程风险问题进行严格的思想宣传及规章制度的完善与执行。以此案例来进行分析，工人在装箱的过程中发生了严重的失误，对装有硝化棉的箱子进行了暴力的处理，一是可以看出工人工作态度上的消极，并不在意这样工作产生的后果；二是可以看出工人缺乏安全意识，并不知道集装箱内的危险品具有哪些性质，在这种情况下工程隐患的爆发也只是时间问题。在工程中，尤其与危险品打交道的高危工程，对于安全的教育应当更加重要。在这次事故中，管理者的决策严重缺乏伦理意识，天津滨海新区的天津港在规划初期被定性为物流用地，而决策者将其立项为危险货物堆场改造项目。设计师在设计中错误地将一些不应该露天堆放的危险品设计到了露天堆放的场地，错误的设计导致了事故的发生。对于危险区域的设计，设计师必须要严格遵守危险区域的设计规范，把社会责任扛在肩上。同时，有关部门也没有肩负起应负的责任，特别是瑞海公司在严重缺少立项备案、规划许可、安评审批等一系列手续的情况下依然进行了项目建设。从这些相关情况可以看出，出现了个人利益与社会伦理之间的对立，在工程建设过程中，每个参与工程中的人都有自己的涉及范围，每一个角色都有自己应当遵守的社会准则和社会规范。如果每个人都在伦理范围内去追求利益，那么有理有据，合情合法；如果在违背伦理的情况下去追求利益，就会产生严重的问题。

第二，邻避工程风险技术维度分析。工程的造物活动既包括技术要素，也包括非技术要素，是技术要素与非技术要素的集成。在工程风险中，技术要素占据非常重要的地位。工程师作为技术人员的代表，有责任对工程风险进行识别、评估、跟踪、监测、预警与应急，且要对工程中的技术风险有相对准确的认知。在天津滨海新区爆炸事故中，可以反思的是是否有更好的技术能够让工人和工程师更好地操作。在操作过程中工人是否便利，并且安全，如果工人操作技术不便利和安全，那么工程师或者技术人员是否可以通过改善技术来达到利益和伦理的最大化。工人的操作技术要有专门的培训与指导，要确保工人有能力完成工程中的操作技术需要，工人也要了解操作技术中的安全规范等各项问题，在确保各项问题都符合规范的情况下，才可以让工人在具体的岗位上操作。有人认为，工程中的技术是中立的，只有实际操作的人才决定了技术是否符合伦理，但是，一个合理有效的技术可以规避一些伦理上的问题，如果危险品物流有更好的技术条件，能够让危险品得到更好的处理，那么天津滨海新区爆炸事故或许就不会发生。在此事件中，工程中的技术风险并没有被很好地识别和认知，导致在实践中发生事故并产生了非常严重的后果，因此，技术要素及其在工程中的安全使用有必要贯穿于工程活动的始终。

第三，邻避工程风险的管理组织维度分析。管理组织主要包括企业或者公司的招聘、生产、质量检验管理等部门以及社会中的监管部门、安全部门、规划部门等。工程实施中具体参与的部门组织有着明确的管理界限，每个部门都有自己所负责的权限和责任。工程要取得安全、负责的结果，需要一个有效的管理组织系统，包括监管部门、安全部门、规划部门等，一个有效的管理组织系统可以监管工程中的人，保障工程安全实施。天津滨海新区的监管部门在瑞海公司没有各种许可证的情况下无所作为，监管部门、安全部门、规划部门都没有起到应有的作用。

第四，邻避工程风险的社会维度分析。主要包括加强个人的伦理道德思想教育，国家应对工程伦理投入更多的重视，要做到全民参与到工程伦理的认识中。企业本身也要进行工程伦理的教育，企业在创造利益的同时要推动企业管理对伦理的影响，在大多数情况下，企业的决策者、工程师、工人都在负责工程的各个方面，因此在企业中加强工程伦理教育不仅是必要的，更是必需的，关乎企业本身的可持续发展问题，更关乎其他人的生命财产等问题。学校也要加强工程伦理教育，学校是培养人才的地方，人在参与到社会工程中之前首先得是一个学生，学生在学校学习知识的同时，也要加强工程伦理教育，让学生们清晰地意识到工程伦理的重要性和影响力。不能等到特大事故发生之后才学会深刻反思，要居安思危，认识到工程伦理的重要性。

4. 事件中的风险分配正义问题

在天津滨海新区爆炸事故中，政府、企业、工程师、工人、民众都负有相应的责任。如何去界定此次事件的责任分配呢？现象学视域的分析告诉人们，在进行工程风险分配时，要直面工程活动实事本身。只有面向实事本身，了解掌握这一事件发生的原因，才有可能正确地处理问题。

首先，政府在规划危险品仓储工程时，是否对其进行了严格的审查与科学治理。中国要不断实现国家治理体系和治理能力现代化，体现在政府对于工程的规划、设计、施工、运行以及全生命周期的安全管理，都负有不可推卸的责任。因此，实现工程风险分配正义的问题要对政府的责任进行思考，政府究竟应该承担什么样的责任？应该如何承担责任？为什么要承担这样的责任？等等。这些问题都是值得深入思考的。

其次，企业在工程活动实施与运营中的责任。天津港瑞海国际有限公司作为工程活动的相关利益群体，有责任对工程的管理以及工程对周围环境的影响树立必要的安全意识和防范意识。企业的管理应当规范有序，才能尽可能地减少或避免工程风险的发生。

再次，工程师作为技术人员，他们对工程中的风险有相对权威的认知，他们也是工程活动的受益者，是重要的相关利益群体，他们有责任向企业管理者和相关民众传递工程风险知识，以利于更好地防范工程风险。

最后，民众作为工程风险最有可能的承担者，相比于其他工程相关利益群体，他们是工程活动中相对的弱势群体，他们应该有知情同意权，但由于民众在工程中处于很现实的信息不对称位置，他们很难获知工程中的技术风险，也很难获知政府的规划，他们更多地只能是直观地感受到邻避设施工程所带来的风险。

基于以上分析可以看出，工程风险责任的界定是有一定难度的，但还是可以通过资本的逻辑、责任的逻辑和生存的逻辑来进行分析，并在此基础上能够切实落实，相信一定会为后续的工程风险分配正义问题提供借鉴。

案例二：日本福岛核泄漏事故

1. 事故过程

2011 年 3 月 11 日，日本发生了 9.0 级大地震并引发海啸。地震和海啸重创了整个日本东北部，造成约 20000 人死亡或失踪，成千上万的人流离失所，并对日本东北部沿海地区的基础设施和工业造成了巨大的破坏。

福岛核电站地处日本福岛工业区。它是当时世界上最大的在役核电站，由福岛第一核电站、福岛第二核电站组成。地震和海啸导致福岛第一核电站、福岛第二核电站受到严重的影响。2011 年 3 月 12日，日本经济产业省原子能安全和保安院宣布，受地震影响，福岛第一核电站的放射性物质泄漏到外部。2011 年 4 月 12 日，日本原子能安全保安院将福岛核事故等级定为核事故最高分级 7 级（特大事故），与切尔诺贝利核事故同级。

福岛核事故在日本国内和国际上都造成了重大的影响，让原本物产丰饶、环境优美之地变得令人生畏，至今依然有大片土地被划为“禁区”。福岛县总人口比灾难前减少了约 14. 8 万人，仅福岛一县至今仍有近 5 万人过着避难生活。

2. 风险责任

2017 年 2 月，日本东京电力公司声称，根据核专家分析，福岛第一核电站 2 号机组安全壳内最大辐射值可达每小时 650 希沃特，再次刷新了反应堆内部辐射情况的最高推测值，人若暴露在这种辐射中几十秒即会死亡。谁要为如此严重的“福岛后遗症”负责任？早在 2012 年 7 月，日本国会“福岛核事故调查委员会”的调查就指出，福岛核事故“并非自然灾害，明显是人祸”。

在过去的几年内，面对如此严重的事故，本应公开、透明、迅速采取有效、有力措施的日本政府和东京电力公司并没有尽到自己责任。面对国际社会对“福岛后遗症”的质疑，日本方面曾多次否认、故意淡化和隐瞒福岛核事故及其危害的严重程度。2014 年，约 80 名美国海军将日本福岛核电站的母公司东京电力公司告上圣地亚哥联邦法院，声称该公司在美国海军执行人道主义援助行动时故意隐瞒，谎称不存在核辐射危险，造成参与该行动的美军士兵出现生育畸形状况或罹患癌症。

在发生核事故之初的两个月里，运营福岛核电站的东京电力公司拒不对外公布反应堆“堆芯熔化”，代以明显弱化的“堆芯损伤”表述。直到 2016 年 5 月，东京电力公司才承认，过去 5 年有关福岛第一核电站核泄漏事故相关反应堆“堆芯损伤”的说法，是隐瞒了事实。事实是，核反应堆发生了更为严重的“堆芯熔化”。

实际上，自核事故发生之日起，日本方面就多次出现信息公布不及时、不完整甚至前后矛盾的情况。比如在事故发生后，检测服用放射性碘污染的水对孕妇和儿童的影响时，日本当局公布的信息可以说是乱成一片，日本妇产科协会和日本医学放射线协会公布的数据相互矛盾。日本冈山大学教授津田敏秀等人 2015 年在国际医学杂志《流行病学》上发表论文指出，受福岛核泄漏事故大量放射性物质的影响，福岛县内儿童甲状腺癌罹患率是日本全国平均水平的 20~50 倍。

福岛核事故不仅仅是日本国内的生态健康危机，也对周边和全球海洋环境构成威胁。美国《国家科学院学报》2015 年刊登加拿大贝德福德海洋学研究所科研人员的报告说，在北美太平洋一侧沿海检测出了来自福岛核事故的放射性物质。

还有多项相关研究显示，这种放射性污染对海洋鱼类、生态系统和食品安全带来的影响广泛而深远。据俄罗斯卫星网报道，俄罗斯远东海关局发布消息称，远东海关人员从福岛第一核电站发生事故以来，已经拦截 955 件来自日本的核污染危险品。

3. 风险分配正义的思考

福岛核泄漏事故造成的后果，损害的是全人类的共同利益。国际社会有理由要求日本政府能够就如何采取有效措施切实消除核泄漏事故产生的影响做出负责任的说明，尽快给本国国民、周边国家和国际社会一个负责任的交代。这不仅是对日本本国国民负责，也是对邻国人民和国际社会负责。

工程风险绝不是一个国家、一个区域的事情。有的时候，工程风险可能会局限在一个城市、一个地区，但随着人类科学技术水平的不断提高，逐渐出现了一批大型工程，甚至超级工程。这些工程一方面给人类带来极大的福祉，但同时也应该看到，对这些大型工程的全生命周期管理是一件极其复杂的事情。这类工程风险一旦爆发，可能会波及周边国家，甚至影响全球。

基于工程影响范围的扩大，人类对于工程风险分配的思考就不能只局限于经济的考量、伦理责任的考量，还要从人类整体生存的视角来进行考量。只有这样，才能为人类的生存提供基础，并使人类向更美好的生活迈进。

第八章 工程风险分配正义的依据

党的十九大报告中，天眼、悟空、墨子等大工程、超级工程的出现，一方面使人们看到了工具理性的强大力量；另一方面也警示人们要关注工程活动的全生命周期的影响，强调工具理性与价值理性的和解。这为我国工程哲学研究提供了一种新的视域。但是，“任何一种思想、理论的话语权建构都是一个漫长的历史过程，工程哲学之兴起与诞生并不是一蹴而就的，也不是轻而易举就能获得工程界和哲学界认可的”①。他山之石，可以攻玉。立足于西方哲学传统，考察工具理性与价值理性的变迁，有助于更好地解决工程风险分配正义问题。

工程风险分配正义的依据，一方面，要打开工程“黑箱”，将工程看作一定时空中展开的过程，展现工程主体在风险决策中道德选择的过程，探寻风险分配正义的内在根据；另一方面，要打开社会系统“黑箱”，将工程看作社会形塑的过程，考察工程风险的社会建构本质，探寻风险分配正义的外在根据。

第一节 工程风险分配正义问题的思想由来：工具理性与价值理性

工程风险分配正义问题的理论分析可以从工程主体在风险决策中的工具理性与价值理性维度进行反思。工程的造物活动首先源起于工程活动的工具理性，但随着工程的进一步开展，仅仅强调工程的工具理性难以使工程活动持续下去，有必要思考工程的价值理性，

① 岳兵兵，吴永忠. 话语权、西方“哲学”理论与“工程”实践关系的历史探究［J］. 工程研究，2018（4）：401-407.

只有这样，才能够更全面地思考人类的造物活动。工程哲学的思考更多是源于工程造物活动中的价值理性，体现的是工程在呈现其强大的生产力属性功能的同时，也要思考工程与人类社会的关系问题。工程不仅具有自然属性，更具有社会属性。社会属性中非常值得关注的就是工程中的伦理问题，对这一问题的思考，是解决工程风险分配正义问题的重要根据。

一、工具理性的反叛

工具理性和价值理性的划分始自于马克斯·韦伯。他在考察现代性的本质时指出，完整的人的理性包含工具理性和价值理性两个层次，两种理性既要相对立，又要相互依存，相反相成。其中，工具理性的任务是提升人的“肉身之爱”，它表现为对效率的追逐以及对科学技术的认同及肯定；价值理性任务则是看护人类的“心灵之命”，代表人对价值、意义的追求，表现为对科学技术的批判与反思。

工具理性是现代性最主要的特征，同时它也是近代的工程、技术全面合理化决定性的智力前提。这一思想的呈现直接导源于培根和笛卡儿两大传统的共同哺育。在他们的大力倡导下，静观的知识才转化为效用的知识，并进一步开启了技术哲学的工程传统。

文艺复兴时期的思想家培根指出，理性的出发点和最终目的就是要认识自然和驾驭自然。他说，如果物质世界的各个领域，也就是说地球、海洋与星体的领域，已经在我们的时代大大地打开和表露在我们面前，而理智的世界仍然关闭在旧时发现的狭隘范围之内，那就是很可耻的事情了。在这里，理性成为人征服自然、控制自然的力量的象征。但他又进一步指出：欲征服自然，必服从自然。服从自然也就是遵循自然的规律，就是要遵循科学知识。人想要控制自然、征服自然，首先要掌握科学知识，因为“知识就是力量”。在培根眼中，人获得力量的途径和获得知识的途径是一致的，认为应该发挥科学的力量，才能实现人的理性的目的，指明了科学应该服务于人类实践。培根的“知识就是力量”表明了科学之于人的理性的重要意义。

笛卡儿说：“我们既然这样地排斥了稍可怀疑的一切事物，甚至想象它们是虚妄的。……不过，在我们怀疑这些事物的真实性时，我们却不能同样假设我们是不存在的。因为要想象一个思想者在他思想的时候他不存在，那是一种矛盾。因此，‘我思固我在’的这种结论，乃是一个有条有理进行哲学思考的人所得到的第一个确定的知识。”① 笛卡儿不仅用他的哲学第一原则确立了人的主体性地位，他还认为理性是主体人之天赋能力，正是因为人具备了理性能力，所以人之才异于禽兽。他指出：“那种正确地作判断和辨别真假的能力，实际上也就是我们称为良知或理性的那种东西，它是人人天然地均等的。理性和良知，既然它是唯一使我们成为人并且使我们与禽兽有区别的东西，所以我很愿意认为它在每一个人身上都是完整的。”② 如此，作为主体的人凭借理性的天赋把自己从物质世界中分化和独立出来，人与物质世界构成了“主体—客体”之关系模式，这就造成了人与自然的隔离、精神与物质的对立以及心灵与肉体的二分，并进一步导致工具的彰显与价值的衰微。

流行于近代的机械论哲学是对笛卡儿及培根传统的继承和发展。首先，机械哲学以二元论为其主要特征，肯定物质实体与精神实体及物质的第一性质与第二性质的区别；其次，机械哲学用“力”的概念诠释一切自然现象，将所有运动变化的原因都归结为来自物质的外部的机械作用，整个自然界是一架受数学法则支配的“完善的机器”，植物是机器，动物是机器，甚至人也是机器。这样，自然就被降低为主体人征服和战胜的客体对象，目的便被从自然中摒除掉，而成为人类内心的因素。力学就不再如古希腊思想者认为的那样，是低贱的学问，而是成为进攻自然实现人的目的的强有力工具。杠杆、滑轮和斜面的力学公式会清晰、正确地告诉人们，当物体相互作用的时候，会产生什么样的结果。人们可以通过应用机械的公式了解整个自然界，包括它的现在、过去及未来的一切信息。当自然被剥离了目的，就成为无生命的机器，这一“非神圣化”的工具或机器就会成为供人利用的中性手段。而这正是人控制自然、征服自然、利用自然为自身利益服务的先决条件。事实上，自近代以来，

① 笛卡儿．哲学原理［M］．北京：商务印书馆，1975：249.

② 笛卡儿．方法论［M］．北京：商务印书馆，1975：32.

正是由于机械论世界观的运用，人类社会才取得了如此辉煌的成就。两次工业革命所取得的成果印证了培根“知识就是力量”的伟大预言。因此，机械哲学成为工具理性和价值理性进一步分离之哲学基础。

近代以来，技术、工程逐渐占据了统治地位，人们开始追求抽象的数学逻辑以及实物制品中所附载的效率、功用，却迷失了人的理性中先天具有的价值向度，在工程活动中，对于工程主体而言，其内在的逻辑是如何以最小的成本获取最大的收益。利益最大化成为人们生活的基本逻辑以及社会价值之基本形式。并且，工具理性的反叛增强了人对自然的主宰意识，将变革自然的活动从不自觉的行为转变为一种自觉的、能动的过程。人们把自然当成是缺少生命活力的并可以随意摆布的物之集合体，而不再是充满活力的、神圣的和令人敬畏的。人内心的负罪感被消除，道德意识被冲淡，价值理性日渐疏离。

二、价值理性的吁求

工具理性和价值理性共同存在于人的理性之中，二者共生互存、缺一不可。工具理性的单向度扩张与价值的沦丧势必会造成社会的畸形化发展与人的理性的不健全。于是，人文学者致力于对工具理性进行批判与声讨，开始了对价值理性的吁求，同时，也开创了技术哲学的人文主义传统。

(一) 浪漫主义的忧患——卢梭

在18世纪的法国，发生了一场与工具理性相对立的浪漫主义运动。它的根源可以追溯到文艺复兴运动中对古希腊的理想化看法。浪漫主义诅咒工业文明，认为工业革命产生了社会和物质两方面的邪恶。技术、工程的进步所带来的舒适和安全的文明生活方式被斥为不道德，认为惊险的、朝不保夕的生活——至少在理论上——是高贵的。他们所追求的理想化的生活方式不是城市文明而是田园式贫苦农民的生活：靠一小块土地勉强维持简陋的生活，不受城市文明的束缚和腐蚀。返归自然被认为某种独特的善的德行。

浪漫主义的主要代表让·雅克·卢梭认为，知识会给人类带来多种多样的非自然的欲望，人类因此沦为欲望的奴仆。因此，具备知识的文明人是堕落的、没有道德的，而真正有道德的乃是没有知识的野蛮人。在他看来，正是知识带来卑劣的欲望和动机。人一旦掌握了知识，就会失去道德，变得邪恶，“自从学者在我们中间开始出现以后，好人就不见了”①。如果人天生具有知识那就更糟糕，“人类是邪恶的，假如他们竟然不幸天生就有知识的话，那么他们就更坏了”②。这些观点在卢梭的《论人类不平等的起源和基础》一书里得到进一步的发挥。可见，卢梭之所以批判知识，是因为知识与“物”相关，知识能改造自然、创造新的自然物，并因此萌生欲望，成为罪恶的根源。在18世纪，自然科学知识还没有在经济与社会中发挥相应的作用，因此可以认为，他所指的知识主要是指与造物紧密相关的技艺知识及新出现的应用科学知识。显然在卢梭的批判思想中内在地包含着对古代经验形态的工程知识以及作为应用科学的新兴的工程科学知识的谴责。因为工程知识同样与物和人的贪欲息息相关。

卢梭又进一步对技术与工程的进步所引发的社会后果进行批判。在卢梭看来，技术、工程的进步，尤其是农业与冶金两大领域的发展，让人远离了原初的“自然状态”，远离了原初的“善”，进入“恶”之“文明时代”。他在《论人类不平等的起源和基础》一书中指出：“使人类没落下去的东西，在诗人看来是金和银，在哲学家看来就是铁和谷物。”③ 它们将人类社会带入文明，但同时也带来了奴役、贫困和贪婪，以致产生罪恶，毁坏了人们的道德，造成人间的不平等现象的出现。此外，他还认为，正是蒸汽机的应用使“世风日下，人心不古”。这其中也暗含着对机器及机械工程的批判。

卢梭明确指出，工具理性会将人类带入歧途，只有意义和情感才会使人们走出困境和迷途。卢梭按照奥卡姆的方式，同工具理性一刀两断了。

（二）生命的冲动——柏格森

柏格森在其《创造进化论》一书中指出，世界被分成两个根本

---

① 卢梭. 论科学与艺术［M］. 北京：商务印书馆，1963：20.

② 同①：23.

③ 卢梭. 论人类不平等的起源和基础［M］. 北京：商务印书馆，1962：64.

相异的领域：一方面是所谓“生命之流”；另一方面是物质世界。在柏格森看来，世界的本质并非我们通常所理解的客观物质世界，而是一种永不停息、无法追溯的生命流动。这“生命之流”汇成永动不息的生命长河，而物质是由其中流淌、派生、发展出来的东西，因此是假象。这条从不间断、永恒流动的“生命之流”又被他称作“绵延”或“生命冲动”。这样一来，一切都被置于时间之内，一切都内在地发生变化，因此同样的具体现实事物永远不会重复。

柏格森首先以“生命冲动”为核心，用生命哲学的框架对近代以来的机械哲学进行批判。柏格森认为，机械哲学实际上是把将来和过去看作可以根据现在计算出来的，因而认为一切都处于莱布尼茨式的“前定和谐”之中。这样，“一种超人的智慧可以一下子看到过去、现在和将来，并能加以计算”①。机械哲学把未来和过去看成现在的函数，看到的只是某种重复。这样一来，时间就变得无用和非实在了，它不能构成任何东西，因此“什么也不是”。但在柏格森看来，只有“绵延”才能展现事物的本质，才是人们存在的基础。把“绵延”感知为我们无法追溯的一种生命流动，“实际的绵延咬住事物，并在事物上留下了它的牙印”②。“绵延”就是“真正的时间”，因此时间绝不在世界之外。生命之河的流动意味着变化，因此世界绝不是先验地处于“前定和谐”之中。机械论的解释模式不能把握生命的内在运动，更不能揭示世界的本质。

柏格森由对机械哲学的批判引发了对工具理性的批判。他认为，在生命进化的后期阶段出现了本能与理智的分离，两者虽不完全独立，但理智是人类的不幸。在他看来，本能是“好孩子”，理智是“坏孩子”。作为“坏孩子”的理智指的就是制造物品的能力，尤其是制造工具的能力。可见，在他的生命哲学框架中，理智指的是工具理性。柏格森进一步指出，理智的坏就在于它阻碍人们感悟生命、体验绵延，人们运用理智不能认识生命之流：首先，以观察和实验为基础的理智只能认识处于空间之中的凝固的物质自然界，却无法进入事物内部去体验处于时间之中的不断涌动的作为世界本质的

① 亨利·柏格森. 创造进化论［M］. 北京：商务印书馆，2004：38.

② 同①：45.

“生命冲动”，因为它并不处于现实的空间之中；其次，渊源于机械哲学的理智善于使用逻辑分析的方法，即首先要将整体事物分解为各个部分，然后对各个局部逐一进行分析，该方法将世界固定为一系列间断的、分立的静止图像，因此无法触及和把握不断流动的真正实在，即作为世界本质的“生命冲动”；第三，理智中固有的功利性决定了它的主要目的在于满足人们的实际利益，理智不是为了获得关于实在的内在的和形而上学的知识，而纯粹是为了使用实在。这样，从功利性的前提出发，理智只对支配的客观物质世界因果必然性感兴趣，而对无关于人类的物质利益的绵延或生命之流漠不关心。依靠工具理性同样不能把握真正实在的世界。

（三）生存历史性——雅斯贝尔斯

作为思辨历史哲学家，雅斯贝尔斯在对历史现象进行概括的基础上，首先批判了现代技术所带来的机械化世界图景。他认为，人类历史经历了包括史前期、古代文明、轴心期、科学技术时代在内的四个阶段。其中科学技术时代发端于15世纪，经过17世纪机械力学的推动，到19世纪取得全面进步。科学技术正是在这一阶段侵入人类历史，并成为“不可抗拒的命运和机会”，造成历史的断裂。“技术实体造成人类历史的可怕中断，尽管我们置身其中，其最终结果是任何想象都无法预料的，它存在于人类生活的机械化和技术化”①。这从根本上改变了原初的世界图景，世界变成一部巨大机器，人则成为巨大机器中的零部件。机械化造成历史断裂，同时也中断了人的连续性，因此，人正在失去存在之根基。很明显，这其中也包含着对机械工程的批判。

在批判了机械哲学的前提下，雅斯贝尔斯提出另外一种生命哲学框架，即“生存历史性”，并以此为基础，指出了工具理性的“非生存”缺陷。他指出，人类的历史应该是生存的历史，是作为人的存在对自我的理解。历史的延续性正是通过人的交往过程来实现的，通过交往，人达到了对生存历史性的理解。但在雅斯贝尔斯看来，并不是所有的交往都可以实现“生存”。他将交往的方式区分为生存交往与非生存交往两种类型。这两种交往方式在历史中的地位

① 雅斯贝尔斯. 历史的起源与目标［M］. 北京：华夏出版社，1989：142.

并不平等，非生存交往是一种非真实世界的交往，而生存交往则是人的一种真实交往，它的地位要高于前者。非生存交往能够获得关于世界和“实存”的知识，它不仅指对世界的描述和解释，也包括各种人造物，即工具理性所涉及的范畴。它只能面对现存，不能进入真正的生存领域中。而生存交往所带来的生存体验是面向未来的，是真正的历史的展现方式。

雅斯贝尔斯又进一步指出科学技术时代中价值理性的缺位，使得现代社会缺少人性内涵。在他看来，现代社会的特征是精神被物性世界所吞噬，精神已经没落到只是为了实用功能而存在。人已经完全融入“共性”之中，平均化为一个个机器部件，变得越来越相似，越来越缺乏个性，并因此找不到自我。这样，世界变得越来越非人性，人们因此体验不到生活应有的幸福，找不到生活的意义所在。世界成为一个缺乏人性内涵的物化的世界，丧失了意义的追求，人们因此失去了合理的生活方式。现代人人性沦丧、精神世界匮乏、爱与创造力衰退。精神价值的失落，使现代社会沦为一个丢失了合理性的空虚社会。法兰克福学派的社会批判理论中也揭示了同样的问题。

三、工具与价值的和解：工程哲学与工程伦理的兴起

如前所述，工具理性与价值理性的历史嬗变恰好对应着技术哲学研究中两个传统的分歧与斗争。众所周知，技术哲学研究中包含工程主义和人文主义两个传统。工程传统的技术哲学是亲技术的，研究主体主要是工程师；人文传统的技术哲学是反技术的，研究主体主要是职业哲学家。技术哲学的全部发展历程中，始终贯穿着这两个传统的分歧与斗争。

工程主义的技术哲学研究起步较早，从历史上看，明确使用“技术哲学”这个用语的首先是工程师，“工程师们试图反思他们的工作和给他们的工作赋予更多的意义，正是在这一过程中技术哲学作为一种自觉的行为在一百多年前出现了”①。该传统存在两种早期

① MITCHAM C. Notes toward a philosophy of meta-technology［J］. Digital library and archives of the Virginia Tech University，1995，1（1）：13-17.

的表现形式——“机械哲学”和“工厂主哲学”，这表明工程主义的技术哲学在时间上较早。从研究主体上看，工程传统的技术哲学研究主要由工程师或有工程背景的人担任。从研究方法上看，他们立足于技术内部，“以自然科学研究的实证方式对技术自身的性质进行研究，解析关于技术的概念、技术的方法论程序等”①，就技术谈技术。从对技术的态度上看，工程传统的学者们一般对技术发展持一种乐观的态度。

可以称作人文主义技术哲学的这一分支尽管出现较晚，但从孕育的次序上看，则是比较早的，“自有人类历史以来，关于人类制造活动意义的各种思想早就在神话、诗歌和哲学对话中出现了”②。因此，在人文主义者看来，人文传统在技术哲学中占有优先地位，这也是人文主义的技术哲学赖于成立的基础。但这一原则，在技术高度发展的文化中受到诘难。从研究主体上看，人文传统的技术哲学研究主要由人文学者，尤其是职业哲学家担任。从研究方法上看，他们大多采用宗教的、诗歌的或艺术等非技术的或超技术的观点诠释技术意义，强调形而上学思辨的模式，侧重于抽象的语言——符号学的解释，因此该传统也被米切姆称作解释学的技术哲学。从对待技术的态度上看，人文学者们一般对技术发展持一种怀疑或批判的态度。总之，人文主义的技术哲学是把非技术的东西放在优先地位，并为这一基本思想进行辩护。

综观技术哲学的发展，可以发现，不同历史阶段，两个传统的发展是不平衡的，这恰好对应着工具理性与价值理性的演变，即工程传统与工具理性相对应，而人文传统与价值理性相对应。工程传统的技术哲学起步较早，活跃于工具理性膨胀的近代。但转入现代以来，与人们对价值理性的诉求相应，人文主义的技术哲学显得更为活跃，即主要以人文学者对技术的工具属性的质疑、批判以及进行形而上学分析为主。但是，两个传统的划分以及二者的争论却使得技术哲学的学术基础比较薄弱。工程师从技术内部看技术，缺少对技术的哲学反思以及社会考察，带有明显的工具指向。而人文学

① 马会端. 实用主义分析技术哲学［D］. 沈阳：东北大学，2004：28.

② 卡尔·米切姆. 技术哲学概论［M］. 殷登祥，等译. 天津：天津科学技术出版社，1999：17.

者则置身于技术外部，缺少技术实践的经验，只能依靠宏大构想，抽象地谈技术，或者说，他们没有打开技术的“黑箱”，没有将技术视为一个过程，一个鲜活的与社会共同演进的过程。正如陈凡教授所指出的，“早期工程传统的技术哲学采用的是工具主义或人类学的研究方法，把技术本质物质化、手段化，遭到人文学派的诘难；而人文学者对技术的形而上学分析，如海德格尔的晦涩阐述，也受到工程的技术哲学家的抵制，认为 SPT 像绿党一样意识形态化了。”① 可见，在技术哲学的研究纲领中，两种传统各自为政，工程师与哲学家之间缺少交流与对话，工具理性与价值理性并未达成和解。

与技术哲学一脉相承的工程哲学与工程伦理带来一种新的发展模式，使工具理性与价值理性融合在一起。西方工程哲学与工程伦理的研究经历了一个从“工程的技术哲学”到“工程哲学”的发展进程，21 世纪初进入其发展阶段。因此，现代工程哲学与工程伦理研究的兴起，是以技术哲学为基础和土壤生长出来的，它吸取了技术哲学的丰富养分，首先是对技术哲学的传承。同时，它又生成于技术哲学陷入困境的背景之下，因此，它又是对技术哲学的创新与发展，这主要体现在以下几个方面。

第一，工程哲学与工程伦理视域下，工程实践是一个社会化的过程，是工具与价值交融的场域。工程本身不是改变世界的中立工具，工程实践也不是纯技术的活动，工程是一个社会建构的过程，工程设计中体现着应有的价值尺度。应打破专业强权的壁垒，把工程过程展开为一个社会化的过程，把工程实践与社会相关联，软化两个传统的“边缘地带”，实现工具与价值的交融。

第二，工程哲学与工程伦理视域下，工程决策是一个民主参与的过程，是工具与价值互通的媒介。工程决策需要尽可能多的社会角色共同参与和协商，甚至是妥协和让步。这些角色中既有专家、工程师等亲技术派，也有对技术持批判态度的哲学家等人文学者。民主商谈的过程既实现了两个传统的对话，又使工具理性和价值理性实现互通。

---

① 陈凡. 论当代欧美技术哲学研究的特点及其转向［C］//多维视野中的技术：中国技术哲学第九届年会论文集. 沈阳：东北大学出版社，2003.

第三，工程哲学与工程伦理视域下，工程物是工具理性和价值理性的共同载体。既然工程实践不是单纯的造物活动，工程物就内在地包含人文向度，它既体现人文传统又体现工程传统，既承载工具价值又承载价值理性，或者说，工程物既是两个传统的接合点，又是两种理性的载体。

第二节　工程风险分配正义的语境：和谐语境下的工程伦理规约

对工程进行伦理规约有助于和谐社会的建构。首先，以知行合一为伦理尺度能够实现工程与人本身的和谐，这是人的自我身心内外和谐的现实圭臬；其次，以和而不同为伦理尺度能够实现工程与社会的和谐，这是人与人的和谐关系的现实载体；再次，以天（地）人合一为伦理尺度能够实现工程与自然的和谐，这是人与自然的和谐关系的现实表达。

自党的十六届四中全会提出“构建社会主义和谐社会”这一重大论题以来，和谐已经成为我们这个时代的核心话语。现代社会中，工程是人的基本生存方式，同时也是建构和谐社会的基本方式，离开工程去谈和谐社会的建构只会导致乌托邦的神话。但工程的异化又会反过来成为影响人类生存和社会发展的非和谐因素，甚至带来敌托邦（dystopia）的困境。因此，需要对工程进行有效的伦理斟定和规约。如此，才能避免工程异化，促进社会和谐发展，最终给人类带来福祉。由此引发的问题是，如何依靠工程的伦理控制实现工程与人、工程与社会以及工程与自然的和谐？换言之，工程的伦理边界、限度何在？尺度如何调整？对于上述这些问题需要作进一步澄清，本书的目的就是尝试对这些问题进行解答。

一、知行合一：工程与人的和谐

工程与人的和谐是建构和谐社会的第一个维度，也是现代人自我身心内外和谐的现实圭臬。工程是现代人的存在方式。工程活动塑造和改变着人的行为方式、生活方式和思维方式，借此，工程建构和重构了人的身体和心灵。因此，人自我身心的内外和谐是以工程为媒介居间调节的。善的工程会使人身心愉悦，和谐统一；恶的工程会使人身心异化，成为悖论性的存在。这样，人与自身的和谐关系就转化为工程与人的关系，人与自身的和谐是通过人与工程的和谐关系达成的。

从最一般的意义上讲，任何形式的技术、工程都是对人体器官自然属性的突破，是人体自然器官的延长和超越，这样才能达到人所设定的意愿和目标。即人要在工程活动中居主体地位，人要在工程中存在，实现工程的人化或人性化。现代工程实践中，人的因素在工程实践中所起的作用越来越小，技术、工程本身的逻辑所起的作用越来越大。这样，在工程实践中，人必须服从流水作业的特定操作程序和机器的“绝对命令”。于是，人不再是工程之中的存在，而是存在于工程之外，人已经失去了主体地位，而沦为客体或实现机器本身目的的手段；工程成为外在于人的工具性的存在，成为“他者”，并最终背离人的意愿和宗旨。这正是工程与人的关系失谐的根源所在。那么，如何复归人在工程中的主体性存在呢?

“知”和“行”的问题是儒家道德实践的一对重要范畴，也是中国传统哲学致力于探讨的核心问题。孔子说“讷于言而敏于行”，荀子讲“知之不若行之”，朱熹主张“知先行后”，王阳明提出“知行合一”的命题。在王阳明的知行合一论中，“知”是“良知”，即是心之本体，是“是非之心”；“行”是身体的践履，是达到“知”的中介，也是知的具体存在方式及检验标准。借此，知行合一，就是身心合一，知而必行，行而必知。具体而言，该学说包括以下三层含义：知行合一论是道德实践论；知行关系中是以人为道德实践主体的；知行合一是从人的内在的道德境界指向外在的道德实践的道德修养方法，凸显了人的身心的内在与外在的和谐统一。

中国哲学的知行合一论彰显对人本身及其外显行为的伦理关怀，考量如何将人心的良知与身体实践相结合，为人在实践中实现身心的内在与外在的和谐统一提供了现实的可操作的路径。现代社会中，工程是人的最主要的身体践履方式。从工程哲学的角度看，知是工程主体的智慧、良知，行是具体的工程实践，知行合一就是工程主体通过工程造物的具体操作将自己内心的良知延伸、投射到工程物中去，使工程人造物成为人的道德载体。北宋理学奠基人张载提出，人为天地立心。即天地本无心，要以人心为心。借此，工程作为地上的事物，也应该以人心为心，即人要为工程立心。所谓立心，既可理解为工程物本无意识、观念，人把自己的意识、观念植入工程物；也可以理解为工程本无价值和意义，因人的价值和意义而被赋予价值和意义。人是工程造物活动中价值、意义的能动的、创造的主体。据此可以说，工程异化的根源就在于工程中人心的被剥离，工程没有以人心为心。那么，应该如何为工程立心呢？

首先，工程要与人的生理本性合一。工程首先要以考虑人的生理特征为前提，要符合人体的（使用者）安全健康、舒适、宜人的要求，即符合人体工程学的基本要求。人体工程学作为一门学科于1947年兴起于英国，“二战”后广泛应用于欧美的现代设计中。该学科是“研究人—机器—环境系统中的交叉作用的各组成部分（效率、健康、安全、舒适等）在工作条件下，在家庭中，在休假的环境里，如何达到最优化的问题”①。工程活动中引入人体工程学的核心理念能够实现工程与人的生理本性的融合。并且，基于人体工程学的工程活动能够实现传统工程目标的转换，“即从为了扩大人的肌肉力量而设计到为了扩大人的思维力量而设计”②。这样，工程不仅是人的肢体的延长，还是人的思想、智慧的延伸，工程不仅承载了人的身体的力量，还负载了人心的意向，工程物不仅是人的身体的物化，还是人心的外化。工程物成为人身心合一的物质载体。

其次，工程要与人的心理本性合一。工程活动不仅要考虑人的生理需求，还要考虑人的心理需求。工程活动要在技术允许的前提下，在工程物中注入尽可能多的诸如情感、想象、趣味、情调、伦理、文化等的精神因素，使设计产品在满足消费者基本物质需求、生理需求的同时，尽可能多地带给他们精神愉悦和情感效应，即工程要符合感性工学的要求。感性工学源自日本的汽车文化，20世纪末，作为一门独立学科应用于工业设计。“这门学科运用工学技术，

① 章利国. 现代设计社会学［M］. 长沙：湖南科学技术出版社，2005：56-57.
② 同①：57.

将人们（消费者）所拥有的感性因素、知觉体验乃至情绪成分加以量化或者说是数字化，转化为物理性的设计要素，运用到开发设计的过程中。”① 将感性工学应用于工程活动中，工程师就可以通过心理学测量来把握消费者对于工程物的感觉和感性评价，通过消费者的感性因素来探寻工程物的设计特征。这样，就能够实现工程师与消费公众的感性协商，进而实现以工程师为本向以消费公众为本的转向。如此，将未被工具理性遮蔽的消费者群体纳入工程主体的范畴，以消解和缓冲工具理性的强力，恢复工程主体的价值省察和判断力，复归人在工程中的主体地位。从而能够以人心为工程立心，以消费者之心为工程立心。

最后，工程要回归人的生活。工程不但要人性化，还要生活化，即工程要回归人的生活世界。生活世界就是常人栖居于其中的感性而直观的周围世界。在这样一个具有始源性意义的世界中，即使是爱因斯坦也要把自己理解为常人。现代社会中，人的工程实践建构了生活世界，生活世界表现为以常人为主体的实践意向的世界。可是，工具理性的彰显却使工程实践越来越远离常人的生活，这就是哈贝马斯所说的生活世界的殖民化。借此，工程的生活化就能消解工具理性引发的困境，即工程实践应该成为指向生活的实践。正是因为有了在世的生活实践，人才成为真正意义上的常人，才能以常人之心为工程立心；反之，正是因为有了人的生活实践活动，世界才成为“为我”的世界，才成为鲜活的属人的生活世界。人与生活世界是相互生成和相互建构的。回归常人的生活世界，人们会发现，其实好多工程活动是不必要的，例如克隆人工程。我国是发展中国家，财力有限，工程建设要首先考虑常人，即公众的实际生活需要，要以公众之心为工程立心。如此，工程才会成为有生命力的善的工程。

二、和而不同：工程与社会的和谐

工程与社会的和谐是建构和谐社会的第二个维度，也是人与人的和谐关系的现实载体。“工程活动实实在在地就是各种类型的人的

---

① 章利国. 现代设计社会学［M］. 长沙：湖南科学技术出版社，2005：57.

社会性活动的集成或综合，是各种相关主体以共同体的方式从事的社会活动，是多种形式、多种性质社会活动的集合。从这个方面看，工程是社会建构的。”① 工程的社会建构过程即人的社会性的载入过程，它要通过一个复杂的社会对工程的整合过程来实现。工程与社会和谐的标志为工程与社会的政治、经济、文化等各个区位相互契合，任何偏离或僭越意味着工程与社会的失谐，意味着工程的异化与社会发展的畸形化。

现代人以工程的方式存在，人还以社会的方式存在。社会可以理解为由于共同物质活动基础而相互联系起来的人与人的关系。现代社会的物质活动基础就是工程活动，借此，现代社会就表现为以工程活动为基础的人与人的交往关系。社会对工程的整合功能的发挥是以工程为媒介的人们之间的交互作用的实现，其最终外显为各种复杂的社会关系形态，如经济关系、政治关系、文化关系、军事关系、宗教关系、伦理关系等。这样，现代社会中，工程与社会是否和谐就取决于工程情境中人与人的交往关系是否和谐，工程情境中人与人的交往异化是工程与社会失谐的根本原因。那么，如何才能实现工程情境中人与人的和谐交往呢？

和而不同是中国传统哲学的一个重要命题，更是一项以仁道为旨归的处理人际关系的重要伦理原则。《左传·昭公·昭公二十年》里记载有齐侯与晏子论“和”与“同”的对话，晏子以做羹汤为例阐明“和”与“同”的差异。《国语·郑语》里记载史伯应答郑桓公时指出，“夫和实万物，同则不继。”孔子在《论语·子路》中指出，“君子和而不同，小人同而不和。”“和”与“同”的区别如下：其一，“和”是多的合一，“同”是一的重复；其二，各种参与“和”的元素并不消失，但改变了原初形态，而参与“同”的元素原有的性质与形态均存在；其三，“和”具有创造性，“和”的统一产生新事物，而“同”只是同一事物的相加，不产生新事物，不具有创造性。可以看出，和而不同作为伦理思想是以承认差异为前提的，有差异性的统一才是“和”；基于差异的“和”不是同一重复，而是众多因素对立的统一；这种统一是你中有我、我中有你的交感

① 殷瑞钰，汪应洛，李伯聪，等．工程哲学［M］．北京：高等教育出版社，2007：190.

统一；由此生发的和谐就会做到恰到好处，就会符合“中”道，即“中和”。因此，和而不同是一项适用于调和人与人的交往关系的伦理原则，和而不同是人际关系的理想状态。

“工程活动的基本特征是集体性和社会性，工程活动的基本主体不是个人，而是一种特定形式或类型的共同体——工程共同体。”①工程共同体中包括投资者、管理者、工程师、工人等不同社会身份、背景的主体。这些不同的主体在工程语境中进行交往时，其实每个主体既是主体又是客体。如果每个主体都单向度地仅仅以自身为主体，从自我出发思考和行动，忽视主体间的差异，把其他主体视为客体，而其他主体同样回应以客体意识时，就会引发主体间交往的非人道化。这样，工程主体间必定会存在分歧、矛盾和利益冲突，甚至会引发彼此间的轻视、蔑视、歧视，难以实现与“他者”的认同。此外，工程活动中还广泛存在着不同主体与不同公众之间的交往关系。并且，在工程的使用和消费阶段，公众就会成为工程的外围主体。如果工程主体仅仅把公众视为客体，并因此忽视不同公众群体的不同需要，就会使工程异化，致使工程与社会失谐，这就是主体间非人道化的日常生活表现。中国传统的和而不同思想恰好为摆脱由不同引发的工程主体间交往的伦理困境提供了新思路。

以“不同”为基础和前提，规避由“同”所引发的专制和霸权。如前所述，和而不同的儒家哲学正是针对事物的差异性而确认其存在的合理性。换言之，正是因为彼此间存在差异，事物才能共生共存，并于“不同”之间取得存在的意义。因此，“不同”构成了事物存在和发展的基础和前提及其多样化的本质，也凸显了世界图式之本真状态。借此，在工程主体间的交往实践中，应该正视和承认不同主体间的差异，并尊重不同主体各自的身份、地位、专业、个性。强势主体不能以其在工程活动中的专家、权威身份而强人从己，弱势主体也不能因为自己在工程活动中的从属地位而屈己从人，如此，才能避免由盲目趋同而引发的专制和霸权。此外，在工程主体与公众的交往实践中，也要充分考虑和尊重不同公众群体之间的差异，如性别、年龄、职业、民族、风俗习惯等带来的群体差异及

① 李伯聪，等. 工程社会学导论：工程共同体研究［M］. 杭州：浙江大学出版社，2010：2.

其所引发的对工程的不同需求，不能只关注主流群体而忽视少数和弱势公众群体的需求。如我国奥运工程和世博工程中修建的供残疾人使用的专用绿色通道就体现了这一理念。

以“通”为方法，实现由不同到彼此认同。谭嗣同在《仁学》中开宗明义：仁以“通”为第一要义。“通”有如下三层内涵：“通”即“无碍交往”的理想状态；“通”是人之间的“无碍交往”；“人之通”以“物之通”的形式表现出来，物是人之间交往的载体。借此，可以以“通”为方法建构以工程物为载体的工程中人与人的良好交往结构，进而实现不同人之间的彼此认同。“在‘仁以通为第一义’的原则下，以‘人我通’为总纲，实现人际间的广泛沟通。除了中外通、上下通、男女通，还要特别强调民族通、心灵通、信仰通。”① 可见，这种以“通”为方法达成的认同不是一方消灭另一方，也不是一方同化另一方，而是要通过协商与对话，实现工程的民主参与，是在多种不同中寻找“妥协点”或“中间点”，达到“和”的交往状态。因此，工程活动中，不可能有理想化的最优解，我们只能在多种备选方案中选择一种“妥协解”。

以“礼”为原则，即要“以礼制和”。“礼”是在中国哲学中经常出现的一个概念，它的形上之意为“道”，形下之意指人的行为规范。工程造物是发生在形下世界中的，借此，工程活动中的“礼”指的是它的形下之意，即在这个通过对话、商谈，于“不同”中求“和”的工程交往过程中，要特别注重交往的原则和规范，不要一味地求和。正如有子所指出的，“小大由之，有所不行。知和而和，不以礼节之，亦不可行也。”在工程交往中，“和”应是有伦理底线或政策界限的，而不是无条件的“和”，更不能凡事皆“和”。那么，以工程物为载体的人与人的交往中应该以什么作为“和”原则底线呢？自近代以来，工具理性宰制了人们生活的基本逻辑和社会价值的基本形式，人们之间的交往主要遵循弱肉强食的丛林法则和基于价值交换的平等原则，这样，人与人的交往很难达到“和”的状态。借此，“和”的状态的达成，需要丛林法则的退隐以及平等原则的发展，但更重要的是正义原则的培植。因此，在工程交往实践中，要

① 牟钟鉴. 走近中国精神［M］. 北京：华文出版社，1999：47.

以正义作为底线原则，一项善的工程必定要能体现社会的公平正义，“和”一旦脱离正义的轨道，则必定会背离其本来的宗旨和原则并最终走向其反面。

三、天（地）人合一：工程与自然的和谐

工程与自然的和谐是建构和谐社会的第三个维度，也是人与自然和谐关系的现实表达。工程造物活动就是人利用自然存在物创造人工存在物以实现人的目的的过程。工程人造物与自然存在物的根本区别就在于负载了人的目的，打上了人的印迹。这样，作为强对象化的工程活动首先涉及改变自然物的原初状态及特质，进而引起自然界的深刻变化，甚至可以说，今天人们不是生活在自然的世界中，而是生活在人类所创造的工程世界中，不能离开工程去谈生活世界。并且，如前所述，工程还会引起人本身的深刻变化，甚至工程已经成了人的最基本的存在方式，不能离开工程去谈人的生存。工程带来自然和人的双重改变，进而引发了人与自然关系的深刻变化，人与自然的关系也是以工程为媒介进行居间调节的，也不能离开工程去谈人与自然的和谐。既然现代人是工程化的存在，工程与人的关系已经成为伊德所说的“连续统”，借此，人与自然的关系就外显为工程（人）与自然的关系。

和谐文化是中国哲学的基本精神，天人合一是和谐文化的核心诉求。中国哲学不论是儒家、道家还是后来的禅宗，都强调天人合一。关于天人合一，有许许多多富有启发性的解释，它的最一般的含义可以概述为人与自然保持和谐统一。具体而言，该学说包含以下几层含义：第一，承认自然界有内在规律、内在价值。正如孔子在《论语·阳货篇》中指出，“天何言哉？四时行焉，百物生焉，天何言哉？”四时运行，这是自然固有的基本规律，万物生长，是自然界的生命价值所在。第二，人要尊重自然、顺应自然规律。既然天之“生”维系着一切，它们的价值和规律就应该得到人的尊重和喜爱。如孔子所言，仁者乐山，智者乐水。第三，尊重自然、顺应自然是人的生存之需要。四季运行和万物生长都是天的作用，人作为自然界的一物，也是天所生，借此，人要顺天，才能生存。第四，天和人皆为仁性。朱熹在《朱子语类》中指出，“仁者，天地生物

之心。”天有养育万物的功能，这是天的仁性，人为天所生，人的本性也应该是仁，故有“爱人利物之心”。

可见，中国的天人关系哲学中蕴含着对自然的伦理维度的关怀。天人合一就是仁，既是天的仁性，也是人的仁性。天人合一作为人与自然之间的伦理规范不仅体现在中国哲学中，也体现在国外哲学如海德格尔“天地神人四重整体”的思想中。其中最能彰显工程伦理精神特质的是出自《易经》的天地人三元合一的思想。李伯聪教授指出，可以把天解释为宇宙和地的环境，把地解释为人的家园和人生活的环境，把人解释为生命有限的个人、集体及整个人类。而“现代社会中的大地主要地已经不再是世界 1 意义上的大地，而主要是世界 4 意义上的世界”①，即由工程建构的世界。这样，天地人三元就可以表述为自然之天、工程世界与终有一死的人。“三者不但各有自性和各自都包括、反射其他二者，而且三者相互作用、相互渗透，三元合一。”②并且，三元合一正是人的基本生存需要，因为“人不但要思考，而且更要安身立命，人安身立命于天地间，天地人合一”③。天地人合一即为仁。那么工程也要合仁性才能与天、人相合，反过来讲，工程的仁就表现为与天、人相合。如前所述，工程与人已经合一为“连续统”，因此，工程（人）的“仁”就主要表现为与天合一。那么，工程如何能够与天合一以彰显仁道呢？

工程要与自然之理合一，即合真。朱熹在《朱子语类》中指出，“天即理”，“天之所以为天者，理而已。天非有此道理，不能为天，故苍苍者即此道理之天”。借此，工程中的天地人合一指的就是人的造物活动要合“天理”，即要合自然规律。从一般的意义上说，人的工程造物活动就是以自然物为质料，人为地将其转变为工程人造物，是天然物向人造物的转化过程。但是，仅仅在自然物上留下人的印迹，或者只造成了物的空间位移，还不能称为工程造物。工程造物活动涉及自然之物的根本属性的改变，是人通过技术操作使自然之物变性、变质和变型的过程。在这个过程中，人要遵循自然物所固有的客观因果性，不能违背自然物的自然规律，如此，才能保证工

①② 李伯聪. 工程哲学引论［M］. 郑州：大象出版社，2002：448.

③ 同①：452.

程的现实可操作性，才能有效规避工程风险，工程的安全性才能得到最基本的保证。

工程要与自然之道合一，即合善。老子认为，道的本性是自然无为，道要求天地万物按照其本性自然而然地生存、发展。让鸟儿在天空飞翔、让鱼儿在水中跳跃就是顺天道。而德就是万物得之于道的自然之性。“顺自然无为是道的、也是德的第一要义。”① 鸟儿在天空自由飞翔，鱼儿在水中自由跳跃，江河自由流淌，这就是道、就是德，正所谓“上善若水”。老子又论证了道和器的关系：形之上谓之道，形之下谓之器，道器虽有形上形下之分，但道要寓于器之中。“从工程哲学观点看，所谓器就是人造之物。”② 也就是说，工程人造物要与道合一。工程作为人变革自然的造物活动，本身就是对自然的干预，因此，工程只有顺应自然的本性，保留更多的自然元素，更好地契合自然无为的天道才能体现德性。例如都江堰水利工程就没有违背水的自然本性，它在人的需要和自然之道之间找到了适合的“中间点”，实现了完美的均衡。

工程物本身要与自然环境合一，“情景合一”，即合美。现代社会，工程无所不在地建构了人们的生存环境，这样，工程美就成为人对于工程的基本伦理诉求。“情景合一”不仅指工程物与大自然外在景观形态上的交融，还在于它们深层次的相互协调和共生。正如美国建筑师赖特指出：“房屋应当像植物一样，从属于自然环境，从地里长出来，迎着太阳。”③ 芬兰珊纳特赛罗镇市政中心的设计方案，采用与人体相配合的尺度，对传统建材进行创造性运用，从而达到与周围自然环境的协调统一，该工程成为后世的典范。庄子说：“圣人者，原天地之美而达万物之理。”这就是说，美要以合自然之理即合真为根据。因此，工程之美来自工程内在所包含的规律性，是规律性在物象上的映射和外在表达。“而那些和谐、有序、稳定等审美因素往往蕴藏着工程科学的规律性、本质性。”④ 因此，工程实

---

① 汤一介. 我的哲学之路［M］. 北京：新华出版社，2006：62.

② 李伯聪. 工程哲学引论［M］. 郑州：大象出版社，2002：433.

③ 章利国. 现代设计社会学［M］. 长沙：湖南科学技术出版社，2005：67.

④ 殷瑞钰，汪应洛，李伯聪，等. 工程哲学［M］. 北京：高等教育出版社，2007：17.

践过程中对技术单元的合规律的集成首先赋予工程人造物外在形式和内在功能的和谐一致，进而，规律性再向周围环境映射及辐射，产生工程物本身与周围环境和谐一致的效应，实现工程物与自然环境的“情景合一”。

通过上述分析，可以得出以下几点结论。

第一，按照儒家哲学普遍和谐观的理论进路：有了人的自我身心内外和谐，才会有人与人之和谐，进而才会有人与自然的普遍和谐。由此，建构和谐社会的实践路向为：首先实现工程与人自身的和谐，进而才能够实现工程与社会的和谐，最后才能实现工程与自然的普遍和谐。这构成了和谐社会的三个基本向度的支撑。

第二，以中国传统哲学中的知行合一、和而不同、天（地）人合一命题为工程的伦理规尺，就能够以和谐为原则，以人伦为本位，以至善为宗旨，注重工程中公众群体利益及价值的实现，注重交往的情理沟通，进而实现情、理、法相结合，德性与规范相结合。借此，就能够建构一种更加契合当代中国的和谐工程理念。

第三，将工程伦理研究置于中国传统文化框架下，工程伦理理论就能够以其更为广阔的价值与意涵获得持久的生命力。基于中国传统文化的工程伦理理论研究也将成为工程伦理学的新的理论生长点。

第三节　工程风险分配正义的内在根据

工程风险分配正义的分析，首先需要打开工程“黑箱”，将工程看作一定时空中展开的过程，展现工程主体在风险决策中道德选择的过程，探寻风险分配正义的内在根据。

工程项目作为工程活动开展的主要形式，一个项目的展开既包括技术要素，也包括非技术要素，是技术要素与非技术要素的集成。工程项目会涉及多个工程主体，即有多个主体参加，至少包括：建设主体、勘测设计主体、监理主体、承包主体、材料设备供应主体，有的可能还会涉及银行主体和担保公司主体，因为工程的开展，离开资金的支持是不可能进行的。由于是多工程主体参加，一旦工程发生安全事故，既有可能是勘测设计主体的设计不准确造成的，也有可能是材料供应主体提供的材料质量不合格导致的，还可能是监理主体没有很好地履行职责造成的，等等。或者也有可能是上述因素的叠加造成的。因此，打开工程的“黑箱”，对其过程进行考察，是实现工程风险分配正义的内在根据。

一、工程风险的类别

探寻工程风险分配正义的内在根据，首先要对工程风险的类别进行阐述，也就是说，首先要澄清工程在时空中展开的过程会出现哪些类型的风险。

（1）政治风险是指工程在时空展开的过程中可能出现的政局对工程展开产生的风险。如果工程所在地政局稳定、国家和平、社会和谐、人民和睦，这无疑会对工程项目的顺利开展具有积极影响。但是，如果相反，一个国家发生政局变化，出现罢工、影响工程开展的异常政治环境，这无疑会影响工程项目的顺利进行。如 2006 年尼泊尔发生内乱，在这种动荡的政治环境下，工程项目将无法进行，这就是工程项目的政治风险。因此，工程在开展之前，除了对自然环境的考察，还有必要对政治环境进行分析，以避免政治风险。一旦产生政治风险，工程项目的工程风险将由谁来承担，这是工程风险分配正义必须首先界定的问题。

（2）经济风险是指工程在时空展开的过程中可能出现的经济形势的变化对工程展开产生的风险。这里的经济形势变化主要是指一个国家的宏观经济形势的变动，其变动既可能对工程项目的开展产生积极的作用，也可能是相反的情况。宏观经济形势的变化，如财政政策的变化、税收政策的变化、生产要素价格的变化所带来的工程成本的增加，无疑会影响工程的经济效益，这些都是工程实施过程中有可能发生的经济风险。经济风险应该由谁来承担，这同样是工程风险分配正义需要考虑的问题。

（3）社会风险是指工程在时空展开的过程中可能出现的社会秩序等的变化对工程展开产生的风险。工程项目所在地的社会风俗习惯、宗教信仰、社会秩序等也会影响工程项目的开展。当然，有益于工程开展的社会因素会促进工程的顺利进行，反之，社会秩序的不正常会影响工程的进展，严重者甚至可能使工程停工。

（4）自然风险是指工程在时空展开的过程中可能出现的气候等的变化对工程展开产生的风险。项目所在地自然环境的变化、施工过程中自然条件与设计不完全一致的设计变更以及施工过程中恶劣的天气状况，会给工程带来自然风险。如台风、洪水、地震等不可抗力都会影响工程的进展，进而变成工程风险。自然界的自然风险应该由谁来承担责任，这同样是工程风险分配正义需要考虑的问题。

（5）技术风险是指工程在时空展开的过程中可能出现的技术不确定性对工程展开产生的风险。工程中新技术的使用需要一个长期检验的过程。一般来说，工程采用技术首先是强调安全性好的适用技术，但随着科学技术的不断发展，大型工程、超级工程不可避免地要采用新技术。而新技术的首次使用无疑会有诸多的不确定性，这是不容忽视的问题。技术风险不仅体现在新技术的使用方面，还有设计图纸也可能存在缺陷，甚至有可能存在计算错误，或者施工工艺落后等，都有可能导致工程风险。项目中的技术风险应该由工程师或由管理者来承担，还是其他相关主体来承担，这是工程风险分配正义需要考虑的问题。

（6）商务风险是指工程在时空展开的过程中可能出现的合同经济的不确定性对工程展开产生的风险。工程活动的开展是需要签订合同的。合同如果在某些方面不完善或者不确定，就很容易出现工程中的商务风险。工程变更的条例、支付的条例、风险分配的条例等都有可能产生风险，合同的一方如果考虑不周全，就很有可能被动地承担工程风险，这是工程风险分配正义需要考虑的一种风险类型。

（7）组织风险是指工程在时空展开的过程中可能出现的治理不力对工程展开产生的风险。工程项目的开展是由多个参建主体参加的，各个主体之间只有很好地沟通协调，才可能减少或避免工程风险的产生。风险一旦产生，由谁来负责？如果协调不好，就很有可能出现有组织地不负责任的情况。

（8）行为风险是指工程在时空展开的过程中可能出现的个人行为不当对工程展开产生的风险。工程项目在实施过程中由于个人故意的或非故意的行为所致的工程风险包括设计时为了获取更多的利益而没有执行相关标准，或者没有按照最佳方案进行设计；施工中承包商为了自身利益，偷工减料降低质量；供货商为了自身的利益，材料以次充好，没有达到要求等，这些都是工程风险产生的重要原因。行为风险一旦发生，应由谁负责，如何负责，也是工程风险分配正义应考虑的问题。

进行工程风险类型的分析，可以更好地厘清工程中可能出现的风险，以及工程中一旦出现了风险，如何分配才是正义。

二、工程主体的工程风险

工程“黑箱”的展开，离不开对工程主体的分析。工程主体都是工程风险产生的相关利益主体，也是工程风险的主要承担者，主要包括以下几类。

1. 工程中的业主可能面临的风险

业主是工程项目的发起者，在工程项目实施之前要对工程是否进行做出决策，而决策失误往往是最大的失误。业主所面临的决策包括是否对项目进行投资；如何选择设计、施工、监理等相关工程实施的主体；如何确定施工方案；如何处理施工过程中的各种问题；等等。业主所有的这些决策都不是具有完全信息的决策，都存在着不确定性，很容易引起决策失误进而造成工程风险。业主在工程实施过程中，既要保证资金，也要保证工程参与各主体到位，并且各司其职，由于这一过程参与主体多、涉及面广，存在着诸多风险。如果能够真正实现工程风险分配正义，那么必然会倒逼工程决策和施工过程中的业主更为负责地决策和更为负责地施工。

2. 工程的承包商可能面临的风险

工程的实际造物活动主要由承包商来组织完成，当工程规划设计完成，即将进入施工时，承包商要按照规则、标准组织投标，当在众多投标者中竞标成功之后，承包商要继续负责工程的施工，并且对工程的质量安全负有主要责任。对于承包商来讲，主要在以下三个阶段存在着工程风险：一是投标决策阶段的风险；二是签约履约阶段的风险；三是验收交工阶段的风险。

在投标决策阶段，承包商面临着信息不完全的风险、投标失败的风险、报价失误的风险①。在是否参与工程项目，参与哪个工程项目，怎样参与工程项目方面，承包商要做出相应的决策，在这一系列的考量中，有着大量的不确定因素和未知因素，也就意味着是有很多风险的。有收益就有风险，这也是工程项目内在的矛盾，因此，需要承包商在大量调查研究的基础上，进行科学分析，理性决策，才能尽可能地减少或避免风险。承包商一旦决定投标，就要继续做各种各样的准备和竞标工作，包括要购买招标文件、获取招标信息、组织相关人员投入具体标书的编写工作等。是否能够成功中标，就成了问题的关键，正如马克思所描述的那样，商品能否真正走向社会，卖得出去，是“惊险的跳跃”，对于承包商来讲，能否中标，能否被业主所认可是关键，一旦没有中标，也就在某种程度上意味着前期的努力付诸东流了。前期的投入是无法得到补偿的，这是承包商在这一阶段的工程风险。承包商在投标时，为了能够中标，为了使自己的利益最大化，在报价上会采取不同的策略。不同的策略会有不同的风险，没有十全十美的策略。不管是低价中标还是高价中标，都是各有优势与劣势的，如何权衡，如何能在复杂的市场竞争中取胜，是一件非常困难的事情，也是一个充满风险的事情。既能中标，又能利益最大化，这是理想状态，但是现实中有诸多不确定因素，这些不确定的因素构成了承包商的工程风险。

承包商在签约履约阶段同样存在着诸多风险，如合同不完全的风险、合同管理的风险、物资供应的风险、成本管理的风险、拖欠工程款的风险、分包的风险等②。承包商在中标之后，为了确保之后工程的顺利进行，要与业主签订合同，而合同一旦生效，就将具有法律效力。但由于人的认识的有限性，不可能在工程没有施工之前知晓工程中可能发生的所有事情，也正是由于人的有限理性，以及外部环境的诸多未知因素，即使再详细的合同也无法杜绝工程进行中不确定事件的发生，这可能给承包商带来意料之外的工程风险，是承包商需要做好思想准备的工程风险。签订了工程合同，也是承包商合法权益的保障，因此，这就要求承包商要做好合同管理工作，

① 任旭. 工程风险管理［M］. 北京：清华大学出版社，2010：13.

② 同①：14.

进而维护好自己的权益，否则只能是自己承担由此造成的损失。在工程施工的过程中，除了合同的管理有可能带来风险以外，成本管理也是一个很重要的方面。收益与成本的差额是承包商的实际收益，如果做不好成本管理，会导致成本升高，影响承包商的收益，甚至会导致收益过少或没有收益，也就没有达到承包的目的，这是承包商的核心工作，工程风险一旦发生，后果不堪设想。物资供应是工程活动开展必不可少的因素，物资的供应主要包括质量和进度两个方面，这两个方面的任何一方面出了问题，都会影响工程的进展，会给工程带来影响，给承包商带来损失，形成工程风险。随着现代工程项目的不断发展，一项工程很难由一个承包商独立完成，很多时候会采取分包的形式进行，如果分包商的责任心和管理水平低下，势必也会影响工程的质量与进展，带来工程风险，而承包商是需要承担连带责任的，这是承包商在工程施工过程中面临的分包风险。

承包商在验收交工阶段面临着竣工验收风险、资料管理风险和债权债务处理风险。工程施工结束后，需要对其进行验收，这是工程全生命周期管理的一个非常重要的环节，只有验收合格，工程才能正常交付使用。一旦在验收时出现问题，承包商必须制订详细可行的整改计划，并全面落实，否则后果不堪设想。工程项目如果不能顺利通过验收，这也就意味着承包商没有按预期完成任务，是要承担诸多工程风险的。伴随着工程实体的竣工，与工程进行的相关资料也要进行验收，这都需要承包商在此之前做好相关的整理与归档工作，为工程竣工之后的后期管理和维修做好资料上的准备，如果没有做好这方面的工作，也是无法通过工程验收的。在工程验收时，还必须做好财务上的相关工作，做好工程结算的准备，处理好工程中的债权与债务关系，以便能够顺利进行竣工结算工作。承包商在结算方面面临着两个关系，对下要做好与供应单位和分包单位的款向支付，对上要处理好与业主之间的未结算的工程款，只有这两方面的工作都做好了，才能够减少或避免风险。

3. 工程中的勘测、设计和监理主体所面临的工程风险

勘测、设计和监理主体在工程实施过程中受业主的委托，承担着勘测、设计和监理工作，在工程实施过程中，勘测、设计和监理

主体首先面临着来自业主的风险。业主的行为，尤其是一些不合理的想法和要求会影响工程的质量。业主从自身利益出发，如果不遵循设计规律、不遵循勘测规律、不遵循监理规律，干预工程活动，就会造成潜在的工程风险。在工程施工过程中，也会面临来自承包商的风险，承包商低价中标而不断索赔、承包商技术水平不足、承包商对工程质量责任心不强，都会引发工程安全质量事故，这时的相关利益主体——监理单位就要承担连带责任，需要承担工程风险。另外，勘测、设计和监理主体如果没有做好自己职责范围内的工作，也会引发工程风险。如设计单位设计不科学、设计不准确、计算有错误等都会导致工程风险，由于勘测、设计和监理的能力有限而不能胜任相应的任务而勉强为之可能导致工程风险的发生。

以上，打开工程的“黑箱”，对工程中可能出现的各种类型的风险进行分析，对工程中的各个工程利益相关主体的工程风险进行了阐述，这为工程风险分配正义的真正实现提供了内在依据。

第四节　工程风险分配正义的外在根据

对于工程风险分配正义的分析，一方面需要打开工程的“黑箱”，进行工程风险内在的分析；另一方面，也需要打开社会系统“黑箱”，将工程看作社会形塑的过程，考察工程风险的社会建构本质，探寻风险分配正义的外在根据。

传统意义上或许会认为工程风险是工程共同体的事情，是工程活动内部的事情。事实上，如果认为工程需要技术，技术的风险是内在的，这就是技术自主的观点，而不是技术的社会建构论的观点。工程作为技术要素与非技术要素的集成，技术如何采用是一个社会建构的过程，技术是在与社会相互作用的过程中才产生了工程中的技术风险，同样，工程与社会也是一个相互作用的复杂过程，从某种意义上可以说，工程也是社会建构的。

工程风险分配正义的外在根据是从工程风险产生的社会建构视角来进行思考的，工程风险既然不仅仅是工程活动主体自身的产物，工程风险的产生还是社会建构产物。从工程风险来源的视角来考虑工程风险分配正义问题无疑是具有科学合理性与社会合法性的。工程风险既然来自工程自身，那么工程的相关利益主体就需要承担相应的工程风险，这是工程风险分配正义很重要的一个组成部分；同时，还必须认识到，工程风险也是一个社会建构的过程，伴随着工程活动给人们带来福祉，但工程活动也会给人类带来风险，工程风险的社会建构给工程风险责任的承担，也就是工程风险分配正义提供了新的视角，但同时也有新的难题出现，也就是如何去界定工程之外的工程风险责任承担者，只有这一责任界定清楚，才会为下一步的责任承担者承担责任提供前提性条件。

工程风险的社会建构主要是指工程活动的进展不仅涉及人与自然的关系，还涉及人与人、人与社会的关系，是受到诸多社会因素制约的。无论是生产力和生产关系、经济基础和上层建筑，还是政治、经济、文化都会对工程活动产生影响。这些影响可以被称为工程社会风险①。这主要是从社会主要矛盾和社会的主要结构来阐述工程风险的社会因素。这些风险主要包括政治风险、经济风险、技术风险和管理风险。工程风险中的政治风险主要是指工程风险的来源是政治相关的因素，如国家政策不稳定、政府治理体系和治理能力不高、恐怖主义等极端分子给社会造成的恶劣影响等，这些都是工程风险社会建构中的政治因素，值得注意。工程风险中的经济风险主要是指工程风险的来源是相关的经济因素，如工程生产要素的价格变化、国家宏观经济政策的变化所导致的经济形势的变化等，这些都会给工程带来风险。工程风险中的技术风险主要是指工程风险的来源是技术相关的因素，主要是指设计的不科学、施工技术的质量不合格等，都会带来工程风险。工程风险中的管理风险主要是指工程风险的来源是管理相关的因素，尤其是工程活动中管理者与劳动者之间的关系，两者之间的和谐程度，无疑也会影响工程风险产生的概率。

工程风险的社会建构具有以下四个特点：主体因素与客体因素的统一、自然因素与社会因素的统一、积极结果与消极结果的统一、

---

① 徐长山. 论工程系统［J］. 自然辩证法研究，2009（1）：69-75.

短期效应与长期效应的统一①。工程活动必然要涉及人与自然的关系，也要涉及人与人的关系，工程活动具有自然性的特征，也具有社会性的特征，既要尊重客观规律，也要发挥主观能动性，是主动性与被动性的统一，体现了人的主体因素与自然的客体因素的统一。因此，要减少或避免社会建构中的社会风险，既要从自然上做文章，也要在社会上下功夫，培养人们正确的理念，在当下，要坚持工程进行中的绿色发展理念。工程中所体现的是人与自然的关系，而当今的生态问题就是工程风险不可忽视的呈现形式。工程活动的最初动因是希望能够给人类带来美好的生活，但工程在实际的展开过程中却不可避免地会带来风险。“风险社会理论在以全新的、快乐的态度研究我们这个时代的模式”②。工程风险给人们带来的不会仅仅是一种短期的、区域性的影响，而必将是长远的、全球性的影响。这种影响不以人的意志为转移，因此，对于工程风险的社会建构的分析，不能仅仅局限于浅生态思想，而要基于深生态思想，即从人类生存论的视域去思考工程风险问题，去思考工程风险分配正义问题，不仅要考虑代内的工程风险，更要考虑代际的工程风险。另外，也要从全球的视野去思考工程风险和工程风险分配正义问题，即用世界的眼光去审视工程风险，用人类命运共同体思想去思考工程风险分配正义问题。要用问题的角度去思考工程风险分配正义的何之正义、谁之正义、何为正义的问题。

① 卢彦. 社会建构论视角中的工程风险研究［D］. 哈尔滨：哈尔滨工业大学，2012：18-19.

② BECK U. Risk society revisited：theory，politics and research programmes［J］. The risk society and beyond：critical issues for social theory，2000（4）：211-229.

第九章　工程风险分配正义的可能

厘清风险分配正义的关键在于政府、企业、工程师、公众以及其他利益相关者之间妥协性共识的达成。以此为前提，分别从理论和现实两个层面探究风险分配正义的可能性。

第一节　协商民主：一种可能的解决工程风险分配正义的方式

工程活动是由政府、企业、工程师、公众以及其他利益相关者共同参与的造物活动，在造物活动中，工程既给人类带来正面的价值，也可能带来负面的价值，即工程风险，工程风险是人人都不想要的富余，那么有没有可能实现工程风险分配正义呢？答案是肯定的，可以通过一种协商民主的形式来促成妥协性共识的达成。

工程风险分配中协商民主的“协商”，主要是指利益相关者通过讨论的方式，来表明自己支持或反对某种工程风险分配方式的建议或行为。协商体现着民主，协商民主可以倾听到各个利益相关者对风险分配的具体想法与建议，在各相关利益主体表达观点后，可以更有效地形成共识。这种协商民主的形式，体现在工程风险分配正义的各个环节之中，从工程风险的识别到工程风险的评估，再到工程风险的应对，都需要一定程度上的工程各利益相关者的积极参与、知情同意，只有这样，政府、企业、工程师、公众以及其他利益相关者之间妥协性共识的达成才能更好地落实并切实地发挥作用。

在工程共同体中，公众参与工程的决策是公众应该具有的一项权利，而在权利的实现中，很多工程的决策都没有公众的参与，公众甚至连最起码的“知情同意权”都没有享受到。这是目前工程风险分配正义中非常值得关注的一点。工程给社会的发展带来福祉是毫无疑问的，这也是人人都想要的福祉。但对于工程的风险分配，政府、企业、工程师、工人等都有各自不同的视角去看待这一问题。相比较而言，政府、企业、工程师对工程造物的信息掌握得多一些、全一些，工人和公众对工程活动信息掌握得相对少一些，他们获得的更多的是一些感性的知识，是一些感受性认识，或者更多地来自道听途说。但同时必须认识到，工程是关系到国计民生的大事情，是既关系到当代，也关系到长远的事情，对于工程的造物活动以及由此有可能带来的风险，包括后续的风险分配、工程风险的分配正义问题的解决，都需要政府、企业、工程师、公众以及其他利益相关者之间达成妥协性共识，这种妥协性的共识需要在工程风险的识别、评估、应对的每一个阶段都选择切实可行的方法去实现。当然，完全一致的共识很难达成，只能是工程各相关利益者之间在坚持一些基本原则的基础上，通过事实的应然状态与实然状态的比较，通过民主协商的方式，尽可能全面地、客观地去分析工程风险的情况，进而公平、正义地去分配工程风险，实现“有组织地负责任”。

工程活动中的民主包括工程内部的民主和工程外部的民主，工程内部的民主主要是指在工程的决策、规划、设计、施工的阶段，政府和规划部门、设计部门、施工部门要进行充分的沟通协调，发挥工程共同体内部人员上下级之间的交流、技术人员之间的交流、技术人员与管理人员之间的交流等，以实现更好的沟通，使工程的造物活动尽可能多地反映更多人的利益，避免或减少工程风险，从而实现社会公正。工程活动中的内部交流，是对工程共同体成员的一种尊重和能力的承认，能充分调动和发挥大多数人的想象力和创造力。工程共同体应该积极营造这种沟通协调的民主氛围，并逐渐形成制度，而不是以管理者的身份让工程师去服从决定，要形成一种治理体系和治理能力现代化的氛围，在讨论中充分体现民主，让大家真正有说话的权利。

工程会关乎公众的利益，“让人人共享发展的成果”，这不应该只是一句空话，而是要落到实处。工程作为造物活动，首先体现的是生产力功能，体现着人与自然的关系，同时，工程也体现着人与人之间的关系，这是工程的社会属性。工程的造物活动有可能对生态环境、对人类的生存及发展带来长久而深远的影响。从这个意义上来说，工程的决策、规划、设计、施工就不应该是一个简单地由经济或者由技术的发展来决定的事情，而应该是众多参与者共同协商的结果。政府、工程师、企业、消费者、公众等都应该积极地参与到工程的社会建构中来。现代的决策已经从以经验决策为主转向以科学决策为主，科学决策重视智囊团的作用，同时，也应该倾听公众的声音。这从社会制度的层面来讲，习近平总书记提出以人民为中心，“人民对美好生活的向往，就是我们的奋斗目标”。这是一个实实在在的需要落实的事情，而不能仅仅停留在抽象的层面上。人民对美好生活的向往，体现在工程上，就是工程造物活动要为公众造福，而不是制造风险，公众不能被动地去承担风险，或者不能只承担风险，不享受福祉。公众的参与，一方面可以使公众利益诉求得到表达，将有可能发生利益冲突的方面尽量在工程实施之前解决，这是一种事前控制，也是一种积极的控制；另一方面，也利于尽量减少或避免工程的风险。不能将公众的参与简单地理解为批评和反对，而应该看作一个对话、一个寻求共同解决问题的方法的过程。工程活动的开展要得到公众的理解，就必须有公众的知情同意与积极参与，这样方能更好地解决问题。公众的参与，有助于更好地解决各种利益关系问题，促进社会和谐。

第二节 工程利益相关者之间妥协性共识的可能性分析

现代的工程活动是一个复杂的造物过程。其中既有工程师的技术嵌入，也有政府的总体规划和企业的实施，还有管理者的管理、工人的实际操作，同时，也会涉及周围的公众。现代的工程决不仅仅是工程师所从事的活动。当然，工程师对于工程活动的开展是不可或缺的，同样不可或缺的还有工人、投资者、管理者，此外，还会涉及与工程有关的其他利益相关者，在一定意义上说，他们也是工程共同体必要的组成部分。在工程共同体中，不同的主体有着不同的角色和功能，有着独特的存在价值。如果把工程共同体比喻成一支部队的话，根据功能类比，可以认为工人就是士兵，工程师是各级参谋，管理者相当于司令员，投资人相当于后勤部长①。

工程风险的分配意味着相关利益群体要承担相应的责任，尽管这种风险责任是人人都不想要，但却又不能回避的现实。究竟应该由谁来承担？如何来承担？怎样来承担？这是一个非常现实的利益问题。在工程风险分配的过程中，也必然涉及三个问题：工程风险分配的谁之正义？何之正义？何为正义？虽然这些问题难以回答，但也必须正视，必须尽力解决好，只有这样，人类社会才有可能永续生存与发展。因此，从生存论的视域来思考，工程利益相关者有意愿达成可行性的方案，当然这方案应该是各相关利益主体都能够认可的。

从生存论的视域来思考，在工程利益相关者意识到有必要达成共识后，下一步需要思考的问题就是如何达成共识。

首先是工程各相关利益主体要对工程风险的事实进行定性的分析，分析哪些是真正的工程风险，引起这些工程风险的原因，进而界定谁是承担工程风险责任的主体。在工程风险责任主体能够相应地予以界定之后，需要对相应的工程风险做定量的分析，以便于为进一步分配工程风险做必要的准备。但问题是，工程风险的界定并不总是明晰可见的，也不总是可以量化的，有时即使是可见的，也难以进行分配，因为此工程风险的产生，有可能是工程之外的因素造成的，对各种类型的工程风险，都要进行深入分析与思考，然后才有可能分配明确。

随着工程风险中人造风险的影响不断扩大，国际社会逐渐形成了一系列的工程伦理原则，如各种选择权的平等原则、享用权的平等原则、环境成本分摊的平等原则等。其中的“共同的而有区别的责任”作为国际社会应对环境风险的一种努力可以应用于工程风险分配正义的问题中，但在工程造物活动中，由于各相关利益主体所处的地位不同，其发挥的功能不同，在工程风险分配过程中应当承担“共同的而有区别的责任”，这也是对工程风险分配正义问题的一种理解。正是基于“共同的责任”，为工程利益相关者之间达成共识

---

① 李伯聪，等. 工程社会学导论：工程共同体研究［M］. 杭州：浙江大学出版社，2010：7.

提供了一种基础，同时，又由于各自承担的责任是有差异的，需要工程利益相关者之间通过协商民主的方式达成妥协性共识，进而为履行“共同的而有区别的责任”奠定基础。共同的责任意味着无论利益相关者的相关度有多大，都需要努力去承担一份责任，有差别的责任意味着由于各利益相关者地位不同，那么面向实事本身，也应该具体问题具体分析，这才体现了工程风险分配的正义性。

工程利益相关者之间的互信为达成妥协性共识提供可能。在一切结构性的合作体系中，基本道德的合作是最理想的形态①。工程利益相关者之间的互信是妥协性共识达成的一个重要条件，当各利益相关主体意识到这一问题并自觉践行时，就为工程风险分配正义问题的解决提供了有利的条件。随着人类社会的不断发展，社会不再简单，很难用控制、管理来解决问题。需要的是社会治理体系和治理能力现代化，而治理体系和治理能力的现代化体现在人类社会不断发展的实践中。要真正解决工程中的风险及分配正义问题，依靠等级的控制方式显然是无效的，取而代之的应是社会的治理，是协商民主的方式，只有这样，才有可能构建灵活的“多向合作风险治理”模式。

工程风险分配正义的实现需要两种不可或缺的关系，一是刚性约束机制的法律信任关系，二是柔性约束的伦理信任关系②。自近代以来，人们通过契约等方式建立起了各种信任关系，随着社会的发展，人与人之间不仅需要刚性的信任关系，还需要柔性的信任关系，这主要也是源于刚性信任关系的有限性和非人文性，而伦理的柔性信任关系则体现着全面性和人文性，更易于为人们所接受。因此，社会需要刚性信任与柔性信任相结合。在实际的工程活动中，不可能事事都可以用刚性原则来规范和实施。人与人、人与组织的交往如果仅仅停留在刚性原则的基础上，也很难有新的进展。因此，工程利益相关者之间的互信也是在工程活动进展的过程中建立起来的，这也有助于后续的工程继续合作。

工程活动是一个连续发展的过程，这一事实为工程利益相关者

① 张康之. 论合作治理中的制度设计与制度安排［J］. 齐鲁学刊，2004（1）：115-120.

② 钱亚梅. 风险社会的责任分配初探［M］. 上海：复旦大学出版社，2014：142.

之间的互信和达成妥协性共识提供了条件。由于工程活动是一个连续的过程，各利益相关者为了自己在未来的合作中不被孤立，必然也会在共同的有差异的责任承担方面妥协，只要是在自己可接受的范围内，还都是愿意承担相应责任的。工程责任的承载一般是按照普遍连带责任的原则进行，即参加工程活动的所有主体既是获得利益的主体，同时也是承担责任的主体，承担着总体工程责任的一部分。还必须认识到，工程风险责任的分配与责任的承担并不是一次性就可以完成的，更多的时候会同时涉及多个主体、多个环节来完成。当然，在工程风险分配正义中，以工程师为代表的核心共同体要承担主要责任，其他相关利益主体因与其有着或多或少的联系还需要承担相应的责任。当然，工程主体间存在责任承担冲突也是正常的事情，对于责任承担冲突问题最后也是需要通过协商民主进行责任选择来解决。

第三节　工程利益相关者之间妥协性共识的阶段性分析

工程利益相关者要达成妥协性共识，也就意味着他们认为工程风险分配的这种方式是正义的、科学的、合理的和可行的。对于工程风险分配各利益相关者之间妥协性共识的考察不只要进行静态的分析，还要进行动态的考察，即从工程风险的识别到最后工程风险的分配正义，要进行过程性的分析。过程性的分析有助于更好地解决工程的风险分配正义问题。

一、工程风险的识别阶段

由于工程活动所处的自然环境不同，工程风险也是不同的。工程风险的识别是一项复杂的系统工程，风险识别的参与者不同、手段不同，识别的工程风险也是不同的。因此，在工程风险识别的过程中，也应让各相关利益主体积极参与进来。当然，工程风险的识别还主要需要专家从专业方面来加以识别和认定，其他各方的意见则要积极听取，合理的则采纳。这样，以专家从专业角度识别为主要方式，其他主体进行合理补充。

专家在进行工程风险识别时可采用德尔菲法，这是一种专家匿名反馈的方法。这种方法有着明显的优势，既可以减少初始数据的片面性，具有全面性的特点，又可以避免因公开发表意见对专家产生心理方面的不利影响，并且通过风险负责部门对专家的意见进行整理统计，然后将统计分析结果反馈给专家，以进一步完善自己的意见，形成一个风险识别的闭环，使风险识别的结果更为客观。但专家进行德尔菲法的风险识别的缺点也是显而易见的，那就是费用较高，时间也较长，当然还会受到组织者及参加者的主观因素的影响。

克服德尔菲法的风险识别的有限性，可以采用头脑风暴法来进行，头脑风暴法也称集中思考法，即可以邀请不同领域的专家形成小组，通过专家的创造性思维来思考问题，是一种直观的识别风险的方法。

对工程风险的识别还可以采用经验数据法，即根据已有的经验来分析工程风险，分析工程风险的因素、风险事件发生的概率及风险事件的损失等问题。对工程风险的分析还可以通过情景分析法来进行，即通过工程活动开展的情况，设计出未来可能发生的情景，对工程进展的态势进行分析，以便对工程风险做到防患于未然。

对工程风险的识别还可以通过事故树的图解法来进行，即通过树状图的形式表示可能引起主要事件发生的次要事件，并以此为基础，进一步揭示工程风险聚集的可能过程。

工程风险识别的方式很多，除了专家要对工程风险进行专门的识别之外，还需要其他利益相关者从各自的视角进行风险识别。由于各相关利益主体关注的视角不同，所观测到的工程风险也是不同的。政府在工程风险的识别阶段，可以更为关注的是工程风险对民众的影响，以及对政府形象的影响。企业或承包商从自身利益的角度，可能更为关注的是自身所需要承担的工程风险责任，多从工程风险的收益与成本的经济学视角来思考问题。工程师更为关注的是工程活动中工程风险产生的技术问题，这也是与他们的责任息息相关的。公众更为关注的是工程对于环境、对于自身健康可能产生的影响。综合工程各相关利益主体的工程风险识别，会有助于更全面地分析工程风险分配正义问题。对于可以在工程风险识别阶段就避免或减少的风险，通过规避风险也有利于工程风险的分配正义，因为规避风险就是对工程风险分配问题最好的解决。

二、工程风险的评价阶段

这一阶段的工程风险评价也主要是由相关专家对工程风险进行定性与定量的分析。定性分析是认识事物的起点，定量分析是对事物分析的具体化和深化。工程风险的评价阶段要依据风险产生的概率、风险有可能造成的损失进行成本核算，这是最早的工程风险分配正义的资本逻辑，以收益—成本方法作为工程活动是否开展的依据。这种方法有一定的局限性，但同时也应该看到，这种方法是有合理性和可取的一面的，它是开展工程活动必要的、不可或缺的前提。工程风险的评价一般要考虑以下四个方面：工程风险的识别、工程的实施进展情况、是否为新建项目、风险的影响程度与概率①。工程风险的评价方法可以采用专家打分法，这主要是征询专家的专业意见，这是工程风险评价很关键的因素，工程风险的评价除了专家评价法，还可以采用层次分析法进行定量定性分析。工程风险评价的定量方法主要有决策树法、模糊综合评价法、蒙特卡洛模拟方法、计划评审技术法等。工程风险评价更多的是基于科学的理性分析，是基于数据对工程风险的评价，当然，这是工程风险评价的主导方面。工程风险评价除了客观上的工程风险所造成的经济损失，还应该考虑人的因素，考虑工程进行的价值理性，对工程风险的评价的人文维度主要可以通过非技术专业人士的参与来进行，如政府部门的相关人员、公众等来进行这方面的工程风险评价。比如一个工程的进行，除了物质层面会对附近公众产生影响，还有可能会对一个地区、一个城市中居民的心理产生影响，这不仅会有积极效应，还有可能产生消极影响。如邻避设施工程就是一个典型的例子。这些涉及工程活动的非技术要素、非专业要素，都需要相关利益主体的参与。当然，对于技术要素层面的评价，也可以通过一种公众可

① 任旭. 工程风险管理［M］. 北京：清华大学出版社，2010：61.

以认知的方式告之公众，使其有知情权。

三、工程风险的决策阶段

决策的失误是最大的失误。随着工程规模的不断扩大，工程的投资不断增加，工程建设周期也不断加长，工程中的不确定性因素越来越多，决策对工程活动的开展越来越重要。一旦决策失误，将会带来不可估量的损失。可以说，决策本身就是工程风险。为了更好地进行工程决策，避免或减少工程风险的发生，工程风险决策应该至少坚持以下原则，才能尽量减少工程风险。工程风险决策的原则主要包括：全面性原则、成本效益原则、可行性原则。全面性原则主要是指由于工程可能发生的风险多种多样，决策者在进行工程风险决策时，就需要收集尽可能全面的信息，通过去粗取精、去伪存真、由此及彼、由表及里地整理信息，才有可能达到对工程风险的本质的认识，也才可能由此作出正确的决策。工程风险决策必然是考虑成本与效益这两个重要的方面，效益是重要的，成本也同样重要，要权衡两者之间的关系，进行抉择。由于实力不同，决策者在决策时首先要考虑能否承受自己的决策，即使是同一决策者，在不同时期的决策也会不同，这就是工程风险决策的可行性原则，工程风险决策者一定要具体问题具体分析，要量力而行。对于工程风险的决策更为主要的就是由决策者或决策集体来进行，其他相关利益主体或许只能在决策后进行一些意见反馈，或者也有可能在决策之前征求相关利益者的意见。

综上所述，工程风险分配正义要想真正实现，离不开协商民主，离不开相关利益主体意识到的“共同的有差别的责任”，离不开相关利益主体的互信，离不开道德和法律机制共同起作用，离不开认为工程活动是一个持续的过程的乐观态度，离不开在工程风险识别、评价和决策的过程中协商民主的落实。

第十章　工程风险分配正义的实现

从工程社会学角度，探究工程共同体内部及其与政府、公众间利益冲突的现实结构及根源，引入以协商与博弈为主要内容的伦理规约机制，寻求多重责任主体间的理解、妥协、共识。

第一节　工程共同体与公众、政府的关系

一、工程共同体与公众

这里的工程共同体主要是狭义上的工程共同体，是指工程共同体内部。当今世界，工程无处不在，无时不在。人类社会以工程的方式影响和改变着世界。工程在给公众带来福祉的同时，也极有可能给附近的城市或区域带来风险，影响附近公众的健康与生活，这就是典型的邻避设施工程。这种邻避设施工程会给附近的公众带来恐慌、焦虑，影响民众的正常生活，也就是说，附近的民众承担着工程的大部分风险，却很少能得到收益。这也就是公众反对某些工程活动最主要的原因。那么如何才能既使工程活动正常开展，又能保证公众的福祉，减少或避免公众的风险呢?

工程共同体作为工程造物活动的主要执行者，其与公众之间的联系非常多，因此，工程共同体应通过与公众的沟通，树立其造物活动的良好形象，不断为形成公众与工程共同体的良性互动奠基，以使公众理解并支持工程的建设。当然，这里的公众可以做广义上的理解，即不只是指作为人的公众，还包括工程活动对工程与自然关系的理解。

要想使公众理解工程，其中一个必要的前提就是工程共同体要对自己所建造的工程负责，并形成规范，且长期坚持下去，这样才

有可能在公众中树立起良好的形象，有较高的美誉度。在工程造物活动中，一方面实际地去做，按照合规律性去造物，按照合目的性去造物；另一方面，也要通过一系列的文化宣传、公关活动来维护和树立工程共同体的良好形象。

工程共同体作为工程造物活动的主要承载体，应做一个负责任的工程共同体。在工程共同体内部，工程师的地位是显而易见的。做一个负责任的工程师对工程共同体的形象树立至关重要。“工程师应该把公众的安全、健康和福利放在首要位置，并在履行他们的职业责任时，努力遵守可持续发展原则。”① 工程师与其他的职业相比，有着更多的责任，工程师通过设计、施工和建造，创造了许多将自然界不适合人类生存的“非常态”变成适合人类生存的“常态”，使人们的生活更为舒适、更为美好，当然，这是工程师的至高荣幸。但同时也必须指出的是，工程师的工作是公开的，需要脚踏实地去完成。无论是从工程的图纸设计，还是材料的选择，还是施工，等等，都不能出一点差错。再小的差错都有可能酿成巨大的工程风险。由此可以看出，工程共同体的特点是其主要目标是为社会服务，通过工程造物活动，给社会带来福祉，并希望得到公众的认可；由于工程共同体的造物活动所产生的工程与社会发展、与人民生活息息相关，所以，工程共同体不仅要接受工程相关质量检查部门的检查验收，还需要接受公众的监督与反馈；工程风险，尤其是大的工程风险对工程共同体，当然主要是指工程师，是致命的，因为公众不会原谅工程的失败，以及由此所带来的工程风险，因此，工程共同体的责任相比于其他职业，更为重大，影响更为深远。

目前，工程共同体与公众之间保持着一定的距离，工程师更注重的是工程共同体内部的认可。这种现状是有客观原因的，一方面，公众对于工程的知晓与理解是有一定难度的，公众对于工程很难从理性维度去理解，由于工程的专业性，一般的公众认识水平、专业水平有限，是不可能全面地理解工程的，这里就有一个转换的问题。工程共同体如何将工程师的专业术语、专业知识、专业技术转换为

① 维西林，冈恩. 工程、伦理与环境［M］. 吴晓东，翁瑞，译. 北京：清华大学出版社，2003：249.

大众的语言，以相对浅显易懂的形式呈现。而同时，公众对于工程共同体科普式的宣传有兴趣，且采取一种信任的态度，这也是工程共同体沟通方式上的一个关键问题。

一个工程活动的进行，如果能够得到公众的认可与支持，那无疑是一个推动工程开展的强大动力。工程关乎公众的切身利益，公众会由于各类工程风险的发生而对工程共同体的造物活动提出质疑，进而会反对工程项目的开展。反之，如果工程活动的开展少有工程风险，并且给公众带来生活上的方便，使其生活更美好，那公众就会支持工程活动。因此，从这个意义上说，工程共同体的造物活动的效果及其信誉是至关重要的。

现代工程不断地改造着世界的面貌，许多大型工程、超级工程创造了很多人间奇迹。在这一过程中，工程共同体无疑发挥了重要的作用，这一点是大家公认的事实。但同时，也必须看到，工程师的社会地位和社会声望却存在着被忽视和被低估的现象。近年来，在我国这种现象已经引起重视，国家开始强调大国工匠，开始在文化上宣传提倡工匠精神，这些都是对工程师、对工程共同体的不断认可和提升，工程师的社会形象也随之提高。

在社会发展的过程中，存在着一些这样的现象，即由于各种原因导致某些工程强行上马，这些强行上马的工程，由于没有正确估计其工程风险，结果导致了巨额浪费，也对环境造成了破坏，这些非正常的工程在一定程度上影响了工程共同体的整体形象。

工程共同体与公众的良性互动关系的形成需要工程共同体切实为公众谋福利，这是工程共同体与公众建立良好关系的前提，只有让公众切身感受到工程的好，公众才会愿意去理解工程，原意去支持工程。工程共同体与公众形成良好关系的关键也是需要工程师始终维护公众的福祉。

工程师与公众同时也是一个历史的范畴，是随着时代的发展不断地发生变化的。最早的工程是以军事工程的形式出现的，对于当时的工程师来讲，其面对的公众就是国家的军事部门，工程师的职责就是服从。随着民用工程的出现，工程师的公众就是雇主，工程师的责任就是对雇主负责。随着社会的进一步发展，仅仅对雇主负责就远远不够了，工程师不仅要对雇主负责，还要将社会公众的安全、健康和福祉放在至高无上的地位，这也是现代工程共同体所面向的真正意义上的公众。在这样的时代背景下，工程共同体，尤其是工程师对工程必须承担一定的伦理责任，要做一个负责任的工程师。同时，值得注意的是，工程师要想实现真正关心公众，也就必须在工程造物活动中关注自然环境，只有尊重自然、顺应自然、保护自然，工程才能够真正地给公众带来福祉，公众才会理解工程共同体，公众才愿意与工程共同体通过博弈与协商，达成一致意见，进而实现工程风险的分配正义。

二、工程共同体与政府

工程活动，特别是现代以来的工程，都与政府的发展规划有着不可分割的关联。甚至可以说，政府在某种意义上也决定了工程活动是否开展。这与政府在社会发展中的地位密切相关。现代社会，在社会组织的运行过程中，政府的作用不可或缺。

现代社会组织能否顺利运行，很大程度上取决于政府。政府在社会结构中属于政治上层建筑，在上层建筑中居于主导地位。这种主导地位，一方面体现在工程给人类社会带来的福祉，另一方面体现在工程风险的承担上，政府也要发挥其特有的地位与功能，更好地促进社会的发展。

随着社会的不断发展，政府的功能也由原来的控制、管理开始转向治理。政府在工程规划、设计、决策、施工、监理、验收等工程活动的各个环节都发挥着非常重要的作用。工程的造物活动，尤其是现代的大工程、超级工程，不可能脱离政府而独立地建造出来，工程必然地与政府有着密切的联系。社会的良性运行，离不开政府的作用，政府是现代社会发展的重要推动力量，当然，政府的职能也随着时代的变化在不断发生变化。从现代工程的前期设想到工程的设计、施工，再到工程的建成，以及全生命周期维护，政府都扮演着至关重要的角色，基于此，政府与工程共同体的关系是工程风险分配正义必须思考的关键问题。

工程共同体与政府的关系首先表现在政府的政策影响着工程共同体。工程共同体的内部主要包括工程师、工人、投资者、企业家等，政府的政策直接影响着工程共同体的状况。工程师的地位与政府政策关系密切，2019 年 11 月，党的十九届四中全会召开，提出要走向“中国之治”，这里，制度的力量得以充分体现，既包括基本制度，也包括重要制度。而制度的制定，与政府是有着密切的关系的。政府能依法、科学、民主地行使自己的职能，则工程师在国家重大工程决策上就会有一定的话语权，就能够积极地发挥作用。工人，作为工程共同体的重要成员，也与政府的政策有着非常重要的关系，工人在社会发展的转型时期、在社会发展的关键时期，都需要政府能够维护其切身利益。我国提出的大国工匠、工匠精神，在一定意义上也是对工人，尤其是技术工人的重视，这是为工人积极创造条件，为其追求更美好的生活创造条件。在工人中，农民工是一个特殊的群体，中国的农民工有一代农民工、二代农民工，当农民离开自己的土地，在城市工作和生活，他们一方面是城市建设的主力军，另一方面也是社会的弱势群体，如何去规划他们的未来，如何去更好地维护他们的合法利益就是一个现实的问题，这需要政府的政策支持，也是政府义不容辞的责任。对于工程共同体内部的投资者来说，政府要给予他们正确的引导。投资者最为关注的就是利益，利益是投资者决策的第一驱动力，但工程活动开展的目的不只是经济利益，还需要考虑社会效益等其他方面。因此，在政府与投资者的关系问题上，政府应从大局、长远和根本的层面来引导投资者正确投资。在工程活动的实际进行中，会经常出现产业工人同承包商的冲突，有时冲突还会加剧，一旦处理不好，会给社会带来负面的影响。基于此，政府有必要在工程活动进行过程中加强社会治理，协调工人同承包商、同企业的关系，这样才能最大限度地保证工程活动的顺利开展。因此，有了政府的保障，工人的基本生活条件、基本的生产条件才能够得到很好的保证，才有助于社会的和谐稳定。政府在工程活动开展过程中，应全面了解民情、民意，发挥民智，按照从群众中来，到群众中去的工作方法，不断实现工程决策的科学与民主。工程活动的决策，要建立民情民意反映制度，把它作为一项重要的制度来建立，以防止决策的片面性。政府在工程活动开展的过程中，要不断实现科学决策、民主决策，要在这一过程中协调工程内部的多个主体，只有这样，才能够做出符合中国实际的合理的决策。从以上的分析可以看出，政府在工程共同体中作用的发挥是不同于其他主体的，其在协调各种关系中起着非常重要的作用。

政府服务与工程共同体。我国的国体是人民民主专政，政体是人民代表大会制度，我国政权的组织形式及其功能要求政府在与工程共同体的关系问题上，要为工程共同体做好服务的工作，要在工程活动的全生命周期发挥作用，提供基本保障，在制度制定上要维护工程共同体的权益。政府与工程共同体是密切相关的，工程共同体的成员，不论是工程师、管理者，还是企业、工人，都是中国特色社会主义的建设者，是我国社会发展的重要力量，政府有必要将共享的发展理念贯穿于工程活动之中。工人作为工程活动中的弱势群体，与工人相关的利益诉求就不能仅仅诉诸于市场，而要一定程度上依靠政府的力量，解决工人在工程活动中的实际问题，如工人的工资、加班费、施工风险等问题，政府需要通过制定相应的政策来保障工人的权益。政府对工程共同体的服务主要体现在政府要为工程活动的开展提供一个优良的营商环境，这包括政治环境、法治环境、投资环境等，该政府治理的归政府治理，该市场负责的归市场负责。政府对工程共同体的服务还体现在对工程共同体的培训并制定政策解决相关人员的待遇问题。这既包括上岗前的某些公益性的培训，也包括上岗后的待遇问题。政府同时还要为工程活动的开展在投资方面、在承包商的选择方面提供一个共同竞争的平台，要体现公开、公平和公正。政府为工程共同体所能提供的服务还包括政府对于工人、工程师等生产生活条件的提供与改善。

第二节　工程风险分配正义的实现条件：工程共同体与公众、政府的成功协商与博弈

以上对工程共同体与公众、工程共同体与政府之间的关系进行了静态的分析，现实社会中，工程共同体与公众、政府是在一种动态的状态中互动的。对此问题的静态分析是为了更好地进行动态的考察。工程共同体与公众、政府需要协商与博弈，才能更好地完成

工程活动，更好地解决好工程的负面效应，实现工程风险的分配正义。

工程活动中可以非常明确地确定责任的部分是不需要协商与博弈的。需要协商与博弈的是工程活动所带来的风险中难以确定主体的工程风险，或者工程风险过大，单一主体很难承担或者是无法承担的，这就需要工程共同体与公众进行协商与博弈，当然也包括与政府进行协商与博弈，以保证工程活动得以开展，同时也使工程风险得以公平分配。这样就一定程度上既实现了工程活动给人类带来福祉，也实现了工程风险的分配正义。

一、工程共同体与政府的成功协商与博弈

工程共同体与政府的成功协商与博弈的核心问题是工程风险的责任承担。

政府的政策对工程共同体的生存有着直接的作用。政府关注的重点在于是否有助于增强政府在社会公众中的形象，当然，政府还要对公众的安全、健康负责，这是政府义不容辞的责任。政府作为国家阶级性质的具体执行者，在我国，是要为人民服务的，这是中国特色社会主义建设的价值取向，政府对工程风险分配正义问题的思考更多的是从长远、从根本的维度来进行的，而工程共同体相对于政府来讲，更多的是从微观、从自身来思考问题，这是工程共同体与政府之间成功协商与博弈的关键。基于社会治理中的特殊地位，政府是具有强大政治力量的，因此，工程共同体与政府之间的博弈，工程共同体处于相对弱势的地位，工程共同体与政府之间的博弈要在遵循政府基本原则的基础上进行。

工程共同体与政府关于工程风险分配正义协商与博弈的另一个不可忽视的方面是：由于工程共同体的能力有限，相比于政府，工程共同体在大的工程风险面前，在不可抗力所造成的工程风险面前，是需要政府的强大力量来承担、来布置、来分工的。政府的这一特点也是工程共同体与政府的协商与博弈中不可忽视的一点。

二、工程共同体与公众的成功协商与博弈

美国著名技术哲学家卡尔·米切姆认为，“在当代社会生活中，责任在对艺术、政治、经济、商业、宗教、伦理、科学和技术的道德问题的讨论中已经成为试金石”①。责任概念用于工程共同体与公众之间，所要表达的既包括工程共同体的活动开展要为公众的健康、安全负责任，同时也表明，公众也要理解工程，要正确地理解工程，公众也要对工程活动的开展负责任。责任可以包括社会责任、职业责任和道德责任。从哲学的维度来思考问题，责任是与因果性相关联的，责任的最普遍意义、最重要的条件是因果力，这也就是说，工程共同体的行为都是会对工程活动的开展具有影响力的，工程共同体的行为会影响工程活动的结果。工程共同体内部的工程师由于具有专业知识和专业技能，他们在工程活动的开展中具有与其他共同体成员不一样的特征。或者说，正是由于工程师的特殊地位，他们一定程度上应当对工程共同体负有更多的技术责任、安全责任、生态责任、社会责任和伦理责任。

一些工程活动会遭到公众的反对，那么这里首先需要关注的一个问题就是，公众为什么会反对工程项目的开展。究其根本原因，其实是工程项目的开展，给公众带来更多的不是工程的福祉，而是工程风险。那么，基于此，工程共同体与公众的协商与博弈的焦点就在于工程风险问题的产生与分配。

公众反对工程项目的开展，很大程度上是因为工程给周围环境带来的影响，这也就是说，工程共同体内部如果在工程活动开展时能意识到其所带来的环境问题，并能够在规划、设计、施工、维修、退役全生命周期都勇于承担环境责任，并公开相应的信息，那么这无疑会为工程共同体与公众之间的博弈提供一个良好的开端，一个坚实的基础，“公众理解工程”的前提需要工程共同体内部的责任到位。近现代以来，工程规模不断扩大，影响也不断扩大，工程活动在一定意义上可以说主要是经济活动，工程共同体更多的时候也体现为“经济人”，甚至可以说，工程共同体的成员在很长的一段时期

---

① 卡尔·米切姆. 技术哲学概论［M］. 殷登祥，等译. 天津：天津科学技术出版社，1999：72.

内首先考虑更多的是其自身的经济利益，而忽略了公众利益受到的损害，他们经常置环境破坏于不顾，置周围公众的健康安全于不顾，这也是公众抵制某些工程活动开展的直接原因。

工程共同体与公众成功协商与博弈的关键在于工程共同体不仅要作为“经济人”存在，还要作为“社会人”存在。工程共同体在追求自身利益的同时，也要兼顾社会利益和生态效益，尤其是对公众的负面影响。因此，成功协商与博弈首先要求工程共同体至少要做到以下五点：第一，在对工程项目进行决策时，应顾及和全面考虑工程所带来的长期的、间接的影响，当然，首先也要关注工程的短期的、直接的影响，要二者兼顾；第二，要考虑工程项目的环境生态影响，尤其是在工程投入使用期间；第三，要不断形成一种诚信的文化、公开的文化、公平的文化，并使它不断深入人心，使公众相信工程共同体所提供的信息是全面的、公开的、真实的，只有这样，才能真正实现工程共同体与公众的公平交流；第四，要认识到生态环境的重要性，生态环境不仅具有经济价值，更具有生态价值；第五，工程共同体与公众之间应该是一种相互理解的关系，是一种合作的关系，不应是一种竞争或对立的关系。

工程共同体与公众之间的协商与博弈的另一个关键问题是工程风险识别，在这个问题上，需要工程共同体与公众达成相对一致的意见。就工程专家而言，可接受的工程风险是“这样一种风险，在可以选择的情况下，伤害的风险至少相等于产生收益的可能性”①。这是一种风险—收益的风险识别分析。对公众来说，工程风险的识别是对周围环境及其自身健康方面的影响与伤害，这是公众关注工程风险的维度。按照行动者网络理论，工程共同体与公众之间应该有一个平等的协商平台与机制，以保证与工程活动相关联的弱势群体有一个机制，且有相应的组织力量去实现协商与博弈。所以，要想真正地实现工程共同体与公众的协商与博弈，需要组织的力量，需要制度的力量。只有在一定的组织力量和相应机制的支撑下，通过不同成员的谈判与协商，才能达成一个各方都可以接受的意见。

① 查尔斯·E. 哈里斯，迈克尔·S. 普里查德，迈克尔·J. 雷宾斯，等. 工程伦理：概念与案例[M]. 丛杭青，沈琪，魏丽娜，等译. 杭州：浙江大学出版社，2018：126.

工程共同体与公众之间协商与博弈的另一个关键问题是工程风险分配问题，在这个问题上，也需要工程共同体与公众达成相对一致的意见。在实际的工程活动开展中，工程风险大多由公众来承担，但是公众却没有更多地享受到工程的福祉。在工程活动开始之前，以及在工程进行之中，无论是政府，还是工程师、工人、承包商等，都在工程活动进行中享受到了工程所带来的经济利益，工程共同体更多地感受到的是直接的、可见的效益，但对于公众来讲，工程的风险似乎是更为显而易见的，尤其是一些邻避设施的大型工程。

第十一章　工程风险分配正义的基本原则

廓清工程师、管理者、政府、公众等不同主体在工程风险中的责任和权利，并以此制定工程风险分配基本原则，去启发、引导工程活动中主体的伦理价值取向。

工程风险分配正义只有遵循一定的原则，才有可能真正地贯彻落实。工程风险分配正义包含着思想、实践和制度三个层面的内容。思想层面的工程风险分配正义主要是指在理念上厘清什么是工程风险，工程风险由谁来分配、分配给谁、怎样分配，工程风险分配的正义如何实现。实践层面的工程风险分配正义是通过实践的方式对工程风险分配理念的践行；制度层面的工程风险分配正义是指在实践中对于确实能实现工程风险分配正义的、需要工程相关利益者一致遵循的原则、内容和方法，以制度的形式加以确定，并需要各相关利益主体严格执行，进而真正去实现工程各利益主体有组织地负责任，实现工程风险分配正义之治的状态，这就是制度的力量。在这里，工程风险分配正义的基本原则是在工程理念的指导之下形成的对工程风险分配正义问题一般性的原则遵循，如果这个一般性的原则是可行的、合理的，则需要制度的力量来保证工程风险分配正义的实现。关于制度问题的思考，将在下一章详细阐述。

工程风险分配正义的底线原则是利益与风险对等原则，即按照经济社会发展的最一般的经济原则来进行。经济思维要求人们从成本与收益的视角去思考问题。收益代表着工程所带来的利益，成本则主要是指工程所带来的人人不想要的富余，即工程风险，在这一点上，对于工程风险中可以确定的方面，要采取利益与风险对等原则，即谁从工程中受益，谁就要相应地承担由工程带来的与此对等的风险责任。

工程风险一方面会有一些不确定的、无法衡量的部分，另一方面也会因为工程风险涉及范围广，不仅涉及过去，也涉及未来，如核电工程、港珠澳大桥等一些大型工程和超级工程，这些工程所带来的风险是工程主体无力承担的，在这种情况下，由于政府在所有工程共同体中的特殊地位，在国家中的特殊地位，要求政府来分担相应的工程风险，这就是政府分担原则，即在工程主体无力承担全部责任的情况下，政府要根据工程风险的实际情况，具体问题具体分析来分担相应责任。

相比于工程共同体内部，公众处于相对弱势地位。在公众中，有经济地位、社会地位、政治地位都不高的弱势群体。为了整个人类社会的可持续发展，为了社会和谐、人民幸福，在工程风险中，应坚持弱势群体免伤害优先原则，减少工程风险对弱势群体的伤害。如果工程的公共风险不可避免，普通公众尤其是弱势群体应优先享有免伤害的权利，只有这样，才能更好地保障民生，为实现人们对美好生活的向往奠定基础。

如果说利益与风险对等原则、政府承担原则、弱势群体受保护原则是在工程活动执行中首先应坚持的原则，是事中进行的，那么在工程风险分配之后，一旦发现有不当的地方，应及时反馈，形成闭环，以更好地实现工程风险分配正义。因此，在工程风险分配中，还要坚持矫正补偿原则，即对于已经发生的不公正的风险分配必须予以矫正，对于不断确定的工程风险要进一步明晰责任，并按照尽可能接近事实的情况进行矫正，即对受到不公正对待的一方给予合理补偿。

以上四大原则可以说既是一套行动的指南，同时又体现了工程风险分配正义的价值追求，是合目的性的价值取向。

第一节　利益与风险对等原则

所谓利益与风险对等原则，就是谁获得了相应的工程利益，谁就要承担与此对应的工程风险责任。要想真正做到利益与风险对等，以下工作是实现的前提条件。

第一，要进行利益相关者的分析。也就是说，要想真正实现利益与风险对等原则，首先要求在质上界定利益相关者及其相互之间的关系。工程活动作为造物活动，其影响不只包括工程共同体内部，还包括公众，从长远和全局来看，还会包括一些潜在的受影响者。因此，工程风险所造成的影响不能只局限于对工程活动开展所设定的目标群体，也会对局外人造成影响并关系到工程风险分配正义问题。基于此，有必要对工程风险相关利益者进行分析，主要内容涵盖：根据工程项目的主要目标及要求，初步确定工程活动开展的主要利益相关者，并在此基础上进一步明确各利益相关者与工程活动具体的利益关系；在此利益相关者的因素分析基础之上进一步分析各利益相关者之间的关系；如有必要，进一步分析利益相关者参与工程活动的各种可能的形式；等等①。

第二，工程风险分配的利益与风险对等原则在界定利益相关者的基础上，还需要对工程活动进行社会评价。这就意味着工程活动的开展，不仅要政府相关部门的许可和过程监督与评价，还应有社会上的相应群体参加，这更有利于工程活动开展的公平，这种公平，不仅体现在工程所带来的福祉，也包含可能带来的工程风险。比如社会评价群体中的贫困群体、女性群体、少数民族群体等。这种社会评价，应贯穿于工程活动的决策、设计、施工和运营管理的全生命周期。工程活动的社会评价包括工程与自然的关系、工程与社会的关系，要将工程活动开展的社会评价，如同工程活动开展的经济评价、环境评价一样，要用一系列的指标来进行衡量。

第三，对于工程活动决策及前期无法准确预测的相关问题，应引入后评估机制，进而可以更全面地实现利益与风险的对等原则。工程活动中有很多不确定因素，这些不确定因素的后果会如何，要求在后评估中对相关方面进行相应的评估，要对一些前期无法预料的、没有纳入考虑范围内的影响后果进行评价和研究，以求更好地实现工程风险分配中的利益与风险对等的底线原则。

---

① 杨经福. 投资项目利益相关者分析［D］. 南京：河海大学，2002：15-18.

第二节　政府分担原则

政府分担原则，即在工程主体无力承担全部责任的情况下，政府要根据工程风险的实际情况，具体问题具体分析来分担相应责任。戴维·伊斯顿在《政治生活的系统分析》一书中认为，政治系统与它所处环境中的其他系统的不同之处就在于一个政治系统可以通过互动为一个社会权威性地分配价值①。国家政权作为政治上层建筑的核心，政府作为国家政权的组织形式，担负着社会利益关系协调的重要职责。在由工程活动所带来的人造风险不断增加的今天，有很多无法确定的因素，也有能确定相关利益主体不愿意承担和无力承担的情况等，这些方面都需要政府能够有所作为。制造了更多工程风险的群体不一定实际地承担工程风险，由于地震、海啸等不可抗力的影响所带来的自然风险与工程风险的混合也是工程主体所无力承担的，这些都需要政府作相应地协调并承担责任。政府在工程风险分配中要通过政策、协调、监督、维护等方式来承担工程风险责任。

在政策方面，政府要对一些可能危害自然环境的工程通过政策的方式予以制约和限制。这就需要政府认真地去研究关于如何更好地通过政策的力量实现工程风险分配的正义问题。一个好的政策会有利于工程风险的分配正义，与之相反，一个不恰当的政策，一个没有经过充分调研的政策很难有好的效果，并且还有可能适得其反，使工程风险加大，进而给人类带来更大的破坏力，不利于工程风险的分配正义。在一些大的工程风险面前，政府的政策及其表现影响着政府的形象。政策正确、执行有力，将使政府在民众心中的形象大大提高，从而有利于更好地执政，有利于一个国家、一个民族的发展，也事关人民美好生活的实现。

政府在协调方面也有着举足轻重的作用。在一些巨大的风险面前，当工程主体无力承担时，政府将是形塑社会公平正义的重要力

① 戴维·伊斯顿. 政治生活的系统分析［M］. 王浦劬，译. 北京：华夏出版社，1999：26.

量。风险社会的到来需要一个公平正义的环境，而政府应是一个公平正义的社会环境的主要倡导者。公平正义的价值取向，不仅体现在财富分配方面，也体现在工程风险分配方面，这是社会良性运行的价值支撑，也是协调社会矛盾、解决社会冲突的一项基本原则。

同时也应看到，政府在应对工程风险时，不是有着无穷无尽的资源可以随意使用，同样面临着解决问题的有限性。因此，政府有责任在工程建设过程中发挥监督的职能，使工程风险尽可能地消失在萌芽之时，尽可能地减少工程风险就是工程风险分配的最大正义。因此，政府有必要设立工程风险治理机构，监督各职能部门履行各自的职责，为有组织地负责任做好组织准备。在我国，有必要设立相应的风险领导、指挥和协调机构，在中国共产党的坚强领导下，各级人民政府在风险治理中要明确其职能和责任，形成既坚持统一领导，又能够密切分工协调的工程风险治理体系，更好地为工程风险分配正义创造有利的条件。

工程风险不仅可能带来生命和财产的损失，也会对正常的社会运行形成强烈冲击，进而有可能造成一定程度的社会动荡，基于此，政府在工程风险出现之时，应及时有效地采取应对政策，以积极的姿态应对工程风险。政府在维护社会稳定上可以从以下几个方面入手：一是要对工程风险建立一种预警机制，积极监控可能出现的风险，并进行有效干预；二是要对工程风险信息进行公开，使公众及相关群体能够及时获取准确的信息；三是政府有必要承担一定的工程风险治理成本。工程风险的治理需要投入相应的人力、物力才能够有效地开展工作，因此，政府有必要投入风险管理之中，只有这样，才有可能在工程风险发生之后，尽快恢复正常秩序，尽可能地减少经济损失、政治损失以及社会损失。

第三节　弱势群体免伤害优先原则

如果说政府在工程风险分配正义中能起到一种主导性的作用，在工程风险分配中占据强势地位的话，那么在工程风险分配中居于弱势群体地位的则是公众等群体。如果工程的公共风险不可避免，普通公众尤其是弱势群体应优先享有免伤害的权利。

分配正义问题在当代伦理学的研究中居于非常重要的地位，是伦理学研究的焦点与热点问题，也是一个根本性的问题，是关乎社会公正与和谐的大问题。如果说以往的伦理学更为关注的是财富的分配正义问题，那么随着社会的发展，工程日渐成为人们实践的主要方式，工程风险成为一种普遍现象。工程风险是人人都不想要的，是都想避而远之的富余。当然，值得关注的一个现象是，随着工程风险的增多，不同群体受工程风险影响的程度是不同的，弱势群体本来在财富分配中就居于不利地位，当工程风险来临时，其抵御能力弱是显而易见的，因此，为了实现工程风险的分配正义，为了社会的和谐，为了整个人类的可持续发展，需要执行这样一个原则，即弱势群体免伤害优先原则。

弱势群体免伤害优先原则是源于现实的工程风险分配问题。现实生活中，工程风险分配不公平、不平等的现象不仅体现在一国之内，也体现在国与国之间。一些发达国家和地区凭借其先发优势，强制性地、不合理地将一些工程风险分配给发展中国家和地区，使其遭受到工程风险的危害，尤其是一些发达国家在发展中国家建设危化品生产企业等，一旦运行不善，会出现非常严重的后果，会给当地公众的身体健康和环境带来非常严重的影响。基于这种不公平、不平等的工程风险分配，需要我们在国与国之间、人与人之间，在工程风险分配正义问题上实施弱势群体免伤害优先原则。

与财富的分化不同，由工程风险所造成的人与人的分化在一般情况下是局部的，也就是说，只要工程风险还没有充分展现，由工程风险所造成的分化还是建立在利益的基础之上，可一旦工程风险开始不断增长并进入人们的生活，人与人之间、国与国之间的利益和差异就会被削弱和瓦解。所以在一定意义上可以说，当风险之痛的帷幕落下之时，人与人之间的对立就开始从一种需求型团结走向焦虑型团结①。人类社会由工业社会走向后工业社会的过程中，现代化的过程伴随着现代性和反思现代性，在这一过程中，工程风险作

① 乌尔里希·贝克. 风险社会：新的现代性之路［M］. 张文杰，何博闻，译. 南京：译林出版社，2018：47.

为人造风险日益呈现，影响着人类社会的生存状态。阶级社会的最初样态体现在财富的分配上，体现在人们对于财富的渴望上，是一种需求型团结；风险社会来临之时，人们想要的是安全，这是风险社会的基础和动力所在。这种不安全的价值体系逐渐成为社会主导的价值体系，取代了以往对于财富的追求的不平等的价值体系。不平等的价值体系在社会中的体现是人人都想分得财富，而风险社会的不安全的价值体系，是人人都想躲避的工程风险，是想远离其对自身的伤害。不平等的价值体系表现为“我饿”，是一种想要财富的渴望；不安全的价值体系表现为“我怕”，是一种远离伤害的焦虑。因此，在由需求型团结走向焦虑型团结的过程中，需要关注社会的弱势群体，贯彻弱势群体免伤害优先原则，才能够有助于人类社会的可持续发展。

第四节　矫正补偿原则

工程风险的分配只有实行一种闭环的考察与实践，才有可能真正地实现工程风险的分配正义。因此，基于这一原因，对于已经发生的不公正的风险分配均须予以矫正，并对受到不公正对待的一方给予合理补偿。工程风险的分配由于主客观的原因，均有可能造成分配的不公正现象。一旦出现这种现象，如果处理得不好，后果是不堪设想的。因此，必须坚持矫正补偿原则，发现问题要及时予以纠正，使事情向好的方向发展，这样也有助于社会的有序发展、良性运行。

从主观上讲，在工程风险分配过程中，风险是人人都不想要的，对于人人都不想要的工程风险，要想从成本、责任和生存这三个维度去让相关利益主体承担，是有相当大的难度的。发达国家往往利用其自身发展的优势，将工程风险跨境转嫁，这是发达国家主观上为了保护自身的生态环境不受污染，由发达国家主观原因造成的工程风险，发达国家主观上是不会愿意承担责任的，但同时，也要意识到，这种已经发生的不公正的风险分配是需要矫正的。虽然在短时间内局限于技术水平，难以确定责任主体、难以准确测量风险的大小，工程风险的分配正义实现确有难度，但人们也坚信，随着时间的推移，随着风险的进一步暴露，工程风险的责任主体和风险大小的测量将逐渐地被人们清晰地认识到，这就需要通过矫正补偿的方式来实现工程风险的分配正义，要还社会一个公平正义。另外，由于科学技术落后，有的国家在处理工程垃圾时只能采取焚烧、填埋的方式，而这种方式又会造成土壤、水、空气的污染，给生态环境造成极大的破坏，并且难以修复，这样的风险尤其要通过矫正补偿来实现，否则只能带来更大的灾难。通过正确处理，将会使人们对工程风险分配正义有信心，并且会有能力处理好这一类事件。

从客观上讲，工程风险的显现是一个长期的过程，因此，工程风险的识别和评估也是一个长期的过程。尽管有的工程风险是显而易见的，但即使是显而易见的工程风险，人们对其识别和评估也不可能全面而深入，也会有局限性。加之主观上相关政府或企业、专家有可能会隐瞒不利于自身的信息，就更加大了客观上对于工程风险的正确识别。工程风险的识别还只是工程风险分配正义的基础性条件，即使工程风险得以正确识别，但由于其中有各种各样的利益关系，也难以做到真正公正。工程风险的识别与评估还都只是工程风险的认识阶段，在实践阶段，工程风险分配正义的难度可想而知。基于这样一种客观情况，在工程风险中的矛盾不断暴露，人们的认识水平和实践水平不断提升，对工程风险的认知和处理能力不断提高的情况下，需要对工程风险分配实行矫正补偿原则，这既是工程风险分配正义程序上的需要，也是工程风险分配正义实质上的要求。

第十二章　工程风险分配正义的制度保障

本章考察政府在工程风险分配中特殊的角色和职能，探讨制定各种风险分配保障制度，合理协调各利益主体间权利与责任对等、利益与风险共担、平等与差异共存的困惑与矛盾。

第一节　工程风险分配正义制度保障的必要性

2018年4月11日，中国国家主席习近平在博鳌亚洲论坛年会上发表讲话指出，要让制度更加成熟定型，让治理更有水平，进而使人民更有获得感、幸福感和安全感。工程一方面给人民带来福祉，这主要表现在随着我国国家实力的不断提升，中国在世界上的影响力日益增大，中国的大型工程、超级工程充分彰显了中国实力。但另一方面，也必须意识到，工程给人类造福的同时，也给人类带来了诸多不确定性因素，充满了风险。也正因为如此，如果说以往人们更为关注的是自然风险的话，那么今天的人造风险，主要是工程风险，已经逐渐占据了影响人类生存的重要方面。基于此，工程风险分配正义问题的解决就极为关键，实现了工程风险分配正义，将有助于减少或规避工程风险，进而在整体上有助于增强人们的安全感和幸福感。

工程风险分配正义的解决首先需要从理念上具有工程风险分配正义的思想，在思想层面上认可工程风险分配正义是必要的，并且对正义有正确的理解。在此基础上，更为关键的是要在制度上规范，制度的力量毫无疑问是最为强大的，也是最为现实的，制度还是最具约束力的力量。因此，工程风险分配的正义需要有相应的制度保障。

人类社会在漫长的历史发展过程中，社会制度中更多的是关于财富分配的制度，这主要是因为人类社会的发展更多的是关注社会发展的物质层面的基础以及与之相应的思想上层建筑和政治上层建筑。但随着人类社会现代化进程的加快及科学技术的发展，工程对人类社会的影响越来越大，这一方面给人类社会带来了前所未有的辉煌，同时也使人类社会逐渐进入风险社会之中，由工程所带来的人造风险日益显现，给人类的生产与生活带来了不可忽视的影响。

社会存在决定社会意识，由于社会存在，即社会的物质生活条件发生了变化，与之相应的，思想和制度也应随之发生变化，以适应不断变化的社会发展的需要。

目前世界上的制度建设已经取得了丰硕成果，这些制度几乎涵盖了社会的各个领域、各个方面，但是在风险面前，尤其在工程风险面前，却没有健全的制度来规范风险的预防、风险的识别、风险的评估和风险的责任承担，各风险有关部门在一定程度上还可能利用现有的社会制度为自身辩护，进而逃避风险，一定程度上造成了“有组织地不负责任”的情况的发生。因此，有必要重构风险社会的社会制度，使之更为完善和全面，不仅要反映财富分配，也要关注风险分配，并形成与社会发展相适应的制度，为工程风险分配正义提供制度支持。

风险社会的到来，给社会的各个方面都带来了极大的影响，当然，风险社会不只有负面的影响，风险同时也是一个致力于变化的社会的推动力。著名学者贝克把风险社会比喻为“文明的火山”，这就表明风险既包含着危机，也内含着进步。中国共产党十九届四中全会提出，要推进国家治理体系和治理能力现代化，强调运用制度的力量应对各种风险挑战的冲击，这其中就包含着工程风险的挑战，要从根本上解决工程风险问题，工程风险分配正义是其关键。工程风险分配正义离不开工程风险分配正义的理念，更离不开工程风险分配正义的相关制度的确立和完善。

对于工程风险分配正义的制度考量，离不开工程风险分配正义的协商制度、监督制度、公众参与制度以及落实这些制度的制度。

第二节　工程风险分配正义制度保障的主要构成

一、完善协商制度，建立“对话平台”，保障沟通渠道畅通

工程风险分配正义的制度首先包括协商制度，协商制度不仅包括工程共同体与公众的协商、与政府的协商，也包括工程共同体内部的协商，还包括工程共同体内部的每一利益相关主体内部的协商，因此，完善工程风险分配正义制度的协商应包括各级平台的科学建立及有效运行。

一个制度的有效，首先要在于此项制度是合理的，并且在此基础上还要求必须是可行的。只有合理且可行的制度才是真正能发挥作用的制度，才是一种有效的制度。

工程风险分配正义的协商制度，表现在工程共同体内部的工程师之间，以及工程师与管理者之间的协商与沟通，因此，应当确立有关于这一方面的相关制度，以保证协商与沟通的有效性，才能更好地避免或减少工程风险。建立这方面的制度主要是因为工程共同体内部的工程师之间、工程师与管理者之间是一个存在着复杂人际关系的系统，是存在着工程决策与实施的诸多方案的选择，而每一种方案的选择，其最大受益者、相关受益者都是不同的。因此，有必要确立相应的制度以保证协商顺利有效地进行。

工程共同体内部本身就是一个复杂的、动态交织在一起的多层次的社会网络，每一个体、每一群体都有着各自的利益，也有着工程共同体共同的利益。在具体的工程活动中，如何有效实现工程共同体内部各利益主体的协商，即决策者、投资者、设计者、管理者、工程师、工人等如何有效协商是一个至关重要的问题，这关系到工程的决策、施工、运行、维护、退役全生命周期。如何形成一个结构合理、功能健全的工程共同体，进而使工程共同体内部各成员能够合理协调交流，按照总体的目标协同合作，是一个非常重要的问题，是一个工程风险分配正义制度保障的重要组成部分，也是工程

风险分配正义制度的基础性制度。

人类的实践活动都是合规律性与合目的性的统一，都是在合规律的基础之上有明确的目的指向。任何工程都会有一个总体目标，工程在总目标下又会有各个层次的分级目标。工程活动是一个系统集成，是一个复杂的多元共同体，工程共同体是由无数个个体组成的，具有多重的目标，整个工程共同体的目标呈现为一个多重的目标网络。在这一多重的目标网络中，有的是以明确表达的方式呈现，有的则是以隐藏的形式呈现，这就表明，工程共同体内部也是一个"明""暗"交错的复杂的"价值利益网络"①。

正是基于工程共同体与公众的协商、与政府的协商，也包括工程共同体内部的协商，还包括工程共同体内部的每一利益相关主体内部的协商的复杂性与集成性，有必要通过制度的安排，实现工程各利益共同体之间的民主协商、有效协商。

二、完善监督制度，保障工程风险分配正义的正确执行

工程风险分配正义的制度首先包括协商制度，通过构建协商制度，工程各利益相关主体能得到有效沟通，以达成共识。但达成共识还不是工程风险分配正义的最终目的，工程风险分配正义需要通过执行过程才能落实。在工程风险分配正义执行过程中，需要确立相关的监督制度，以保证协商能够顺利进行，并且进一步保障协商的结果切实落实，进而实现从"有组织地不负责任"到"有组织地负责任"。

在工程活动的开展中，不管采取什么样的预防工程风险的措施，都难以将工程风险全部消除。尽管如此，还是有可能通过监督尽可能地减少工程风险的发生，以及减少工程风险发生之后各利益主体相互推诿情况的出现。

工程风险分配正义的监督制度不只体现为工程风险发生之后的分配，在工程风险发生之后，一定意义上也就可以说是一种消极的监督，而不是一种积极的控制与治理，真正的积极有效的监督应体

---

① 李伯聪，等. 工程社会学导论：工程共同体研究［M］. 杭州：浙江大学出版社，2010：229-233.

现在防患于未然、防患于工程活动的过程之中，基于此，有必要在工程活动过程中建立相应的风险监控监督制度。

工程进行中的风险监控监督是工程风险分配制度中非常重要的方面，也是利于工程风险分配正义的一个非常重要的环节。通过工程进行中的风险监控监督，可以了解到已识别的风险对工程的影响程度，可以了解之前的工程风险判断是否准确，可以了解所采取的风险应对措施是否适当，可以了解是否还存在未识别的新风险以便进一步采取措施来应对。

当然，对于工程进行中的风险监控监督，不仅要从定性的角度来进行分析，还要进一步以量化的方式进行。定性的分析只是分析事物的基础，定量的分析是对事物分析的进一步深化和具体化。对于工程风险的监控监督要在跟踪工程风险的基础上，进一步评估工程风险的等级及其影响后果，要通过制定工程风险跟踪检查表，进行指标细化，定期跟踪以保证其科学性和合理性。在监控监督的过程中，还有可能会发现二次风险，因为工程在施工的过程中，风险也会发生变化，并且不只会发生线性变化，还可能发生非线性变化，这都是需要在监控监督中注意的，因此，要及时地识别可能出现的新风险，并适时考虑应对计划。另外，如果在风险监控阶段，发现风险已经发生，就要尽可能采取控制措施，以防止风险进一步蔓延，以最大限度地减少工程风险，进而为工程风险分配正义提供有利条件。因为工程风险是人人都不想要的，这也是工程风险分配正义的监督制度建立的意义所在。

三、建立公众参与制度，使公众的诉求得到合理表达

在传统的工业社会中，工程活动的管理更多的是一种自上而下的管理方式，是一种科层制的管理结构，在工程活动进行的过程中，更多的是注重行政管理者或者工程技术界的精英来主导工程活动的进行，而少有公众的参与，或者说，即使参与也影响甚小。以往工程活动中往往公众参与少，只注重工程建设，而不注重工程的全生命周期管理，只重视经济效益，而忽视社会效益，因此，工程活动进行时经常会出现难以调和的冲突和矛盾。为改变这种不合理的现象，有必要建立利益相关者的参与机制，吸收广大公众参与工程决

策、设计和实施①，公众行使知情同意权，这样就可以有效地避免工程活动进行中的矛盾和冲突。

公众的知情同意权主要是缘于在工程活动的开展中，工程共同体内部与公众之间呈现的是一种信息不对称的状态，因此，有必要建立公众参与制度，通过制度的建立，公众的诉求能够得到合理的表达。现代科学技术的发展，使得工程活动的主要责任方处于一种主导性的地位，他们了解工程活动各个阶段的全面信息，而公众作为权利的一方，对工程活动开展中各个阶段的信息却知之甚少，作为公众，其所能得到的信息取决于工程共同体内部对公众传达的信息量。但同时又必须意识到，工程活动是具有价值负荷的活动，是承载着相关利益群体的利益的，这些利益的追求与风险的产生都与公众有着非常紧密的关系。工程活动的开展总是会对公众有一定程度的影响，不论是正面的影响还是负面的影响，公众作为权利的一方，是有知情同意权的。因此，工程共同体内部有责任也有义务将工程的相关信息以一种客观的方式传达给公众，以利于公众对工程活动的理解，对可能产生的工程风险的理解。在工程活动开始前，公众就通过一种制度安排的方式积极参与，使自己的诉求能够得到合理的表达，这不仅有利于工程活动的开展，也有利于工程风险的避免或减少，从而更有利于工程风险的分配正义。

值得注意的是，公众参与工程活动需要按照一定的程序进行。因此，不管是工程的决策、设计、施工、运行、退役，都要通过制度的安排，并且通过一种合适的方式使公众能够切实参与进来。其中最为关键的一点是公众中的代表能够直接参与决策，并对工程项目的整体社会价值有所了解，也能通过各种解释了解工程可能产生的负面影响及其预防措施。这是公众最为关心的问题，也是与公众密切相关的利益问题。这样，才能使工程的决策更为科学，实施更为合理。

通过公众参与制度，公众的诉求得到合理的表达，有利于提高工程活动开展的民主化和透明度，使工程活动能够得到各相关利益

① 石智雷，杨诚. 南水北调工程利益相关者管理演进与利益结构：基于进化博弈分析 [J]. 科技进步与对策，2010（13）：24-28.

主体的理解与支持，就可以一定程度上避免不必要的冲突与矛盾，既有利于工程活动的开展，也有利于工程风险的减少，这就是最大的工程风险分配正义。

四、建立工程风险分配落实制度，切实实现工程风险分配正义

制度的关键在于落实，因此，应建立工程风险分配落实制度，这是从根本上解决工程风险分配正义问题的关键。在工程风险分配正义落实方面，应建立风险强制分配补偿制度、风险转嫁惩罚制度、风险承受者社会保障制度，以化解收益与风险不对称的矛盾。

由于工程风险在主观上是人人避之的，与财富分配的状态是不同的，在制度上也会呈现不同的范式。不同的分配内容要求有不同的制度，不同的制度又有不同的执行方式，如何使一种制度能够有效地贯彻执行，那就是制度应能够切实地解决问题，并符合人类社会的发展趋势，制度是顺应社会存在、基于社会存在的一种政治建构，因此，制度是有政治方向和价值取向的。在遵循正确的政治方向和价值取向的基础上，谋求人类命运共同体的发展。

基于国与国之间、人与人之间的风险分配，应重点建立风险强制分配补偿制度，这主要是用于解决以下两种情况：一是工程风险承担者承担了其不应承担的风险；二是在工程活动中少收益、多受损等各种不公正现象。风险强制分配补偿制度的建立有助于更好地实现工程风险分配正义。建立风险转嫁惩罚制度，对于国与国之间、人与人之间的故意转嫁风险，如发达国家向发展中国家出口电子垃圾、在发展中国家建设一些重污染的工程等，应采取惩罚措施。应建立相关制度，确保该受到惩罚必须受到惩罚，以警诫后人和他人维护一种良好的工程风险分配正义秩序。建立风险承受者社会保障制度，工程中的风险总会涉及一些具体的人、一些具体的群体，对于这些承担工程风险的受害者，应建立相应的社会保障制度，使之能够得到持续的、稳定的补偿，而不会因为相关人员的变动发生变化。社会保障制度是民生的安全网，通过此项制度的建立，有助于工程风险的分配正义，可以解除风险承受者的某些后顾之忧。

参考文献

[1] 庄友刚.跨越风险社会:风险社会的历史唯物主义研究[M].北京:人民出版社,2008.

[2] 李伯聪,等.工程社会学导论:工程共同体研究[M].杭州:浙江大学出版社,2010.

[3] 安东尼·吉登斯.失控的世界[M].南昌:江西人民出版社,2001.

[4] 殷瑞钰,汪应洛,李伯聪,等.工程哲学[M].北京:高等教育出版社,2007.

[5] 任旭.工程风险管理[M].北京:清华大学出版社,2010.

[6] 查尔斯·E. 哈里斯,迈克尔·S. 普里查德,迈克尔·J. 雷宾斯,等.工程伦理:概念与案例[M].丛杭青,沈琪,魏丽娜,等译.杭州:浙江大学出版社,2018.

[7] 乌尔里希·贝克.风险社会:新的现代性之路[M].张文杰,何博闻,译.南京:译林出版社,2018.

[8] 安东尼,吉登斯.超越左与右[M].李惠斌,杨雪冬,译.北京:社会科学文献出版社,2000.

[9] 杨雪冬,等.风险社会与秩序重建[M].北京:社会科学文献出版社,2006.

[10] 亚里士多德.政治学[M].吴寿彭,译.北京:商务印书馆,1983.

[11] 查尔斯·培罗.当科技变成灾难:与高风险系统共存[M].蔡承志,译.台北:商周出版社,2001.

[12] 钱亚梅.风险社会的责任分配初探[M].上海:复旦大学出版社,2014.

[13] 安东尼·吉登斯.现代性的后果[M].田禾,译.南京:译林出版社,2000.

[14] 马克思.1844 年经济学哲学手稿[M].北京:人民出版社,2000.

[15] 色诺芬.经济论·雅典的收入[M].北京:商务印书馆,1961.
[16] 张振超.财富分配正义研究[D].苏州:苏州大学,2010.
[17] 柏拉图.理想国[M].北京:商务印书馆,1994.
[18] 亚当·斯密.国民财富的性质和原因的研究:下卷[M].北京:商务印书馆,1981.
[19] 梁小民,雎国余,刘伟,等.经济学大辞典[M].北京:团结出版社,1994.
[20] 马克思,恩格斯.马克思恩格斯全集:第46卷[M].北京:人民出版社,2003.
[21] 张卓元.政治经济学大辞典[M].北京:经济科学出版社,1998.
[22] 乌尔里希·贝克.风险社会[M].何博闻,译.南京:译林出版社,2004.
[23] 吴俊杰,张红,等.中国构建和谐社会问题报告:问题·现状·挑战·对策[M].北京:中国发展出版社,2005.
[24] 杨伯峻.论语译注[M].北京:中华书局,1980.
[25] 赵靖,等.天朝田亩制度[M]//赵婧,易梦虹.中国近代经济思想资料选辑:上册.北京:中华书局,1982.
[26] 何建华.分配正义论[M].北京:人民出版社,2007.
[27] 色诺芬.回忆苏格拉底[M].吴永泉,译.北京:商务印书馆,1984.
[28] 亚当·斯密.国民财富的性质和原因的研究:上卷[M].北京:商务印书馆,1972.
[29] 亚当·斯密.道德情操论[M].北京:商务印书馆,1997.
[30] 西斯蒙第.政治经济学新原理[M].北京:商务印书馆,1964.
[31] 圣西门.圣西门选集:第2卷[M].北京:商务印书馆,1982.
[32] 傅立叶.傅立叶选集:第1卷[M].北京:商务印书馆,1959.
[33] 欧文.欧文选集:第1卷[M].北京:商务印书馆,1979.
[34] 罗尔斯.正义论[M].何怀宏,何包钢,廖申白,译.北京:中国社会科学出版社,2009.
[35] 贾可卿.分配正义论纲[M].北京:人民出版社,2010.
[36] 帕森斯.社会行动的结构[M].南京:译林出版社,2003.

[37] 马克思,恩格斯.马克思恩格斯全集:第 18 卷[M].北京:人民出版社,1964.
[38] 马克思,恩格斯.马克思恩格斯全集:第 3 卷[M].北京:人民出版社,1960.
[39] 马克思,恩格斯.马克思恩格斯全集:第 47 卷[M].北京:人民出版社,1979.
[40] 邓小平.邓小平文选:第 2 卷[M].北京:人民出版社,1994.
[41] 邓小平.邓小平文选:第 3 卷[M].北京:人民出版社,1993.
[42] 毛泽东思想和中国特色社会主义理论体系概论编写组.毛泽东思想和中国特色社会主义理论体系概论[M].2015 年修订版.北京:高等教育出版社,2015.
[43] 马光选.风险分配与制度正义[D].武汉:华中师范大学,2013.
[44] 西塞罗.国家篇 · 法律篇[M].沈叔平,苏力,译.北京:商务印书馆,1999.
[45] 张永强.工程伦理学[M].北京:北京理工大学出版社,2011.
[46] 马克思,恩格斯.马克思恩格斯选集:第 3 卷[M].北京:人民出版社,1995.
[47] 毛泽东.论政策[M]//毛泽东.毛泽东选集:第 2 卷.北京:人民出版社,1991.
[48] 毛泽东.读苏联《政治经济学教科书》的谈话(节选)[M]//毛泽东.毛泽东选集:第 8 卷.北京:人民出版社,1999.
[49] 蔡乾和.哲学视野下的工程演化研究[M].沈阳:东北大学出版社,2013.
[50] HARMS A, BAETZ W, VOLTI R. Engineering in time: the systematic of engineering history and it's contemporary context[M]. London: Imperial College Press, 2004.
[51] 迈克 · W. 马丁,罗兰 · 辛津格.工程伦理学[M].李世新,译.北京:首都师范大学出版社,2010.
[52] 边沁.道德与立法原理导论[M].时殷弘,译.北京:商务印书馆,2005.
[53] 宋希仁,陈劳志,赵仁光.伦理学大辞典[M].长春:吉林人民出

版社,1989.

[54] 陈昌曙.自然辩证法概论新编[M].2版.沈阳:东北大学出版社,2001.

[55] 亚里士多德.尼各马可伦理学[M].廖申白,译.北京:商务印书馆,2003.

[56] 李正风,丛杭青,王前,等.工程伦理[M].北京:清华大学出版社,2016.

[57] 井泉.邻避性工程设施中工程风险的分配正义问题研究[D].昆明:昆明理工大学,2018.

[58] 马克思,恩格斯.马克思恩格斯全集:第2卷[M].北京:人民出版社,1995.

[59] 笛卡儿.哲学原理[M].北京:商务印书馆,1975.

[60] 笛卡儿.方法论[M].北京:商务印书馆,1975.

[61] 卢梭.论科学与艺术[M].北京:商务印书馆,1963.

[62] 卢梭.论人类不平等的起源和基础[M].北京:商务印书馆,1962.

[63] 亨利.柏格森.创造进化论[M].北京:商务印书馆,2004.

[64] 雅斯贝尔斯.历史的起源与目标[M].北京:华夏出版社,1989.

[65] 马会端.实用主义分析技术哲学[D].沈阳:东北大学,2004.

[66] 陈凡.论当代欧美技术哲学研究的特点及其转向[C]//多维视野中的技术:中国技术哲学第九届年会论文集.沈阳:东北大学出版社,2003.

[67] 卢彦.社会建构论视角中的工程风险研究[D].哈尔滨:哈尔滨工业大学,2012.

[68] 维西林,冈恩.工程、伦理与环境[M].吴晓东,翁瑞,译.北京:清华大学出版社,2003.

[69] 杨经福.投资项目利益相关者分析[D].南京:河海大学,2002.

[70] 戴维·伊斯顿.政治生活的系统分析[M].王浦劬,译.北京:华夏出版社,1999.

[71] 习近平.决胜全面建成小康社会 夺取新时代中国特色社会主义伟大胜利[M].北京:人民出版社,2017.

[72] 阿尔温·托夫勒.第三次浪潮[M].北京:生活·读书·新知三联书店,1983.

[73] 韩庆祥.强国时代[M].北京:红旗出版社,2018.

[74] 韩庆祥,等.读懂新时代[M].北京:中国方正出版社,2018.

[75] 王韬洋.环境正义的双重维度:分配与承认[M].上海:华东师范大学出版社,2015.

[76] 习近平.习近平谈治国理政:第2卷[M].北京:外文出版社,2017.

[77] 田文婷.风险分配研究文献综述[J].企业导报,2012(16):8-9.

[78] BULL H.The anarchical society:a study of order in world politics[M].London:Palgrave Macmillan,1977.

[79] 韩庆祥.现代性的本质、矛盾及其时空分析[J].中国社会科学,2016(2):9-14.

[80] 杨亮才.财富分配与风险分配:现代性的两种进路[J].学术交流,2011(5):144-147.

[81] 崔正龙.佛教的财富观及其现实意义[J].中国宗教,2009(7):56-58.

[82] 任保平.西方经济学财富观的历史演变:一个文献述评[J].经济学家,2010(1):12-19.

[83] 韩庆祥.马克思的财富观及其当代意义[J].哲学研究,2011(4):11-15.

[84] 向玉乔.财富分配的正义诉求[N].中国教育报,2010-07-05(4).

[85] 周家荣,王玉敏.论中西古代财富分配思想与消费思想[J].武汉科技大学学报(社会科学版),2009(5):39-44.

[86] 刘云凤.马克思恩格斯公平正义思想与米勒多元正义论比较[J].理论与改革,2012(2):5-8.

[87] 姜涌.马克思恩格斯的公平正义思想研究[J].广东社会科学,2004(3):60-66.

[88] 林彦虎.毛泽东的财富公正思想探析:基于财富的源泉和社会系统的基本结构出发[J].嘉应学院学报(哲学社会科学),

2012(3):32-37.

[89] 郝云.财富的分配正义与共享性增长研究[J].伦理学研究,2013(3):11-14,41,

[90] LOWRANCE W W.The nature of risk[M]//SCHWING R C, ALBRES W A, et al. Societal risk assessment: how safe is enough? Safe Plenum,1980:6.

[91] 费多益.科技风险的社会接纳[J].自然辩证法研究,2004(10):91-94,110.

[92] 高红杰.工程风险与工程师的伦理责任[J].沈阳师范大学学报(社会科学版),2008(2):24-26.

[93] MARTIN M W, SCHINZINGER R. Ethics in engineering[M]. New York: McGraw-Hill,1989.

[94] 张铃.工程知识的历史演进[J].科技管理研究,2009(7):490-492.

[95] 吴云清,翟国方,李莎莎.邻避设施国内外研究进展[J].人文地理,2012(12):7-12,42.

[96] 代亮,史玉民.工程伦理视域中的知情同意探析[J].自然辩证法研究,2015(1):38-42.

[97] 岳兵兵,吴永忠.话语权、西方"哲学"理论与"工程"实践关系的历史探究[J].工程研究,2018(4):401-407.

[98] MITCHAM C. Notes toward a philosophy of meta-technology [J].Digital library and archives of the Virginia Tech University, 1995,1(1):13-17.

[99] 徐长山.论工程系统[J].自然辩证法研究,2009(1):69-75.

[100] BECK U. Risk society revisited: theory, politics and research programmes[J].The risk society and beyond: critical issues for social theory,2000(4):211-229.

[101] 张康之.论合作治理中的制度设计与制度安排[J].齐鲁学刊,2004(1):115-120.

[102] 黄庆桥.浅析风险社会理论及其现实意义[J].社会,2004(3):27-29.

[103] 林育川.历史唯物主义视域中的规范正义:一种可能的马克思主义正义理论[J].哲学研究,2018(8):18-26.

[104] 张云龙.工程技术与社会正义:开启工程技术研究的政治学之维[J].自然辩证法通讯,2018,40(10):75-81.

[105] 石智雷,杨诚.南水北调工程利益相关者管理演进与利益结构:基于进化博弈分析[J].科技进步与对策,2010(13):24-28.

后　记

工程风险问题关乎人类社会生存,工程风险分配正义是解决工程风险问题的关键。我们该如何面对工程风险,如何去实现工程风险分配正义,以更好地解决工程风险问题,这是本书思考的核心问题。

第一,本书分析了工程风险与风险社会的秩序重建,基于工程风险的出场并逐渐成为不可忽视的现象,主要分析了风险社会中政府的主导作用与秩序重建、工程师与专家的技术责任与秩序重建、企业的风险责任能力与秩序重建三个主要方面,明确了秩序重建的必然趋势,阐述了工程风险分配正义的必要性。

第二,本书为了更好地分析工程风险的分配正义,运用比较的方法,阐述了财富分配的逻辑与风险分配的逻辑,更加明晰了风险分配正义问题。风险分配与财富分配不同,财富人人想得之,而风险人人想避之。同时,由于工程风险的产生不是仅仅局限于此时此地,工程的造物活动是一个过程,工程的投入使用也是一个过程,工程的退出还是一个过程。对工程风险分配问题的考察也应基于工程的全生命周期。

第三,工程是由政府、企业、工程师等多主体共同活动的结果,对工程风险分配问题的分析也应基于多主体进行。梳理工程风险由个体责任朝着团体责任的转向,分析工程师、管理者、专家、公众等不同主体对工程风险的可接受性的不同理解及其为谋求自身利益的自由博弈引发的生存困境,从而阐明工程风险分配中正义伦理规约的必要性。

第四,本书为了深入分析工程风险分配正义,分为四个部分[工程风险分配正义的伦理学阐释,工程风险分配正义的现象学阐释,工程风险分配正义的生存论阐释,并分析了一种特殊的工程风险(邻避设施中的工程风险)分配正义问题]对工程风险分配正义问题进行了阐述，有助于全面了解工程风险分配正义问题。

第五，本书对工程风险分配正义实现的可能性、现实性进行了分析，并在此基础上，提出了工程风险分配正义应坚持的原则和建立的制度。

通过以上部分的阐述，本书主要表达了以下观点。

一是从工程风险分配正义的视角尝试解决工程风险问题。面对风险社会的到来，面对工程风险，本书希望通过分配正义的方式作为解决工程风险问题的一种尝试。

二是工程风险分配正义的逻辑阐述，阐述了生存论视域的工程风险分配的必然性及其实现的途径。生存论视域工程风险的界定是分析工程风险分配正义问题的逻辑基础。工程风险分配正义的基本逻辑首先呈现为经济学维度的“资本逻辑”和伦理学维度的“责任逻辑”，这两种工程风险分配正义的逻辑既有历史必然性，也有历史局限性，“生存逻辑”的工程风险分配正义是对“资本逻辑”和“责任逻辑”局限性的克服。“生存逻辑”工程风险分配正义的实现主要依靠正义理念、制度正义和程序正义三位一体地共同发挥作用。

三是工程风险分配正义的多维考察。通过工程风险分配正义的多维考察，有助于全面地看待工程风险分配正义，进而可以通过分析与综合相结合的模式，为更好地实现工程风险分配正义提供逻辑基础。工程风险分配正义实现的可能性与现实性的分析正是基于工程风险分配正义的多维考察。

著者

2020 年 6 月

图书在版编目（CIP）数据

公路工程检测及其创新技术研究 / 武学科著 . -- 沈阳 ：东北大学出版社，2022. 6
ISBN 978 - 7 - 5517 - 2991 - 8

Ⅰ. ①公… Ⅱ. ①武… Ⅲ. ①道路工程－检测－研究
Ⅳ. ①U415. 12

中国版本图书馆 CIP 数据核字（2022）第 095696 号

出 版 者：东北大学出版社
地址：沈阳市和平区文化路三号巷 11 号
邮编：110819
电话：024-83687331(市场部)　83680267(社务部)
传真：024-83680180(市场部)　83680265(社务部)
网址：http://www.neupress.com
E-mail：neuph@neupress.com
印 刷 者：沈阳市第二市政建设工程公司印刷厂
发 行 者：东北大学出版社
幅面尺寸：170 mm×240 mm
印　　张：15
字　　数：253 千字
出版时间：2022 年 6 月第 1 版
印刷时间：2022 年 6 月第 1 次印刷
策划编辑：杨世剑
责任编辑：周　朦
责任校对：张庆琼
封面设计：张啸天

ISBN 978 - 7 - 5517 - 2991 - 8　　定　价：86.00 元

公路工程检测及其创新技术研究

武学科　著

东北大学出版社
·沈　阳·

前　言

公路工程检测是一门集公路工程基础知识、检测基础理论和测试操作技能于一体的学科，是进行公路工程质量检测的一种有效手段，是公路建设质量管理工作的重要组成部分。它可以直观地反映工程的整体质量水平，及时发现问题并采取有效的措施和手段进行解决，因此，对公路的建设具有至关重要的作用。

近年来，随着我国公路建设的快速发展，对工程质量控制与检测的要求也越来越高。我国公路事业发展坚持以提高公路质量、等级与加大公路密度并重的原则，积极新建公路。

本书以“公路工程检测及其创新技术研究”为主题，探讨相关内容。全书共分为六章：第一章对公路工程概述，阐述了公路的类型与组成、公路工程项目的划分、公路施工特点与经济技术特征；第二章为公路工程风险管理与试验检测管理，内容包括公路工程风险管理、公路工程试验检测的目的与机构、公路工程试验检测工作管理与制度；第三章为公路工程检测技术及其质量鉴定，内容涵盖路基、路面工程检测技术，桥梁工程检测技术，隧道工程检测技术，公路工程竣工验收检测与质量鉴定；第四章为公路工程检测专业技术人才管理，内容涉及公路工程检测技术人才培养新模式、公路工程检测专业技术人才的激励方法、公路工程检测专业技术人才激励优化设计、公司专业技术人才激励管理方案的保障措施；第五章为公路工程检测技术创新与应用，内容包括无机结合料稳定材料试验检测技术、结构混凝土超声法检测技术、基桩完整性检测技术研究；第六章探索低碳背景下的公路工程建设与创新，内容涉及公路施工期对生态环境的影响与保护措施、公路施工期的低碳管理、绿色低碳公路建设实践分析。

本书体系完整、视野开阔、层次清晰，以通俗易懂的语言、系统明了的结构，全面地介绍了公路工程检测技术、方法与创新技术，充分体现了科学性、系统性、时代性等显著特点。本书旨在通过分析公路工程检测技术，推动公路检测研究的进一步发展。

著者在撰写本书的过程中，得到了许多专家、学者的帮助和指导，在此表示诚挚的谢意。由于著者水平有限，加之撰写时间仓促，书中所涉及的内容难免有疏漏之处，希望读者多提宝贵的意见，以便进一步修改，使之更加完善。

著　者

2021 年 12 月

目　录

第一章　公路工程概述 …… 1
第一节　公路的类型与组成 …… 1
第二节　公路工程项目的划分 …… 4
第三节　公路施工经济技术特征 …… 5

第二章　公路工程风险管理与试验检测管理 …… 7
第一节　公路工程风险管理 …… 7
第二节　公路工程试验检测的目的与机构 …… 34
第三节　公路工程试验检测工作管理与制度 …… 38

第三章　公路工程检测技术及其质量鉴定 …… 50
第一节　路基、路面工程检测技术 …… 50
第二节　桥梁工程检测技术 …… 63
第三节　隧道工程检测技术 …… 116
第四节　公路工程竣工验收检测与质量鉴定 …… 131

第四章　公路工程检测专业技术人才管理 …… 136
第一节　公路工程检测技术人才培养新模式 …… 136
第二节　公路工程检测专业技术人才的激励方法 …… 181
第三节　公路工程检测专业技术人才激励优化设计 …… 184

第五章　公路工程检测技术创新与应用 …… 190
第一节　无机结合料稳定材料试验检测技术 …… 190
第二节　结构混凝土超声法检测技术 …… 195

第三节　基桩完整性检测技术 …………………………………… 199

第六章　低碳背景下的公路工程建设与创新 ………………………… 203
第一节　公路施工期对生态环境的影响与保护措施 ……………… 203
第二节　公路施工期的低碳管理 ………………………………… 209
第三节　绿色低碳公路建设实践分析 …………………………… 224

结束语 ……………………………………………………………… 232

参考文献 …………………………………………………………… 233

第一章　公路工程概述

第一节　公路的类型与组成

一、公路的类型

公路是指连接城市、乡村和工矿基地等，主要供汽车行驶，具备一定技术和设施的道路。公路按照其重要性和使用性质，可划分为国家干线公路（简称国道）、省干线公路（简称省道）、县公路（简称县道）及专用公路等。

（一）国道

国道是指在国家干线网中，具有全国性的政治、经济、国防意义，并经确定为国家级干线的公路。

（二）省道

省道是指在省公路网中，具有全省性的政治、经济、国防意义，并经确定为省级干线的公路。

（三）县道

县道是指具有全县性的政治、经济意义，并经确定为县级干线的公路。

（四）专用公路

专用公路是由工矿、农林等部门投资修建，主要供部门使用的公路。在城市、厂矿、林区、港口等内部的道路，都不属于公路范畴，但穿过小城镇的路段仍属于公路。

二、公路的组成

（一）公路的线形组成

公路线形是指公路中线的空间几何形状和尺寸。这一空间线形投影到平、纵、横三个方面并分别绘制成反映其形状、位置和尺寸的图形，就是公路的平面图、纵断面图和横断面图。公路设计中，平、纵、横三个方面是相互影响、相互制约、相互配合的，设计时应综合考虑。

平面线形由直线、圆曲线与缓和曲线等基本线形要素组成，纵面线形由直线（直坡段）及竖曲线等基本要素组成。公路线形设计时，必须考虑技术经济和美学等方面的要求。

（二）公路的结构组成

公路结构是承受荷载和自然因素影响的结构物，包括路基、路面、排水结构物、特殊结构物和防护工程等。不同等级的公路在不同条件下的组成会有所不同，如低等级的公路就不必设置停车场。

1. 路基

路基是行车部分的基础，它是由土、石按照一定尺寸与结构要求建筑成的带状土工结构物。路基必须具有一定的力学强度和稳定性，要经济合理，以保证行车部分的稳定性和防止被自然破坏力损害。公路路基的横断面主要由行车道、路肩、路缘带、边坡、截水沟、边沟和碎落台等组成。

2. 路面

路面是用各种坚硬材料分层铺筑于路基顶面的结构物，以供汽车安全、迅速、舒适地行驶。因此，路面必须具有足够的力学强度与良好的稳定性，以及良好的表面平整度和抗滑性能。

路面按照力学性质可分为柔性路面和刚性路面两大类。

路面的常用材料有沥青、水泥、碎石、砾石、黏土、砂、石灰与其他工业废渣等。

3. 排水结构物

为了防止地表水及地下水等自然水侵蚀、冲刷路基，确保路基稳定，需要设置排水结构物。常见的纵向排水结构物有边沟、截水沟和排水沟等，横向排水结构物有桥梁、涵洞、路拱、过水路面、渗水路堤、急流槽和渡水槽等。这些排水结构物组成综合排水系统，以减轻或消除各种水对公路的损害。

4. 防护工程

在陡峻的山坡上或沿河一侧路基边坡受水流冲刷或不良地质现象（如滑坡、碎落、崩塌等）威胁的路段，为了保证路基稳定，加固路基边坡所建的人工结构物，称为防护工程。常见的路基防护工程有护坡、碎落台、填石路堤、反压护道、导流堤和坡面防护等。

（三）公路沿线附属结构

在公路上，除上述各种基本结构和特殊结构物外，为了保证行车安全、迅速、舒适和道路美观，还需设置交通管理设施、服务性设施和环境美化设施等。

1. 交通管理设施

交通管理设施是为了保证行车安全，使驾驶员知道前面路况和特点，而在道路上设置的交通标志和路面标线。

(1) 公路交通标志。共有以下三类。

第一，指示标志。它是指示驾驶员行驶方向、行驶里程及交通服务性设施的标志。

第二，警告标志。它是指示前方有行车障碍物和行车危险的地带，警告驾驶员要集中注意力、确保行车安全的标志。

第三，禁令标志。它是指示各种必须遵守的交通限制的标志，如限制速度、载重和不准停车等。

(2) 公路路面标线。路面标线是布设在路面上的一种交通安全设施，共有以下四种形式。

第一，白色连续实线。它是车辆不准逾越的车道分界线。

第二，白色间断线。它是车辆可以逾越的车道分界线。

第三，白色箭头指示线。它用来指引汽车左、右转弯或直行。

第四，黄色连续实线。它是严禁车辆逾越的车道分界线。

为了保障夜间行车安全和发挥公路的作用，高等级道路的边线还应设置反光标志。

2. 服务性设施

公路的服务性设施主要包括汽车站、加油站、修理站、停车场、餐厅、旅馆、洗手间，以及养护用的道班房等。

3. 环境美化设施

绿化是美化公路与保护环境不可缺少的部分。常在路侧带、中央分隔带、停车场及道路用地范围内的边角空地等处绿化，但不应妨碍视距。在环形交叉口、立交区和大桥桥头，可以设置一些景观造型及种植花草来美化环境。

第二节　公路工程项目的划分

一、公路工程项目的划分程序

工程项目的划分是在施工准备阶段进行的，由施工单位结合工程特点对工程按照单位、分部和分项工程逐级进行划分，经建设单位负责人和总监理工程师批准，报质量监督部门备案后执行。多个合同段、多个施工单位的工程建设项目，应由建设单位和工程监理单位统一组织、协调项目的划分工作。

施工单位对项目划分的及时性、准确性及合理性负责，建设单位和工程监理单位负责审核和批准，质量监督部门负责监督。

二、公路土建与机电工程项目的划分

在信息技术快速发展的今天，相关工作人员要提高对高速公路机电系统管理工作的重视，同时，采用先进科学技术，完成运维养护管理作业，进而确保高速公路中各项机电设备稳定运行，提高高速公路服务质量，方便人们出行。

（一）公路土建部分工程项目的划分

按照规定，在施工准备阶段应根据建设任务、施工管理和质量检验评定的需要，将建设项目划分为单位工程、分部工程和分项工程。施工单位、工程监理单位和建设单位应按照相同的工程项目划分进行工程质量的监控和管理。

(1) 单位工程。在建设项目中，根据签订的合同，具有独立施工条件的工程称为单位工程。

(2) 分部工程。在单位工程中，应按照结构部位、路段长度及施工特点或施工任务，将其划分为若干个分部工程。

（3）分项工程。在分部工程中，应按照不同的施工方法、材料、工序及路段长度等，将其划分为若干个分项工程。同一个分项工程中，根据施工工艺、施工进展和完成情况，可以先分几段或几个阶段进行检查验收，再进行汇总。

（4）公路工程标段划分应合理，以适应施工单位组织施工生产的需要。

（二）公路机电部分工程项目的划分

机电工程是整个公路工程的一部分，但其技术要求、施工工艺、试验检评方法等与公路工程的土建部分有较大区别，故将其作为一个独立的专业单位工程设置。对于公路机电部分工程，应本着不同的专业由不同的承包单位组织施工，以减少交叉、便于质量监控和管理的原则来划分分部工程。

第三节　公路施工经济技术特征

公路产品的特点，使其在施工生产过程中表现出以下五项经济技术特征。

一、施工流动性大

公路建设线长点多，工程数量分布不均匀，除部分预制件和需安装的设备外，构筑物在施工过程中和建成后都无法移动，产品具有固定性和严格的施工（生产）顺序，因而需要组织各类工作人员和多种机械围绕这一固定产品，在同一地点的不同时间或同一时间的不同地点开展施工活动，这就需要科学地解决在空间布置和时间安排上的矛盾。某路段或某工程施工完成后，施工队伍向新的施工现场转移，公路施工的流动性给施工企业的生产管理和安全管理都带来一些困难，如施工基地的建立，施工组织形式、施工方案的选择，施工运输距离的经济合理性，等等。

二、施工协作性高

公路工程类型多，施工环节多，工序复杂，每项工程又具有不同的功能和不同的施工条件，每条道路不仅需要单独设计，而且需要单独组织施工，也需要建设单位、设计单位、施工单位、监理单位的配合，还需要材料供应、动力、运输、人员管理、设备管理等各环节的协作，因此在施工过程中，应综合平衡和调度各种资源，使人尽其才、物尽其用。

三、施工周期长

公路工程包括路基、路面、桥梁、涵洞、隧道、交通安全设施、防护工程、绿化工程等多项内容，产品形态庞大，既具有固定性，又具有不可分割性，且有严格的施工顺序，这使得公路工程施工周期长，会在较长时期内占用较多的人力、物力和财力，直至施工周期结束，才能生产出产品。

四、受外界影响、干扰比较大

公路工程施工基本上是露天作业，受外界自然条件和人为因素的干扰、影响比较大，如气温、晴雨、水文、地质、纵横向交通等的干扰。由于公路部分结构的易损性，施工过程中也会造成部分结构的损坏，需要不断及时地维修和养护。

五、建筑材料复杂多样

公路工程材料尤其是路基、路面材料，用量十分庞大，多采取就地取材的方式，这就导致建筑材料的不确定性和材质的复杂多样性，给施工质量控制带来一定的困难。

“公路建筑产品的这些特点带来了工程施工过程中的流动性、生产周期长、易受自然因素影响和外界干扰等特点。这些特点，对公路施工的组织与管理产生了很大的影响。”① 对不同的施工项目，环境等影响因素又有所不同，研究和遵循这些规律，科学地组织安排公路工程施工，对提高工程建设质量和工程建设资金的经济效益具有重要意义。

---

① 杜红杏．浅谈公路施工的技术经济特点［J］．现代经济信息，2010（17）：176.

第二章　公路工程风险管理与试验检测管理

第一节　公路工程风险管理

一、工程风险

（一）工程风险及其特点

工程风险是指在工程决策和实施过程中，造成实际结果与预期目标的差异性及其发生的概率。工程风险的差异性包括损失的不确定性和收益的不确定性。工程项目在其寿命周期中的风险，即工程项目在决策、勘察设计、施工及竣工后投入使用各阶段，造成实际结果与预期目标的差异性及其发生的概率。工程风险根据风险后果程度及风险发生概率的不同，可划分为不同的风险等级，风险程度的大小等于风险的后果严重程度乘以风险发生的概率。工程风险具有不确定性、客观性、可测性和复杂性的特点。

1. 工程风险的不确定性

工程风险虽然客观存在，但就某一具体的风险而言，工程风险事故的发生具有不确定性。由于材料质量、技术水平等受随机因素影响，不可能预见产生风险的原因，因此，风险与不确定性紧密相关。在发生之前，人们无法准确预测工程风险何时会发生及发生的后果。市政公路工程项目相较于其他工程项目更加复杂，容易受外部环境影响，如拆迁、交通、周边社会关系等都容易影响项目进程；项目内部各利益相关者，如业主、监理、承包商、材料供应商、政府监管机构变数较大；项目自身在建设中存在的问题，使其不确定性程度更高。

2. 工程风险的客观性

工程风险是客观存在的。无论是自然界中的地质条件、地区气候条件，还是社会领域的事物（如拆迁、交通、周边社会关系等），都不以人的意志为转移，都是独立于人的意识之外的客观存在。

3. 工程风险的可测性

例如，在市政公路工程建设中，对不同事故进行汇总分析，并利用模型提取其中的数据，就可以测算事故发生的可能性，进而对风险进行预控。

4. 工程风险的复杂性

市政公路工程通常工期长、投资额大，其风险既涉及工程自身特点，又涉及建设期间的社会和环境状况，其变化是复杂的。地下工程施工受地质条件限制很多，如遇到流沙地层的深基坑或管涌塌方。市政公路工程涉及的单位多，协调组织较为困难。例如，在城市进行大型地下工程施工，往往涉及业主、监理、施工总承包及分包单位、监测单位、设计单位、质量监督站、安全监督站、交警、当地派出所、居委会、市政煤气公司、电力公司、通信公司、自来水公司、沿线厂矿等，其中若有一方不能有效配合，就可能影响工程的进度和质量。市政公路工程设计施工方案变动大、动态性强，地下工程开工后，若工程地质、水文地质条件发生变化，就不得不补充勘探、修改设计图纸和施工方案。

（二）工程风险因素

工程风险因素是促使损失频率和损失幅度增加的要素，是导致事故发生的潜在原因，是造成损失的直接或间接原因。例如，桥梁所用的建筑材料的质量、设计的合理性、施工人员的技术能力都是影响桥梁结构的潜在风险。

下面以材料风险与机械设备风险为例，详细介绍工程风险对工程的影响。

1. 材料风险

工程材料是指工程建设阶段所使用的原材料、（半）成品和构配件等工程材料，而材料风险则是指所用材料未达到质量要求对工程建设的影响和所造成的损失。工程材料是工程施工的基础物质条件，没有材料，工程就无法开展，材料质量是确保工程质量的基础。若选用的材料质量达不到施工要求，工程质量就不能达标，后期投入使用阶段就存在风险；若对材料质量控制不严，就会使得工程质量存在隐患。

2. 机械设备风险

施工用大中型机械设备的来源有两种：施工企业自有或外雇。若机械设备达不到正常使用要求，则会降低工作效率，影响工期，从而导致工程进度滞后。同样，建设工程中机械设备的使用作业，也会影响工程的安全，机械设备的风险因素会给工程带来重要影响。

风险因素是风险事故发生的潜在原因和条件，是造成损失的内在的或间接的原因和条件。可以把风险因素、风险事件（事故）和损失三者的关系组成一个因果关系链条，即风险因素的产生或增加，造成了风险事件（事故）的发生，风险事件（事故）的发生又是导致损失的直接原因。例如，由于人员的不规范操作，工程质量得不到保障，发生脚手架坍塌的安全事故，导致人员伤亡，给公司带来直接和间接损失。其中，脚手架坍塌是风险事件，而人员的不规范操作、工程质量得不到保障等是风险因素。

二、工程风险管理

工程风险管理在项目管理中是一种高层次的综合性管理工作。它涉及企业管理和项目管理的各个阶段和各个方面，以及项目管理的各个子系统，所以它必须与合同管理、成本管理、时间管理、质量和安全管理等融为一体。“我国公路工程建设具有投资额度大、建设线路长、质量要求高、工期时间长及户外作业环境复杂等特点，使其面临来自社会、经济、自然以及项目内部的技术、组织等各式各样风险因素影响。有效地识别并管理控制风险，可以提高工程决策质量，防止施工资源浪费，控制工程造价，对公路工程项目的实施具有重要意义。”①

具体的工程项目风险具有特殊性。例如，项目所处的地域，如国度、环境条件及当地的相关法规与政策都会影响项目的进展。要全面有效地进行工程项目风险管理，必须要占有大量的信息，了解情况，对项目系统及系统的环境有十分深入的了解并进行预测。所以要对不同工程项目的特殊性进行全面的信息收集，了解情况后才能进行预测。

（一）工程风险管理的作用

工程风险管理的作用主要体现在以下三个方面。

① 吴明燕．公路工程风险分析与应对措施［J］．中国住宅设施，2019（5）：74－75.

(1) 工程风险管理为现代社会处置风险提供了全面、系统、科学的方法。全面科学的风险管理离不开对风险的识别和综合分析。风险管理能够有效地帮助企业规避部分风险。通过科学系统的管理方法，能够对每一个风险对策的成本和效率做比较，从中找到最适合的对策；通过对风险数据和质量的科学计算，能够对风险进行识别和度量，为科学的风险管理打好基础。

(2) 风险管理能够综合性地对风险进行分析处理，是一种将各种风险控制措施和手段综合利用的、科学有效的管理方法。风险管理通过风险处置工具完成，一方面注重控制、转嫁、处理损失前的风险，另一方面注重补偿遇到风险后的损伤。这也是全面处理风险的有效展现。

(3) 在系统处置和风险控制的共同协作下，保障建设工程的顺利完工。风险管理所采取的各项措施都是为了将项目中的风险损失降到最小，并且能够在发生灾害损失后及时有效地提供物资和资金。事实上，风险管理就是在减少工程的费用支出。

(二) 工程风险管理的目标规划及过程

1. 工程风险管理的目标规划

工程风险管理规划是风险管理组织进行风险管理的重要工具，是全部工程风险管理的基础部分。工程风险管理规划首先要明确风险管理的目标。工程风险管理的目标规划，可分为以下两个方面。

(1) 在各类风险事件发生之前，应该尽可能地选择合理、经济、有效的风险措施，进而达到减少或避免风险事件发生的目标，通过风险管理将风险事件的可能性和危害性降到最低。

(2) 在各类风险事件发生之后，各方力量应该团结一致、通力协作，立即采取有效的风险措施和应急预案，尽可能地将人员伤亡、经济损失、环境影响等降到最低，让事件能够尽快解决，从而尽快恢复到风险发生之前的状态。

2. 工程风险管理的过程

工程风险管理是对存在于市政公路工程项目中的风险进行识别与分析、评估与预控、跟踪与监测、预警与应急的全过程管理。

(1) 在市政公路工程项目施工的具体实施阶段及每个阶段的关键节点，都应结合具体的施工条件、周围环境、施工队伍、施工机械性能等实际状态对风险因素进行再识别，动态分析市政公路工程项目施工的具体风险因素。

（2）再识别风险是通过跟踪上一个阶段的风险识别和处理结果，以及已经形成的风险清单、检测结果、已经处理的风险，分析风险发生的可能性。从本质上来说，再识别风险的过程就是对市政公路工程的新增风险因素进行识别和分析，这也是一个循环过程。

（三）工程风险管理绩效考评

绩效考评是指依照预先确定的标准和一定的评价程序，运用科学的评价方法，按照评价的内容和标准对评价对象的工作能力、工作业绩进行考核与评价。为不断提高动态风险管理水平，应激励各单位做好各项风险管理工作，积极主动地开展风险管理，制订有效的绩效考评方法。

1. 考评内容

根据市政公路工程动态风险管理工作的要求，从风险大纲的编制、风险项目组织机构、现场风险控制、风险报告、风险管理实效及风险管理咨询六个方面对项目风险管理进行绩效考评。

2. 考评频率

每年进行一次考评。工程风险管理实施完成后进行一次全面的考评。

3. 考评标准

（1）风险大纲的编制和执行情况：①风险管理大纲的针对性和合理性；②风险管理大纲实施的可操作性；③风险管理大纲的落实情况。

（2）组织架构的建立和人员配备：①组织架构建立的合理性；②人员配备和岗位责任的合理性。

（3）风险管理实施和报告提交：①风险管理的及时性；②风险管理的有效性；③风险管理报告提交的及时性；④风险管理报告内容和现场的符合性；⑤风险管理报告内容的针对性。

（4）风险管理咨询工作的实效性：①风险管理工作的预见性，主要是重大风险或重大安全隐患的识别与跟踪情况；②险情及原因分析；③避免出险的措施及修复建议。

（5）风险管理咨询服务质量情况：①对相关人员的风险管理培训；②风险咨询的建议和回复；③相关风险管理信息的提供。

三、市政公路工程风险评估方法

由于市政公路工程项目施工环境复杂、工期长，建筑物与地质环境关系密切，所面临的不确定因素更多、更复杂，因此运用风险管理技术进行风险管理较为广泛。风险管理过程中，对风险的评估标准的制订及风险评估方法的运用极为重要，要想正确把握风险类型及其危险程度，必须系统科学地识别、评估各类风险。

（一）工程风险评估标准

1. 风险概率与风险损失

风险事件的风险等级由风险发生概率等级和风险损失等级间的关系矩阵确定。风险损失等级包括直接经济损失等级、周边环境影响损失等级及人员伤亡等级，当三者同时存在时，以较高的等级作为该风险事件的损失等级。

2. 风险评估等级

风险等级有多种划分方法，不同行业的危险等级划分各不相同。建筑工程施工中，将风险等级分为以下五级。

（1）5级风险。风险等级最高，风险后果是灾难性的，并造成恶劣的社会影响和政治影响。

（2）4级风险。风险较高，风险后果很严重，可能在较大范围内造成破坏或有人员伤亡。

（3）3级风险。风险一般，风险后果一般，对市政公路工程可能造成破坏的范围较小。

（4）2级风险。风险较低，风险后果在一定条件下可忽略，对市政公路工程本身及人员等不会造成较大损失。

（5）1级风险。风险最低，风险后果可以忽略。

风险较大的工程是指建筑工程在施工过程中存在的、可能导致作业人员群死群伤或造成重大不良社会影响的分部分项工程。直接认定为风险较大的分部分项工程，要作为重大危险源进行风险管理。

3. 风险预警等级

在市政公路工程施工期间，对可能发生的突发风险事件，应划分预警等级。根据突发风险事件可能造成的社会影响性、危害程度、紧急程度、发展势态和可控性等情况，可分为以下五个等级。

（1）5级风险预警，即红色风险预警，为高级别的风险预警，风险事故后果是灾难性的，并造成恶劣社会影响和政治影响。

（2）4级风险预警，即橙色风险预警，为较高级别的风险预警，风险事故发生后果很严重，可能在较大范围内对工程造成破坏或有人员伤亡。

（3）3级风险预警，即黄色风险预警，为一般级别的风险预警，风险事故后果一般，对工程或人员可能造成破坏的范围比较小。

（4）2级风险预警，即紫色风险预警，为较低级别的风险预警，风险事故后果在一定条件下可以忽略，对工程本身及人员、设备等不会造成较大损失。

（5）1级风险预警，即青色风险预警，为最低级别的风险预警，风险事故后果可以忽略，对工程本身及人员、设备等造成的损失极小。

（二）工程风险识别与分析的方法

工程风险识别是从系统的观点出发，横观工程项目所涉及的各个方面，纵观项目建设的发展过程，将引起风险的极为复杂的事物分解为比较简单的、容易被识别的基本单元，具体包括识别出风险的来源、类型、影响及后果。工程风险识别的主要内容是识别引起风险的主要因素、识别风险性质、识别风险可能引起的后果。

工程风险识别过程中可以使用很多方法，包括专家调查法、故障树分析法、事件树分析法、情景分析法、识别问讯法、财务报表法、流程分析法、现场勘测法、相关部门配合法、索赔统计记录法和环境分析法等。以下主要介绍专家调查法和故障树分析法。

1. 专家调查法

专家调查法是指将众多相关专家的反复调研和反馈意见进行综合，总结出影响项目投资的主要风险因素，继而制订项目风险因素估计调查表，然后让相关专家与工作人员定性、估算各项风险因素在项目建设中出现的可能性及风险出现后的影响程度和应对措施，最后将调查表的统计数据进行处理，获取各项风险因素出现的概率、分布情况及项目投资可能出现的结果。专家调查法中，用途较广、最具有代表性的两种方法是头脑风暴法和德尔菲法。

（1）头脑风暴法。它是一种以群体专家组成专家小组，利用专家的创造性思维，集思广益，获取未来信息的直观预测和识别的方法。头脑风暴法的具体做法如下。

确定议题：一个好的头脑风暴法从准确阐明问题开始。

会前准备：为了使头脑风暴畅谈会的效率较高、效果好，可在会前做一些准备工作。

确定人选：一般以8～12人为宜，也可略有增减（如5～15人）。

明确分工：要选定一名主持人，1～2名记录员（秘书）。主持人的作用是在头脑风暴畅谈会开始时重申讨论的议题和纪律，在会议进程中启发引导、掌握进程。

规定纪律：根据头脑风暴法的原则，可规定几条纪律，要求与会者遵守。

掌握时间：会议时间由主持人掌握，不宜在会前规定。

(2) 德尔菲法。它具有代表性、可靠性、统计性、匿名性及收敛性。调查专家将它分为两类：第一类是从事管理工程项目风险的技术和管理人员；第二类是从事研究工程项目相关领域的工作人员。德尔菲法依据系统的程序，采取匿名发表意见的方式，即专家之间不能相互交流意见，避免发生横向联系，只能与调查人员直接联系，通过多次调查专家对文件所提问题的看法，经过反复征询、归纳、修改，最后汇总成基本一致的看法，作为预测的结果。

参与德尔菲法预测风险和结果的相关领域的专家都是由项目风险小组选定的。先通过函询的方式直接联系这些适当数量的专家，并以函询的方式收集专家意见；对这些意见进行综合整理后，匿名分给各位专家，再询问意见。这样反复进行4～5轮，让各位专家的意见趋于一致，形成最后的识别和预测依据。

2. 故障树分析法

故障树分析法简称FTA，是系统安全分析方法中应用最广泛的一种。故障树是由一些节点及它们之间的连线所组成的，每个节点表示某一具体故障，而连线则表示故障之间的关系。编制故障树通常采用演绎分析法，把不希望发生的且需要研究的事件作为顶上事件放在第一层，找出造成顶上事件发生的所有直接事件并列为第二层，再找出第二层各事件发生的所有直接原因并列为第三层，如此层层向下，到最基本的原因事件为止。

故障树分析图形符号包括事件符号（矩形、圆形、菱形和房形符号）、逻辑门符号（与门、或门、条件与门、条件或门、限制门符号）及转移符号（转入、转出符号）三类。

故障树分析步骤如下：确定分析系统，即确定系统所包含的内容及其边界范围；熟悉所分析的系统，指熟悉系统的整体情况，必要时根据系统的工艺、操作内容画出工艺流程及布置图；调查系统发生的各类事故，即收集、调查所分析系统的过去、现在及将来可能发生的事故，同时调查本单位及单位同类系统曾发生的所有事故；确定故障树的顶上事件；调查与顶上事件有关的所有原因事件，即从人的因素、技术因素、环境因素及管理因素等各方面调查与故障树顶上事件有关的所有事故原因；故障树作图，即按照演绎分析的原因，从顶上事件起，一级一级往下分析各自的直接原因事件，根据彼此间的逻辑关系，用逻辑门连接上、下层事件，直至所要求的分析深度，最后形成一株倒置的逻辑树形图；故障树定性分析，这是故障树分析的核心内容；找出控制事故可行方案，并从故障树结构上分析各基本原因的重要程度，以便按照轻重缓急分别采取对策。

（三）工程风险评估与预控的方法

1. 贝叶斯网络评估法

贝叶斯网络是一种以贝叶斯理论为基础，可以将相应领域的专家经验、知识和有关数据相结合的有效工具。贝叶斯网络具备很强的描述能力，既能用于推理，还能用于诊断，非常适合于安全性评估。基于贝叶斯网络的风险评估方法能够有效地将专家经验、历史数据及各种不完整、不确定性信息综合起来，提高建模效率和可信度，节省安全性信息获取的成本。

贝叶斯网络评估法可以通过图形直观地表达系统中事件之间的联系，通过节点之间的条件概率分布计算某个节点的联合概率及其各个状态的边缘概率。其节点的概率由相邻的节点决定，并且可通过输入证据来更新，有效地减少了分析模型数据更新的工作量。在贝叶斯网络推理过程中，需要使用先验概率分布。市政公路工程的风险因素都具有不确定性，而且可用于风险评估的数据非常有限，很难将时间发生的概率用确定的数值表示。因此，可将事件概率模型用风险发生概率语言变量来表示，建立基于贝叶斯网络的市政公路工程风险评估模型，经过网络推理，实现安全风险概率推测。

贝叶斯分析是一种概率的推理结构，它提供了表示变量集之间概率依赖性的一种自然有效的方法，具有坚实的概率理论基础。贝叶斯分析方法是一种小样本估计法，由于它能利用试验前积累的信息，减小样本试验的随机误差，因此可在样本量较小的情况下，得到较高的评估精度。

2. 可靠度方法

结构可靠性是用可靠度来衡量的，其定义为在规定的时间和条件下，结构完成预定功能的概率。它包括结构的安全性、适用性和耐久性三个方面。换言之，可靠度要解决的根本问题，即给定一个或多个材料特性或结构，而这些特性具有随机的或不完全知道的性质，以及在某些方面上作用的荷载具有随机的或不完全知道的特性的情况下，结构按照预定方式正常工作的概率。

结构可靠性这一学科从诞生到现在已经有了长足的发展：从基于概率论的随机可靠性到基于模糊理论的模糊可靠性及近年来提出的非概率可靠性，使得这一理论日臻丰富和完善，并深入渗透到各个学科和领域。

规定的时间是指设计使用年限，也就是结构或构件不需要大修即可按照预定目的使用的时间；正常设计、正常施工和正常使用是指规定条件；预定功能即安全性、适用性和耐久性。

结构的极限状态为不论是在施工过程中还是在使用过程中，结构都是以可靠状态和失效状态存在的，而在设计和分析过程中就必须明确规定可靠和失效的界限，这个界限就被称为结构的极限状态。

结构可靠概率是个模糊的概念，它是度量可靠性的标准，为方便分析比较，便提出了可靠概率指标这个概念。可靠概率是指结构在规定时间内，在规定的条件下，完成预定功能的概率，用 P_s 表示。相反，如果结构不能完成预定功能，称相应的概率为结构失效的概率，用 P_f 表示。

由于结构的可靠与失效为两个互不相容的事件，因此，结构的可靠概率 P_s 与失效概率 P_f 是互补的，即

$$P_s+P_f=1 \tag{2-1}$$

（四）工程风险管理后评价法

市政公路工程风险管理后评价法是指当市政公路工程项目的施工部分竣工后，明了施工前可能存在的不确定性因素后，识别、分析和评价项目前期的风险；在项目实施的过程中，为了尽可能地规避风险所制订的风险管理计划、监督计划，以及进行客观、系统的事后评价和分析；在实践项目风险管理活动中，不断总结和检查，对项目前期的风险进行识别，分析和判断风险评价是否合理，是否实现了风险管理的预期目标。实践出真知，通过项目前、后的对比分析，找出成败的具体原因，总结出经验教训；根据项目所反映的具体情况做出反馈，为将来的项目实施打下坚实基础。

工程风险管理后评价的基本思路是通过查阅风险管理资料档案及现场调查，对照项目风险管理原定的目标和指标，找出项目风险管理实施过程中的变化和问题；通过对变化和问题的分析，找出内部与外部原因；通过对原因的分析，提出对策建议；通过全面总结，提出可供借鉴的经验教训。具体的工程风险管理后评价内容及评价目的叙述如下。

(1) 项目前期风险识别、风险分析与评估成果的后评价。进行这方面的

后评价，可以检验项目前期的风险识别是否准确、风险分析与评估是否合理，以及有哪些重要风险因素误列或漏列。通过这种事后的评价，可以更全面地了解项目实施过程中的风险源（指引发风险事件的起源点），从而为后续类似项目的实施提供借鉴的依据。

（2）项目进行过程中风险管理计划方案实施效果的后评价。进行这方面的后评价，可以考查有关风险管理计划及具体风险应对措施对处置工程建设项目实施过程中所面对的风险因素的适用性和有效性，积累管理的经验，从而逐步探索建立适合我国国情的工程建设项目风险管理经验和模式。

如上所述，项目前期风险的识别、分析与评估主要是建立在预测与概率推断的基础之上的。项目建设过程完结之后，先前存在的不确定性已经明了，前期进行的风险识别、分析与评估所形成的风险预测资料，在工程建设项目的实施过程中都得到客观的验证，因此，对项目前期风险识别、风险分析与评估成果的后评价，可以按照以下两个步骤进行。

第一步，采取前后对比的方法确定项目前期的风险识别是否准确、风险分析与评估是否合理，以及有哪些重要风险因素误列或漏列，也就是找出风险预测结果与实际风险发生情况之间的偏差。

第二步，采用逻辑框架法对项目实施过程中风险预测结果与实际风险发生情况之间的偏差进行原因分析，找出内部和外部原因。通过对原因的分析，提出可供借鉴的经验教训。

1. 前后对比法

前后对比法是指在工程项目施工建设完结或中止后将工程项目前期风险识别、分析与评估所形成的风险预测资料与项目实施过程中记录的实际发生的风险事件资料进行前后对比，找出项目实施过程中风险预测结果与实际风险发生情况之间的偏差。运用前后对比法进行对项目前期风险识别、风险分析与评估成效的后评价，可按照以下四步进行。

（1）收集整理项目前期风险预测资料。

（2）收集整理项目施工建设过程中实际发生的风险事件记录资料。

（3）对以上两个步骤收集的资料进行比较分析，找出项目实施过程中发生的对项目目标实现有重大影响的风险事件，并通过前后资料的对比，分析前期风险识别、风险分析与评估的成效，对产生的偏差进行原因分析，形成专家组结论意见。

（4）对后评价成果资料进行归档整理，以便后续类似项目实施时借鉴参考。

2. 实施效果成功度评价法

从风险管理计划方案的一般形式可以看出，其具体的执行过程包括多方面的内容。对项目进行过程中风险管理计划方案实施效果的后评价，应根据其对工程项目的投资、质量、进度、安全等方面风险因素实际的控制情况，进行系统综合的评价。目前综合后评价方法很多，通常采用成功度评价法。

成功度评价法是指依据专家、专家组的评价经验，以及项目的各个方面的实际情况，通过系统准则或目标，判断评价项目的总体完成情况，就项目成功度形成定论。成功度评价法即根据逻辑框架法对项目的实现程度、经济效益做出分析并得出结论。成功度评价法是一种全面系统的评价法，其核心是项目的效益和目标。

进行成功度分析时，首先确立项目绩效衡量指标，然后根据如下的评价体系就每个指标进行专家打分。具体的成功度标准分为以下五个等级。

(1) 完全成功的（AA）。工程项目的各风险都已被全面控制，工程项目质量、投资及安全目标超预期实现。

(2) 成功的（A）。工程项目的大部分风险得到有效控制，工程项目质量、投资及安全目标达到预期要求。

(3) 部分成功的（B）。工程项目实现了原定的部分质量、投资及安全目标，工程项目只取得了一定的效益和影响。

(4) 不成功的（C）。项目实现的质量、投资及安全目标非常有限，工程项目几乎没有产生什么正效益和影响。

(5) 失败的（D）。项目的质量、投资及安全目标是不现实的，无法实现，项目不得不终止。

四、市政公路工程重大风险识别

市政公路工程施工重大风险因素的定义为：在市政公路工程建设过程中，某种危险物质、设备设施、作业环境以及施工作业等风险因素的属性等于或超过临界量，从而可能造成人员伤亡、财产损失、环境破坏等情况产生。或者将市政公路工程施工重大风险因素概括如下：由于建设施工活动，可能导致施工现场及周围社区人员伤亡、财产物质损坏、环境破坏等意外的潜在不安全因素。

（一）现场风险因素识别步骤

施工现场重大风险因素的识别主要包括以下五项工作。

（1）分析系统的调查。

（2）风险因素的调查。

（3）风险区域的界定。

（4）存在条件及触发因素的分析。

（5）潜在危险性的分析。

（二）重大风险因素识别依据

市政公路工程重大风险及其影响因素可以通过识别得到，是一个动态过程。在风险识别过程中，应充分发挥人的主观能动性，同时应避免出现人为因素造成的偏差。

重大风险因素识别依据如下：

（1）招标文件；

（2）设计文件；

（3）国家相关法律、法规及规章，地方相关法规及规章；

（4）工程建设强制性标准；

（5）施工技术规范规程（施工技术工艺）；

（6）施工合同；

（7）施工项目管理实施规划（施工组织设计）；

（8）施工项目风险管理计划；

（9）施工现场环境条件；

（10）相关历史资料。

（三）市政公路工程重大风险因素分类

根据风险管理理论，结合市政公路工程施工现场重大风险因素的分类，具体列出以下危险性较大的分部分项工程及作业活动的重大风险及不容许风险。

1. 危险性较大的分部分项工程

（1）基坑（槽）支护、降水工程。该工程是指开挖深度超过 3 m（含 3 m）或虽未超过 3 m 但地质条件和周边环境复杂的基坑（槽）支护、降水工程。其重大风险及不容许风险为失稳坍塌、坠落、流砂、涌水、机械伤害、坑（槽）底隆起，以及周边建筑（设施）失稳倾斜、坍塌、沉降等意外情况。

（2）土石方开挖工程。该工程是指开挖深度超过 3 m（含 3 m）的基坑（槽）、边坡的土石方开挖。其重大风险及不容许风险为失稳坍塌、坠落、机械伤害等意外情况。

（3）模板工程。该工程是指采用各类工具式模板（包括滑模、大模板、隧道模、移动模等）的工程。其重大风险及不容许风险为机械伤害、物体打击等意外情况。

（4）起重吊装及安装拆卸工程。该工程是指施工现场采用起重机械进行安装的工程；采用非常规起重设备、方法，且单件起吊重量在 10 kN 及以上的起重吊装工程；起重机械设备自身的安装、拆卸。其重大风险及不容许风险为机械伤害、物体打击、环境污染等意外情况。

（5）脚手架工程。该工程是指采用高度为 24 m 及以上的落地式脚手架、悬挑式脚手架及自制卸料平台、移动操作平台、新型及异型脚手架的工程。其重大风险及不容许风险为机械伤害、物体打击、环境污染等意外情况。

（6）拆除工程。该工程是指采用人工、机械或爆破拆除的工程。其重大风险及不容许风险为机械伤害、物体打击、误伤、环境污染等意外情况。

（7）爆破工程。该工程是指利用炸药的爆炸能量，使岩土受力破碎的工程。

（8）支架（拱架）工程。该工程是指用于桥梁、隧道等工程，搭设高度大于支撑水平控制宽度且相对独立无联系构件的支撑系统的工程。其重大风险及不容许风险为失稳坍塌、坠落、物体打击等意外情况。

（9）边坡工程。该工程是指 3 m 及以上的边坡施工工程。其重大风险及不容许风险为失稳滑坡、崩塌、坠落、物体打击、机械伤害及周边建筑（设施）失稳倾斜、倒塌、沉降等意外情况。

（10）挡土墙工程。该工程是指墙高 6 m 及以上且墙身面积不小于 1200 m^2的挡土墙施工工程。其重大风险及不容许风险为坍塌、沉陷、坠落、推移及周边建筑（设施）失稳倾斜、坍塌、沉降等意外情况。

（11）沉井工程。该工程是指采用沉井结构施工的工程。其重大风险及不容许风险为失稳倾斜、涌水、流沙、坠落、物体打击、突沉、有害气体窒息中毒、环境污染等意外情况。

（12）预应力张拉工程。该工程是指对预应力结构实施张拉的施工。其重大风险及不容许风险为滑丝、崩锚等意外情况。

(13) 压力管道工程。该工程是指工作压力大于或等于0.1 MPa的管道施工工程。其重大风险及不容许风险为气体泄漏、超温、超压等意外情况。

(14) 顶进工程。该工程是指管道、地道桥等工程的顶进施工工程。其重大风险及不容许风险为坍塌、崩塌、隆起、沉陷等意外情况。

(15) 盾构工程。该工程是指采用盾构机掘进构筑地下管道的施工工程。其重大风险及不容许风险为坍塌、隆起、沉陷、涌水、坠落、起重伤害、机械伤害等意外情况。

(16) 高空作业工程。高空作业工程是指在坠落高度基准面2 m及以上有可能坠落的高处进行的作业工程。其重大风险及不容许风险为坠落、坍塌、物体打击等意外情况。

(17) 深水作业。该作业是指在水深5 m及以上的水中作业。其重大风险及不容许风险为失稳倾倒、坍塌、坠落、物体打击、有害气体窒息中毒、涌水、溺水、机械伤害、起重伤害、环境污染等意外情况。

(18) 地下暗挖工程。该工程是指隧道、人行地道、地铁等工程的施工工程。其重大风险及不容许风险为失稳坍塌、沉陷、岩爆、爆炸、涌水、可燃气体燃烧、有害气体窒息中毒、环境污染等意外情况。

(19) 人工挖孔桩工程。该工程是指桩基础采用人工挖孔作业的工程。其重大风险及不容许风险为坍塌、坠落、涌水、有害气体窒息中毒等意外情况。

(20) 临时用电工程。该工程是指施工现场的临时用电施工工程。其重大风险及不容许风险为触电、火灾等意外情况。

2. 危险性较大的作业活动

(1) 三级以上高处作业。高处作业高度在15 m以上至30 m时，称为三级高处作业。其重大风险及不容许风险为高处坠落。

(2) 动火作业。该作业是指在禁火区进行焊接与切割作业，以及在易燃易爆场所使用喷灯、电钻、砂轮等进行可能产生火焰、火花和炽热表面的临时性作业。其重大风险及不容许风险为火灾、爆炸。

3. 特种设备相关活动

(1) 塔吊。其重大风险及不容许风险为物体打击、起重伤害。

(2) 物料提升机。其重大风险及不容许风险为物体打击、起重伤害、高处坠落。

(3) 电梯安装与拆除作业。其重大风险及不容许风险为物体打击、机械伤害、高处坠落。

(4) 特种设备日常维护。其重大风险及不容许风险为机械伤害。

4. 现场临时用电、配电维护与使用活动

施工现场临时用电安全，包括临时配电（如配电设备、安全线路等）和施工常用电气设备（如配电箱、开关箱、保护电器、手持式和移动式电动工具、电焊机、电动机、建筑施工起重机械等）使用安全。其重大风险及不容许风险为触电。

五、市政公路工程风险管理模式

风险是客观存在的，在人的主观作用下，风险可能会得到控制，也可能会扩大。人的主观作用体现在风险管理上，组织架构体系是风险管理的重要内容。下面结合市政公路工程实践，介绍三种常见的工程风险管理模式，即基于合同关系的工程建设主体风险管理模式、基于第三方咨询的风险管理模式、基于工程保险的风险管理模式。由于工程建设参建单位是市政公路工程风险控制的实施主体，因此，基于合同关系的工程建设主体风险管理模式是基本管理模式；第三方风险咨询单位、工程保险风险咨询单位提供风险管理策划、组织和协调沟通，主要是用于长线路、超大规模或复杂合同结构的工程，是对基本管理模式的提升。

（一）基于合同关系的工程建设主体风险管理模式

基于合同关系的工程建设主体风险管理模式适用于市政公路工程规模较小、工程合同关系比较简单或建设单位风险管理能力强的情况。这种模式无须第三方风险咨询单位，风险管理体系主要是由建设单位（或业主）进行策划、建立，采用 ALARP 原则，通过合同关系明确参建各方的工程风险管理职责，达到以最低成本最优控制工程风险的目的。在该模式下，需要建设单位具有很强的风险管理能力和合同管理能力，能事先对工程风险进行系统规划，掌握工程实施过程的关键风险，对工程风险的承担主体有很好的判断，并通过合同关系实现风险转移，以达到控制风险的目的。

1. 组织层次

根据工程合同关系，可以建立市政公路工程风险管理组织架构。基于工程合同关系的工程风险管理包括以下三个层次。

(1) 决策层。该层由建设单位（或业主）的主要领导和管理部门负责人组成，负责决策风险管理规划、实施体系、重大内容等，领导和指导风险管理。

（2）管理层。该层由建设单位项目经理、设计负责人、施工单位项目经理和项目总监理工程师等组成，负责落实决策层的管理决定及意见，对项目工程风险实施管理。

（3）执行层。该层由现场管理人员组成，包括驻地设计人员、施工管理人员（专业分包管理人员）、专业监理工程师、现场监测负责人等，负责落实现场风险管理的各项工作，全面执行工程风险管理。

2. 管理内容

根据工程项目管理原则，工程风险管理是建设项目管理的一个子过程。风险管理的工作开展及管理目标能否有效完成，既受到项目管理的影响，又对项目管理产生影响。因此，应以联系、协同的思想开展风险管理工作，通过不同维度对工作内容设计整合，形成相互联系、相互作用、相互依赖的整体。市政公路工程质量安全风险管理内容包括目标维度、过程维度和时间维度。

（1）目标维度。工程风险管理的目标是减少阻碍工程项目管理质量目标和安全目标实现的可能因素，其本质是为了实现建设项目管理的质量目标和安全目标。建设项目的质量安全管理的关键阶段是项目实施阶段，重点是设计阶段和施工阶段，其中尤以施工阶段为重。因此，质量安全风险管理的所有工作应在项目实施阶段，围绕实现质量和安全目标进行。

（2）过程维度。风险管理是一个识别、确定和度量风险，并制订和实施风险处理方案的过程。风险管理是一个系统的、完整的过程，一般也是一个动态循环过程。根据风险管理理论，风险管理分为风险识别与分析、风险评估与预控、风险跟踪与监测、风险预警与应急四个动态循环的过程。风险管理过程应贯穿建设项目各阶段，并非孤立静止的过程，而是持续改进的循环。其不仅表现为风险管理的识别、分析、评估、策略、跟踪及控制等过程在项目各阶段循环进行并持续改进，而且各个子过程在各个阶段也表现为动态循环的过程。

①风险识别与分析。其主要工作内容有确立各种风险因素并推测其结果、进行风险分类、建立风险清单。

②风险评估与预控。风险评估是对识别的风险进行定性和定量分析，确定其风险等级及可能的损失量。风险预控是根据风险评估的结果对风险事件

及对应的风险因素采取的针对性的处理措施，包括技术和管理方面的措施和手段。风险评估的主要工作内容包括风险事件或因素的概率分析、风险事件或因素的损失分析、确定风险量大小，并根据风险量大小对风险因素进行等级划分。

③风险跟踪与监测。其主要工作内容有编制风险处理计划、实施风险处理计划、进行风险监控、处理风险监测的数据并进行分析、风险预控措施落实情况的监测、已识别风险事件特征值的观测、对风险发展状况的记录等。风险跟踪与监测是动态的过程，应根据工程环境的变化、工程的推进及时进行修正、登记及监测检查，定期反馈，随时与相关单位沟通。

④风险预警与应急。风险预警是在施工期间对可能发生的突发风险事件划分预警等级，针对不同级别进行差别化预警，并以不同颜色表示。根据突发风险事件可能造成的社会影响、危害程度、紧急程度、发展势态和可控性等情况，将风险预警划分为 5 级。5 级风险预警风险最高，风险事故后果是灾难性的，会造成恶劣的社会影响和政治影响；风险预警用红色表示。4 级风险预警风险较高，风险事故后果很严重，可能在较大范围内对工程造成破坏或有人员伤亡；风险预警用橙色表示。3 级风险预警风险一般，风险事故后果一般，对工程可能造成破坏的范围较小；风险预警用黄色表示。2 级风险预警风险较低，风险事故后果在一定条件下可以忽略，对工程本身及人员、设备等不会造成较大损失；风险预警用蓝色表示。1 级风险预警风险最低，风险事故后果可以忽略，对工程本身及人员、设备等造成的损失极小；风险预警用绿色表示。

风险应急应成立风险管理小组，制订应急预案，并将应急程序和应急救援预案对全体人员工进行培训和交底，组织培训人员救治的基本方法，包括救援、转移、护送等。风险管理小组要配备应急救援物资及设施，并明确安全通道、应急电话、医疗器械、药品、消防设备设施等。针对各级风险事件，建设单位应组织参建单位建立健全应急演练机制，定期组织相关预案的演练。

风险策略的主要工作内容是根据风险评估结果，对不同风险因素采取的不同风险应对措施进行比较分析，以选择合适的风险应对措施，具体包括风险回避、风险控制、风险分散、风险自留和风险转移。

（3）时间维度。工程项目按照时间维度划分为项目筹备阶段和项目实施阶段。项目筹备阶段是在初步设计之前的所有阶段的统称。项目实施阶段在时间上划分为设计阶段、施工阶段和竣工验收试运营阶段。其中，设计阶段又细分为初步设计阶段和施工图设计阶段，施工阶段划分为施工准备阶段和现场施工阶段。项目实施阶段是工程质量安全管理的关键阶段，也是工程风险管理工作的主要阶段。

3. 风险管理流程

在风险管理过程基础上，结合市政公路工程质量安全风险管理模式特点构建风险管理总体工作流程。风险管理总体工作流程包括构建风险管理体系、风险识别与分析、风险评估与策略、风险跟踪与控制、风险绩效评估五个方面。

风险管理总体工作流程的循环性并非建设项目全过程完成一次循环，而是多次循环，而且在建设项目的每个阶段内，风险管理总体流程都是多次循环的过程。例如，建设项目设计阶段不仅包括风险识别与分析、风险评估等风险管理过程，而且包括根据风险评估结果选择风险管理策略或预期策略的过程，以及后续的风险跟踪与控制过程。

4. 风险管理要求

市政公路工程施工风险控制工作贯穿于工程建设全过程，根据工程所处阶段，不同风险控制工作的重点相应调整，勘察设计和施工准备阶段主要进行风险评估工作，施工和竣工阶段主要是风险跟踪检查、应急处理等工作，对于不同的工作重点也应提出相应的工作要求。

（1）风险评估要求。

①工程风险评估工作由建设单位牵头组织、协调、管理并检查落实。

②勘察设计单位在施工图设计阶段，根据工程所处水文工程地质、周边环境及工程本身特征，开展工程风险评估工作。工程风险评估报告须通过专家组评审。评审专家组由勘察、设计、施工专家组成，一般不少于 7 人。专家组评审通过后，在工程实施之前，由勘察设计单位向施工单位进行交底。

③施工单位须在工程项目开工前实施风险评估工作，并作为开工条件验收的重要内容，纳入开工验收范围。施工单位应根据勘察、设计等要求，结合工程的水文工程地质、周边环境、施工工艺及工序、施工能力等条件，进一步细化，形成工程风险评估报告。

④风险评估报告需包括的基本内容：工程项目名称，工程概况，工程风险等级，工程参建单位名录，风险控制管理网络及第一责任人，工程风险点、风险期及风险控制措施、应急预案等。

⑤当工程实施的边界条件发生重大改变时，应重新编制工程风险评估报

告，并通过专家组评审。

（2）风险控制要求。

①工程风险实施差别化管理，根据不同风险等级指定相关工程风险控制要求。各参建施工单位、监理单位应针对市政公路建设风险，建立市政公路工程风险管理领导小组或工作小组，领导小组组长可由企业法人担任，工作小组组长宜由企业分管领导担任，以强化对市政公路工程风险的动态监控。

②现场层面的工程风险控制管理网络包含施工单位、监理单位、设计单位及参建各单位专业分包和劳务分包，并根据工程风险等级的不同确定第一负责人。细化到人的工程风险控制管理网络是工程开工条件验收时重要的验收内容，由监理单位总监理工程师负责。

③各参建单位由责任人牵头，组织、制订并落实相应管理措施、技术措施和应急预案。

④为确保工程安全和风险受控，对市政公路工程关键部位实施申报制度。

⑤对风险工程强化动态监控，在施工现场，施工单位结合每月工程例会对当月风险工程实施状况进行分析、梳理。监理单位总监理工程师作为现场第一责任人，部署并强化风险动态控制，结合监理月报把每月风险控制情况报给建设单位。

（3）风险应急处理要求。风险工程发生预警、报警事件时，工程风险控制管理网络内参建各方负责人须第一时间到位（监理、施工、设计、关键专业分包和劳务分包必须参加），由建设单位召集抢险专题会议，分析、查明预警事件发生的真实原因，并制订针对性应急抢险措施，组织实施应急抢险工作。

（二）基于第三方咨询的风险管理模式

第三方提供的项目风险管理咨询服务主要目的是帮助业主及参建单位人员系统地掌握项目活动本身潜在的风险，包括识别在执行或管理这些活动时可能出现的异常情况及其影响；透过理解、分析、管理和控制降低项目的风险，达到各单位所能承受的程度；通过适当的实施，确保项目能够按时、按成本及质量顺利完成，并能提供一个动态及全过程的管理模式。第三方提供的风险咨询服务有多种方式，以下介绍两种方式，即业主委托专业风险咨询单位的风险管理模式和政府组织的专家型风险管理模式。

1. 业主委托专业风险咨询单位的风险管理模式

业主委托专业风险咨询单位策划组织工程项目风险管理，专业风险咨询单位提供咨询服务，把相关风险汇报给建设单位（业主），协助建设单位（业主）监督和管理其他建设方实施工程风险，以确保工程风险处于可控状态。

（1）风险管理小组。对于市政公路工程，工程风险管理实施主体是工程参建单位，专业风险咨询单位提供工程风险的策划和计划，协助建设单位建立风险管理体系，协调组织工程风险管理实施，搭建工程风险信息沟通平台。因此，需要成立一个风险管理小组作为实践整个计划的核心团队，其主要功能是建立完善的风险规划和制度，编制风险管理计划及具有操作性和透明度的风险管理实施方法，定期评估设计单位、施工单位和设备供应商提交的风险应对计划，协商风险处理和对策，并紧密监控风险对策的适时实施。

风险管理小组由工程参建单位现场负责人组成。

①组长。由建设单位（或业主方）的项目负责人担任。

②成员。包括专业风险咨询单位负责人、建设单位（或业主方）项目经理、设计单位项目负责人、施工单位项目负责人、监理单位项目负责人等。

同时，风险管理小组需要与相关部门沟通，掌握风险管理有关的信息、资料、风险要求、标准及所需设施。在风险管理规划过程中，需要专业风险咨询单位参与规划、评估与监控项目对社会、公众的影响。

（2）专业风险咨询单位工作内容。专业风险咨询单位提供的项目风险咨询服务主要内容如下。

①编制工程风险管理指南和工作计划。

②组建专业团队协助业主方在不同阶段进行风险管理工作。

③在工程建设过程中，审查不同阶段的风险管理工作是否符合指南要求。

④根据现场情况和业主要求，提供关键技术的审核及咨询服务。

（3）工程风险管理计划。专业风险咨询单位应结合以往风险管理经验和工程实际条件，制订工程风险管理计划。风险管理计划应该包括以下内容。

①风险管理方案。

②风险管理制度和信息沟通平台。

③风险管理职责。

④识别和评价工程风险，确定工程重大风险。

⑤根据工程特点和计划制订风险管理工作安排。

⑥确定工程风险等级和可接受准则。

⑦提出工程风险动态评价方法。

⑧制订风险控制措施。

⑨提出风险监控的跟踪计划，以及风险预警报警机制。

⑩确定风险管理预案及其管理措施。

⑪提供风险报告和风险管理表。

⑫提供项目培训等。

2. 政府组织的专家型风险管理模式

（1）咨询服务内容。

①工程风险初始分析与识别。根据工程内容和周边环境条件的情况，风险咨询专家组分析工程的技术风险和重大风险；在通过各风险部位的参建单位的风险把控能力评价，对工程技术风险进行修正，建立工程风险情况表，确定工程重大风险部位。

②风险咨询工作计划表。依据工程建设计划和工程风险初步分析结果，制订风险咨询服务工作计划，主要内容包括工程风险交底和管理工作要求、工程风险综合检查、风险控制咨询或讲评会议、风险和工程专业培训、风险总结等。

③首次风险控制咨询会议。根据工程进展情况进行首次风险控制咨询会议。与会对象主要为建设单位项目经理，施工单位项目经理、技术负责人、质量安全负责人，现场总监和专业监理人员、监测单位负责人，以及全体工作人员和有关领导。会议主要内容：工程风险和重大风险情况交底；风险咨询管理工作要求，包括工程风险预警、重大风险部位进展、风险管控等有关信息上报，工程风险专家综合检查工作要求，专家风险咨询意见的落实和回复；提供施工阶段安全质量风险控制咨询服务现场控制表；等等。

④工程风险综合检查。每季度对工程风险实施综合检查，并进行讲评，提供书面咨询报告。对于重大风险部位，增加风险咨询检查频率（如每月、每周等），指导工程建设单位开展风险控制和跟踪工作。

⑤关键节点验收。对于重大风险部位，组织专家进行节点验收，包括基坑开挖、盾构（顶管）进出洞、旁通道开挖、预制构件吊装、高大模板支撑体系、钢结构安装、吊篮或架桥机安装等。

⑥风险培训。结合工程内容，组织专家开展不同专业的培训，以提高工程人员技术水平和风险控制能力，明确工程风险控制重点；同时，建立风险

管理人员的沟通交流平台。

⑦策划组织工程风险演练。结合工程重大风险控制，策划组织各参建单位开展工程风险演练，落实风险应急预案，如火灾、有毒气体、坍塌等风险应急演练。

（2）风险预警和应急。在工程风险管理咨询过程中，对发现的工程质量安全风险隐患及时提出风险预警，要求工程参建单位采取应对措施，包括技术预案和管理措施。

同时，针对下阶段工作提出相应的建议。例如，在安全方面，仍需继续加强安全管理系统网络方面的建设，加强工作人员的安全教育，克服施工过程中的随意性，继续增大安全防护方面的投入；在质量方面，参建各方应积极配合，做好相关的勘察、设计、施工、监理、监测方面的技术措施，特别需加强现场监理对施工现场的旁站监理[①]；在文明施工和环境保护方面，应加强管理与监测。

（三）基于工程保险的风险管理模式

1. 组织架构

工程保险承担的主要是技术风险，包括工程项目的物质损失部分和施工过程中因可能产生的第三者责任而承担经济赔偿责任导致的损失。我国市政公路工程保险一般包括建筑工程保险、安装工程保险和科技工程保险等。基于工程保险的风险管理模式，专业风险咨询单位直接受聘于保险公司，与项目风险相关的文件先由保险公司审批，再呈交建设单位及各有关政府部门。同时，专业风险咨询单位协助建设单位对设计单位、施工单位和监理单位进行监督和管理，并提供咨询服务，以确保风险在可能发生之前已全面受控或消除。

基于工程保险的风险管理模式的主要内容：建设单位（或业主）对市政公路工程项目进行投保；保险公司委托专业风险咨询单位进行风险管理，同时将受委托的专业风险咨询单位名称和组织机构人员名单告知建设单位（或业主），并且协调工程风险咨询服务工作中的相关事项；专业风险咨询单位对市政公路工程进行专业化风险管理咨询，将风险咨询结果以专业报告的形式上报保险公司，同时将风险咨询报告抄送给建设单位（或业主）和相关管理

① 旁站监理是指在项目施工过程中，监理人员在一旁守候、监督施工操作的做法。

部门，并且提供风险管理相关咨询服务；建设单位和其他相关单位应提供相关资料和风险咨询必备条件，配合专业风险咨询单位开展工程风险咨询活动。

2. 现场专业风险管理团队

专业风险咨询单位作为市政公路工程风险管理的服务单位，应根据项目情况组建现场项目组织架构，组织架构应包括项目负责人（或项目经理）、各专业风险查勘小组、专家咨询组等。项目负责人（或项目经理）对整个工程项目风险咨询服务负责，根据工程实际情况划分专业风险咨询小组，并协调专家组提供技术支持和专业咨询；各专业风险查勘小组根据专业分工进行施工全过程动态风险跟踪；专家咨询组负责提供专业的风险咨询服务。

3. 风险咨询服务工作内容

在工程保险模式下，专业风险咨询服务的工作内容主要体现在工程实施过程的动态风险咨询。其主要工作内容可以分为三个阶段，即工程准备阶段风险咨询、工程实施阶段风险咨询和工程完工阶段风险咨询。

（1）总体工作内容。专业风险咨询单位进行工程风险咨询服务的总体工作内容包括以下八个方面。

①收集工程相关资料，如工程可行性报告、工程初步设计文件、工程地质勘察报告、工程周边综合管线图和道路情况、工程沿线建筑及基础资料、工程风险评估报告、工程的整体进度计划、工程各标段详细的施工组织方案与重大风险节点的专项方案、治安消防及防汛工作规划、施工总包分包等参加单位的信息、施工过程中的相关调整方案、工程监测数据等。

②收集工程建设管理相关文件，如工程相关规章制度、管理规定、管理办法等。

③编制风险管理大纲，进行工程施工风险再辨识和评价，明确风险控制要点和重点、控制方法、流程等。

④进行现场风险咨询。根据风险管理大纲对工程分阶段进行动态风险检查、监督和咨询。

⑤参加项目工程例会。根据需要参加建设单位组织召开的工程例会。

⑥召开工程风险咨询专项会议。可对建设单位、施工单位、监理单位等进行风险交底，针对工程关键节点召开不定期风险会议，可不定期举办风险管理经验成果交流会。

⑦编制风险管理报告，包括每月定期提交的动态风险管理月报、每年定期提交的动态风险管理年报、根据实际施工情况提供的动态风险管理简报及

现场整改情况反馈报告等。

⑧进行经验成果总结。在风险咨询服务工作结束后，对整个工程风险咨询服务工作进行总结，将好的经验成果积累下来，以报告的形式提交共保体。

（2）工程准备阶段风险咨询。

①办理工程风险咨询相关手续。专业风险咨询单位在收到保险公司的中标通知（或协议书）后即可开展相关工作。

首先，在保险公司授权下与建设单位进行联系，将相关材料［如协议书、专业风险咨询单位的人员组织架构（含配备）及相关资质等］提交建设单位备案。

其次，建设单位根据备案资料向相关专业风险咨询人员发放进场许可证，如胸牌、介绍信及实施过程中的相关绿卡等。

为了顺利开展后续工作，专业风险咨询单位在拿到保险公司中标通知书一周内，应在保险公司的协调下与建设单位取得联系；建设单位应在随后的两周内将相关材料进行备案，并向专业风险咨询单位的工作人员发放进场许可证与相关绿卡。

专业风险咨询单位应按照建设单位要求进行备案，之后建设单位应以书面文件的形式将专业风险咨询单位和相关人员的基本情况告知工程参建各方，尤其是工程各标段承包方和监理单位。

②收集风险咨询相关资料。保险公司应与建设单位联系，取得工程施工过程中的相关电子文件和文本资料，并提交给专业风险咨询单位。

工程施工过程中，若出现施工方案与进度计划的调整，建设单位在得知相关变更的情况下，应及时以书面文件的形式通知专业风险咨询单位。

③编写风险咨询工作计划。专业风险咨询单位及时编写风险管理大纲或工作计划，送至保险公司和建设单位进行审批并备案，审批通过后方可正式开展工作。

专业风险咨询单位应在中标后，将编制的风险管理大纲或工作计划送至保险公司和建设单位审批；保险公司和建设单位在收到申请后，应及时给予答复，并给出具体的意见或建议。

风险管理大纲中应包括专业风险咨询单位的现场组织架构、人员配备、职责分工、工作内容、工作流程、工作方法、工作计划等。

风险管理大纲中还应明确施工单位与监理单位给予现场风险咨询的配合，对在专业风险咨询工地现场进行风险咨询过程中的询问不得隐瞒，对所需要的工程相关资料与监测数据必须无条件提供，专业风险咨询单位有权要求保险公司和建设单位进行相关督促，如咨询服务过程中出现施工方不配合而影响工程风险咨询服务工作的顺利进行，保险公司和建设单位应出面进行协调与解决。

④召开工程风险交底会议。由建设单位组织，保险公司、专业风险咨询单位、施工单位、监理单位等参加。会议内容如下：介绍各单位组织架构及相关人员；专业风险咨询单位介绍风险咨询服务工作内容、流程、方法，并解答相关单位的疑问，为工程风险咨询服务顺利开展奠定基础。

工程风险交底会议应在第一次详细的工地现场风险咨询前召开。

保险公司应向施工单位、监理单位具体介绍专业风险咨询单位工作的大致内容与目的，对工程风险咨询服务工作进行明确定位，明确各参建单位的相互关系，以及工程风险咨询服务工作在市政公路工程风险管控中的重要性和意义。

专业风险咨询单位除了介绍工程风险咨询服务的工作内容、流程、方法，还可以对工程参与各方进行风险管理方面的培训，如工程的风险管理方法与经验、工程建设过程中主要风险点的分布、有效控制风险的新型施工技术与辅助施工技术、国内外类似工程风险案例、工程风险管理的现状与发展趋势等，使工程参与各方充分认识到工程风险咨询服务工作在有效控制工程风险方面的作用。

(3) 工程实施阶段风险咨询。

①制订动态风险评价标准。根据市政公路工程的现状和特点，制订统一的工程风险评价标准。工程风险评价标准分为工程总体评价标准和工程施工评价标准，其中工程总体评价标准主要是针对工程施工前的整体评价标准，而工程施工评价标准则是针对施工全过程的动态评价标准。可根据工程风险咨询需要，择机进行风险动态评价。

评价标准的制订主要考虑工程特征、工程地质与水文地质、施工工艺、周边环境、气候影响等方面的内容。

②工程动态风险评价与控制。开展工程风险咨询之前，可根据收集的资料，并参考风险等级评价标准对工程施工总体风险等级进行预评价。在工程风险现场进行咨询服务过程中，针对项目分部分项工作中的质量和安全风险进行动态跟踪与评价，且应依据不同的分部分项工程制订相应的风险控制重点和方法。

③进行风险预警与应急。

※风险预警体系。工程风险动态跟踪和评价过程中，需对重点部位、关键节点的风险进行预警分析，预警分析的前提是获取现场第三方监测数据，并综合考虑现场风险咨询结果。按照“分级管理”的思想，考虑市政公路工程的实际工程情况，可建立风险预警等级标准，对于风险预警的阈值，可参考相关标准、规范并结合工程实际情况和工程经验制订。

※风险应急预案。针对“分级预警”体系，可建立“分级应急”体系，针对不同应急级别，使不同部门进行应急响应。

④执行动态风险跟踪和控制制度。

※例会制度。专业风险咨询单位每月参加建设单位组织召开的工程例会。建设单位应通知专业风险咨询单位参加工地现场例会。

关键节点风险交底会议由建设单位组织，专业风险咨询单位负责向其他参建单位进行风险交底。鉴于关键节点的风险情况会随着工程施工情况与周边环境的变化而变化，因此，施工单位应在关键节点进行风险交底，将专项方案与应急预案发给专业风险咨询单位。专业风险咨询单位在风险交底时可针对具体的施工措施给出相关的意见或建议。

每（半）年召开工程风险咨询服务成果经验交流会，保险公司、建设单位、专业风险咨询单位参加会议。专业风险咨询单位对过去一（半）年内的现场查勘工作进行总结与归纳，介绍各标段参加单位对专业风险咨询单位工作的支持和配合情况、发现的具体风险事件及其处理情况，并汇报发生的重大风险事件的原因、后果、处理情况和改进措施等。同时，专业风险咨询单位介绍工程风险或险情控制的成功经验。

※培训制度。根据保险公司要求，在工地现场进行风险咨询前，专业风险咨询单位可对建设单位、施工单位、监理单位的相关人员进行风险管理专项培训。

专业风险咨询单位有权建议与督促施工单位，制订工地现场应急预案的演练制度，工地现场的防汛、防火演练制度，建立自然灾害风险预警制度与施工风险预警制度，对工程相关人员的教育培训制度与风险交底制度，并将此与相关负责人员的业绩考核与奖惩直接挂钩。

※汇报制度。工程风险汇报制度包括工程风险咨询遇到关键风险、重大风险时的上报制度。在工程风险咨询过程中，如发现危及工程安全的重大风险事件，专业风险咨询单位应及时通知保险公司和建设单位，并以书面文件

的形式（咨询简报）将风险情况及时告知保险公司和建设单位，并对风险的处理措施提出建设性的意见。

⑤提交动态风险咨询报告。动态风险咨询报告包括：风险动态跟踪和评价记录表；风险管理工作月报；重大节点防灾防损建议书；对重大节点防灾防损建议整改反馈；风险管理工作年报；风险管理工作总结报告。

（4）工程完工阶段风险咨询。编写工作总结报告，主要阐述合同规定中各项服务的完成情况，重点对经验成果进行总结。

第二节　公路工程试验检测的目的与机构

一、公路工程检测的目的

“在工程实践中，为了有效保证公路建设的质量，必须严格地执行公路工程建设的质量控制措施。”① 公路工程试验检测是指根据国家有关法律、法规的规定，依据工程建设技术标准、规范、规程，对公路水运工程所用材料、构件、工程制品、工程实体的质量和技术指标等进行的试验检测活动。

公路工程试验检测是一门融公路工程基础知识、试验检测基础理论和测试操作技能于一体的学科，它贯穿于公路工程建设的全寿命周期，是工程设计参数、施工质量控制、工程验收评定、养护管理决策和各种标准、规范及规程修订的主要依据。客观、准确、及时的试验检测数据是公路工程实践的真实记录，是指导、控制和评定工程质量的科学依据。

公路工程试验检测的目的有如下四点。

（1）用定量的方法，科学地鉴定各种原材料、成品或半成品的质量是否符合国家质量标准和设计文件的要求，做出接收或拒收的决定，保证工程所用材料都是合格的产品，是控制施工质量的主要手段。

（2）对施工全过程进行质量控制和检测试验，保证施工过程中的每个部位、每道工序的工程质量均满足有关标准和设计文件的要求，是提高工程质量、创造优质工程的重要保证。

（3）通过各种试验试配，经济合理地选用原材料，能充分利用当地出产

① 宋建华．公路工程检测在公路工程质量控制中的应用［J］．建材世界，2014，35（3）：127-129.

的材料就地取材，优化原材料的组合，提高工程质量，降低建设成本，节约工程造价。

（4）通过试验检测还可以确定施工控制参数，不断改进施工工艺，优化施工流程，保障施工质量。

二、试验检测机构

（一）试验检测机构等级设置

试验检测机构等级是依据检测机构的公路水运工程试验检测水平、主要试验检测仪器设备及检测人员的配备情况、试验检测环境等基本条件，对检测机构进行的能力划分。

检测机构等级分为公路工程专业和水运工程专业。公路工程专业分为综合类和专项类。其中，公路工程综合类又设甲、乙、丙三个等级，公路工程专项类又分为交通工程和桥梁隧道工程。水运工程专业分为材料类和结构类，水运工程材料类又设甲、乙、丙三个等级，水运工程结构类又设甲、乙两个等级。

（二）试验检测机构等级评定程序

部级质量监督机构负责公路工程综合类甲级、公路工程专项类和水运工程材料类及结构类甲级的等级评定工作。省级交通质监机构负责公路工程综合类乙、丙级和水运工程材料类乙、丙级及水运工程结构类乙级的等级评定工作。

检测机构可以同时申请不同专业、不同类别的等级。检测机构被评为丙级、乙级后，须满一年且具有相应的试验检测业绩方可申报上一等级的评定。

申请公路水运工程试验检测机构等级评定，应向所在地省级交通质监机构提交以下材料：

（1）公路水运工程试验检测机构等级评定申请书；

（2）申请人法人证书原件及复印件；

（3）通过计量认证的，应当提交计量认证证书副本的原件及复印件；

（4）检测人员证书和聘（任）用关系证明文件原件及复印件；

（5）所申报试验检测项目的典型报告（包括模拟报告）及业绩证明；

（6）质量保证体系文件。

公路水运工程试验检测机构等级评定工作分为受理、初审、现场评审三个阶段。

1. 受理

省级交通质监机构认为所提交的申请材料齐备、规范、符合规定要求的，应当予以受理；材料不符合规定要求的，应当及时退还申请人，并说明理由。

所申请的等级属于部级质量监督机构评定范围的，省级交通质监机构核查后出具核查意见并转送部级质量监督机构。

2. 初审

初审主要包括以下内容：

(1) 试验检测水平、人员及检测环境等条件是否与所申请的等级标准相符；

(2) 申报的试验检测项目范围及设备配备与所申请的等级是否相符；

(3) 采用的试验检测标准、规范和规程是否合法有效；

(4) 检定和校准是否按照规定进行；

(5) 质量保证体系是否具有可操作性；

(6) 是否具有良好的试验检测业绩。

3. 现场评审

初审合格的进入现场评审阶段；初审认为有需要补正的，质监机构应当通知申请人予以补正直至合格；初审不合格的，质监机构应当及时退还申请材料，并说明理由。

现场评审是对申请人完成试验检测项目的实际能力、检测机构申报材料与实际状况的符合性、质量保证体系和运转等情况的全面核查。

现场评审所抽查的试验检测项目，原则上应当覆盖申请人所申请的试验检测各大项目。抽取的具体参数应当通过抽签方式确定。

现场评审由专家评审组进行，专家评审组由质监机构组建，三人以上(含三人)单数组成。评审专家从质监机构建立的试验检测专家库中选取，与申请人有利害关系的不得进入专家评审组。

专家评审组应当独立、公正地开展评审工作。专家评审组成员应当客观、公正地履行职责，遵守职业道德，并对所提出的评审意见承担个人责任。

专家评审组应当向质监机构出具“现场评审报告”，主要内容如下：

(1) 现场考核评审意见；

(2) 公路水运工程试验检测机构等级评分表；

（3）现场操作考核项目一览表；

（4）两份典型试验检测报告。

4. 等级确定及发证

质监机构依据“现场评审报告”及检测机构等级标准对申请人进行等级评定。质监机构的评定结果，应当通过交通运输主管部门指定的报刊、信息网络等媒体向社会公示，公示期不得少于七天。公示期内，任何单位和个人有权就评定结果向质监机构提出异议，质监机构应当及时受理、核实和处理。

公示期满无异议或经核实异议不成立的，由质监机构根据评定结果向申请人颁发“公路水运工程试验检测机构等级证书”（以下简称“等级证书”），“等级证书”有效期为五年；经核实异议成立的，应当书面通知申请人，并说明理由，同时应当为异议人保密。

省级交通质监机构颁发证书的同时应当报部级质量监督机构备案。

5. 换证

“等级证书”期满后拟继续开展公路水运工程试验检测业务的，检测机构应提前三个月向原发证机构提出换证申请。

换证的申请、复核程序按照上述等级评定程序进行，并可以适当简化。在申请等级评定时，已经提交过且未发生变化的材料可以不再重复提交。

换证复核以书面审查为主，必要时可以组织专家进行现场评审。

换证复核的重点是核查检测机构人员、仪器设备、试验检测项目、场所的变动情况，试验检测工作的开展情况，质量保证体系文件的执行情况，违规与投诉情况，等等。

换证复核合格的，予以换发新的“等级证书”。换证复核不合格的，质监机构应当责令其在六个月内进行整改，整改期内不得承担质量评定和工程验收的试验检测业务。整改期满仍不能达到规定条件的，质监机构根据实际达到的试验检测能力条件重新做出评定，或者注销等级证书。

换证复核结果应当向社会公布。

6. 变更及注销

检测机构名称、地址、法定代表人或机构负责人、技术负责人等发生变更的，应当自变更之日起 30 日内到原发证质监机构办理变更登记手续。

检测机构停业时，应当自停业之日起 15 日内向原发证质监机构办理“等级证书”注销手续。

任何单位和个人不得伪造、涂改、转让、租借“等级证书”。

第三节　公路工程试验检测工作管理与制度

一、试验检测工作管理

（一）试验检测频率的确定

在公路工程施工前，应该先确定各种试验检测的频率，从而建立试验检测工作计划。试验检测的频率由三个方面确定：各种公路施工技术规范；工程承包合同、专用技术规范与设计图纸；监理工程师的指令。

确定了检测频率以后，根据预估的原材料、半成品、成品工程结构数量，就可以初步预估出所从事的施工项目的基本试验检测次数，从而制订试验检测工作计划，以便对施工中的试验检测进行控制。

（二）试验管理流程

1. 施工原材料订货管理流程

（1）考察材料厂商生产能力并抽取样品。

（2）收集生产厂家的合格证书和试验报告。

（3）监理与建设单位现场调查生产厂家（设备、工艺、质量稳定性和合格率）。

（4）施工单位对样品试验合格。

（5）监理单位对样品复验合格。

（6）建设单位对材料进行审批。

（7）签订供货合同。

2. 原材料进场试验管理流程

（1）根据供货合同组织材料进场。

（2）施工单位对进场材料验证性试验合格。

（3）试验人员及试验室主任签认记录、报告。

（4）监理单位进行复核试验合格。

（5）监理在试验报告单签署结论性意见。

（6）将材料用于工程。

3. 委托试验管理流程

（1）取样（何处取、怎么取、取多少）。

（2）填写试验委托书（最好事先填写）。

（3）收样员收取试样（清点、核对、登记）。

（4）试验员根据委托书进行试验。

（5）填写试验记录和试验报告单并签字。

（6）试验室主任签署结论性意见并签章。

（7）形成试验报告签领单。

（8）领取人签字并领取试验报告。

（三）试验管理台账

公路工程施工周期较长，且试验检测项目种类繁多，为了便于试验检测工作的管理，应该事先建立试验检测台账表格，并在施工过程中对所有的试验进行分类登记、统计和管理。公路工程试验检测台账主要包括以下六类：

（1）原材料试验分类台账；

（2）混合料试验分类台账；

（3）结构物试验分类台账；

（4）原材料试验统计表；

（5）混合料试验统计表；

（6）结构物试验统计表。

二、试验检测管理制度

（一）基本管理制度

公路水运工程试验检测活动应当遵循科学、客观、严谨、公正的原则。试验检测机构应取得“等级证书”，同时按照相关要求经过计量行政部门考核合格，通过计量认证的检测机构，方可向社会提供试验检测服务。

交通运输部负责公路水运工程试验检测活动的统一监督管理。交通运输部工程质量监督机构（以下简称部级质量监督机构）具体实施公路水运工程试验检测活动的监督管理。省级人民政府交通运输主管部门负责本行政区域内公路水运工程试验检测活动的监督管理。省级交通质量监督机构（以下简称省级交通质监机构）具体实施本行政区域内公路水运工程试验检测活动的监督管理。

取得“等级证书”的检测机构在“等级证书”注明的项目范围内出具的试验检测报告，可以作为公路水运工程质量评定和工程验收的依据。

公路水运工程质量事故鉴定、大型水运工程项目和高速公路项目验收的质量鉴定检测，质监机构应当委托通过计量认证并具有甲级或相应专项能力等级的检测机构承担。

取得“等级证书”的检测机构，可设立工地临时试验室，承担相应公路水运工程的试验检测业务，并对其试验检测结果承担责任。工程所在地省级交通质监机构应当对工地临时试验室进行监督。

检测机构应当严格按照现行有效的国家和行业标准、规范及规程独立开展检测工作，不受任何干扰和影响，保证试验检测数据客观、公正、准确。检测机构应当建立严密、完善、运行有效的质量保证体系，应当按照有关规定对仪器设备进行正常维护，定期检定与校准。

检测机构应当建立样品管理制度，提倡盲样管理。检测机构应当建立健全档案制度，保证档案齐备，原始记录和试验检测报告内容必须清晰、完整、规范。

检测机构在同一公路水运工程项目标段中不得同时接受业主、监理、施工等多方的试验检测委托。检测机构依据合同承担公路水运工程试验检测业务，不得转包、违规分包。

检测人员分为试验检测师和助理试验检测师，检测机构的技术负责人应当由试验检测师担任，试验检测报告应当由试验检测师审核、签发。检测人员应当严守职业道德和工作程序，独立开展检测工作，保证试验检测数据科学、客观、公正，并对试验检测结果承担法律责任。检测人员不得同时受聘于两家检测机构，不得借工作之便推销建设材料、构配件和设备。

（二）岗位责任制

1. 技术负责人

技术负责人应当由试验检测工程师担任，并主要负责以下工作。

(1) 负责单位技术管理工作，组织贯彻执行国家有关样品测试的法令、法规、技术标准和规范。

(2) 负责单位标准方法的更新、验证并付诸实践，负责非标准方法修订的有关管理工作。

(3) 对单位出现的不合格项进行调查分析，提出纠正措施并组织实施，对可能存在质量问题的检测结果进行复查或要求有关人员重新检测；对可能造成不良后果的行为，有权要求暂停检测工作。

（4）负责组织质量控制活动的实施，审批检测工艺、作业指导书、试验方案等技术文件。

（5）负责单位人员的技术培训及考核，决策检测工作中重大技术问题。

（6）负责组织单位内外的比对试验。

（7）审批质量控制计划，组织对质量控制结果进行评审。

（8）收集分包方的资质材料。

（9）完成领导交办的其他事项。

2. 检测人员

（1）遵守规章制度，爱护仪器设备，保持室内外清洁，做到文明操作；不随意倾倒废弃物，把废酸碱液、废重金属液和其他有毒有害物质等分类倒入收集器内。

（2）负责所操作仪器设备的期间核查，保证仪器设备处于完好状态。

（3）负责所从事的分析测试项目相关的试剂、耗材和仪器设备等物资的验收。

（4）负责与所操作仪器设备相关联电脑、打印机的日常维护。

（5）协助做好仪器设备、检测试剂等验收工作。

3. 仪器设备管理员

（1）负责仪器设备的分类、编号、登记管理。

（2）负责组织所有仪器设备的建档（包括名称、型号、规格、说明书、主机和附件、验收报告、保修单、检修记录、检定周期和使用记录等）和归档。

（3）负责制订仪器设备的年度检定/校准计划，并按照计划进行检定/校准，避免漏检和迟检；负责对检定/校准结果进行确认，确保符合要求。

（4）负责仪器设备的标识管理。

（5）负责仪器设备购置、验收、停用与报废等工作。

4. 样品管理员

（1）负责样品的接收、登记、编码。

（2）负责样品的流转、贮存、发放。

（3）负责对测试完毕的样品进行合理处置，并进行记录。

（4）负责样品室的防火、防潮、防盗等安全工作。

5. 档案管理员

（1）负责报告的发放，负责单位所有文件资料记录的分类、编目和保管。

（2）负责文件资料的借阅登记、复制工作。

（3）负责并承办文件资料的销毁工作。

（4）负责档案室的环境条件、安全和卫生，保证档案资料完好无损。

（5）要忠于职守，不失密、不泄密；如有工作变动时，要严格履行文件资料的移交手续。

6. 抽样员

（1）负责各检测项目的样品采集。

（2）抽样出发前，根据任务需要准备抽样工具、样品瓶、样品箱、现场测试仪器、记录表等抽样所需物品。

（3）在抽样现场，负责进行各检测项目样品的采集，并严禁样品被污染和丢失，保证样品的代表性、完整性和真实性；同时做好现场检测项目的记录，必要时对现场环境和抽样过程进行拍照与摄像。

（4）抽样完成后，负责将样品安全运输至试验室，防止样品破损、被污染、变质、丢失。

（5）样品交接后，负责抽样工具和现场测试仪器等的清洁及保养，并妥善存放待用。

（6）对于应急监测的样品，还需保证抽样的时效性。

（7）管理抽样准备室，保持抽样工具、样品瓶、样品箱等的清洁和完备，负责现场测试仪器的管理及维护，保证其性能正常。

7. 试剂、耗材、标准物质管理员

（1）负责标准物质的采购、入库、登记及使用管理。

（2）负责标准物质的验收及核查。

（3）负责建立试剂、耗材出入库台账。

（4）负责对单位所有试剂、耗材按照类别、规格和性质合理有序地摆放。

（5）对有毒试剂，危险试剂、耗材，贵重试剂、耗材，应设专柜存放，并实行双人双锁制度。

（6）负责失效和变质试剂、耗材的及时报废处理，保证试剂、耗材的原有质量，有毒试剂、耗材应处理成低毒或无毒试剂后再废弃。

（7）保证试剂、耗材安全，对试剂、耗材库要勤检查和定时通风，做到防火、防盗、防水。

(8) 参与重要试剂、耗材验收。

(三) 安全管理

“安全第一，预防为主，综合治理”是安全生产工作的指导方针。安全意识是安全科学发展之本，是实现安全生产和安全生存的灵魂，是所有企业经济效益的重要基础。

1. 公路水运工程试验检测的安全责任

根据相关规定，建设单位在公路水运工程施工招标文件中应当按照法律、法规的规定对施工单位的安全生产条件、安全生产信用情况、安全生产的保障措施等提出明确要求。建设单位不得对咨询、勘察、设计、监理、施工、设备租赁、材料供应、检测等单位提出不符合工程安全生产法律、法规和工程建设强制性标准规定的要求，不得随意压缩合同规定的工期。

施工单位应当向作业人员提供必需的安全防护用具和安全防护服装，书面告知危险岗位的操作规程，并确保其熟悉和掌握有关内容及违章操作的危害。

作业人员有权对施工现场的作业条件、作业程序和作业方式中存在的安全问题提出批评、检举及控告，有权拒绝违章指挥与强令冒险作业。

在施工中发生可能危及人身安全的紧急情况时，作业人员有权立即停止作业，或者在采取必要的应急措施后撤离危险区域。

作业人员应当遵守安全施工的工程建设强制性标准、规章制度，正确使用安全防护用具、机械设备等。

施工单位采购、租赁的安全防护用具、机械设备、施工机具及配件，应当具有生产（制造）许可证、产品合格证，并在进入施工现场前由专职安全管理人员进行查验。

施工现场的安全防护用具、机械设备、施工机具及配件必须由专人管理，定期进行检查、维修和保养，建立相应的资料档案，并按照国家有关规定及时报废。

2. 试验检测过程中的安全工作重点

(1) 仪器设备安装使用安全。仪器设备的安装，电动设备应有接地装置，有飞溅情况的仪器设备应设置安全防护装置；使用中，应对大型仪器设备进行操作人授权，操作人需经培训合格后方可操作，熟悉仪器设备性能，严格按照操作规程（作业指导书）等操作；操作人员在操作中不得擅自离开，如使用中发现异常，应立即停止试验，遇停水、停电、漏油、漏水时，应立即停机，排除故障。

（2）用水、防噪声安全。

①用水安全要点：节约用水，用完后随手关掉阀门；用水时要用器皿盛水，不得将水淋在化学药品上；管理人员要经常检查上下水是否完好。

②防噪声安全要点：试验过程中有强噪声产生，应采取减噪声或隔声措施；产生噪声的试验室，应远离人口密集区。

3. 现场检测人员的安全及临时设施的安全管理

公路桥梁现场检测，尤其是已开放交通的道路质量检测，多采用自动化检测设备或多种检测指标一体的综合检测车辆进行。由于已开放交通的道路车辆流动，各种不确定因素较多，给检测车辆和人员的安全增加了风险，所以必须制订行之有效的检测方案及安全防护措施，确保人员、车辆及仪器设备安全。对于现场需要安装、拆卸、整体提升、模板等自升式架设设施，必须由有相关资质的单位承担，设施安装完毕且自检合格后方可开展检测作业。

（四）标准养护室管理制度

（1）混凝土试件标准养护室的环境条件：温度为（20±2）℃，湿度大于95%。

（2）标准养护室一定要有专人保养，使用期间要经常检查各设备运行情况，每天记录室内温、湿度至少2次。

（3）试件在放入标养室以前，由试验人员对试件进行编号，对成型日期、强度等级等信息进行核对，标识不全或不清楚的不能送入标养室。

（4）试件码放整齐有序，便于查找，试件间距为10～20 mm，不得重叠堆放，试件表面应保持潮湿，不得被水直接淋冲。

（5）应经常检查养护室内的温、湿度是否满足要求，如不满足应立即查明原因，采取对应措施。

（6）进入标养室前应切断电源，以免发生触电事故；标养室禁止无关人员进入，养护室门不得长时间开启。

（7）标养室要定期做清洁处理。

（8）设备运转一年，要进行补氟一次。

（五）仪器设备的管理制度

1. 仪器设备验收前准备

（1）确定大型设备的主要使用技术人员，使其熟悉技术资料和有关安装、使用要求等，为设备的使用培训做铺垫。

（2）对环境因素（如温度、湿度、振动等）有特殊要求的设备，应提前按照供应商（厂家）要求做好配置。

（3）对放置底座有特殊要求的设备，应提前按照供应商（厂家）提供的设计图纸完成施工建设。

（4）对技术复杂、零配件较多的设备，检测机构需成立验收小组，明确验收负责人和具体责任人，并制订详细的验收方案，必要时应聘请本专业相关专家参加。

（5）联系量值溯源机构预约计量检定、校准时间，缩短验收周期，提前明确设备计量特性参数，指导量值溯源工作的开展。

2. 安装调试及验收

（1）软硬件符合性验收。开箱验收主配件、附件无误后，由供应商技术人员进行现场安装及初步调试。

（2）技术符合性验收。由计量检定机构对设备的计量特性参数进行符合性验收，确认产品的技术性能。设备管理员或相关技术人员对计量检定机构提供的有效检定合格证书或校准报告进行确认，并完成检校确认。必要时，可安排比对试验，进一步验证设备的技术性能。

（3）培训试用及验收。供应商应对试验检测机构人员进行培训（含课堂上课、实操练习，必要时进行培训效果考核），并现场指导其进行仪器设备试用。将验收情况汇总形成验收报告。

3. 仪器设备的管理状态标识

（1）设备管理卡信息包括设备名称、设备编号、规格型号、出厂编号、生产厂家、购置日期、放置地点、管理人员等。

（2）使用状态标识。一般通过三色标识来区分，绿色表示合格，黄色表示准用，红色表示停用。

4. 设备档案的管理

设备档案应包含（但不限于）以下内容：卷内文件目录、设备履历表、采购申请记录、采购比选记录、采购合同、设备发票复印件、设备验收记录及报告、设备使用说明书、设备装箱清单、合格证、保修卡、软件或光盘(必要时应附上软件评审记录)、设备授权记录及领用登记、设备量值溯源报告及确认记录（含首次及每年度)、设备期间核查报告及确认记录（根据设备要求)、设备维护保养记录、设备维修记录、设备封存/启封/停用/报废记录、设备内部调拨记录、设备外借记录。

5. 仪器设备的使用、维护及期间核查

(1）仪器设备的使用。其需满足的一般要求包括环境、场地和工作面、安全及环保等。仪器设备的操作规程主要针对操作步骤多、性能复杂、精密贵重的仪器设备，可作为检测机构的技术性文件。仪器设备的使用记录，一方面为检测活动的追溯保留痕迹，另一方面可以了解仪器设备使用过程中的各种情况、使用频率，为仪器设备的量值溯源、维护保养提供依据。作为技术记录的一部分，应保证其具有足够的信息，能够辅助“再现”已完成的工作过程，因此，记录填写应齐全、准确、客观，使用记录一般定期归档至仪器设备档案中备查。

现场检测仪器设备除了通用管理要素和使用要求（同室内仪器设备)，由于使用条件和控制条件的特殊性，还应关注出入库管理和现场环境条件。出库管理是指在开展现场检测项目时，依据仪器设备领用登记的规定，向仪器设备管理员办理接收手续，并进行调试，确认正常使用。入库管理是仪器设备的返还确认环节，现场检测设备历经长距离运输、野外恶劣环境使用，可能会发生性能退化，因此，返还入库时，设备管理员和领用人员除了核对数量外，更应对设备性能进行检查确认，以免影响后续工作。

(2）仪器设备的维护。仪器设备的维护可以理解为日常维护和定期维护两个层次。

①日常维护应在每次试验后及时进行，包括对所用仪器设备的清洁和试验场所的整理，主要是确保检测场所的内务整洁及下次使用的便利性。

②定期维护是仪器设备管理员根据仪器设备的自身特点、使用频次等按照年度编制维护计划，明确仪器维护的项目和时间，按照计划实施定期维护保养，并做好相应的记录，使仪器设备处于完好的使用状态。

(3）仪器设备的期间核查。期间核查是指根据规定程序，为了确定仪器设备是否保持其原有状态而进行的操作。期间核查的目的是在两次校准（或检定）之间的时间间隔期内保持测量仪器校准状态的可信度。

仪器设备管理员可根据自身资源、技术能力、仪器设备的重要性，以及可能产生的技术风险等因素综合考虑，确定仪器设备期间核查的对象和频次，制订期间核查计划，并按照核查方案（需评审后实施）、核查方法组织实施。

6. 仪器设备的维修、升级、降级和报废

（1）仪器设备的维修。仪器设备同人一样有寿命周期规律，也会因为各种原因出现异常现象，同样需要维修。

一般来说，仪器设备在实际使用中的技术状态有三种情况：一是完好状态，即性能处于正常可用的状态；二是故障状态，即主要性能已丧失的状态；三是处于上述两者之间的状态，即仪器设备已出现异常、缺陷，但尚未发生故障，这种为故障前状态。

仪器设备故障的征兆是故障早期的重要表现形式，是设备故障隐患的表征，这些征兆往往是设备即将发生故障的临界状态。设备管理部门及操作人员应当定期组织对设备的检查，利用人体视、听、嗅、触的感觉和简单工具进行检查，及早发现设备故障隐患。必要时，应对大型仪器设备进行监控，以便当其状态处于下降趋势或将要接近临界状态时，及时采取措施。

通过故障的原因分析，找出解决办法，对设备进行维修。设备维修的类别如下：按照修理发生的时间，可以分为预防性维修、计划性维修与故障性维修；按照承担维修的机构，可分为内部维修和外委维修；根据设备性能的恢复程度、修理时间的长短、修理费用的多少来划分，通常分为小修、中修、大修和专项修理。

维修后的仪器设备应进行必要的检验，确保其功能得到恢复，检测机构根据实际情况对维修后的仪器设备重新检定/校准。

（2）仪器设备的升级、降级。随着科学技术的不断发展，公路工程试验检测标准规范不断推陈出新，各种新技术、新方法应用于公路工程试验检测工作，为了持续保证公路工程试验检测机构的技术能力水平，公路工程试验检测仪器设备更新和升级改造的需要也很迫切，通过对设备进行局部革新、改造，以改善设备性能，提高生产效率和设备的现代化水平。设备的升级改造主要是指应用现代技术成就和生产经验，改变现有设备的结构，给旧设备配上新装置、新附件，改善现有设备技术性能，使之适应检测工作的需要。它既可以是设备的改装，也可以是设备的技术改造。设备改装是为了扩大或改变设备的原有性能，降低设备故障率，提高检测效率而对设备的功率、容量等加大或改变。设备技术改造是把新技术、新成果用于现有检测设备，改变现有检测设备落后的技术面貌。设备的升级改造必须充分考虑改造的必要性、技术上的可能性和经济上的合理性。升级改造后的设备应经检定/校准确定其性能。

仪器设备经检定/校准后，部分功能不满足规范要求，而有其他部分功能满足使用要求的，可降级使用。

(3) 仪器设备的报废。设备有一定的生命周期，对于大多数公路工程试验检测设备来说，在设计的使用期限内发挥最大的作用后，报废是其最后一个环节，仪器设备作为检测机构的重要资产，其报废工作还需要遵循相应的规律，遵照必要的原则和要求。

报废的原则如下。

①不满足相关检测规范，经过改造或修理后技术性能仍不能满足技术要求和保证检测结果质量的。

②因事故造成设备严重损坏，无修复实用价值的。

③故障频繁，维修费用超过设备原值的50%，经过大修后虽能恢复技术性能，但不如直接更新设备。

④已超过规定使用年限的，其技术性能已达不到国家规范和规程要求，危及安全的；超过使用年限，使用价值不大，精度低的。

⑤技术性能差、能耗高、效率低、经济效益差的。

⑥严重污染环境，危害人身健康，进行修理改造后仍不达标的。

⑦设备陈旧，工艺落后，国家或有关部门规定淘汰的。

⑧达到规定的固定报废年限和条件，应该办理报废手续。

设备报废处理流程如下：检测机构的设备报废，由设备使用部门提出申请，经设备管理部门会同财务、技术部门及有关技术人员逐台进行技术鉴定，并出具鉴定意见。必要时，应邀请相关技术机构或技术专家参加技术鉴定。

报废设备的处理主要是废品处理和转卖两种方式。废品处理是指对于没有利用价值的报废设备及零部件，联系废品回收机构进行回收利用。转卖是指尚有利用价值的报废设备及零部件，通过规定的途径和渠道转卖。对于涉及电子废弃物的设备，应按照保密相关规定执行；对环境有影响的报废设备，须符合环保部门的要求，如对核子湿度密度仪的回收，国家环保部门有专门的规定和程序要求。

仪器设备资料都将作为设备档案的一部分进行保存。

（六）检测样品的管理制度

1. 样品的接收

（1）取样人员应根据取样原则及频率到指定地点按时取样，并记录样品接收时的状态，做好样品的标识及贮存、流转、处置过程中的质量控制，取样人应对样品运输过程中的防护负责，保证样品的完整性。

（2）外委样品收样，由样品管理员进行验收登记入账。

（3）检测人员对样品是否适合于检测存有疑问，或主管人员对检验结果持怀疑态度，或认为样品不符合有关规定要求，或有异常情况时（包括包装和封签），必须进行再次取样分析。

2. 样品的识别与处置

（1）样品的识别包括不同样品的区分识别和样品不同试验状态下的识别。样品标签包括样品类别、样品编号、送样日期、样品状态（待检、在检、已检）。

（2）破坏性样品检测完毕，由检测人员运至垃圾池，定期由专业运输车运至指定地点，避免造成环境污染。

（3）非破坏性样品检测完毕，客户要求退回的，由检测人员送交留样室，由样品管理人员负责退还客户，特殊大型样品由检测人员转交客户，如橡胶支座、锚具、夹具等。

（4）需保留的样品按照以下规定办理：①水泥、外加剂、沥青保留三个月；②现场钻芯取样，保留一个月（结果可能有争议或必要时）；③客户要求暂时保留的样品，按客户要求办理，须保留样品由检测人根据样品的性质，将样品密封、标识、做好记录，保存至规定期限；④留样由样品管理人员填写留样标签后，组织检测人员共同实施。

3. 样品的保密

（1）对客户的样品严格执行保密协议的规定。

（2）样品流转过程中，所有有关人员应对样品的保密承担责任。

（3）样品在检测过程中，不允许无关人员参观，样品的技术资料不允许无关人员阅览和带离检测场所。

第三章　公路工程检测技术及其质量鉴定

第一节　路基、路面工程检测技术

一、路基、路面的材料检测技术

（一）土的试验检测

1. 土的形成及三相组成

土是地壳表层母岩风化后的产物，包括岩石经物理风化崩解而成的碎块，以及经化学风化后形成的未胶结的松散物质，粗至巨砾，细至黏土，统称为土。根据土的成因，把它分为残积土、洪积土、冲积土、冰积土等；根据土的颗粒大小，可分为巨粒土、粗粒土、细粒土。

(1) 土的组成。通常情况下，土是由三相物质组成的三相体系。

土的固相物质中主要是矿物成分和有机质，它们构成了土的主要骨架——土粒。矿物成分取决于母岩的矿物成分和风化作用，分为原生矿物和次生矿物。而各种矿物成分的含量不同造成了土的不同工程性质。

土的液相主要是指土中各种形态的水，包括两大类：一类是存在于土体孔隙中的水，有气态水、固态水、液态水；另一类是结合水，分为强结合水、弱结合水。结合水与土颗粒结合成为矿物的一部分。土中各类水对土的工程性质有不同程度的作用和影响。

土的气相。土中气体存在于土孔隙中未被水占据的部分，分为与大气连通的非封闭气体和与大气不连通的封闭气体。

(2) 土的结构特征。自然界中的土是土体的骨架，土粒的空间排列及其联结形式构成了不同的结构。土体主要分为单粒结构、蜂窝结构、絮状结构三种结构类型。

(3) 土的粒度成分。自然界中的土由大小悬殊、性质各异的土粒构成。土的粒度成分是指组成土的各种大小颗粒的相互比例关系。土的粒度成分对工程性质具有决定性的影响。

土颗粒的大小称为土的粒度，以毫米（mm）为单位。土粒由粗到细，分为若干组，人们把粒径大小相似且工程性质基本相同的颗粒合并为一个组，称为粒组。

土粒的大小及组成情况，通常以土中各个粒组的相对含量（即各粒组占土粒总量的百分数）来表示，称为土的颗粒级配。用指定方法测定土中各粒组占总质量百分数的试验称为土的颗粒分析（粒度分析）试验。

(4) 粒度分析的表示方法。粒度分析中，常用的表示方法有表格法、累计曲线法和三角坐标法。

表格法以列表的形式直接表达各粒组的相对含量。表格法有两种表示方法，一种是以累计含量百分比表示，另一种是以粒组表示。

累计曲线法（级配指标）通常用半对数坐标表绘制，横坐标表示粒径，纵坐标表示小于某一粒径的累计百分数的含量。累计曲线有两种用途：第一，由累计曲线可直观判断土中各粒组的分布情况；第二，由累计曲线可确定两个土粒的级配指标。

三角坐标法可用来表达黏粒、粉粒和砂粒三种粒组的百分含量。它是利用等边三角形内任意一点到三边的垂直距离之和等于三角形高的原理来表达粒度成分的。

2. 土的物理性质

在道路建设中，土可被用作建筑材料，如作为路基、路面的构筑物及地下建筑等。然而，由于土的三相成分的比例不同，所运用的环境不同，因此其物理和力学特性变得十分复杂。

(1) 土的相对密度。土的相对密度是土在105～110 ℃状态下烘至恒量时的质量与同体积4 ℃蒸馏水质量的比值。土粒相对密度常用的测定方法有比重瓶法、浮称法和虹吸筒法。比重瓶法适用于粒径小于5 mm的土；浮称法适用于粒径不小于5 mm的土，且其中粒径为20 mm的土的质量大于总质量的10%；虹吸筒法适用于粒径不小于5 mm的土，且其中粒径为20 mm的土的质量小于总质量的10%。

(2) 土的天然密度。土的天然密度是单位体积土（包括土粒、水分和气体）的质量，即土粒的质量和孔隙中天然水分的质量之和。在工程中，常用重度表示单位体积上的重力。土的天然密度与土的结构、所含水分及矿物成分有关。因此，在测定土的天然密度时，必须采用原状土样，以保证天然结构下的天然含水量。土的孔隙中，水的多少对密度影响很大。测定土的天然密度，常用的方法有环刀法、蜡封法、灌砂法、灌水法、电动取土器法等。

(3) 土的天然含水量。土的天然含水量是指土在105～110 ℃状态下烘干至恒重所失去的水的质量与干土粒的质量之比，以百分数表示。表征含水情况的指标有天然含水量、饱和含水量及饱和度。测定土的天然含水量要求直接采用原状土测定，防止天然土样中的水分蒸发损失。其测定方法主要有烘干法、酒精燃烧法和其他方法。

(4) 土的孔隙比和孔隙率。土的孔隙比是指土中孔隙体积与土粒体积之比。土的孔隙比直接反映土的紧密程度。孔隙比越大，土越疏松；孔隙比越小，土越密实。土的孔隙率是土体中的孔隙体积与其固体颗粒体积之比，一般以 e 表示，它是说明土体结构特征的指标。一般来说，e 值越小，土越密实，压缩性越低；e 值越大，土越疏松，压缩性越高。

3. 土的水理性质

含水量对黏性土的工程性质（如强度、压缩性）有极大影响。黏性土随含水量的多少表现出土的不同软硬程度或土受外力作用所引起的变形或破坏的抵抗能力，这就是土的稠度。当土从很湿状态逐渐变干时，会表现出几种不同的物理状态，如液态、塑态、半固态、固态等，称为土的稠度状态。不同状态决定了土的不同工程性质。通常，将土从一种稠度状态转变为另一种稠度状态的界限，称为稠度界限。稠度状态处于转变界限下的含水量称为界限含水量。

4. 土的力学性质

土在外力作用下的特性就是土的力学性质，包括动荷载作用下的压实性和静荷载作用下的压缩性与抗剪性。

(1) 土的压实性。在公路工程建设中，经常遇到填土压实、软基强夯和换土碾压等问题，常采用既经济又合理的压实方法，使土变得密实，在短期内提高土的强度，达到改善土的工程性质的目的。

(2) 土的压缩性。饱和土的压缩需要一定时间才能完成。钢筋、混凝土等材料受压后，其压缩在瞬时内即可完成。土的颗粒越粗、孔隙越大，则透水性越大，因而土中水的挤出和土体的压缩越快。黏土颗粒很细，则需要很长的压缩时间。这个过程叫作渗流固结过程，是土区别于其他材料压缩性的又一特点。此外，土是一种弹塑性材料，这种变形随时间而持续的现象，称为蠕变。

（3）土的抗剪性（抗剪强度）。土的抗剪强度是指土体对于外荷载所产生的剪应力的极限抵抗能力。抗剪强度确定方法分为室内试验与现场测定两大类。直剪试验是其中最基本的室内试验方法。

直剪试验的优点是所用仪器结构简单、操作方便。试验室常用该试验测定土的抗剪强度指标。直剪试验分为两个阶段。第一阶段是固结阶段，此阶段分为两种情况：①土样不需要固结（即不让土中孔隙压力消散或使土中孔隙压力来不及消散）；②土样需要固结（即让土中孔隙压力充分消散或使土中孔隙压力完全消散）。第二阶段是剪切阶段，此阶段也分为两种情况：①在剪切过程中土样不需要固结（即在剪切过程中不让土中孔隙压力消散或使土中孔隙压力来不及消散），称为快剪；②在剪切过程中土样需要固结（即在剪切过程中让土样中的孔隙压力充分消散或使土中孔隙压力完全消散），称为慢剪。

直剪试验根据工程应用的不同需要，分为三种试验方法——快剪（不排水剪）、慢剪（排水剪）及固结快剪（固结不排水剪）。

目前，在抗剪强度试验的方法中，室内最常用的是直剪试验与三轴试验。直剪试验的优点是仪器结构简单、操作方便，缺点是不能控制排水条件、剪切面人为固定及剪切面上的应力分布不均匀等。因此，后来又发展了三轴剪力仪和三轴试验方法等。

（二）沥青和沥青混合料试验检测技术

1. 沥青的技术性质与技术要求

“沥青混合料是经合理级配组成的矿质混合料（如碎石、石屑、矿粉等），在一定温度下拌合而成的，将沥青混合料摊铺、碾压成型，具有整体性能的路面材料即成为各种类型的沥青路面。”① 全面而准确地把握沥青及其混合料的特点，了解和掌握沥青材料的技术性质和标准，可以更好地利用沥青路面

① 费月英，任小艳．公路工程检测技术［M］．成都：西南交通大学出版社，2011.

的结构形式，满足日益发展的公路建设需要。

（1）石油沥青的技术性质。

①黏滞性。沥青的黏滞性是指沥青在外力作用下抵抗变形的能力。黏稠（半固体或固体）石油沥青的黏滞性用针入度表示，针入度也是沥青标号划分的依据。

液体石油沥青的黏滞性则用黏滞度（黏度）表示。黏滞度是指将一定数量的液体沥青在某温度下经一定直径流孔流出 5 mL 所需的时间。在相同温度和相同流孔条件下，流出时间越长，表示沥青的黏度越大。

②温度稳定性。它是指沥青黏结性和塑性随温度升降而变化的性能。当温度升高时，沥青由固态或半固态逐渐软化成黏流状态；当温度降低时，沥青由黏流态转变成固态甚至变脆。在工程上使用的沥青，要求有较好的温度稳定性。

（2）道路石油沥青的技术要求。随着公路建设的飞速发展，公路建设领域对路用沥青的技术性质提出了更高要求，道路石油沥青的技术要求应满足有关规定。

①石油沥青的选用。根据工程性质与要求、适用部位、环境条件等因素选用，在满足适用条件的前提下，应选用标号较大的石油沥青，以保证使用寿命。

②沥青的掺配。如果某一标号的沥青不能满足工程技术的要求，可以用不同标号的沥青进行掺配，其掺配比例由试验决定。同产源的沥青掺配后可得到均匀的沥青。

2. 沥青材料试验检测方法

沥青材料试验是指通过规范的试样制备方法，为沥青的各项试验做准备，以确保试验结果的代表性和准确性。该试验适用于黏稠道路石油沥青、煤沥青等需要加热后才能进行试验的沥青样品，按照此法准备的沥青可供立即在试验室进行各项试验使用。

（1）试验仪器与材料。

①烘箱：200 ℃，有温度调节装置。

②加热炉具：电炉或其他燃气炉（丙烷石油气、天然气）。

③石棉垫：不小于炉具加热面积。

④滤筛：筛孔孔径为 0.6 mm。

⑤烧杯：1000 mL。

⑥温度计：0～100 ℃及 200 ℃，分度值为 0.1 ℃。

⑦天平：称量 2000 g，感量不大于 1 g：称量 100 g，感量不大于 0.1 g。

⑧沥青盛样器皿。

⑨其他：玻璃棒、溶剂、汽油、棉纱等。

（2）试验方法与步骤。

①将装有试样的盛样器皿带盖放入恒温烘箱中，当石油沥青试样中含有水分时，将烘箱温度调在 80 ℃左右，加热至沥青全部熔化后供脱水用。当石油沥青中无水分时，烘箱温度宜为 135 ℃左右。对取来的沥青试样不得直接采用电炉或煤气炉明火加热。

②当石油沥青试样中含有水分时，将盛样器皿放在可控温的砂浴、油浴、电热套上加热脱水，采用电炉、煤气炉加热脱水时必须加放石棉垫。时间不超过 30 min，并用玻璃棒轻轻搅拌，防止局部过热。在沥青温度不超过 100 ℃的条件下，脱水至无泡沫为止，最后的加热温度不应超过软化点100 ℃（石油沥青）或 5 ℃（煤沥青）。

③将盛样器皿中的沥青通过 0.6 mm 的滤筛过滤，不等沥青冷却立即将其一次性灌入各项试验的模具中。根据需要也可将试样分装到擦拭干净并干燥的一个或数个沥青盛样器皿中，数量应满足一批试验项目所需的沥青样品。

④在沥青灌模过程中，若温度下降，可将试样放入烘箱中适当加热（试样冷却后反复加热的次数不得超过 2 次），以防沥青老化影响试验结果。为避免混进气泡，在灌模时不得反复搅动沥青。

⑤灌模剩余的沥青应立即清洗干净，不得重复使用。

3. 热拌沥青混合料配合比设计

（1）沥青混合料配合比设计内容。沥青混合料配合比设计的目的和任务是确定沥青混合料中组成材料品种、矿质集料级配及沥青用量。沥青混合料配合比设计包括三个阶段：目标配合比设计阶段、生产配合比设计阶段和生产配合比验证（即试验路试铺）阶段。

（2）只有通过上述三个阶段的配合比设计，才能真正提取出工程上实际使用的沥青混合料组成配合比。由于后两个设计阶段是在目标配合比的基础上进行的，需借助于施工单位的拌合、摊铺和碾压设备来完成，所以主要介绍沥青混合料的目标配合比设计过程。无论是哪一个设计阶段，其工作的中心就是进行矿料的级配组成设计和最佳沥青用量确定两部分。也就是要设计出一个具有足够密实度，并具有较高内摩阻力的矿料组成，在此前提下确定相应的最佳沥青用量，从而获得一种能够满足特定交通要求、适应环境特点的沥青混合料。

(3) 矿料级配组成设计及其要求。矿料级配组成设计的目的是选配具有足够密实度且有较高内摩阻力的矿质混合料。设计时，可以根据级配理论，计算出需要的矿质混合料的级配范围。矿质混合料组成设计方法有两种：试算法和图解法。

配比设计中所确定的矿料级配范围应符合相关规范的要求。

同一种矿料级配针对不同的道路等级、气候和交通特点时，适宜的级配有粗型（C型）与细型（F型）之分。通常对夏季温度高、高温持续时间长、重载交通多的路段，宜选用粗型密级配，并取较高的设计空隙率；对冬季温度低且持续时间长的地区，或者重载交通少的路段，宜选用细型密级配，并取较低的设计空隙率。

在级配类型确定之后，选取符合规范要求的不同规格的砂石材料进行级配设计。在有条件时，高速公路和一级公路的沥青路面矿料配合比设计，宜借助计算机的电子表格采用试配法进行配比。

（三）水泥和水泥混凝土的技术性质

1. 水泥的技术性质

(1) 化学性质。这里所说的水泥的化学性质主要是指对水泥物理力学性能造成不利影响的有害成分。水泥中有害的化学成分含量如果超过最大允许限量，即意味着对水泥性能和质量可能产生有害或潜在的影响。

①氧化镁含量。在水泥熟料中，常含有少量未与其他矿物结合的游离氧化镁，它水化为氢氧化镁的速度很慢，常在水泥硬化后才开始水化，水化后水泥石体积膨胀，可导致其结构产生裂缝甚至断裂。因此，氧化镁是引起水泥安定性不良的原因之一。

②三氧化硫含量。水泥中的三氧化硫主要是在生产时为调节凝结时间加入石膏而产生的。加入的石膏超过一定限量后，水泥性能会变差，甚至会引起硬化后水泥石体积膨胀，导致结构物破坏。

③烧失量。水泥煅烧不佳或受潮后，均会导致烧失量增加。烧失量测定是将水泥试样在 950～1000 ℃下灼烧 15～20 min，冷却至室温后，如此反复灼烧，冷却至恒重，并计算灼烧后的质量损失率。

④不溶物。水泥中的不溶物来自原料中的黏土和氧化硅，由于煅烧不良、

化学反应不充分而未能形成熟料矿物，这些物质的存在将影响水泥的有效成分含量。

（2）力学性质。

①强度。水泥的力学性质主要是指水泥的强度性质。强度是评价水泥质量的一个重要指标。水泥的强度越高，其承受荷载的能力越强，胶结能力也越大。

②强度等级。水泥的强度等级是根据规定龄期测定的抗压强度和抗折强度来划分的。

2. 水泥混凝土的技术性质

水泥混凝土是以水泥为胶结材料与粗集料、细集料、水（必要时掺加适宜的外加剂、掺加料）按照适当比例配合，经搅拌、成型、养护而成的复合材料。

水泥混凝土的技术性质主要包括：新拌混凝土的工作性（和易性）和硬化后水泥混凝土的力学性质。

（1）新拌混凝土工作性的测定方法。混凝土拌合物的工作性是一项极其复杂的综合指标，到目前为止尚无能够全面反映混凝土黏结性的测定方法，通常通过测定流动性，再辅以其他直观观察或经验，综合评定混凝土的工作性。最常用的测定方法有坍落度法和维勃稠度法。

第一，坍落度法。坍落度试验是用标准坍落度圆锥筒进行测定的。试验时，将坍落度圆锥筒置于平板上，然后将搅拌好的混凝土拌合物分层装入坍落度圆锥筒中，每层插捣 25 次，抹平后垂直提起坍落度圆锥筒。混凝土在自重作用下坍落，测量筒高与坍落后混凝土试体最高点之间的高差，即为新拌混凝土拌合物的坍落度（单位为 mm）。坍落度越大，则混凝土拌合物的流动性越大。在做坍落度试验的同时，应观察混凝土拌合物的黏聚性、保水性及含砂量等情况，以更全面地评定混凝土拌合物的工作性。黏聚性通过观察坍落度测试后混凝土所保持的形状，或者侧面用捣棒敲击后的形状来判定。保水性是以水或稀浆从底部析出量的大小来评定的。析出量大，保水性差，严重时粗集料表面稀浆流失而裸露；析出量小，则保水性好。

第二，维勃稠度法。对于硬性的混凝土拌合物，通常采用维勃稠度仪测定其稠度。在维勃稠度仪上的坍落度圆锥筒中，按照规定方法装满拌合物，垂直提起坍落度圆锥筒，在拌合物试体顶面放一透明圆盘，开启振动台，同时用秒表计时，在透明圆盘的底面完全为水泥浆所布满的瞬间，停止秒表，关闭振动台。此时可认为混凝土混合物已密实。读出秒表的秒数，称为维勃稠度。

影响水泥混凝土工作性的因素有以下三个方面。

第一，水泥浆的数量。在混凝土拌合物中，水泥浆包裹集料表面，填充集料空隙，使集料润滑，提高混合料的流动性。在水灰比不变的情况下，单位体积混合物随水泥浆的增多，流动性增大。混合物中水泥浆的数量以满足流动性要求为宜。

第二，水泥浆的稠度。水泥浆的稀稠，主要取决于水灰比的大小。水灰比较小，则水泥浆较稠，拌合物流动性就较小，即具有较好的黏聚性与保水性。若水灰比过小，混凝土过于干稠，不能保证施工的密实程度，影响混凝土最终的质量；若水灰比过大，又会造成混凝土拌合物的黏聚性和保水性不良而产生流浆、离析现象，同时会降低混凝土的强度和耐久性。

第三，砂率。它是指混凝土中砂的用量占砂、石总用量的百分率。在水泥浆一定的条件下，若砂率过大，则集料的总表面积及空隙率增大，混凝土混合物就显得干稠，流动性小；若砂率过小，砂浆量不足，不能在粗集料的周围形成足够的起润滑和填充作用的砂浆层，也会降低混合物的流动性。因此，砂率既不能过大，也不能过小，应通过试验找出最佳（合理）砂率。合理砂率是指在水泥浆用量一定时，能使新拌混凝土既获得最大流动性，又不产生离析、泌水时的砂率。

改善新拌混凝土工作性的措施有以下三个方面。

第一，合理级配。根据工程条件的要求，设计合理的配合比，使之有较好的工作性。

第二，掺加外加剂。根据不同的配合比，合理地利用外加剂，改善混凝土的工作性。

第三，提高振捣的效能。加强振捣，提高机械振捣效能的作用。

(2) 硬化后水泥混凝土的力学性质。

①强度。它是硬化混凝土最重要的性质，混凝土的其他性能与强度密切相关。混凝土强度是配合比设计、施工控制和质量检验评定的主要技术指标。混凝土的强度主要有抗压强度、抗折强度、抗拉强度和抗剪强度等。其中抗压强度值最大，也是最主要的强度指标。

第一，抗压强度标准值和强度等级。在结构设计时，混凝土材料的强度是用强度等级作为依据的。强度等级是混凝土各种力学强度标准值的基础。

第二，混凝土抗弯拉强度。它是指处于受弯状态下混凝土抵抗外力的能力。混凝土的脆性，使其在断裂前无明显弯曲变形，称为抗弯拉强度，又称为抗折强度。道路路面或机场跑道用混凝土是以抗弯拉强度为主要设计指标、抗压强度作为参考指标的。水泥混凝土的抗弯拉强度试验是以标准方法制备成 150 mm×150 mm×550 mm 的梁形试件，在标准条件下养护 28 d 后，按照三分点加荷，测定其抗弯拉强度。

②影响水泥混凝土强度的因素。

第一，水泥强度与水灰比。水泥是混凝土中的活性组分，其强度大小直接影响着混凝土强度的高低。在配合比相同的条件下，水泥强度等级越高，制成的混凝土强度也越高。当用同一品种、同一强度等级的水泥时，混凝土的强度主要取决于水灰比的大小，水灰比越小，水泥混凝土的强度越高。

第二，集料的品种、质量与数量。水泥石及集料的黏结情况与集料的种类和集料表面性质有关，表面粗糙的碎石比表面光滑的卵石（砾石）的黏结力大。在其他条件相同的情况下，碎石混凝土的强度比卵石混凝土强度高。集料强度过低、集料的有害杂质含量过多时，会降低混凝土的强度。集浆比对混凝土特别是对高强度混凝土有一定影响。在水灰比相同的条件下，达到最优集浆比后，混凝土的强度随集浆比的减小而降低。

第三，养护条件。混凝土强度的增长是水泥水化、凝结和硬化的过程，必须在一定温度及湿度条件下进行。在保证足够湿度的情况下，不同的养护温度，其结果也不相同。

第四，龄期。在正常养护条件下，混凝土强度的增长遵循水泥水化历程规律，即随着龄期的延长，强度也随之增长。最初两周内，强度增长较快，28 d 以后增长较慢。但只要温、湿度适宜，其强度仍随龄期增长。

第五，施工质量。它包括配料准确、搅拌均匀、振捣密实、养护适宜等指标。在任何一道工序中忽视了规范管理和操作，都会导致混凝土强度的降低。

第六，试验条件。它对混凝土强度的测定也有直接影响。例如，试件尺寸、表面的平整度、加荷速度及温度、湿度等，测定时，要严格遵照试验规程的要求进行，保证试验的准确性。

二、路基、路面的现场检测技术

（一）压实度试验检测方法

在公路工程施工中，为了提高路基路面的强度，保证其使用质量，必须对路基路面各结构层进行人工或机械压实。

对路基土、路面半刚性基层及粒料类柔性基层而言，压实度是指工地实际达到的干密度与室内标准击实试验所得的最大干密度的比值；对沥青面层、沥青稳定基层而言，压实度是指现场实际达到的密度与室内标准密度的比值。因此，压实度的测定主要包括室内标准密度（最大干密度）确定和现场密度试验两部分。

1. 室内标准密度（最大干密度）确定

由于土的性质、颗粒的差别，确定最大干密度的试验方法也有所不同。除了用来确定一般土最大干密度的击实法，还有确定粗粒土和巨粒土最大干密度的方法。不同性质上的最大干密度的确定方法及各方法的适用范围也不相同。

路面基层主要包括半刚性基层和柔性基层两类。其中，柔性基层主要有以级配碎石为代表的粒料类基层和以沥青稳定碎石为代表的沥青稳定类基层。

（1）半刚性基层材料。其最大干密度主要通过标准击实法来确定，但当粒料含量高于 50％时，由于击实筒空间的限制，现行方法就不能得出真正的最大干密度。因此，理论计算法、振动击实法等更为科学的最大干密度确定方法，正在被广泛研究与应用。

（2）柔性基层材料。

①以级配碎石为代表的粒料类基层。确定粒料类基层材料最大干密度的试验方法有重塑击实法和振动法两种。重塑击实法对大于 37.5 mm 的颗粒进行筛除，利用公式校正计算最大干密度。振动法参考粗粒土、巨粒土的振动法，以振动台法或表面振动压实仪法确定最大干密度。

②沥青稳定碎石基层。确定沥青稳定碎石基层材料标准密度的试验方法主要有标准马歇尔击实法、大型马歇尔击实法、旋转甩实法和振动法。我国主要采用标准马歇尔击实法确定最大干密度，但对于公称最大粒径大于或等于 31.5 mm 的混合料，则采用大型马歇尔击实法。

标准密度取值有三种情况可以选择：①取沥青拌合厂每天取样实测的马歇尔试件密度的平均值，作为该批混合料铺筑路段压实度的标准密度；②以每天用真空法实测的最大理论密度作为标准密度；③以试验路段密度作为标准密度。可以根据工程需要与实际情况，选择其中一个或两个作为标准密度。

2. 现场密度试验检测方法

通过压实可以提高路基路面的压实质量，保证施工质量。如果压实不足，则路面容易产生车辙、裂缝、沉陷甚至整个路面被剪切破坏。在公路工程中测定压实度，常用的方法主要有灌砂法、环刀法、核子密湿度仪法等。

（1）灌砂法。此法是利用均匀颗粒的砂去置换试洞的体积，它是当前最通用的方法。采用此法时，当集料的最大粒径小于 13.2 mm，测定层的厚度不超过 150 mm 时，宜采用 100 mm 的小型灌砂筒测试；当集料的最大粒径大于或等于 13.2 mm 但不大于 31.5 mm，测定层的厚度不超过 200 mm 时，应用 150 mm 的大型灌砂筒测试。

（2）环刀法。此法是测量现场密度的传统方法。我国习惯采用的环刀容积通常为 200 cm^3，环刀高度通常约为 5 cm。用环刀法测得的密度是环刀内土样所在深度范围内的平均密度。它不能代表整个碾压层的平均密度。由于碾压土层的密度一般是从上到下减小的，若环刀取的土样是碾压层的上部，则得到的数值往往偏大；若环刀取的土样是碾压层的底部，则所得的数值将明显偏小。就检查路基土和路面结构层的压实度而言，需要的是整个碾压层的平均压实度，而不是碾压层中某一部分的压实度。因此，在用环刀法测定土的密度时，应使所得密度能代表整个碾压层的平均密度。然而，这在实际检测中是比较困难的，只有使环刀所取的土样恰好是碾压层的中间部分，环刀法所得的结果才可能与灌砂法的结果大致相同。另外，环刀法适用面较窄，对于含有粒料的稳定土及松散性材料无法使用。

（3）核子密湿度仪法。此法是利用放射性元素测量土或路面材料的密度和含水量。此法适用于测量各种土或路面材料的密度和含水量，有些仪器可储存打印测试结果，其缺点是放射性物质对人体有害。另外，此法使用的需要打洞的仪器，在打洞过程中容易使洞壁附近的结构遭到破坏，影响测定的准确性。核子密湿度仪法可作为施工控制使用，但需与常规方法相比较，以验证其可靠性。

（二）平整度检测方法

路面平整度是指路表面纵向的凹凸量的偏差值。路面平整度是路面评价及路面施工验收中的一项重要指标，主要反映路面纵断面剖面曲线的平整性。当路面纵断面剖面曲线相对平滑时，则表示路面相对平整，或平整度相对好；反之，则表示平整度相对差。好的路面要求路面平整度也要好。

平整度直接反映了车辆行驶的舒适度及路面的安全性和使用期限。一方面，路面平整度的检测能为决策者提供重要的信息，使决策者能为路面的维修、养护及翻修等做出优化决策；另一方面，路面平整度的检测能准确地提供路面施工质量信息，为路面施工提供一项质量评定的客观指标。

平整度的测试设备分为两大类：一类是断面类设备，用于测定路表面的凹凸情况，如最常用的三米直尺及连续式平整度仪；另一类是反应类设备，用于测定路面凹凸引起车辆振动的颠簸情况。其中，反应类指标是司机和乘客直接感受到的平整度指标，因此，它实际上是舒适性能指标，最常用的测试设备是车载式颠簸累积仪。

1. 三米直尺测定法检测平整度

三米直尺测定法有单尺测定最大间隙及等距离（1.5 m）连续测定两种方法。这两种方法测定的路面平整度有较好的相关关系。单尺测定最大间隙法常用于施工质量控制与检查验收，测定时要计算出测定段的合格率；等距离连续测定法可用于施工质量检查验收，要算出标准差，用标准差来表示平整程度。

（1）试验目的和适用范围。该试验用于测定压实成型的路基、路面各层表面的平整度，以评定路面的施工质量及使用性能。

（2）仪器设备。

①三米直尺：测量基准面长度为 3 m，基准面应平直。

②最大间隙测量器具：楔形塞尺、深度尺。

③其他：皮尺或钢尺、粉笔等。

（3）测试方法与步骤。

①准备工作。按照有关规范规定选择测试路段。在测试路段路面上选择测试地点：当对沥青路面施工过程中的质量进行检测时，测试地点应选在接缝处，以单杆测定评定；除高速公路以外，可用于其他等级公路路基路面工程质量检查验收或进行路况评定，每 200 m 测 2 处，每处连续测量 5 尺。除特殊需要，应以行车道一侧车轮轨迹（距车道线 80～100 cm）作为连续测定的标准位置。对已形成车辙的旧路面，应取车辙中间位置为测定位置，用粉笔在路面上做好标记。清扫路面测定位置处的污物。

②测试步骤。在施工过程中进行检测时，根据需要确定的方向，将三米直尺摆在测试地点的路面上；目测三米直尺底面与路面之间的间隙情况，确定最大间隙的位置；将有高度标线的塞尺塞进间隙处，量测最大间隙的高度（单位为 mm）；或者用深度尺在最大间隙位置量测直尺上顶面距地面的深度，该深度减去尺高即测试点的最大间隙高度，测试结果应精确至 0.2 mm。

(4) 报告。单杆检测应随时记录测试位置及检测结果。连续测定 10 尺时，应报告平均值、不合格尺数及合格率。

2. 连续式平整度仪法检测平整度

(1) 试验目的与适用范围。该试验用于测定路表面的平整度、评定路面的施工质量和使用质量，但不适用于在已有较多坑槽、破损严重的路面上进行测定。

(2) 仪器设备。

①连续式平整度仪：除特殊情况，连续式平整度仪的标准长度为 3 m，其质量应符合仪器标准的要求。

②牵引车：小面包车或其他小型牵引汽车。

③皮尺或测绳。

(3) 试验要点。

①选择测试路段路面的测试地点，同三米直尺法。

②将连续式平整度仪置于测试路段路面的起点上。

③在牵引汽车的后部，将连续式平整度仪与牵引汽车连接好，按照仪器使用手册依次完成各项操作。

④启动牵引汽车，沿道路纵向行驶，横向位置保持稳定。

⑤确认连续式平整度仪工作正常。牵引连续式平整度仪的速度应保持匀速，以 5 km/h 为宜，最大不得超过 12 km/h。在测试较短路段时，也可用人力拖拉连续式平整度仪测定路面的平整度，但拖拉时应保持匀速前进。

第二节　桥梁工程检测技术

一、桥梁的理论基础

（一）桥梁支座的原理与应用

支座是连接桥梁上部结构和下部结构的重要结构部件，作为桥梁关键部件之一，其主要作用是将桥梁上部结构的反力（竖向力和水平力）可靠地传递给桥梁下部结构，防止梁体出现不可恢复的滑动变形，并适应梁体受力过程的变形（位移和转角），从而使结构的实际受力情况与计算的理论状态相符合。

1. 支座的受力原理

支座按照所采用的材料、结构类型、功能等不同，可分为多种类型，主要分为盆式支座和球形钢支座两大类型。盆式支座和球形钢支座具有承载能力大、自身体量小、耐久性好、受力可靠等优点，不仅可以适应梁体纵向的变位和转角变形，而且可以适应多线铁路在单线行车时梁体发生的横向转动及温度变化产生的梁体横向位移，对梁体不产生附加约束，转动和滑动灵活，优点突出。

（1）盆式支座。常用的盆式支座按照适用温度范围，分为常温型支座（适用于－25～60 ℃）和耐寒型支座（适用于－40～60 ℃）。随着公路工程的需求，还出现了盆式橡胶支座。

盆式橡胶支座根据其功能分为固定型、单向活动型、多向活动型支座。其中，固定型盆式支座由上锚碇板、卡榫、盆塞、橡胶块、底盆、橡胶密封圈、密封铜环、下垫块、下锚碇钢棒组成，单向活动型支座由上滑动板、不锈钢板、改性超高分子量聚乙烯板、导轨、盆塞、橡胶块、底盆、橡胶密封圈、密封铜环、下垫块、下锚碇钢棒组成，多向活动型支座由上滑动板、不锈钢板、改性超高分子量聚乙烯板、盆塞、橡胶块、底盆、橡胶密封圈、密封铜环、下垫块、下锚碇钢棒组成。

盆式橡胶支座在承受桥梁上部结构传递来的竖向力时，钢盆内的橡胶处于密闭的环境中，承受较大的压力，处于高压受力状态下的橡胶呈流塑体状态，受力特性也与流塑体特性一致，此时支座不仅承受竖向力，而且能适应梁体的转角变形。因此，盆式橡胶支座正是充分利用橡胶在高压状态下呈流塑体状态这一物理特性，支座跟随梁体发生转角变形后，高压下呈流塑体状态的橡胶块形状随之改变，但橡胶块内部的任意点的压强均不改变，这就确保了在支座不同转角状态下，支座的盆塞、钢盆及与支座接触的梁底混凝土、墩顶支撑垫石混凝土承受的压力都是均匀的。

梁体在受力及温度变化作用下，长度会发生变化。在活动型支座中，增加了一对由不锈钢板与改性超高分子量聚乙烯（或聚四氟乙烯）对磨的摩擦副，对于单向活动型支座，还在摩擦副中设置了具有导向功能的导轨。其中，不锈钢板焊接在上滑动钢板上，改性超高分子量聚乙烯（或聚四氟乙烯）镶嵌在盆塞顶部并高出盆塞周围 3 mm。理想的支座摩擦副的摩擦系数小且不随时间与受力的变化而改变，材料在长期频繁高压对磨下损耗小。

盆式橡胶支座设计检测中，需要检测橡胶块的面压应力、钢盆的环向应力、钢盆盆底的拉应力、钢盆与盆塞的接触应力、导轨侧向的压应力、摩擦副中改性超高分子量聚乙烯（或聚四氟乙烯）的面应力、螺栓的抗剪能力等。

（2）球形钢支座。球形钢支座根据其功能，同样分为固定型、单向活动型、多向活动型支座，主要由上锚碇板、中间衬板、耐磨板、球冠衬板、滑动套环、滑动底板、下锚碇板等组成。

球形钢支座具有承受额定竖向荷载并能朝各向转动的功能。在球形钢支座中，利用中间衬板与球冠衬板之间的球面接触，传递上部结构的反力，用中间衬板与球冠衬板之间的可相对转动，来适应梁体的转角变形。对于活动型支座，在球冠衬板与滑动底板之间增加了一对由不锈钢板与改性超高分子量聚乙烯（或聚四氟乙烯）对磨的摩擦副，对于单向活动型支座，还在摩擦副两侧设置了具有导向功能的导轨。该结构形式的球形钢支座的滑动面位于支座下部，当热胀冷缩引起桥梁变形时，支座反力作用线相对梁部不变，桥梁受力性能更加合理。活动型支座采用独特的滑动套环结构，将转动面与滑动面分离，大大提高支座的使用寿命，并能将水平力均匀传递至下部结构，改善支座受力状态。

球形钢支座具有承载力大、转动灵活、转动力矩小、转角适应能力大、适用温度范围广、使用寿命长、养护工作量小等优点，能适应各种桥梁设计要求，特别在弯桥、大坡度和大跨度桥梁上有其特有优势。

（3）调高支座受力原理。高速铁路对桥墩基础沉降的要求特别严格，桥梁设计中需要考虑铁路运营期间桥墩基础沉降超出规范限值时的处理措施。为满足高速铁路桥梁这一特殊要求，在普通盆式橡胶支座的基础上研发了一款液压调高盆式橡胶支座，通过在盆环上的注射孔，在底盆内注射调高树脂，当达到预定高度时停止注射，并将注射孔封闭，1～3 h 后树脂自动凝固，调高过程结束。该调高支座在一定的调高范围内可实现无级调高。

液压式调高支座在操作过程中不需要对梁体进行额外的顶升，并且使用工具简单，可同时对 4 个支座进行顶升，保证支座的上升标高一致，并且树脂凝固快，耗费时间短，不影响线路整体通车运营。

2. 支座的应用

以高速铁路桥梁为例，探讨桥梁支座的应用。为满足桥梁受力、变形、耐久性要求，桥梁支座从材料、制造、公差等方面进行了大量的创新。

（1）以材料而言，使用 Q345 等热轧钢板，钢板强度高，在同等载荷条件下，使用热轧钢的支座设计尺寸比使用铸钢支座的小，节约了材料，且支座质量与性能更可靠；滑动板采用超高分子量聚乙烯，最大允许面压为聚四氟乙烯的6倍，且耐磨性能更好，由于允许面压较大，设计时可减少滑动板面积，既可节约材料，又可降低成本。

（2）以设计而言，将密封铜环切槽，以利于折弯曲率的配合，适合现场组装以减少间隙，完全配合底盆内径，与橡胶配合紧密，避免了橡胶受高压由盆座外缘挤出。经试验结果证实，支座承受8倍设计垂向载荷，橡胶垫没有从底盆侧壁挤出；将导轨槽间隙单侧降低到仅有0.5 mm，密合性良好，桥梁不会产生不正常位移。若支座的滑动道槽间隙太大，易导致桥梁的不正常侧移，在遭到地震水平力冲击时，易造成加速冲击力，破坏支座。

（3）以加工工艺而言，盆座和活塞接触面的表面比较光滑，利于转角，并可减少橡胶块的磨损，提高支座的耐久性；螺栓加工误差要求更高，降低为1 mm，可使螺栓受力平均，减少疲劳破坏，延长使用寿命。

这些新材料、新工艺，均经过了大量的实验验证，制订了相关技术条件，并广泛推广应用，极大地推动了桥梁支座产业的发展与进步。

另外，为适应不同桥梁受力及结构需要，还有隔震支座、减隔震支座、钢桁梁用铰轴滑板支座等多种特殊类型的桥梁支座。隔震支座主要适用于周围环境对铁路振动有特殊要求的桥梁，能有效降低列车运营产生的震动对周围环境的影响；减隔震支座主要适用于高烈度地震区的铁路中，能有效改善地震区桥梁受力；钢桁梁用铰轴滑板支座主要适用于大跨度钢桁梁中，可以更好地适应钢桁梁受力及变形。

（二）桥梁墩台

1. 墩台基础的作用与构成

桥梁建筑是一种为人类的生产和生活提供基础服务的结构设施。其承载和跨越的功能，决定了它必须具有一定的结构形式。一般习惯将桥梁结构划分为上部结构和下部结构两大部分，上部结构主要是指桥跨结构，下部结构则是指墩台与基础工程。

桥梁上、下部结构划分：梁式桥以支座划分，支座以上（含支座）为上部结构，支座以下为下部结构；拱桥是以拱脚划分的；其他结构桥梁则是桥面以下的竖向结构划为桥梁的下部结构（如连续刚构桥）。斜拉桥和悬索桥加劲梁下支承索塔部分称为塔墩，其基础称为塔墩基础。

2. 墩台的受力特征

桥梁墩台与基础是一个连续一体的受力体系，上部结构传下的力和下部结构自身受到的力，由墩台顶帽至基础底面，层层平衡和传递。桥梁墩台早期的设计多以重力式实体圬工结构①为主，现今随着大跨、高桥尤其城市宽桥的建设，墩台设计趋向美观、艺术，所以设计计算要采用简化适用的分析模型，对组成构架的各构件的内力和变形加以检算和配筋，以保证对下部结构要求的整体强度、稳定性和适宜刚度。

桥梁墩台与基础不仅承受与上部桥梁结构同样的因素影响（如汽车和人群荷载、风力、温度影响力等），而且由于自身是水下土中的结构物，还受水流和水中的漂流物、流冰、船舶等撞击作用，这些力的作用方向，主要是横桥方向。桥梁基础还受到地基土性质变化所产生的各种因素的作用，如在冻土地区，就会受到土在冻结时产生的各种冻胀力的作用。由于上部结构体系的不同，上部结构对墩台基础的作用状态也不同，有梁式结构传下来的竖向反力，也有拱式结构产生的很大的水平推力，还能受到索吊体系桥梁（悬索桥和斜拉桥）、T 形刚构桥梁等产生的正、负反力作用。

上述各种外力作用，既有顺桥方向的，又有横桥方向的，有的还是同时作用，所以墩台与基础是一个空间受力结构。不同地区、不同河流，甚至同一座桥上不同位置的墩台与基础，其所受到的各种力的作用状态和组合都是不同的，可能是顺桥方向控制设计的，也可能是横桥方向控制设计的。当两种情况不能明确判断时，则两种情况都要进行检算。

另外，由于下部结构设计中，考虑的各种作用的参数具有一定的粗略性，因此，设计者要依据工程的重要性和对具体的自然条件、水文地质条件的了解，并考虑施工的主导工艺本质特点和影响，结合以往的经验和教训，经过分析判断，选取合理可靠的计算参数。

下部结构施工的自然和技术条件与上部结构的相比，难以预计的因素较多，变数较大，结构设计又不宜大规模变更，必须用临时的施工措施来应对出现的问题。因此，下部结构尤其是复杂的大型基础，依据关键性自然因素和技术条件在理论及经验指导下确定主导的施工方法十分重要。实际工程中，下部结构发生意外事故和施工偏差的情况往往多于上部结构，是一个风险性

① 圬工结构是指以砖、石材作为建筑材料，通过将其与砂浆或小石子混凝土砌筑而成的砌体所建成的结构。

很大的施工环节。桥梁灾难性破坏大部分是由于下部结构被破坏。从防灾、减灾、保证桥梁安全使用的设防标准来设计考虑，下部结构是最关键的部位之一。

3. 桥墩与桥台类型与结构

(1) 桥墩的类型与适用性。

①杆、板式结构轻型桥墩。随着城市桥梁的建设，钢筋混凝土和预应力钢筋混凝土杆式、板式结构轻型桥墩因适应桥梁建筑艺术、桥下净空和总体布置的要求得以发展。因此，下面对在城市、公路桥上常采用的V形墩进行解读。

V形墩上部结构有多种形式，可以是连续梁或其他梁式体系，此时支座布置在斜撑的顶部。V形墩与上部结构固结，则形成V形刚架结构。采用V形墩的主要优点是缩短上部结构跨径并减小支点负弯矩，造型也显得强劲美观。为了减小桥墩基础尺寸或增大桥墩高度，可以从V形墩的交点向下延伸成Y形墩。

V形斜撑与水平面间的夹角，依桥下净空要求和桥梁总体布置确定。斜撑的受力大小依据结构图和主梁与斜撑的刚度比确定，如H形墩由承台向上逐渐展宽，转角处均以优美的弧线连接，具有挺拔而又轻盈的感觉；L形悬臂式预应力桥墩是一种应用于山区、有利于保护环境的桥墩形式。

②其他类型桥墩。从桥墩的受力和设计的复杂性来说，斜拉桥和悬索桥的塔墩是比较特殊的桥墩。目前，斜拉桥多采用塔墩固结体系，桥墩除要承受桥塔及上部结构的全部荷载外，还要承受塔身在各种荷载作用下传来的很大的弯矩和剪力。由于一般塔和墩为一体，所以塔墩的造型协调就显得很重要。

斜拉桥中的辅助墩和过渡墩又称拉力墩、锚固墩，是在斜拉桥设计中为了增加结构刚度而在边跨设置的中间支墩。其作用是为了防止当活荷载作用于中跨时，边跨上拱度过大，边跨斜拉索可能出现松弛或退出工作的现象，故其支座能够承受负反力（拉力）。一般辅助墩不要求承受恒荷载反力，它还可使边跨的挠度明显地减小，当索塔刚度不大时，跨中的受力也有明显的改善。现常用的辅助墩和边墩多为空心墩，用钢索将主梁端部锚固在墩柱底的横隔板上，主要承受上拔力。由于允许有水平位移，锚固钢索要尽可能长。墩上可设支座承受压力。

当水面辽阔、水较深且不便在水中修筑固定的桥墩和基础时，可用钢筋混凝土浮箱作为水中的浮桥墩，在其上架设贯通的桥面系统，从而形成沟通两岸交通的架空桥梁结构。浮动支墩必要时可设锚碇以固定其位置。

钢塔架桥墩是以型钢为基本构件，在现场拼装外形呈塔架状的桥墩，一般用于地质地形条件差，又缺少施工用水的地方。其基础多为现浇混凝土，墩身与基础通过铸钢法兰盘连接，多用于较高桥墩。

(2) 多层立体交叉桥墩。为了扩大桥下视野，减小体量少占地，同时从美观角度考虑，城市及高等级公路立体交叉桥墩可采用钢筋混凝土或预应力混凝土杆、板式结构，向轻型化、装配化发展。有时根据立交结构设计要求，桥墩布置形式除单层外，还有多层对称和非对称布置。这种桥墩设计时，要注意在不对称荷载作用下的整体和局部抗扭验算，以及在离心力、横向力矩作用下受力验算问题。

(3) 拱桥桥墩。拱桥是一种超静定推力结构，常用的无铰拱桥桥墩墩帽与拱圈连为整体，直接承受由拱圈传来的压力，故这部分墩帽又称为拱座。对于砌体拱桥，拱圈的拱脚与墩台连接处拱座采用的是特别加工的五角石，把径向拱石转化为水平方向，也可以现浇混凝土拱座代替五角石。对于预制安装的肋拱拱座，是在墩帽处做一预留供插入拱肋的孔槽；拱脚为增加接触面积、放置平稳而放大为方头，就位后再浇筑高强度等级混凝土封固。对于大跨度肋拱桥，还可在拱座背面和地面加设一些钢筋网。

拱桥桥墩可分为普通墩和单向推力墩两种。单向推力墩包括恒荷载单向推力墩和分段墩。对于多跨拱桥应根据使用要求，每隔 3～5 孔须设置恒荷载单向推力墩，以免一孔导致全桥坍塌。多孔拱桥施工时，为使拱架周转使用，亦需分段施工而设置分段墩。实际上，分段墩也就是承受施工中拱结构恒荷载的单向推力墩。

由于单向推力墩墩身基础体积大，圬工数量多，施工困难，因而一般可以尽量在非单向推力墩上采取适当措施，以减小水平推力作用效应，减小墩身体积。例如拱桥悬臂墩，拱脚支撑在悬臂端，以较小的拱的跨度获得较大的桥的孔径，减小拱脚传来的水平推力。同时，当一孔坍塌时，悬臂又增大了相邻孔竖向反力抵消水平力对墩身的作用效应，减小墩身截面弯矩，承受拱的单向恒荷载水平推力。

当需要增大基础底面面积修筑扩大基础时，考虑美观可以将常水位以上与以下的设计为不同侧坡墩身修成变坡墩。对于相邻两孔不等跨的桥墩，除根据跨度变更两孔矢跨比和调整拱座位置外，还可将墩身立面做成不对称布置，形成不对称墩，使两孔作用的恒荷载合力接近墩身底面和基础底面的形心，尽量减小偏心距。

（三）桥梁的结构发展与展望

在桥梁工程史上，需求一直是发展的首要驱动力。改革开放以来，在巨大的建设需求驱动下，我国桥梁完成了从“跟随者”向“竞争者”再向“引领者”的转变，在三个主要阶段实现了量和质的飞跃。桥梁的发展历史是记载着人类克服艰险、战胜自然、发展进步的历史，也是人类征服自然所表现出的智慧的鉴证。桥梁作为一个跨越空间的结构物，必不可少地要有支承和传力的下部结构，可以说，桥梁下部结构是形成桥梁整体工程的一个最重要的部分，无法修建基础和墩台的地方就无法建设桥梁。

隋朝修建的赵州桥，是我国古代桥梁的杰出代表，是世界上第一座敞肩式石拱桥，被评为国际土木工程里程碑式建筑。建桥 1400 多年，至今安然无恙，其根本原因是地基基础处理得非常得当。该桥桥台坐落在密实的粗砂土上，基底压应力约为 500～600 kPa，与现行规范中所采用的该土层容许承载力数值（550 kPa）极为接近，至今沉降与位移甚微。公元 989 年建造开封开宝寺木塔时，建造者预见塔基土质不均会引起不均匀沉降，施工时特意使塔身略向西北倾斜，待沉降稳定后，塔身正好垂直。我国在 1000 年前就已采用打桩加固软土的方法，并采用砂桩、石灰桩挤密排实。这些实例均说明我国劳动人民在 1100 多年前就掌握了对桥梁基础和地基土相互作用的承载力与沉降变形的高深科学技术，有着极为丰富的工程实践经验。

公元 1053 年修建的泉州洛阳桥，是我国第一座石梁海港桥，单孔跨径 11.8 m，共 47 孔，全长 731.29 m，至今世界上还没有发现其他有如此跨径和桥长的石梁桥。该桥在基础工程上首创筏形基础和种蛎固基技术。洛阳桥与赵州桥一样，在世界建桥史上具有极高的历史、科技和艺术价值。我国古代建筑保存至今的有很多，比如中国修建的万里长城，以及一些宏伟的宫殿、寺院、宝塔等建筑，历经风雨震害考验仍保留至今，就是因为我们的祖先顺利地解决了地基基础的问题。

我国第一座超百米高桥墩是 1996 年建成的南昆铁路清水河大桥桥墩（墩高 100 m），当时列世界第五位。已经建成通车的湖北省潭河公路大桥，墩高已达 178 m。至今为止，我国超百米高墩初步统计达 9 座之多，为目前世界高墩最多的国家。

管柱基础是桩基础向大直径发展的一个里程碑，它是我国在1953—1957年修建武汉长江大桥时首创的一种先进的基础形式，是我国桥梁工程师和国外专家组合作研制成功的一种深基础。目前，我国管柱基础直径已发展到5.8 m。

1963年，钻孔灌注桩首先在我国河南省应用。当时，人工钻孔的孔径只有60～70 cm。钻孔灌注桩解决了桥梁水下深基础的施工问题，把水下作业改为水上施工，其技术经济优越性非常突出，很快被全国桥梁界所接受，成为首选基础形式。目前，我国采用分级扩孔的方法，用小钻机钻大孔已完成国内最大直径为500 cm的桩的施工。

随着相关建设需求与技术的快速发展，累积了众多符合我国具体条件和成桩方法的计算理论与设计方法。例如，我国在巨型沉井施工方面已经走在世界前列。早在1967年修建著名的南京长江大桥时，正桥1号墩基础采用普通钢筋混凝土沉井，其平面尺寸为20.2 m×24.9 m，下沉深度为53.5 m，为当时亚洲之最。江阴长江大桥，其锚固悬索的北桥塔下沉井的平面尺寸为69 m×51 m，是世界平面尺寸最大的沉井。大直径超长桩和管柱基础、大型组合基础和特殊基础（如双承台管柱基础、锁口管桩基础、连续墙基础等）在我国大跨度桥梁建设中的广泛应用表明，在桥梁基础设计理论和施工技术方面，我国已进入世界前列。

在21世纪，我国公路交通要实现规划布局的“五纵七横”共十二条国家主干线（在20世纪已完成“两纵两横”）。其中，南北公路主干线之一的同江至三亚线上将修建五个跨海工程，自北向南依次为渤海海峡工程、长江口越江工程、杭州湾跨海工程、珠江口伶仃洋跨海工程及琼州海峡工程。

解决深水基础问题是跨海桥梁工程的重要施工项目。以日本明石海峡大桥的一号锚墩为基础，水深为70 m，采用地下连续墙圆形沉井，直径为85 m，井中填碾压混凝土形成沉井。现在有些深水基础采用先在岸上预制，再用浮运沉井下沉的方法或直接以大型浮吊吊装的方法，在深水中安置预制好的桥梁基础及墩身。这种方法可以用很快的速度完成深水基础施工工作。

1997年建成的加拿大诺森伯兰海峡大桥，是采用预制构件来架设的，其墩座（基础）的外形由圆形锥体（下部）及圆柱形体（上部）组成，按照水深不同，其高度变化在10～35 m，基底直径为22.0 m，基础顶部做成锥形平台，以便和套入的墩身密切贴合，以减小冰压力。墩身的上部是变截面的八角形空心结构，下部设有底部直径为20 m的圆锥体防冰体。墩座质量为

3000～5500 t，墩身为4000 t，采用“天鹅”号浮吊，最大提升高度76 m，最大起重质量为8700 t。

这种基础形式在海洋平台上已应用多次，如在美国墨西哥湾水深达411 m的深水中修建平台基础，成为世界上最深的水下建筑物。它对于修建桥梁基础也是一个很好的参考实例。

我国江河纵横，海岸线长，沿海有开发价值的岛屿很多，21世纪将会有更多的超大跨度桥梁有待我们去建设。在桥梁基础方面应加强如下研究方向。

(1) 超深水大型基础的结构形式的研究。我国桥梁工程界通过在长江上修建的近百座大跨桥梁，已积累了水深30 m左右的各类基础工程的设计和施工经验。海峡水深往往在100 m以上，需要借鉴海洋钻井平台的基础工程技术来创造新型的桥梁深水基础形式。

(2) 超深水基础科学智能化施工技术的研究。深水大型复杂基础的施工技术水平反映一个国家的综合实力，在这方面我国与发达国家还有一定差距。因此，要进一步加强深水自动化施工机械、大体积混凝土水下施工技术、精密检测仪器设备及采用信息化监控系统进行施工过程科学决策等方面的研究。

(3) 桥梁下部结构的抗灾害能力和设防标准的研究。尤其在桥梁结构抗震设计中，对于土结构共同作用、结构的局部与桥体延性、减震隔震措施等方面的研究，桥梁下部结构都是一个必要的研究对象。

(4) 超大跨度索体系桥梁塔墩的一些特殊受力及稳定性的研究。为了避免建造过深和过于昂贵的深水基础，需要修建超大跨度的悬索桥和斜拉桥，这就增加了塔墩的高度，高耸的塔墩在恶劣的使用环境（如台风、潮汐、地震等）中，其受力极为复杂，尤其是空间稳定性问题，用常规的方法很难解决，要建立更为精细并能反映结构整体作用特点的理论和方法；还要对大跨复杂结构体系桥梁上部结构与下部结构协作受力优化问题进行研究，减轻上部结构尤其是索塔的负担。

二、桥梁工程检测

随着桥梁建设的迅猛发展，由于其服役环境、作用荷载及结构本身的特点，桥梁结构逐步出现性能衰退与安全隐患，严重的会造成经济损失和社会不良影响。因此，桥梁结构性能退化，已成为世界范围内桥梁的共性问题，引起了大家的普遍重视。

（一）桥梁检测的目的

桥梁检测是进行桥梁施工质量控制和评定，新材料、新技术、新结构性能研究、养护和管理，质量缺陷及事故鉴定的重要手段。其目的主要包括以下方面。

（1）对于新建及改扩建桥梁，检测的目的是确保施工前、施工中使用的原材料、半成品、成品与相关工序，符合国家相关质量标准和设计文件的要求；项目完工后，也需要通过试验检测对工程的整体质量做出评价。

（2）对于在役桥梁，开展试验检测与评定，对桥梁的服役状态进行评估，是保证桥梁结构安全和正常运行的重要措施，是进行桥梁养护决策、维修加固的重要依据。

（二）桥梁检测的内容

（1）施工准备阶段的试验检测：①桥位放样测量；②混凝土原材料检测，包括粗集料、细集料、水泥、矿物掺合料、外加剂、水等；③金属结构检测，包括钢筋、预应力锚夹具和连接器、预应力材料（钢绞线、钢筋）等；④混凝土配合比试验；⑤其他材料检测，包括砌体材料、土工合成材料等；⑥其他成品、半成品的试验检测。

（2）施工过程中的试验检测：①地基承载力；②桩基检测；③承台、墩柱、梁、板等实体结构的位置、尺寸、强度检测；④预制构件的张拉、运输和安装等。

（3）在役桥梁的试验检测：①桥梁几何线形，墩台与基础的变位情况；②桥梁结构的恒载状况；③桥梁结构构件材质强度和状况（如外观质量、裂缝、混凝土碳化、钢筋锈蚀电位、氯离子含量、混凝土电阻率、内部缺陷等）的检测与评定；④桥梁结构的固有模态参数的检测；⑤索力、吊杆力等构件内力的检测；⑥地基与基础的检测。

公路工程标准体系分为公路工程行业标准和公路工程行业推荐性标准，包括综合类、基础类、勘测类、设计类、检测类、施工类、监理类、养护管理类、评价与加固类、制图类、改扩建类、造价类。

总之，上述公路工程相关规范是桥梁结构试验检测的依据。

（三）桥梁工程材料检测

1. 岩石检测

（1）岩石的分类。岩石根据风化程度，可分为强风化花岗岩、微风化砂岩等。岩石按照成因，可分为火成岩、沉积岩和变质岩三类。

①火成岩。它又称为岩浆岩，是在地壳深处或在上地幔中形成的岩浆，在侵入地壳上部或喷出地表后冷却固结，并经过结晶作用而形成的岩石。

②沉积岩。它是由风化产物、火山物质、有机物质等碎屑物质，在常温常压下经过搬运、沉积和石化作用，最后形成的岩石。沉积岩按照成因，可分为碎屑岩、黏土岩和化学岩（包括生物化学岩）。

③变质岩。它是在地壳形成和发展过程中，经过矿物组成调整、结构构造改变甚至化学成分的变化，才形成的岩石。常见的变质岩有片岩、片麻岩、大理岩、石英岩等。

岩体工程分类主要根据岩体的工程性状，包括坚硬程度、岩体完整性、节理发育程度等，工程分类应在地质分类的基础上进行，从而较好地概括其工程性质，便于进行工程评价。

岩体完整程度根据完整性指数（岩体纵波波速与岩块纵波波速之比的平方）分为完整、较完整、较破碎、破碎和极破碎五个等级。

（2）岩石的技术性质。其主要从物理性质、力学性质和化学性质三个方面进行评价。

①物理性质。岩石的物理性质包括物理常数、吸水性。

※物理常数。它主要是指石料的密度和孔隙率，此类常数能够直接影响石料的力学性质，也是将石料用于混合料配合比设计的参数之一。在路桥工程用块状石料中，常用的物理常数主要是真实密度、毛体积密度和孔隙率。通过这些指标可以间接预测岩石有关的物理性质和力学性质。

真实密度是岩石在规定条件下，烘干岩石矿质单位体积（不包括开口与闭口孔隙）的质量。

毛体积密度是在规定条件下，烘干岩石（包括孔隙在内）单位体积的质量。

孔隙率是孔隙体积占石料总体积的百分率。

※吸水性。岩石的吸水性采用吸水率和饱和吸水率两项指标表征。通常认为，在常压下测定的吸水率，此时水分只充填部分孔隙，当真空抽气后占

据岩石孔隙内部的空气被排出，恢复常数时，水即进入具有稀薄残压的岩石孔隙中，此时水分几乎充满开口孔隙的全部体积。因此，饱和吸水率大于吸水率。

②力学性质。岩石的力学性质主要指抗压强度和磨耗率两项性质。

※抗压强度。将岩石制备成（50±2.5）mm 的正立方体或直径与高均为（50±2.5）mm 的圆柱体试件，经吸水饱和后，在单轴受压及规定的加载条件下，达到极限破坏时，单位承压面积的强度称为单轴抗压强度。

岩石的抗压强度是岩石力学性质中最重要的一项指标，是划分岩石等级的主要依据。岩石抗压强度值主要取决于岩石的组成结构（如矿物组成、结构和构造、裂隙的分布等），同时取决于试验的条件（试件尺寸和形状、加荷速度、试验状态等）。

※磨耗率。它是指岩石抵抗撞击、剪切和摩擦联合作用的能力。其测定方法有洛杉矶法（搁板式）和狄法尔法（双筒式）。

③化学性质。

※酸碱性。二氧化硅（SiO_2）和氧化钙（CaO）是岩石组成中最主要的两种化学成分，两者的比例决定了石料的酸碱性。通常按照二氧化硅质量分数，将岩石分为酸性、碱性及中性。SiO_2质量分数大于 65%的岩石，称为酸性岩石；SiO_2质量分数在 52%～65%的岩石，称为中性岩石；SiO_2质量分数小于 52%的岩石，称为碱性岩石。因此，在选择与沥青结合的岩石时，应考虑岩石的酸碱性对沥青与岩石黏结的影响。

※黏附性。它直接影响石料与沥青黏结性能的好坏。

（3）岩石的密度试验。公路工程使用的岩石，除用作水泥混凝土粗集料和沥青混凝土集料，还用于砌体工程。以岩石密度试验为例，岩石密度试验是指根据岩石类型和试样形态，分别采用以下方法测定其密度：①凡能制备成形状规则的试样的岩石，宜采用量积法；②除遇水崩解、溶解和干缩湿胀性岩石，可采用水中称重法；③不能用量积法或水中称重法进行测定的岩石，可采用蜡封法。

2. 粗集料检测

混凝土原材料中集料约占混凝土总质量的 75%，是混凝土的主要组成之一，对混凝土性能有着重要的影响。集料形成的骨架除了承载应力外，还在混凝土和砂浆中起到抑制收缩、防止开裂和耐磨的作用。

在水泥混凝土中，粗集料是指粒径大于 4.75 mm 的骨料，包括岩石天然风化而成的卵石（砾石）及人工轧制的碎石。

（1）技术指标。粗集料的技术性质包括物理性质和力学性质两方面。粗集料宜采用质地坚硬、洁净、级配合理、粒形良好、吸水率少的碎石或卵石。

当混凝土结构物处于不同环境条件下时，粗集料的坚固性试验结果还应符合现行规定。

用连续级配集料拌制的水泥混凝土混合料的和易性、均匀性都较好，混凝土较密实；用间断集料级配时，因集料间空隙率较小，混凝土的密实度与强度均高，且比用连续级配节约水泥，但混合料难拌均匀，易产生离析现象。

（2）颗粒级配检测。颗粒级配是集料的重要特性，合理的级配和细度可以使集料总表面积和空隙率均较小，因而减少水泥浆用量，能提高混凝土的密实度、强度和耐久性等。集料的级配通过筛分试验确定。

颗粒级配的试验步骤如下。

①称取。按照规定称取试样一份，精确至1 g。将试样倒入按照孔径大小从上到下组合的套筛上，然后进行筛分。

②将套筛置于摇筛机上，摇10 min，取下套筛，按照筛孔大小顺序再逐个用手筛，筛至每分钟通过量小于试样总量的0.1%为止。通过的颗粒并入下一号筛中，并和下一号筛中的试样一起过筛。如此循环往复，直至各号筛全部筛完为止。

③称出各号筛的筛余量，精确至1 g。

3. 混凝土外加剂检测

水泥的主要水化产物有两种：一种是凝胶体，主要包括水化硅酸钙（C—S—H）和水化铁酸钙凝胶（C—F—H）；另一种是晶体，主要包括氢氧化钙[$Ca(OH)_2$]、水化铝酸钙（C—A—H）和水化硫铝酸钙晶体（C—A—S—H）。

水泥的技术指标主要包括化学指标和物理指标。混凝土外加剂是在拌制混凝土过程中掺入的，用以改善混凝土性能的物质。外加剂掺量应按照供货单位推荐掺量、使用要求、施工条件、工程用混凝土原材料和配合比等因素通过试验确定，以胶凝材料总量的百分比表示。当混凝土其他原材料或使用环境发生变化时，混凝土配合比、外加剂掺量可进行调整。

混凝土外加剂类型如下。

（1）普通减水剂。在施工期间，难溶和不溶的粉状普通减水剂应采用干掺法。粉状普通减水剂宜与胶凝材料同时加入搅拌机内，并宜延长搅拌时间

30 s；液体普通减水剂宜与拌合水同时加入搅拌机内，计量应准确。减水剂的含水量应从拌合水中扣除。

（2）高效减水剂。它可用于素混凝土、钢筋混凝土、预应力混凝土，并可用于制备高强混凝土。标准型高效减水剂宜用于日最低气温为 0 ℃环境下施工的混凝土，也可用于蒸养混凝土。

在施工期间，难溶和不溶的粉状普通减水剂应采用干掺法。减水剂的含水量应从拌合水中扣除。需二次添加高效减水剂时，应经试验确定，并记录备案。二次添加的高效减水剂不应包括缓凝、引气成分。二次添加后应确保混凝土搅拌均匀，坍落度应符合要求后再使用。

（3）聚羧酸系高性能减水剂。它可用于素混凝土、钢筋混凝土和预应力混凝土，缓凝型聚羧酸系高性能减水剂宜用于大体积混凝土，不宜用于日最低气温在 5 ℃以下环境中施工的混凝土。

具有引气性的聚羧酸系高性能减水剂用于蒸养混凝土时，应经试验验证。聚羧酸系高性能减水剂不应与萘系和氨基磺酸盐高效减水剂复合或混合使用，与其他种类减水剂复合或混合时，应经试验验证，并应满足设计和施工要求后再使用。

聚羧酸系高性能减水剂与引气剂同时使用时，宜分别掺加。含引气剂或消泡剂的聚羧酸系高性能减水剂使用前应进行均化处理。

（4）早强剂。它宜用于蒸养、常温、低温和最低温度不低于－5 ℃环境中施工的有早强要求的混凝土工程。炎热条件及环境温度低于－5 ℃时，不宜使用早强剂。

在施工期间，供方应向需方提供早强剂产品的主要成分及掺量范围。早强剂中硫酸钠掺入混凝土的量应符合规定，三乙醇胺掺入混凝土的量不应大于胶凝材料质量的 0.05％，早强剂在素混凝土中引入的氯离子含量不应大于胶凝材料质量的 1.8％。其他品种早强剂的掺量应经试验确定。掺早强剂的混凝土采用蒸汽养护时，其蒸养制度应经试验确定，掺粉状早强剂的混凝土宜延长搅拌时间 30 s。掺早强剂的混凝土应加强保温、保湿养护。

4. 粉煤灰检测

混凝土的矿物掺合料主要包括粉煤灰、粒化高炉矿渣粉（以下简称矿粉）、硅灰、沸石粉等，其中又以粉煤灰最为常用。

粉煤灰是一种火山灰质矿物外加剂，是火力发电厂燃煤锅炉排出的烟道灰。粉煤灰由结晶体、玻璃体及少量未燃尽的碳粒所组成。

粉煤灰以二氧化硅和三氧化二铝为主，其他为三氧化二铁、氧化钙、氧化镁、氧化钾、氧化钠、三氧化硫及未燃尽的有机质（烧失量）。

粉煤灰的需水量比检测：粉煤灰的需水量比对混凝土影响很大，除了强度，还影响流动性和早期收缩，因此，应做好需水量比，为混凝土试配提供依据。测定试验胶砂和对比胶砂的流动度，以两者流动度达到 130～140 mm 时的加水量之比确定粉煤灰的需水量比。

检测方法如下。

(1) 需水量比。

①仪器设备。天平（量程不小于 1000 g，最小分度值不大于 1 g)、搅拌机、流动度跳桌。

②试验步骤。试验胶砂按照规定进行搅拌。搅拌后的试验胶砂按照现行标准来测定流动度，当流动度在 130～140 mm 时，记录加水量；当流动度小于 130 mm 或大于 140 mm 时，重新调整加水量，直至流动度达到 130～140 mm为止。

(2) 细度。利用气流作为筛分的动力和介质，通过旋转的喷嘴喷出的气流作用，使筛网的待测粉状物料呈流态化，并在整个系统负压的作用下，将细颗粒通过筛网抽走，从而达到筛分的目的。

①仪器设备。负压筛析仪，主要由 45 μm 方孔筛、筛座、真空源和收尘器等组成；天平，量程不小于 50 g，最小分度值不大于 0.01 g。

②试验步骤。将检测粉煤灰样品置于温度为 105～110 ℃的烘干箱烘至恒重，取出放在干燥器中冷却至室温。称取试样 10 g，精确至 0.01 g，倒入 45 μm方孔筛筛网上，将筛子置于筛座上，盖上筛盖。接通电源，将定时开关固定在 3 min，开始筛析。开始工作后，观察负压表，使负压稳定在 4000～6000 Pa；若负压小于 4000 Pa，应停机，清理收尘器中的积灰后再进行筛析。在筛析过程中，可用轻质木棒或硬橡胶棒轻轻敲打筛盖，以防吸附。3 min 后筛析自动停止，停止后观察筛余物，如出现颗粒成球、粘筛或有细颗粒沉积在筛框边缘，应用毛刷将细颗粒轻轻刷开，然后将定时开关固定在手动位置，再筛析 1～3 min 直至筛分彻底为止。将筛网内的筛余物收集并称量，精确至 0.01 g。

5. 混凝土用水检测

混凝土用水是混凝土拌合用水与混凝土养护用水的总称，包括饮用水、地表水、地下水、再生水、混凝土企业设备洗刷水和海水等。

混凝土用水的检测方法如下。

(1) pH 值的检验应符合现行国家标准要求，并宜在现场测定。

(2) 不溶物的检验应符合现行国家标准要求。

(3) 可溶物的检验应符合现行国家标准中溶解性总固体检验法的要求。

(4) 氯化物的检验应符合现行国家标准要求。

(5) 硫酸盐的检验应符合现行国家标准要求。

(6) 碱含量的检验应符合现行国家标准中关于氧化钾、氧化钠测定的火焰光度计法的要求。

(7) 水泥凝结时间试验与水泥胶砂强度试验应符合现行国家标准的要求。试验应采用 42.5 级硅酸盐水泥，也可采用 42.5 级普通硅酸盐水泥；出现争议时，应以 42.5 级硅酸盐水泥为准。

6. 预应力钢绞线检测

预应力混凝土用钢绞线由多根预应力钢丝以一定的捻距捻制而成，常见的有 2，3，7 股钢绞线；强度级别有 1570，1860，1960 MPa等。

预应力混凝土用钢材的主要考核参数除了几何尺寸，还有强度、延性、弹性模量和松弛性能。

(1) 预应力钢绞线的检测方法包括取样、尺寸检验、每米质量检测、拉伸试验、应力松弛性能试验、疲劳试验。

(2) 预应力筋用锚具、夹具和连接器。

①试验用预应力筋。试验用预应力钢材的力学性能应分别符合规定，试验用纤维增强复合材料的力学性能应符合规定，试验用其他预应力筋的力学性能应符合国家现行相关标准的规定。

试验用预应力筋的直径公差应在受检锚具、夹具或连接器设计的匹配范围内。

应在预应力筋有代表性的部位取至少 6 根试件进行母材力学性能试验，试验结果应符合国家现行标准的规定。每根预应力筋的实测抗拉强度在相应的预应力筋标准中规定的等级划分，均应与受检锚具、夹具或连接器的设计等级相同。

试验用索体试件应在成品索体上直接截取，试件数量不应少于 3 根。

已受损或有接头的预应力筋不应用于组装件。

②试验用预应力筋用锚具、夹具或连接器组装件。试验用锚具、夹具或连接器应采用外观、尺寸和硬度检验均合格的产品。多根预应力筋的组装件

中，各根预应力筋等长、平行、初应力均匀，其受力长度应不小于 3 m。

单根钢绞线的组装件及钢绞线母材力学性能试验用的试件，钢绞线的受力长度应不小于 0.8 m；试验用其他单根预应力筋的组装件及母材力学性能试验用的试件，预应力筋的受力长度可按照试验设备及国家现行有关标准确定。

③试验设备及仪器。试验机的测力系统应按照现行规定进行校准，并且其准确度不应低于 1 级；预应力筋总伸长量测量装置在测量范围内，示值相对误差应不超过±1%。

④组装形式。钢绞线锚具组装件静载试验组装形式，在受检锚具下方安装的环形支承垫板，其环形支承垫板内径应与受检锚具配套使用的锚垫板上口直径一致。受检预应力筋－锚具、夹具或连接器组装件应安装全部预应力筋。

⑤试验过程。除采用夹片式锚具的钢绞线拉索，其他拉索的加载步骤应符合下列规定：当抗拉强度为 0.10 MPa 时开始，每级增加 0.10 MPa，持荷 5 min，加载速度不大于 100 MPa/min，逐级加载至 0.80 MPa，持荷30 min 后继续加载，每级增加 0.05 MPa，持荷 5 min，逐级加载直至破坏。

对于非鉴定性试验，试验过程中，当测得的数据满足规范要求后，可终止试验。试验过程中应对相应的内容进行测量、观察和记录，如荷载为 0.10 MPa时总伸长率测量装置的标距和预应力筋的受力长度，组装件的实测极限抗拉力。

组装件的破坏部位与形式应符合下列规定：夹片式锚具、夹具或连接器的夹片在加载到最高一级荷载时不允许出现裂缝或断裂，在满足技术标准后允许出现微裂和纵向断裂，不应出现横向、斜向断裂及碎断，预应力筋激烈破断冲击引起的夹片破坏或断裂，属正常情况；握裹式锚具的静载锚固性能试验，在满足技术标准后失去握裹力，属正常情况。

7. 混凝土材料及试件试验检测

(1) 表观密度试验。本试验适用于混凝土拌合物捣实后单位体积质量的测定。

①仪器设备。

※容量筒：骨料最大粒径不大于 40 mm 的拌合物应采用容积为 5 L 的容量筒，其内径与内高均应为（186±2）mm，筒壁厚应为 3 mm；骨料最大粒径大于 40 mm 的拌合物应采用内径与内高均应大于骨料最大粒径 4 倍的容量筒。

※天平：称量应为 50 kg，感量应为 10 g。

※振动台。

※捣棒。

②试验步骤。

※测定容量筒容积。先将干净容量筒与玻璃板一起称重；再将容量筒装满水，缓慢将玻璃板从筒口一侧推到另一侧，容量筒内应满水且不应存在气泡，擦干筒外壁，再次称重；两次质量之差除以该温度下水的密度即为容量筒容积 V；常温下水的密度可取 1 kg/L。

※容量筒内、外壁应擦干净，称出容量筒质量，精确至 10 g。

※混凝土的装料及捣实方法应根据拌合物的稠度而定。

※用刮尺将筒口多余的混凝土拌合物刮去，表面如有凹陷应填平；应将容量筒外壁擦净，称出混凝土试样与容量筒总质量，精确至 10 g。

（2）泌水试验。本试验适用于骨料最大粒径为 40 mm 的混凝土拌合物泌水的测定。

①仪器设备。

※容量筒：内径及高均应为（186±2）mm、容积为 5 L，并应配有盖子。

※量筒：容量应为 100 mL、分度值应为 1 mL，并应带塞。

※振动台。

※捣棒。

※天平：称量应为 50 kg，感量应为 1 g。

②试验步骤。

※应用湿布润湿容量筒内壁后立即称量，记录容量筒的质量。

※将混凝土试样装入容量筒，并振实或捣实。拌合物坍落度小于70 mm，用振动台振实时，应将混凝土拌合物一次装入容量筒内，振动应持续到表面出浆为止，并应避免过振。拌合物坍落度大于 70 mm 时，采用人工插捣，应将混凝土拌合物分两层装入，每层的插捣次数应为 25 次；捣棒由边缘向中心均匀地插捣，插捣底层时捣棒应贯穿整个深度，插捣第二层时，捣棒应插透本层至下一层的表面；每一层捣完后用橡皮锤轻轻沿容量筒外壁敲打5～10次，进行振实，直至拌合物表面插捣孔消失并不见大气泡为止。自密实混凝土应一次性填满，且不应进行任何振实和插捣。振实和捣实的混凝土拌合物表面应低于容量筒筒口（30±3）mm，并用抹刀抹平。

※应将筒口及外表面擦净，称量并记录容量筒与试样的总质量，盖好筒

盖并开始计时。

※在吸取混凝土拌合物表面泌水的整个过程中，应使容量筒保持水平、不受振动；除了吸水操作外，应始终盖好盖子；室温应保持在(20±2) ℃。

※计时开始 60 min 内，应每隔 10 min 吸取 1 次试样表面泌水；60 min 后，每隔 30 min 吸 1 次泌水，直至不再泌水为止。每次吸水前 2 min，应将 1 片约 30 mm 厚的垫块垫入筒底一侧使其倾斜，吸水后应平稳地复原盖好。吸出的水应盛放于量筒中，记录每次吸水的水量并计算累计水量 V，精确至 1 mL。

(3) 含气量试验。本试验适用于骨料最大粒径不大于 40 mm 的混凝土拌合物含气量的测定。

混凝土拌合物含气量试验的注意事项：①采用机械捣实时，装入捣实后体积约为容器容量的混凝土拌合物，振实过程中如拌合物低于容器口，应随时添加；振动至混凝土表面平整、出浆即止，不得过振。自密实混凝土应一次性填满，且不应进行振动和插捣。②刮去表面多余的混凝土拌合物，用抹刀刮平，表面如有凹陷应填平抹光。③擦净容器上口边缘，加盖并拧紧螺栓，保持密封不透气。④按照前述的操作步骤测得未校正的混凝土拌合物的含气量，精确至 0.1%。

(4) 凝结时间试验。本试验适用于从混凝土拌合物中筛出的砂浆，用贯入阻力法来进行坍落度值不为 0 的混凝土拌合物初凝时间与终凝时间的测定。

①试验设备。

※贯入阻力仪：最大测量值不应小于 1000 N，精度为 10 N；测针长 100 mm，在距贯入端 25 mm 处应有明显标记；测针的承压面积应为100，50，20 mm^{2}三种。

※试验筛。

※振动台。

※捣棒。

②试验步骤。

※用试验筛从混凝土拌合物中筛出砂浆，然后应将筛出的砂浆拌合均匀；将砂浆一次性分别装入三个试样筒中。取样混凝土坍落度不大于 70 mm 的宜用振动台振实砂浆；取样混凝土坍落度大于 70 mm 的宜用捣棒人工捣实。用振动台振实砂浆时，振动应持续到表面出浆为止，不得过振；用捣棒人工捣实时，应沿螺旋方向由外向中心均匀插捣 25 次，然后用橡皮锤轻轻敲打筒

壁，直至插捣孔消失为止。振实或插捣后，砂浆表面应低于砂浆试样筒口约10 mm，并应立即加盖。

※砂浆试样制备完毕，应置于温度为（20±2）℃的环境中待测，并在以后的整个测试过程中，将环境温度始终保持在（20±2）℃。现场同条件测试时，应与现场条件保持一致。在整个测试过程中，除在吸取泌水或进行贯入试验，试样筒应始终加盖。

※凝结时间测定从混凝土拌合加水开始计时。根据混凝土拌合物的性能，确定测针试验时间，以后每隔0.5 h测试一次，在临近初凝和终凝时，应缩短测试间隔时间。

※在每次测试前2 min，将1片20 mm厚的垫块垫入筒底一侧使其倾斜，用吸液管吸去表面的泌水，吸水后应复原。

※测试时，将砂浆试样筒置于贯入阻力仪上，测针端部与砂浆表面接触，然后在（10±2）s均匀地使测针贯入砂浆（25±2）mm深度，记录最大贯入阻力值；记录测试时间，精确至1 min。

※每个砂浆筒每次测1～2个点，各测点的间距不应小于15 mm，测点与试样筒壁的距离不应小于25 mm。

※贯入阻力测试在0.2～28.0 MPa时应至少进行6次，直至贯入阻力大于28.0 MPa为止。

※根据砂浆凝结状况，在测试过程中应以测针承压面积从大到小顺序更换测针，更换测针应按照规定选用。

（5）混凝土静力受压弹性模量试验。

①仪器设备与检测环境。

※试验设备。压力试验机或万能试验机应符合要求，其测量精度为±1%，试件破坏荷载应大于压力机全量程的20%且小于压力机全量程的80%。球座应符合现行要求。

※试验要求。在试验室制作混凝土试件及静置时间，温度应保持在（20±5）℃；在试验混凝土力学性能时，保持温度在（20±2）℃，相对湿度95%以上；混凝土抗压、抗折试验环境温度为10～35 ℃。

②试验步骤。

※试件从养护地点取出后应及时进行试验，将试件表面与上、下承压板面擦干净。

※取3个试件测定混凝土的轴心抗压强度，另3个试件用于测定混凝土

的弹性模量。在测定混凝土弹性模量时，将测量变形的仪表安装在供弹性模量测定的试件上，仪表应安装在试件成型时两侧面的中线上，并对称于试件两端。标准试件测量标距采用 150 mm；非标准试件的测量标距应不大于试件高度的 1/2，也不小于 100 mm 及骨料最大粒径的 3 倍。

※应仔细调整试件在压力试验机上的位置，使其轴心与试验机下压板中心线对准。开动试验机，当上压板与试件或钢板接近时，调整球座，使接触均衡，在电脑中选择相应试件的编号。

※加荷至基准应力为 0.5 MPa 的初始荷载值，保持恒载 60 s 并在以后的 30 s 内记录每一测点的变形读数。应立即连续均匀地加荷至应力为轴心抗压强度的 1/3 的荷载值，保持恒载 60 s 并在以后的 30 s 内记录每一测点的变形读数。

※当以上这些变形值之差与它们平均值之比大于 20%时，应重新对中试件后重复上一步的试验。如果无法使其减少到低于 20%时，则此次试验无效。

※在确认试件对中后，以与加荷速度相同的速度卸荷至基准应力为 0.5 MPa（F_0），恒载 60 s；然后用同样的加荷和卸荷速度及保持恒载（F_0 或 F_a）60 s，至少进行两次反复预压。在最后一次预压完成后，以基准应力 0.5 MPa 持荷 60 s 并在以后的 30 s 内记录每一测点的变形读数；再用同样的加荷速度加荷至 Fa，持荷 60 s 并在以后的 30 s 内记录每一测点的变形读数。

※卸除变形测量仪，以同样的速度加荷至破坏，记录破坏荷载；如果试件的抗压强度之差超过 20%，则应在报告中注明。

※关紧送油阀，将回油阀旋钮向左转卸荷，使工作活塞回到初始位置。

（6）混凝土氯离子扩散系数试验。本试验用于测试氯离子在混凝土、砂浆和水泥基修补材料中的非稳态迁移系数，适用于试验室制作或室外结构取芯所得试块。本试验测得的氯离子迁移系数表征测试材料具有抵抗氯离子渗透的能力。此非稳态迁移系数，不能直接和其他试验测得的氯离子渗透系数相比，如非稳态浸泡试验和稳态迁移试验。

①仪器设备及化学试剂。仪器设备包括 RCM 试验装置、真空容器、真空表、真空泵、游标卡尺、水砂纸、扭矩扳手、阴极溶液、显色指示剂。

②试验步骤。

※RCM 试验用试件应采用直径为（100±1）mm、厚度为（50±2）mm 的圆柱体试件。

※试件养护龄期宜为 28 d，也可根据设计要求选用 56 d 或 84 d。

※应在抗氯离子渗透试验前 7 d 加工成标准尺寸试件。当使用 Φ100 mm×100 mm 试件时，应从试件中部切取高度为（50±2）mm 的圆柱体作为试验用试件，并应将靠近浇筑面的试件断面作为暴露于氯离子溶液中的测试面。当使用 Φ100 mm×200 mm 试件时，应先将试件从正中间切成相同尺寸（Φ100 mm×100 mm）的两部分，然后应从两部分中各切取一个高度为（50±2）mm 的试件，并应将第一次的切口面作为暴露于氯离子溶液中的测试面。

※试件加工后，应采用水砂纸和细锉刀打磨光滑，加工好继续浸没于水中养护至试验龄期。

※到龄期后，先从养护池中取出试件，并将表面的碎屑清洗干净，擦干表面多余水分；再用游标卡尺测量试件的直径和高度，精确到0.1 mm。将试件在饱和面干状态下置于真空饱水机中，按照规定进行真空处理。应在5 min 内将真空容器中的气压减少至 1～5 kPa，并应保持该真空度 3 h，然后在真空泵仍然运转的情况下，将用蒸馏水配制的饱和氢氧化钙溶液注入容器，溶液高度应保证将试件浸没。在试件浸没 1 h 后恢复常压，并应继续浸泡 18 h±2 h。

※试件饱水完成后取出，用电吹风冷风挡吹干，试件表面应干净，无油污、灰砂和水珠。

※在试块周边涂抹凡士林（无厚度要求，起润滑与隔绝作用）。将涂好的试块装入橡胶筒内底部，应在与试件齐高的橡胶套外侧安装两个不锈钢环箍，每个环箍高度应为 20 mm，并应拧紧环箍上的螺栓至扭矩为(30±2) N·m，使试件的圆柱侧面处于密封状态。

※将安装好的盛有试件的橡胶筒放入溶液池内测试支座上，注入正极测试液（0.3 mol/L 氢氧化钠溶液）300 mL，并应使阳极板和试件表面均浸没于溶液中。应在阴极槽中注入 12 L 质量浓度为 10%的 NaCl 溶液，并应使其液面与橡胶套中的 NaOH 溶液的液面齐平。

※试验结束后，拿出橡胶筒，倒掉筒内溶液，拆下试块，置于室外晾干。将晾干的试块置于压力机下，沿轴向劈开。按照顺序排好劈裂的试块，喷洒重铬酸钾溶液（10%），待表面干燥后喷洒硝酸银溶液（0.1 mol/L）。指示剂喷洒约 15 min 后，沿试件直径断面将其分为 10 等份，测试显色分界线离试件底面的距离，精确至 0.1 mm。如某测点被骨料阻挡，可将此测点位置移动到最近未被骨料阻挡的位置进行测量。当某测点数据不能得到时，只要总测点

数多于5个，可忽略此测点。当某测点位置有一个明显的缺陷，使该测点测量值远大于各测点的平均值时，可忽略此测点，但应将这种情况在试验记录和报告中注明。

（四）盆式支座的检验

盆式支座出厂检验项目、检验内容、检验频次和要求应符合要求。盆式支座在型式检验时，应进行橡胶板的解剖试验，试件应取自成品橡胶板芯部。

试验时，在一批成品支座中取任两块橡胶板，将解剖胶料磨成标准试片，测定其硬度、拉伸强度和扯断伸长率。橡胶板成品芯部胶料的物理机械性能允许根据现行规定指标有所变化。其中，硬度变化不大于10%，拉伸强度下降不大于15%，扯断伸长率下降不大于30%。

盆式支座在型式检验时，还应进行聚四氟乙烯板的解剖试验。试验时，在一批成品支座中任取一块聚四氟乙烯板的芯部，进行密度、球压痕硬度的测定。

（五）桥梁工程现场试验检测技术

1. 地基与基础工程

地基是指建（构）筑物下面支承基础的土体或岩体，有天然地基和人工地基（复合地基）两类；基础是将结构所承受的各种作用传递到地基上的结构组成部分，有条形基础、筏形基础、箱形基础、桩基础等。基础承受着建（构）筑物的全部荷载，因此，基础应具有足够的强度，才能稳定地把荷载传给地基，同时基础应满足耐久性要求。基础将上部荷载传递到地基，因此，对地基提出了三方面的要求：一是强度，地基要具有足够的承载力；二是变形，地基的沉降量需控制在一定范围内，且不同部位的地基沉降差不能太大；三是稳定，地基要有防止产生倾覆、失稳方面的能力。

为了对地基和基础的上述性能要求进行评价，从而为设计、施工提供依据，可从室内试验、原位测试和原型试验三方面进行。室内试验是指对从现场取回的土样等材料进行物理、力学试验，获得土的密度、压缩性、可塑性、渗透性等指标参数，计算其承载力和稳定性。原位测试是在现场采用平板荷载试验、动力触探、静力触探、原位直剪、十字板剪切、旁压试验、波速测试等方法，对地基承载力和稳定性进行评价。原型试验是通过现场做尺寸试验或工程原位测试，对原型结构进行检测、监测，获得地基或基础在受荷状态下的性能，如地基或桩的荷载试验、动力基础的模态检测等。原型试验是评价地基基础承载力、变形和稳定性的有效方法。

(1) 地基载荷试验设备。该试验设备由稳压加荷装置、反力装置和沉降观测装置三部分组成。现以半自动稳压油压荷载试验设备为例说明如下。

该设备利用高压油泵，通过稳压器及反力锚定装置，将反力稳定地传递到承压板。它的部分组成如下。

①加荷及稳压系统，由承压板、加荷千斤顶、立柱、稳压器和支撑稳压器的三脚架组成。加荷千斤顶、稳压器、储油箱和高压油泵分别用高压油管连接，构成一个油路系统。

②反力锚定系统，包括框架和反力锚定两部分，框架由中心柱套管、深度调节丝杆、斜撑管、主钢丝绳、三向接头等组成。

③观测系统，用百分表或其他自动观测装置进行观测。

目前，根据现场情况，采用试验方法的总的要求是加荷、卸荷要既简便又安全，并对试验的沉降量观测不产生影响。荷载为刚性的方形或圆钢板。

用油压千斤顶加荷、卸荷虽然方便，但要注意设备是否变形、千斤顶是否漏油及荷载板是否下沉等，要防止千斤顶压力不稳定。注意随时调节，保持压力恒定。

(2) 平板荷载试验。

①试验方法及原理。地基在上部荷载作用下达到破坏状态，可分为以下三个阶段。

第一，压密阶段。荷载小，此阶段地基中各点的剪应力小于地基土的抗剪强度，地基处于稳定状态。地基仅有少量的压缩变形，主要是土颗粒互相挤紧、土体压缩的结果，荷载与沉降关系接近于直线，地基处于弹性平衡状态。

第二，剪切阶段。变形的速率随荷载的增加而增大，在地基的局部区域内发生了剪切破坏，出现塑性变形区。随着荷载的增加，地基中塑性变形区的范围逐渐向整体剪切破坏扩展，是由稳定状态向不稳定状态发展的过渡阶段，荷载与沉降关系呈曲线，地基所承受的基底压力称为临塑荷载。

第三，破坏阶段。塑性区扩大，发展到形成与地面贯通的连续滑动面，荷载增加，地基土向基础的一侧或两侧挤出，地面隆起，地基整体失稳，沉降急剧变化，地基所承受的基底压力称为极限荷载。通过采用地基土浅层平板载荷试验，可用于确定浅部地基土层的承压板下应力主要影响范围内的承载力和变形模量。

②试验目的。浅层平板荷载试验的目的主要是：确定地基土承载力；确定地基土的弹性模量；确定地基土的基床反力系数；估算地基土的不排水抗剪强度。

③荷载试验设备。试验精度应不低于最大荷载的1%，承压板的沉降采用百分表或电测位移计量测，精度不低于0.01 mm。

(3) 复合地基。它是指天然地基在地基处理过程中部分土体得到增强，或被置换，或在天然地基中设置加筋材料，加固区是由基体（天然地基土体或被改良的天然地基土体）和增强体两部分组成的人工地基。

散体材料桩复合地基主要包括碎石桩、砂桩、矿渣桩等；柔性桩复合地基主要包括石灰桩、土（或灰土）桩；半刚性桩复合地基主要包括水泥土搅拌桩、旋喷桩等；刚性桩复合地基主要包括混凝土类桩，如CFG桩等。

①复合地基的作用及原理。复合地基主要作用及原理包括以下五个方面。

第一，桩体作用。复合地基承载力和整体刚度高于原地基，沉降量有所减少。

第二，垫层作用。可起到类似垫层的换土、均匀地基应力和增大应力扩散角等作用。

第三，加速固结作用。除碎石桩、砂桩具有良好的透水特性可加速地基的固结，水泥土类和混凝土类桩在某种程度上也可加速地基固结。

第四，挤密作用。在施工过程中，由于振动、挤压、排土等原因，可使桩间土起到一定的密实作用。

第五，加筋作用。各种复合地基除了可提高地基的承载力和整体刚度外，还可提高土体的抗剪强度，增加土坡的抗滑能力。目前在我国，深层搅拌桩、粉体喷搅桩和砂桩等已被广泛地用于高速公路等路基或路堤的加固，这都利用了复合地基中桩体的加筋作用。

②复合地基的荷载试验。一般情况下应加载至复合地基或桩体（竖向增强体）出现破损或达到终止加载条件，也可按照设计要求的最大加载量加载。最大加载量不应小于复合地基或单桩（竖向增强体）承载力设计值的2倍。

复合地基荷载试验用于测定承压板下应力主要影响范围内复合地基的承载力和变形参数。复合地基荷载试验应采用方形（矩形）或圆形的刚性承压板，其压板面积应按照实际桩数所承担的处理面积确定，通常取一根桩或多根桩所承担的处理面积。承压板的中心位置应与一根桩或多根桩所承担的处理面积的中心位置（形心）保持一致，并与荷载作用点重合。当同一工程的面积置换率为多种时，对于重要工程，应分别对几种置换率取有代表性的位置进行检测，对于一般工程可选择面积置换率相对较低、作用荷载相对较大的位置进行测试。

（4）基桩成孔质量检测。钻孔灌注桩属于地下隐蔽工程，如何保证在各种不同的地质条件下的成孔质量，进而保证基桩完整性，确保工程安全，具有重要的意义。尤其是近些年新兴的异型钻孔灌注桩（如挤扩灌注桩等），在施工工艺尚未完全成熟的情况下，如何有效控制成孔质量，显得尤其重要。近些年，新颁布的规范都对钻孔灌注桩成孔质量的检验内容、检验标准和检查方法等提出了具体的规定和要求。

基桩的成孔质量主要包括泥浆的各种性能指标检测和桩孔位置、孔深、孔径、垂直度及沉渣厚度等。

①成孔质量标准。钻（挖）孔灌注桩成孔后，应根据相应指标的要求进行泥浆质量和孔位、孔深、倾斜度和沉渣厚度的检测。因此，成桩后要对实际桩位进行复测，用精密经纬仪或全站仪测量桩的中心位置，检测其是否满足设计规定或规范要求。

②桩孔倾斜度。在灌注桩施工过程中，能否确保基桩的倾斜度是衡量基桩能否有效发挥作用的一个关键参数。

在孔口沿钻孔直径设一标尺，标尺上中点与钻孔中心重合，并使滑轮、标尺中点和钻孔中心在同一铅垂线上，记录高度。穿过滑轮的测绳一端连接用钢筋弯制的圆球（圆球直径比钻孔直径略小），另一端通过专项滑轮用手拉住，将圆球慢慢放入钻孔中，并测读测绳在标尺上的偏距。

该方法读数较为粗糙，准确测量可以采用伞形井径仪。桩的孔径和垂直度检测是钻（挖）孔灌注桩成孔质量检测中的两项重要内容，目前主要有钢筋笼检孔器法、伞形孔径仪法和超声波法三种测量方法。

③检孔器。其尺寸可以根据设计桩径的大小进行制作，其外径不应小于设计桩孔的直径，长度为外径的4～6倍。检孔器一般用钢筋制作，应有一定的刚度，每次检测前十字交叉测量检孔器的外径，两次测量之差应不大于20 mm，并防止使用过程中变形。检测前，待钻孔的孔深、清孔泥浆指标等检查合格后，用三脚架将检孔器放入待测孔内。检孔器对中后，上吊点的位置应固定，并在整个检测过程中保持不变。检孔器靠自重下沉，如果能在自重作用下顺利下沉到孔底，则表明孔径能满足设计要求，否则说明孔径小于

设计孔径，应进行扩孔处理。

④接触式仪器组合法检测。桩孔质量接触式仪器一般由伞形孔径仪、专用测斜仪及沉渣测定仪组成，适用于检测钻孔灌注桩成孔的孔径、孔深、垂直度及沉渣厚度。

※钻孔灌注桩成孔孔径检测。接触式仪器组合法钻孔灌注桩成孔孔径检测，应在钻孔清孔完毕后进行。伞形孔径仪进入现场检测前应进行标定，标定完毕后，恒定电流源电流和量程、仪器常数及起始孔径在检测过程中不得变动。

检测前应校正好自动记录仪的走纸与孔口滑轮的同步关系，并将深度起算面与钻孔钻进深度起算面对齐，以此计算孔深。孔径检测应自孔底向孔口连续进行。

检测中探头应匀速上提，提升速度应不大于 10 m/min。孔径变化较大处，应降低探头提升速度。

检测结束时，应根据孔口护筒直径的检测结果，再次标定仪器的测量误差，必要时应重新标定后再次检测。

※钻孔灌注桩成孔垂直度检测。接触式仪器组合法钻孔灌注桩成孔垂直度检测一般采用顶角测量方法。

专用测斜仪进入现场检测前应进行标定，桩孔垂直度检测通常可在钻孔内直接进行，大直径桩孔的垂直度检测宜在一次清孔完毕后，在未提钻的钻具内进行。

钻孔内直接测斜应外加扶正器，宜在孔径检测完成后进行，应根据孔径检测结果合理选择不同直径的扶正器，桩孔垂直度检测应避开明显扩径段。

检测前应进行孔口校零，应自孔口向下分段检测，在顶角变化较大处加密检测点数，必要时应重复检测。

※沉渣厚度检测。接触式仪器组合法钻孔灌注桩成孔、地下连续墙成槽的沉渣厚度检测，宜在清孔清槽完毕后，灌注混凝土前进行，沉渣厚度检测应至少进行 3 次，取 3 次检测数据的平均值为最终检测结果。

2. 桥梁荷载试验

(1) 桥梁荷载试验的目的。影响桥梁工程质量的因素主要是设计理念、建筑材料、施工技术和自然条件等，在操作过程中，人们一般采取模型试验、成桥后的动静载试验等来检测桥梁工程的质量。桥梁荷载试验的目的，是在试验荷载作用下，利用对桥梁结构直接加载后进行有关的分析、测试和记录工作（主要包括试验准备、理论计算、整理等相关的工作），达到了解和检测桥梁结构的实际工作状态与实际使用状况的目的。

桥梁荷载试验是对新完工的桥梁竣工验收及质量评定的重要方法，特别是大跨度、复杂结构的桥梁。相对于已有桥梁，尤其是建造时间较长，已无法查到桥梁原始设计、施工和竣工资料的桥梁，采用桥梁荷载试验也可以估算其荷载能力和使用状况，为已有桥梁的进一步安全使用、养护管理、限载或改建提出科学的依据。所以桥梁工程的成功发展，相关试验技术的进步和发展也起着重要的作用。

（2）桥梁荷载试验的分类。桥梁荷载试验主要有静载试验和动载试验。

①静载试验。它是指在静止荷载影响下，在桥梁的其中一个指定位置检测桥梁结构的静力应变、位移和裂缝等相关参数，进而推测出在静荷载影响下桥梁结构的使用性能和工作能力的试验。静载试验的加载过程由零开始逐渐增加到预定的荷载为止，一般通过重力或其他类型的加载设备来完成加载。

桥梁荷载试验中最常用、最基本的基础试验就是静载试验，由于当桥梁结构工作时所承受的荷载是静力荷载，其中桥梁结构的自重也是静力荷载，甚至在设计计算时随时间而变的移动车辆荷载通常也作为静力荷载来考虑，即使是在进行桥梁结构动力试验时，一般也要先进行静载试验，以测定结构的相关参量，因此，静载试验是了解桥梁结构特性的重要方法和途径。

以各梁（板）横向分布系数的计算为例，依照设计图纸计算出各主梁（板）的截面几何特征值，如面积、截面抗弯（抗扭）惯矩、主梁每延米抗扭惯矩、中性轴位置等（采用毛截面或换算截面均可，依据以往经验，由两者计算出的横向分布系数的差异很小，可不予考虑）。根据梁（板）间的组合情况选用横向分布系数的计算方法，如果是空心板桥则应采用铰接板法。在横向分布系数得出后，综合考虑预制梁的情况（中、边梁的预制宽度，截面几何特征值等），取用最大的横向分布系数，留待下一步分析时采用。

②动载试验。它主要是通过对结构进行脉动测试，汽车的行车、跳车、刹车激振或其他方式的激振试验，测试桥梁结构上各控制部位的动挠度、动应变、模态参数（自振频率、振型、振型阻尼比、应变模态），然后通过模态参数识别结构的损伤。

※桥梁动载试验涉及的问题，基本可以归为以下几个方面。

动力特性参数测定：测定实桥结构动力特性参数的方法主要有自由振动衰减法、强迫振动法和环境随机振动法等，原则上任何一种方法都可以测得各种动力特性参数。

随着计算机技术的迅速发展及随机振动试验数据分析设备和软件的广为普及，原则上自由振动衰减法与强迫振动法得到的试验数据结果也都可以用计算机技术去处理分析。

桥梁动载试验：桥梁结构动力反应测定的内容主要是桥梁在特定动荷载（如车辆、地震力和台风等）作用下的动力参数（如动应力、动挠度、加速度等）。从测试技术的角度看，测定结构动力反应参数，就是在动力特性测试方法的基础上，进一步对所测信号的时程曲线及其峰值大小做出定量分析。比如在车辆动载试验中，可以实测桥梁结构的动应变、动挠度值，并由此确定桥梁结构动态增量等；又比如在动力特性测试前，将所用仪器测试系统的灵敏度做必要的标定，那么由该系统所测的信号，就可以确定加速度或振幅大小。下面主要叙述实桥动载试验中最常见的移动车辆荷载作用下桥梁动力反应测试内容。

※桥梁结构动载试验的方案设计。动载检定试验前，应编制试验方案，其主要内容如下：试验目的、试验项目、试验工况编号、仪器设备准备等；根据试验目的和要求，确定测试项目、数量、激振安排，设计测点布置，每一测点均应有编号，测点布置应有总图；根据试验项目和激振及仪器设备绘制测试系统工作方框图，按照系统配置情况将测点号、传感器号、放大器号、记录器号、连接导线号等，对应列成表格，便于仪器安装和测试过程中的校对；制订试验日程，明确人员分工，使检定测试过程做到统一指挥、有序进行；为保证测试工作顺利和正常进行，应对联络方式、安全措施和有关注意事项等做出规定。

3. 土工试验的类型

土工试验从试验环境和方法出发，可分为以下三类。

（1）室内试验。该试验是指对从现场取回的土样或土料进行物理、力学试验，取得塑性、密度、透水性和甩缩性、抗剪强度、泊松比等指标。由此对岩、土地基进行分类，计算地基的稳定性和承载力。

（2）原位测试。该试验在现场进行，土层基本保持天然结构、含水量及应力状态，如静载试验、动力触探、直剪试验、波速测试等，可对地基进行分层并评价地基的稳定性和承载力。

（3）原型试验。该试验是指通过现场基础足尺[①]试验或工程原型试验、监测受力、变形及孔隙水压力等参数与反算土的各种静、动力特性参数等，如桩的荷载试验、动力基础的模态试验等，是评价地基承载力和稳定性的有效方法。

地基直接承受上部结构物传来的荷载，地基的过大沉降或不均匀沉降往往是造成结构物破坏的主要因素。因此，在桥梁工程设计或施工过程中，往往需要准确测定地基的承载力。

4. 桩身完整性检测

钻孔灌注桩桩身完整性检测方法，需要将桩的设计条件、承载性状及施工等因素进行综合分析，不仅可对桩身完整性类别做出可靠的评价，而且可对桩的承载力做出评估。下面以低应变反射波法与声波透射法为例，进行论述。

（1）低应变反射波法。该方法具有仪器轻便、操作简单、检测速度快、成本低等特点，可检测桩身缺陷及位置，判定桩身完整性类别，但检测深度有限，在桩基工程质量普查中应用较广。

①检测仪器设备。反射波法检测系统由基桩动测仪、传感器和激振设备组成。

※基桩动测仪。目前，国内外动测仪都把采集、放大、存储各部件与计算分析软件融为一体，集成为基桩动测仪。依据基桩动测仪的主要技术性能指标，可将动测仪器产品的主要技术性能分为1，2，3三个等级。

随着国内外基桩动测仪生产厂家的发展，其性能指标均已达到或超过2级基桩动测仪的技术性能指标，完全可以满足反射波法基桩检测的需要。动测仪器是在野外恶劣的环境条件下使用的，所以容易损坏。为了实现我国计量法规定的量值传递要求，保证有效使用范围，根据计量认证规定，要每年定期对基桩动测仪进行计量检定。

※激振设备。为了满足不同的桩型和检测目的，应选择符合材质和质量要求的力锤、力棒、手锤等，以获得所需的激振频率和能量。反射波法基桩质量检验用的手锤和力棒，其锤头的材质有铝、硬塑、橡皮等。改变锤的质量和锤尖材质，即可获得检测所需的能量和激振频谱要求。不同材质和质量的激振桩头的效果不同。激振锤的材质与性能可以从相关规范中选取。锤激

① 足尺是指用尺量够应有的尺寸。

振源对基桩检测信号的影响包括以下方面：

一是锤击能量。其大小取决于锤的质量和下落速度。对大直径长桩，应选择质量大的锤或力棒，以产生主频率低、能量大的激励信号，获得较清晰的桩底反射信号，但这时桩身的微小缺陷会被掩盖。

二是锤头材料。若锤头材料硬，产生的高频脉冲波有利于提高桩身缺陷的分辨率，但高频信号衰减快，不容易探测桩身深部缺陷；若锤头材料软，产生低频脉冲波，衰减慢，有利于获得桩底反射信号，但会降低桩身缺陷的分辨率。

三是脉冲宽度。激振脉冲宽度大，有利于探测桩身的深部缺陷，但波长大于缺陷尺寸时，由于波的绕射作用，桩身内的小缺陷不容易被识别，从而降低了分辨率；激振力脉冲宽度小，应力波频率高、波长短，有利于提高对桩身小缺陷的分辨率，但在桩浅部不能满足一维弹性杆件的平截面假定条件，会出现接收信号波形畸变。

②现场检测技术。

※CT 现场踏勘[①]及资料收集。在接受检测任务后，检测人员应了解场地地质条件、建筑物的类型、桩型、桩设计参数、成桩工艺、施工记录及相关的资料，然后根据检测委托书，编制检测纲要。

桩头处理。应根据相应的技术规范、标准的规定，并参考现场施工记录和基桩在工程中所起的作用来确定抽检数量与桩位。公路桥梁的钻孔灌注桩通常是每根桩都要进行检测，对受检桩，要求桩顶的混凝土质量、截面尺寸与桩身设计条件基本相同。桩头应凿去浮浆或松散、破损部分，并露出坚硬的混凝土，对桩头外露主筋不宜太长。桩头表面应平整干净、无积水，并将传感器安装点与敲击点部位磨平。

※传感器的选择与安装。

一般采用加速度传感器，因为它的频率响应范围比较宽、动态范围大、失真度小，能较好地反映桩身的反射信息。速度传感器灵敏度高、低频性能好，对检测桩体深部缺陷信息较好。传感器安装点宜在距桩中心 1/2～2/3 半径处。

激振点与传感器安装点应远离钢筋笼的主筋。测点数量视桩径大小而定，

---

① 踏勘，也称现场调查，是指综合运用观察、访谈等方法到事情发生的场所进行实地调查的一种方法。

且距离桩的主筋不宜小于 50 mm。

※仪器参数设置。

采样频率。其应满足采样定理。在基桩测试中，通常在 0～2 kHz 已能满足要求。对不同的测试要求，可改变频率范围，如要测 3～5 m 的浅部缺陷，可将频率调到 1～2 kHz；要测桩底反射信号，则可降低频率范围至 0～0.6 kHz。

采样频率越高，采样间隔越小，时域分辨率就越高，而频域分辨率越低；反之亦然。

适调放大器。放大增益要足够大，在屏幕上有足够大的波形，以不限幅为原则。

※检测数据的分析与判定。

时域分析：桩身波速平均值的确定；桩身完整性判定。在实际检测中，以时域分析为主、频域分析为辅。根据时域信号特征进行桩身完整性分类。

频域分析。尽管现场动测时的时域信号能较真实地反映桩身情况，但许多实测曲线不可避免地夹杂着干扰信号，这给时域分析带来困难。因此，对测试信号进行频域分析是必要的。

时域分析与频域分析的互相验证。通常，人们只对时域曲线进行积分、滤波、指数放大等信号处理后，即将桩身存在的各种缺陷充分展示出来，从而判断桩身完整性问题。但有时桩身有多个缺陷，加之各种干扰信号，时域曲线变得非常复杂，这时需要进行信号的频域分析，将干扰信号滤去后，找出桩身的缺陷反射信息，再判定桩身完整性。而时域、频域分析可作为反射波法分析时的互相验证与补充，两者各有优缺点。

多数情况下的时域、频域分析结果能很好地统一和相互验证，但时域和频域分析是互相矛盾的。采样频率越高，时域的分辨率越高，而频域分辨率越低；反之亦然。对缺陷位置和桩长来说，还是以时域计算为准。

桩身存在多个等间距缺陷时，时域难以区分深部缺陷反射与浅部缺陷的多次反射。分析频域的基频和频差可对其加以甄别。

有些桩底反射信号不明显，频谱中有较明显的整桩基频和频差。

③反射波法的特性与检测报告。

※反射波法的优点。其仪器设备轻便，操作简单，成本低廉；可对桩基工程进行普查，检测覆盖面大；可检测桩身完整性和桩身存在的缺陷及位置，估计桩身混凝土强度，核对桩长，等等。

※反射波法的局限性。一是检测桩长的限制。对于软土地区的超长桩，长径比很大，桩身阻抗与持力层阻抗匹配好，常测不到桩底反射信号。二是桩身截面阻抗渐变时，容易造成误判。三是当桩身有两个以上缺陷时，较难判别。四是在桩身阻变小的情况下，较难判断缺陷的性质。五是嵌岩桩的桩底反射信号多变，容易造成误判。

嵌岩桩的时域曲线中，桩底反射信号变化复杂，桩底反射信号与激励信号极性相反；但桩底混凝土与岩体阻抗相近，则桩底反射信号不明，甚至没有；如桩底有沉渣，则有明显的反射信号。因此，要对照受检桩的桩型、地层条件、成桩工艺、施工情况等进行综合分析，不宜单凭测试信号定论。

※混凝土强度与波速的关系。在工程检测中，人们常用波速估计混凝土的强度等级，这是一种平均强度概念。实际上，桩身混凝土强度远非平均强度指标所能评价。而混凝土强度与波速之间的关系比较复杂，影响混凝土的强度因素很多。

※检测报告。该报告除应给出通常的委托方名称、工程名称等常规内容外，还应给出桩身完整性检测的实测信号曲线、桩身波速取值、桩身完整性描述、缺陷位置及桩身完整性类别等内容。

（2）声波透射法。该方法需在基桩混凝土浇筑前预埋声测管，测试操作较复杂，可检测灌注桩桩身缺陷及其位置，较可靠地判定桩身完整性类别。

声波透射法是在预埋声测管的混凝土灌注桩中检测桩身完整性，判定桩身缺陷的程度及其位置。它的特点是检测的范围可覆盖全桩身的各个检测剖面，检测全面细致，信息量大，成果准确可靠；现场操作不受场地、桩长、长径比的限制，操作简便，工作进度快。声波透射法以其鲜明的特点在民建、水利、交通桥梁和港口等工程建设领域中得到了广泛应用。

①基本原理。声波透射法是在灌注桩中预埋两根或两根以上的声测管作为检测通道，管中注满水作为耦合剂，将超声发射换能器和接收换能器置于声测管中。由超声仪激励发射换能器产生超声脉冲，向桩身混凝土辐射传播。声波在混凝土传播过程中，当桩身混凝土介质存在阻抗差异时，将发生反射、绕射、折射和声波能量的吸收、衰减，并经另一声测管中的接收换能器接收，经超声仪放大、显示、处理、存储，可在显示器上观察接收超声波波形，判读出超声波穿越混凝土后的首波声时、波幅及接收波主频等声学参数，通过桩身缺陷引起声学参数或波形变化来检验桩身混凝土是否存在缺陷。

施工前，我国的超声仪都采用专用处理软件进行波速、声幅、SPD计算，并绘制这些参数随深度变化的曲线图，供检测人员分析、判断桩身存在的缺陷位置和范围，估算缺陷的尺寸等，并按规范规定对基桩进行完整性分类。

②检测仪器设备。

※声波检测仪器。该仪器有两大类。一类是模拟式声波仪，它所显示和分析的是模拟信号，其声波幅值随时间的变化是连续的，这种信号称为时域信号。这类声波仪在测试时由人工操作，现场工作量大、工作效率低，容易出错，故使用场所越来越少。另一类是数字式声波仪，它通过信号采集器采集信号，将采集的模拟信号变为数字信号。这类声波仪由计算软件自动进行声时和波幅判读，既提高了检测精确度，又提高了效率，因而得到了广泛的应用。

※数字式声波仪。为了测量从发射到接收声波所经过的时间，声波仪在桩身混凝土发射声波脉冲的同时，就将同步计时器打开，计时器开始不断计时。当发射换能器发射的超声波经水耦合进入混凝土，在混凝土中传播后被接收换能器接收，经超声仪放大、A/D 转换为数字信号后加以存储，再经 IVA 转换为模拟量。在某一时刻出现接收波形时，声波仪即将波形采集，并转变为数字信号存储。然后转化为模拟波形，显示在屏幕上。同时，启动计算机分析软件，比较前、后信号，找到波形刚刚变大且以后一直较大的那个采样点，即为接收波的起点，并立即关闭计时器，从而获得声时结果。这种数字信号便于存储、传输和各种处理分析，由计算软件自动进行声时和波幅判读后显示打印，可得到声速、波幅、SPD 随深度变化的曲线，供基桩桩身质量分析，可判定桩身完整性类别。注意：声波仪的技术性能应符合规定。

③声测管埋设要求。声测管应选择透声性好、便于安装和费用较低的材料。考虑到混凝土的水化热作用及施工过程中受外力作用较大，容易使声测管变形、断裂，影响换能器上、下管道的畅通，以选用强度较高的金属管为宜。声测管埋设要求：声测管内径宜为 50～60 mm；声测管应下端封闭、上端加盖、管内无异物；声测管连接处应光滑过渡，管口应高出桩顶 100 mm 以上，且各声测管管口高度应一致；采取适宜方法固定声测管，使之成桩后相互平行；声测管埋设数量与桩径大小有关，桩径内径小于 800 mm 时埋设 2 根管，内径为 80～2000 mm 时埋设不少于 3 根管，内径大于 2000 mm 时埋设不少于 4 根声测管且应沿桩截面外侧呈对称形状布置。

④现场检测。

※检测准备工作。检测对混凝土龄期的要求，原则上应满 28 d，有时工

期要求急，可适当缩短时间（约 14 d），但混凝土强度不应小于 15 MPa。

检测前的准备工作：用大于换能器直径的圆钢疏通，以保证换能器在声测管全程范围内升降顺畅，然后用清水清洗声测管；准确测量声测管的内、外径和声测管外壁间的净距离。

※检测方法。声波透射法检测混凝土灌注桩有桩内单孔透射法和跨孔透射法两种。

单孔透射法是在桩身只有一个通道的情况下，如钻孔取芯后需要了解孔芯周围的混凝土质量情况，作为钻芯检测的补充手段使用。这时采用一发两收换能器放于一个钻芯孔中，声波从发射换能器经水耦合进入孔壁混凝土表层滑行，再经水耦合到达接收换能器，从而测出声波沿孔壁混凝土传播的各项声学参数。单孔透射法的声传播途径比跨孔法复杂得多，信号分析难度大，且有效检测范围约一个波长，故此法不常采用。

跨孔透射法是在桩内预埋 2 根或 2 根以上的声测管，把发射和接收换能器分别置于 2 根管中。

测试系统由超声仪、发（收）换能器、位移测量系统（深度记录轮、三脚架、井口滑轮）、传输电缆等组成。其中，超声仪和径向换能器组成超声脉冲测量部分。

※测试过程。将发（收）换能器放入桩内声测管中同一深度的测点处，超声仪通过发射换能器发射超声波，经桩身混凝土传播，在另一声测管中的接收换能器接收到超声波，经电缆传输给超声仪，实时高速记录显示接收波形，并判读声学参数。当换能器到达预定位置时，超声仪自动存储该测点的波形及声学参量，实现换能器在桩身测管内移动过程中自动记录、存储各测点声学参量及波形的目标。全桩身各个检测剖面检测出的桩身声学参量（如声时、幅值和主频等），按照规范编制软件进行数据处理后，可绘制成基桩质量分析的成果图。

现场测试过程中应保持发射电压与仪器设置参数不变，使同一次测得的声学参数具有可比性。

※测试方式。声波测试方式如下。

对测（普查）：发射和接收换能器分别置于两声测管的同一高度，自下而上将收、发换能器以相同步长（不大于 250 mm）向上提升，进行水平检测。若平测后存在桩身质量的可疑点，则进行加密评测，以确定异常部位的纵向范围。

斜测：让收、发换能器保持一定的高程差，在声测管中以相同步长、同步升降进行测试。斜测分单向斜测和交叉斜测。斜测时，发、收换能器中心连线与水平夹角一般取30°～40°。斜测可探出局部缺陷、缩颈或专测管附着泥团、层状缺陷等。

扇形测：扇形测在桩顶、桩底斜测范围受限或为减小换能器升降次数时采用。一只换能器固定在某一高程不动；另一只逐步移动，测线呈扇形分布。此时换算的波速可以相互比较，但幅值无可比性，只能根据相邻测点幅值的突变来判断是否有异常。

通过上述两种方法检测，结合波形进行综合分析，可查明桩身存在缺陷的性质和范围大小。

⑤检测数据分析与判定。灌注桩声波透射法检测分析和处理的参数主要有声时、声速、波幅及主频，同时要观测和记录实测波形。目前使用的数字式声波仪有很强的数据处理和分析功能，可以直接绘制出声速-深度曲线、波幅-深度曲线和SPD曲线，根据图来分析桩身质量情况。

三、混凝土桥梁的养护工作

（一）桥梁的养护

养护包括一般性养护、维修和加固。一般性养护工作有时与维修和加固工作类似或相同，但是前者在概念上更简单，范围上也小得多。维修和加固通常由专业桥梁施工队或承包商来完成，需要使用复杂或非常规的设备，需要具备较高专业化水平，而且工作程序一般比较复杂。

1. 桥面系养护

（1）桥面铺装层的养护应符合有关沥青路面或水泥混凝土路面的规定，桥面应保持坚实、平整、清洁，防止桥头跳车，保证行车顺畅。

（2）桥面不允许随意增加荷载，包括新增桥面铺装厚度、新增设过江管线、新增大型装饰或广告牌等。

（3）混凝土桥面出现大面积混凝土铺装层表皮脱落、麻面时，可以对破损桥面层铣刨后再做混凝土表层，也可加铺沥青混凝土表层。此时，伸缩装置必须重新设置。

（4）混凝土桥面出现大于1 mm的裂缝时，应查明原因，及时处理。在确定桥面无结构性破坏和裂缝不继续发展的情况下，可进行灌缝封闭处理。

（5）沥青混凝土出现较大面积损坏时，工作人员可以对其进行大面积清除后重铺。沥青混凝土桥面的重铺应按照设计进行，维修应注意避免增加桥梁恒载，其设计配合比、施工工艺应符合现行城市道路路面施工规范。

（6）若防水层损坏，应及时修复；防水混凝土的抗渗等级应高于 P6；Ⅰ类养护的城市桥梁的桥面防水混凝土的抗渗等级宜大于 P8。

（7）若桥头搭板脱空、下沉、断裂，应及时修复。

（8）城市桥梁栏杆应经常保持完好状态，栏杆柱竖立平直，水平杆件能自由伸缩，如有缺损，应及时补齐。栏杆柱与人行道板的固定螺栓要定期进行防腐蚀处理。钢筋混凝土栏杆如发现有裂缝或剥落，轻微者可采用灌注环氧树脂或其他材料进行修补，严重者应凿除损坏部分，重新修补完整。钢质栏杆应经常清刷，定期防腐，腐蚀严重的栏杆应进行更换。城市桥梁栏杆因车辆撞击或其他原因遭到损坏时，须立即设置牢固、安全、醒目的临时防护围栏，修复时间不得超过 1 个月。

（9）桥面缘石应经常保持完好状态，如有缺损，应及时修整或更换。

2. 伸缩装置养护

（1）桥梁伸缩装置应经常检查维护，按照规定周期进行保养，保持伸缩装置的清洁完好，发挥正常伸缩作用，满足桥跨结构由于荷载作用、温度变化、混凝土收缩、徐变所引起变形的需要。

（2）经常清除伸缩装置上的碎石、泥污，防止伸缩缝跳车错台。

（3）检查并拧紧松动的螺栓，加油保护；修理或更换个别损坏或失效部件；清洁不锈钢板表面。保养一般每半年一次，对不同类型的伸缩缝，应按照其特性制订针对性的检查维护措施。

（4）伸缩装置出现这些病害时，应及时处理：异型钢伸缩装置的密封橡胶带损坏，应及时更换；弹性体伸缩装置出现严重变形、翘起、脱落时，应及时清除、更换；钢板伸缩装置的钢板开裂、翘曲或脱落时，应及时补焊修复；伸缩缝处形成跳车错台时，应及时修补、加固或更换；当伸缩装置的损坏无法修复时，应整体更换。

（5）更换桥梁伸缩装置，应选择适应桥梁结构类型特点、保证交通舒适、养护维修方便、经济耐用的伸缩缝。对于悬索桥、斜拉桥等特大桥，应选择具有良好纵向、横向、竖向及扭转多向变位功能，防水防尘性能良好，方便维修更换的伸缩装置。

（6）维修或更换伸缩缝时，应采取维持交通措施，如将桥面分为两个半幅施工、在伸缩缝上架设跨缝设施等。

（7）每年气温最高、最低时，应定时测量伸缩装置的间隙，其间隙量不得低于或超过设计最小值或最大值。

（8）经常对伸缩装置的水平错位、竖向升降进行观测和控制。

3. 排水设施与桥头引道的养护

（1）排水设施的养护。若桥面的泄水管、排水槽堵塞，应及时疏通泄水管，上端顶部应低于桥面铺装，下端露出长度不少于设计要求长度。对出现泄漏的泄水管应及时处理，避免影响桥梁结构。

（2）桥头引道的养护。桥头引道应与正桥平顺连接，不得引起跳车。排水设施应完善畅通。挡墙、护栏等结构物产生损坏时，应及时按照原结构进行修补或更换。

4. 桥梁混凝土结构的养护工作

桥梁混凝土结构养护工作的要求：清除暴露钢筋的锈渍，恢复混凝土保护层；对预应力混凝土锚固区的破损、开裂、剥落及预应力束纵向混凝土开裂、穿孔、锚具暴露进行修补。

钢筋混凝土及预应力混凝土桥梁养护的重点是检查并处理混凝土结构性裂缝，对预应力混凝土桥梁，应特别注意预应力混凝土锚固区的裂缝检查及养护。

钢筋混凝土及预应力混凝土结构如产生裂缝，应分别采用不同方法进行处理，以恢复结构的整体性，保持结构的强度、刚度、耐久性、抗渗性及外形的美观，对混凝土表面温度裂缝或收缩裂缝可进行封闭处理，一般结构裂缝宽度在规范允许范围内，可进行封闭处理。

当裂缝宽大于规范限值规定时，应由设计或检测单位提出裂缝封闭或混凝土补强方案，并进行处理。钢筋混凝土或预应力混凝土构件如因施工质量不好或其他原因出现露筋、剥落等现象，应将钢筋锈迹清除干净，并把松动的保护层凿去，用环氧砂浆修补；如损坏面积过大，可喷注高标号水泥砂浆预应力混凝土桥梁的箱梁，应保持箱内通风，避免因箱内、外温差过大而引起混凝土开裂，钢筋混凝土或预应力混凝土桥梁主梁挠度超过规定允许值，应进行结构评估，采取加固措施。

（二）钢筋锈蚀修补工作

1. 钢筋的锈蚀程度

选用哪种技术修补钢筋锈蚀，取决于产生锈蚀原因、锈蚀程度、所处位置和相邻范围内钢筋锈蚀的原因。应该对钢筋锈蚀程度和原因进行必要的评估，通过目测可做以下三种不同的划分。

（1）没有明显锈蚀。应至少在几个代表性区域进行混凝土取芯，以确定碳化深度或氯化物可能存在的区域，如果没有碳化或氯化物轮廓等其他明显问题，则无须采取进一步措施。

（2）完好混凝土的局部锈蚀。在完好混凝土表面有明显的瑕疵，如局部不密实、分层，特别是在缺少保护层的时候，对此应该做与上面一样的详细检查，以确定锈蚀的程度和原因。

（3）整体劣质混凝土中的广泛锈蚀。详细检查后，若显示钢筋锈蚀问题是广泛的，则应检查相关的环境侵蚀和结构的代表性区域。在受影响的区域可以通过电势电流检测确定阳极（锈蚀区域）的锈蚀程度，从取芯孔除下的混凝土应该用低收缩或微膨胀水泥砂浆恢复原有状态。

2. 钢筋锈蚀的重要修补原则

对钢筋锈蚀的修补和防止潜在锈蚀的处理方法有很多，但所有修补技术应坚持以下三条重要原则。

（1）混凝土修复要彻底，并且应该选用适合的材料。锈蚀开始处的诱发条件应予以根除，否则修补没有效果。在锈蚀面上直接用水泥浆修补一般是不会有效的。

简陋的水泥浆和环氧树脂修补会加剧锈蚀，即使将混凝土凿除到钢筋位置再进行环氧树脂修补，也不会有效。因为环氧树脂在机械和热性能方面与混凝土不相容，并且它不会增加 pH 值来有效地保护钢筋。

（2）专利产品的使用。市场上有许多专利产品，然而对它们的价值也必须有一个客观的认识，对其说明和保证要全面了解。应该从相关工程师、可信的咨询机构或相关协会去寻找信息，选择产品时应考察以前成功使用的经验或独立的耐久性试验。

（3）工人和承包商的素质。从事该项工作的人员应当细致、值得信赖且有能力，并需要由熟悉修理技术和材料的人员监督。在选择承包商时，信誉和技术专业化程度及标的价格应被一同考虑。

3. 钢筋锈蚀的修补技术

（1）有氯化物但无明显锈蚀。在有较多氯化物生成但暂无明显锈蚀的地方，氯化物轮廓和混凝土龄期可用来估计其钝化时间，根据这一估计，可定出一个适当的重新检测时间间隔，或者采取措施限制氯化物进一步发展。以下是四种控制氯化物发展的方式。

①硅烷涂层。在混凝土表面用硅烷涂刷，能阻止水的侵入（因而也阻止氯化物的侵入），且允许混凝土中水蒸气逸出。硅烷较便宜，但它对于直接在潮汐和波浪作用下的地方效果不大。混凝土应以适当间隔重检以确认这种处理方法成功与否。

②混凝土包装。对于有时浸润在水中的混凝土区域，需要包裹一层适用于水下的混凝土层。在发生重大锈蚀现象之前，这种处理是比较经济的，如果氯化物正在聚集，则不可避免地要进行重大修补。

③阴极保护。可以应用各种类型的外加电流系统阻止锈蚀，但需要相应的专业技术和经验来实施。

④去除氯化物。去除氯化物的过程是把纸浆浸泡在电解液中，然后将它喷散在混凝土表面。在混凝土表面的电解液范围内形成一层网状加强层，这一附加层作为阳极，混凝土内的钢筋成为阴极。在两极之间加上电压把氯化铁从钢筋和混凝土表面除去。要使去除氯化物的系统成功，需要在混凝土表面设计统一的控制系统，以防止产生的热量损坏混凝土。这种方法也适用于钢筋周围 pH 值较高的地方。

（2）碳化严重但无明显锈蚀。根据混凝土期龄和由简单酚酞测试确定的碳化深度，来确定重新检测的时间，一旦碳化到达钢筋，锈蚀就是不可避免的。以下方法可用于阻止锈蚀。

①粉底和涂料。现在广泛应用的是在受影响的混凝土表面涂上一层良好的水泥粉底，再涂刷一层丙烯酸涂料，可以有效地阻止二氧化碳的侵入。粉底是用来阻止表面缺陷引起涂料膜产生大量气孔，从而保证其连续性。应以适当间隔重检，来检验这种方法的有效性。

②重新碱化。用一种适当的电解液，采用与前文“去除氯化物”中的相同过程，可以使钢筋区域恢复碱性水平，使 pH 值从 9～10 提高到 12。一旦 pH 值水平得到回升，就应考虑粉底和涂料，防止二氧化碳的再次侵入，或者以一个适当的间隔安排重新碱化的处理过程。

（3）在钢筋处锈蚀，而外观无明显锈蚀。有时在混凝土表面出现问题之前，由于某种原因甚至没有探到碳化或氯化物，而且由于水和氧气使钢筋发生锈蚀。这通常意味着采用了劣质混凝土而导致结构早期锈蚀，这种锈蚀不久将在表面变得明显，这时应主要监视其发展状态，并在适当时机加以修补。应注意，不要把钢筋纹路或在浇筑时已有的锈迹误认为锈蚀问题，尤其是当这种现象已存在至少 5 年，而且混凝土质量仍然完好时。

（4）完好混凝土中的局部锈蚀。以下给出的修补技术涉及除去剥裂混凝土、修理钢筋及在局部锈蚀区域使保护层恢复到良好状态。

①结构分析。应进行结构分析，确定是否需要采取什么方法加强，以及是否需要支护。

②修补混凝土前的准备工作。应该沿钢筋敲掉混凝土保护层，直到没有锈蚀的地方（包括钢筋后面至少 15 mm）。若有必要，应切除部分钢筋，再全截面焊入。钢筋应吹干净，钢筋背面也应清洗干净，整个面积应用掺加防锈剂的清水清洗。

③采用富锌漆。在整体完好的混凝土中，由于局部缺陷而引起锈蚀的地方，应先采用喷砂打磨钢筋，再采用富锌漆涂刷。

④新老混凝土之间黏合。假如混凝土表面已经进行了适当的凿毛处理及所有松散材料已清除，就不必采用黏结剂。一般来说，采用哪种黏结剂主要取决于实际经验。混凝土粘补时不允许有污染物存在。

（5）整体退化混凝土中的广泛锈蚀。在混凝土退化和钢筋锈蚀广泛的地方，有很多修补方法可以采用。采用哪种修补方法应该在详细考虑检测结果后，由整个工程和经济评价决定。上面（4）中描述的方法也可以应用到退化混凝土的局部修补，还可以采取下列合适的修补技术。

①采用富锌漆。当环境侵蚀致使钢筋锈蚀只发生在局部区域时，可采用富锌漆处理。

②在整个退化混凝土和锈蚀广泛的地方，存在许多阳极及阴极之处，这时，不可采用富锌漆处理。

③管理修补计划。在每个锈蚀变得明显的地方，应该采取上面（4）中叙述的方法实施混凝土修补。然后在下一个最低阳极之处将会发生后续锈蚀失效，这将需要依次修补，但未来失效会变得集中，且发生频率减少，最终得到有效控制。同时需要定期检测，直到达到修补目标。

在含有氯化物的地方，可先对残留区域或相邻区域进行修补（可与去除氯化物或者阴极保护相结合），应用硅烷涂层。这样将缩短重新处理的时间，以及减少失效处的数量。对已发生碳化的混凝土，粉底和丙烯酸涂层（可与重新碱化或阴极保护相结合）可以在初始修补后用来减少重新修补的地方，使重新处理间隔时间极大地加长。结构包裹和替换方案，从构件的完全替换到用钢或混凝土包裹，这些选择必须由结构工程师逐个按照具体情况做出抉择。

(6) 针对锈蚀修补的各种选择。采用高质量水泥的混凝土除了用于钢筋锈蚀修补的区域，也可用于结构包裹或替换中的新混凝土。施工工艺取决于修补尺寸和粘贴方法，粘贴方法取决于具体情形，但应保证高质量混凝土密实地填充所有空洞。在采用浇注或泵送混凝土的地方，可能需要外部振动，配合比设计应保证100～150 mm坍落度且没有离析，以及最大水灰比为0.4，各种情况下的选择如下。

①保护性粉底。保护性粉底对较小的修补是有用的，且不需要模板。这种类型的材料需要用特别工具拌合到一定的黏稠度，再直接手工或用抹刀抹到相应地方，这种方法的缺点是劳动强度大。

②采用无收缩水泥的灰浆。在可安装模板且最大修补厚度不超过70 mm的地方，可以采用无收缩水泥灰浆，这种方法适合于相对较小的工作量，但预拌混凝土的成本较高，使用的砂浆都应具有低收缩、高碱性、热性能和机械性能，与标准混凝土相容，具有对氧、水、氯化物、二氧化碳及其他侵蚀物质的较低渗透性，同样应不包含会产生的水化热的加速剂，可接受的厚度可以根据经验判断对不同的产品加以调节。涂抹方法必须保证连续密实。

③小范围的现场搅拌混凝土。对于稍大一些的混凝土量，可以考虑采用小型混凝土搅拌器现场搅拌，最好制作试验来指导混合配合比，目标是达到100～150 mm的坍落度；最大骨料尺寸应选用10 mm，级配要合理。混凝土凝固所花的时间将取决于所采用的水泥类型和塑性剂，当结硬脱模时，涂刷一层低黏塑性的环氧树脂可改善长期养护工作。

④商品混凝土。在修补量很大的地方，可以采用商品混凝土。所采用的混凝土每立方米应最少含有水泥410 kg，最大水灰比为0.4。

(7) 预应力钢筋锈蚀的修补。一旦在预应力钢筋中探测到锈蚀，那么结构应该加以支护，必须进行详细的结构分析和评估。预应力管道内的水和其他污染物（如氯化物），应通过排水、管道重新压浆等加以清除，可以考虑提取氯化物、安装阴极保护、重新碱化、涂刷硅烷涂层或粉底及丙烯酸涂料。

（三）桥隧病害处理与养护应急预案

1. 桥隧病害处理工作

(1) 当桥隧建筑物状态评定达到A级AA等时，一般需采取限速、限载等措施，之后进行整修、加固；当桥隧建筑物病害项目多、整修加固费用高且效益不显著时，应进行更换或对整座建筑物进行更新改造。

（2）桥隧建筑物状态评定，可先根据具体情况分别采取限速、限载等措施（不需要限速、限载者除外，如桥枕和护木、护轨、栏杆、人行道、安全检查设备及抗震限位设施，钩护螺栓顶面超限，连接零件松动、折断、缺少、锈蚀等项达到A级A1等；钢梁涂膜劣化达到A级A1等；圬工梁拱防排水设施失效、混凝土劣化，河调及防护设施劣化，隧道衬砌渗漏水、通风和照明不良等达到A级A1等），再进行整修或加固，病害一般需要通过大修整治。

（3）当桥隧建筑物状态评定达到B级时，一般不需对建筑物进行限速或限载，一般项目可通过维修方式整治病害，但对于较大病害则需通过大修方式进行整治。

（4）当桥隧建筑物状态评定达到C级时，一般需要进行维修，特殊项目只需进行观测。

（5）整孔桥枕失效可在次年大修中安排更换，当年通过单根抽换的方法使桥枕失效率降至25%（或20%）以内。混凝土梁裂纹、钢筋锈蚀、桥梁孔径及净空不足、基础埋深不足、隧道衬砌腐蚀等项目达到A级AA等劣化时，若秋检时发现，可安排在下一年大修中解决；危及度汛安全的，应在汛前整治完毕。

（6）钢梁现有承载能力不足和疲劳累积损伤达到A级AA等劣化时，应在次年安排换梁（在换梁之前应采取限速或限载等措施）。

（7）梁端顶死、墩（台）异常变位、隧道衬砌严重裂损、腐蚀等劣化达到A级AA等时，应立即着手查明原因，并根据劣化产生的具体原因尽快采取相应的整治措施。

（8）钢梁涂膜劣化达到A级A1等时，如底漆完好，必须尽快安排罩涂面漆，以使底漆得到有效保护，延长涂膜使用寿命；当涂膜起泡、脱落或锈蚀达到A级A1等时，次年必须安排涂膜重新涂装。

（9）钢梁裂纹达到A级AA等时，应立即安排加固；钢梁裂纹达到A级A1等时，应尽快安排加固；钢梁裂纹达到B级时，应加强检查，必要时采取加固措施。钢梁异常变位达到A级A1等时，应尽快进行整修加固，必要时进行更换。

（10）钢梁铆钉或高强度螺栓失效、松动、拔头达到A级A1等或A级

AA 等时，应立即安排钉栓更换；钢梁腐蚀达到 A 级 A1 等时，应进行换梁。

(11) 混凝土梁（拱）病害达到 A 级 AA 等时，应立即采取修补、加固或换梁措施（当年不能换梁或加固者，应采取限速或限载措施)；混凝土梁(拱) 病害达到 A 级 A1 等时，应尽快安排整治；防水层损坏时，应进行更换；梁体发生碱-集料反应及中性化超过规定、严重裂损、钢筋锈蚀时，应采用“混凝土结构修补指南”中给定的方法和满足规定技术指标的材料进行整治；混凝土严重中性化时，应在钢筋发生锈蚀之前采取表面涂装措施，以免钢筋锈蚀后增加整治难度；横隔板断裂时，应采取施加横向预应力方式加固(跨度小于 12 m 除外)；横向刚度不足时，应按照统一加固图进行加固；挠度过大达到 A 级 AA 等时，应采取换梁措施；上拱度异常达到 A 级 A1 等时，如有必要可采取换梁措施。

(12) 支座劣化达到 A 级 AA 等时，应进行更换，不能更换者应采取整修加固措施；劣化达到 A 级 A1 等时，应进行整修，必要时进行更换。

(13) 墩（台）及基础劣化达到 A 级 AA 等时，应采取加固措施；墩(台) 及基础劣化达到 A 级 A1 等时，应尽快进行整修，必要时进行加固。

(14) 若隧道漏水，可采用规定的原则进行整治，但应选取耐久性良好的材料，以达到根治的目的；隧道衬砌变形或移动、开裂、错动、压溃时，应尽快查明原因，再采取措施进行整治；混凝土衬砌厚度或强度不足达到 A 级 A1 等时，应采取更换衬砌措施。

(15) 涵渠劣化达到 A 级 AA 等时，应进行更新改造；涵渠劣化达到 A 级 A1 等时，应采取整修加固措施，必要时进行更新改造。

(16) 其他病害可根据以往经验酌情采取相应的措施，要积极采用新技术、新材料和新工艺，以获得最佳的病害整治效果。

2. 桥梁的养护应急预案

(1) 预防预警方案。

①信息收集。

第一，掌握周边环境和气象信息，关注气象站、水文站、地震站发布的降温、降雪、大雾、台风、暴雨、地震等天气警报，主动、及时记录气象预报，早做准备，防患于未然。

第二，掌握交通监控过程中的各类交通信息，提供车辆行驶中的情况，及时了解发生的各类事故，做到快速到位、应急处置。各信息发布部门应及时通过各种方式向社会发布道路行驶状况信息。

第三，应急调度指挥应与行业的各管理单位建立信息传递网络，以电话、传真为联系，定时传递各项预案的实施情况。事件的处置过程中，要注意信息的互动，保持信息的连贯性。

第四，掌握桥梁设备设施的维修养护、状况监测等各类信息。

第五，掌握桥梁健康评测过程中的各类信息，如桥梁监测、评估的报告等。

②预警响应。养护应急部门负责汇总、收集和研究相关信息，及时做出预报；根据上级有关部门发出的预警等级，按照要求实施相应等级的应急处置响应，同时按照上报程序随时报告动态处置情况。进入预警期后，应采取以下预防性措施，并及时向管理部门报告相关情况。

第一，准备或直接启动相应应急预案处置规程。

第二，必要时，向公众发布可能受到桥梁设施运行事故危害的警告和劝告。

第三，根据需要，对桥梁设施采取临时性工程措施。

第四，法律、法规规定的其他相关措施。

(2) 应急处置方案。

①信息报告。信息报送时限应根据影响范围来确定。发生事故后，实行首报、续报和终报制度。

第一，首报。养护公司在立即组织应急抢险的同时，应立即向主管部门和市应急联动中心口头上报。

第二，续报。根据应急处置的进展，养护公司应向主管部门和市应急联动中心续报处置措施、现场情况及善后工作等情况。

第三，终报。当事件处理完毕时，养护公司应在 15 min 内向主管部门和市应急联动中心做出书面报告，做到事故信息有报必销，确保信息传输准确、及时。

②先期处置。养护公司与相关应急联动单位，应根据相关规定迅速组织自救处置；现场安全控制，保证后续车辆安全距离；协助交通，指挥弃车逃生和疏散；协助公安消防，提供救援通道和需要的设备，协助现场人员抢救；协助现场勘察，提供相关资料；做好信息上报；做好现场设施设备破损统计、取证、上报工作；事后评审，修复、补充。

③信息发布。养护公司所养护设施运行事故的信息发布应当按照各市有

关要求，做到及时、准确、客观、全面，并根据处置情况做好后续信息发布工作。

(3) 后期处置方案。

①现场清理与功能恢复。事故处置完毕后，养护公司应在应急指挥部统一调度下组织人员和设备，及时对桥梁设施及周边进行清理与除障，集中力量恢复桥梁基本功能，并就事故发生处进行详细检查，收集现场资料与信息，以配合事故调查分析。

②调查与评估。事故处置完毕后，根据不同突发事件收集和汇总相关信息，按照行业管理的职责提交涉及本行业范围内的调查分析、检测和后评估报告，并就事件发生的原因、影响范围和受损程度及开展应急处置工作的综合情况予以总结，按照报告制度的规定提交总结报告。

(4) 应急的配置保障方案。在日常的运营管理中，必须配置必要的各种车辆设备，保证 24 h 处于待命状态，以便应急处理突发紧急事件。按照市应急预案的有关规定，平时应配备充足的应急救援装备、物资、药品、车辆、工具材料和通信设备等。同时，还应配备如防毒面具、生石灰等碱性液体、黄沙、木屑、工业盐、草垫、橡胶鞋套、警示架、红白带、警示灯、防爆照明灯、警棍等物资材料，并备有清单。平时应确保这些物资材料保持良好状态。

应急车辆的停放地点、物资材料的堆放点、工具存放的仓库等都要有明确的位置，以便应急处置时，可按照指挥中心要求及时到位并投入使用。

四、桥梁施工监控工作

(一) 桥梁施工的控制计算

桥梁控制计算宜采用杆系有限元方法。悬索桥应先进行主缆线形计算，再采用杆系有限元方法计算。

主缆线形计算是指根据分段悬链线、分段直线或抛物线等理论，考虑主缆的力学和位移边界条件，通过迭代计算，确定主缆各索段的几何要素及力学要素，使理论上成桥恒载主缆线形与设计相吻合的过程。

控制计算一般不考虑材料的非线性，且应计入混凝土收缩徐变的影响；应考虑施工过程边界条件、构件数量、作用荷载等的变化；应根据桥型和跨度大小确定是否计入几何非线性影响。

（二）桥梁施工的数据分析与反馈控制

判断桥梁施工是否处于预控状态（允许误差范围），主要通过将现场监测数据与依据施工过程仿真模拟分析事先制订的预控目标状态数据进行比较分析得出。

当桥梁施工过程偏离预控目标状态时，需要对其误差的影响程度进行分析，重点是对下一阶段施工目标状态的影响预测及桥梁施工监控最终目标的影响分析，从而为是否对桥梁施工过程预控数据或施工工艺进行调控提供决策依据。

当桥梁施工过程及成桥状态几何监测值与理论值之间的误差超过前述限值时，可采取下列反馈控制措施。

(1) 对于施工过程及成桥几何状态可调整的桥梁，误差应在当前施工或成桥状态直接调整。①拱桥主拱圈悬臂安装过程标高：中、下承式拱桥非连续桥道梁结构施工过程标高，成桥桥面线形（标高），系杆拱桥主拱圈跨径。②斜拉桥主梁施工过程标高、成桥桥面线形（标高）。③悬索桥主梁基准索线形（标高）：索塔、索鞍及索夹位置，加劲梁施工过程标高，成桥桥面线形（标高）。

(2) 对于施工过程及成桥几何状态不可调整的桥梁，误差应以当前施工状态为基础，根据误差影响预测分析结果，对后续的施工状态数据进行反馈控制：①混凝土梁式桥悬臂施工过程立模或安装标高；②混凝土拱圈悬臂施工过程立模或安装标高；③桥梁钢结构悬臂安装标高；④悬索桥主缆成缆线形（标高）。

桥梁施工过程结构受力超过限值的原因很多，例如：①量测失真；②临时荷载超限或位置不正确；③桥梁结构施工过程分析不全面、不深入，导致局部高应力未纳入控制，施工工序（工艺）不合理；④桥梁结构设计本身与所采取的施工方法不完全匹配，缺少相应的辅助措施；⑤施工控制技术与管理差，导致结构控制性受力部位失控，或未及时监测到结构受力，或监测到结构不利的受力状态但未得到及时处置（如国内某混凝土斜拉桥在接近合龙时，主梁结构局部因压应力超限断裂破坏，就是未对监测到的结构不利受力问题及时处置的典型例子）等。为绝对确保桥梁施工过程结构安全控制目标的实现，需要对其给予高度重视，采取切实有效的辅助措施实施控制，并保证施工过程监控管理有效、高效。

不同类型桥梁在施工过程中的处理方式也不同。

(1) 混凝土拱式桥。内容包括：①调整斜拉扣挂施工拱桥的扣索力和锚索力，以满足扣塔平衡与拱肋就位；②通过调整吊索张拉力的大小和次数，来调整拱肋和主梁的内力；③对拱上建筑采用均衡、对称、分层、分环等施工措施，调整主拱的内力。

(2) 斜拉桥。在保证斜拉索索力满足要求的前提下，通过调整斜拉索索力，来调整主塔和主梁的内力。

(3) 悬索桥。内容包括：①通过调整鞍座顶推次数和位移量，来调整索塔的内力；②在保证斜吊索索力满足要求的前提下，通过调整吊索索力，来调整索塔和主梁的内力；③通过调整成桥阶段的索股索力，使索股受力均匀性满足要求。

（三）桥梁施工的控制标准与监控成果

1. 桥梁施工的线形控制标准

桥梁成桥线形控制标准应符合设计规定。设计无具体规定时，各类桥梁的成桥实测线形与施工监控目标线形的控制标准应按照相应要求执行。

(1) 拱桥的线形控制标准。

①现浇混凝土拱圈。内弧线偏离设计弧线允许偏差为 $L/1500$。

②无支架或少支架现浇拱圈。顶面高程允许偏差为 $\pm L/3000$，且不超过 50 mm；两对称点相对高差允许偏差为 $L/3000$，且不超过 40 mm。

③劲性骨架拱。拱顶高程允许偏差为 $\pm L/3000$，且不超过 50 mm；对称点相对高差允许偏差为 $L/3000$，且不超过 40 mm。

④悬臂浇注拱施工。拱圈高程允许偏差为 $\pm L/3000$，且不超过 30 mm；同跨对称点高差允许偏差为 $L/3000$，且不超过 30 mm。

⑤钢管拱肋混凝土施工。拱圈高程允许偏差为 $\pm L/3000$，且不超过 50 mm；对称点高差允许偏差为 $L/3000$，且不超过 40 mm。

⑥装配式桁架拱、钢架拱及钢拱桥。拱圈高程允许偏差为 $\pm L/3000$，对称点相对高差允许偏差为 $L/3000$。

(2) 斜拉桥的线形控制标准。

①混凝土斜拉桥。梁顶高程允许偏差为 $\pm L/5000$。

②钢-混组合梁斜拉桥。顶面高程允许偏差为 $\pm L/10000$ ($L>200$ m)，且不小于 ± 20 mm。

(3) 悬索桥的线形控制标准。主缆允许偏差为 -5 mm，$+10$ mm；加劲梁顶面高程在两吊索处的高差允许偏差为 20 mm。

2. 桥梁施工的监控成果

桥梁施工监控成果应包含施工监控大纲（或实施方案）、设计符合性计算报告、施工监控阶段报告及施工监控总结报告。

（1）施工监控大纲（或实施方案）主要是指在施工过程中对桥梁施工监控的工作思路和监控方法进行的总体陈述。

（2）设计符合性计算报告主要是为了实现设计意图而必须进行的一个计算过程，并采取与设计单位相同的计算参数和设计图纸进行模拟计算，并对桥梁结构的安全与桥梁的线形进行对比分析。

（3）施工监控阶段报告主要是指在规定的时间内将其监测数据和控制结果进行分析，并对当前结构的安全与线形进行阶段分析、总结，并为后续施工提出建议及解决办法等。

（4）施工监控总结报告是在成桥后对在整个施工过程中桥梁的线形和结构应力、应变进行分析及总结。建议增加在桥面铺装完成后的全桥桥面线形测量，其中包括在关键位置（如主桥支点、1/4 处、跨中、3/4 处等位置）的测量数据，以便为交工验收提供数据参考。

五、桥梁健康监测技术应用

对于近年建成的大型桥梁，大部分建立了以收缴过桥费为主要职能的桥梁管理机构，但是健康监测、养护与维修得不到应有的重视。对于存在缺陷或安全隐患的桥梁，目前的硬件技术水平与软件已经能够大大提高检测效率，实时掌握桥梁状态变化，评价桥梁的承载能力和使用功能，以及桥梁的安全可靠性。

我国正处于大规模的土木工程和基础设施建设时期，许多世界瞩目的跨海桥梁工程与基础设施已经规划或正在建设之中。我国大量公路、铁路工程建设和安全运行的需求，为桥梁工程健康监测及其集成系统的研究、开发与应用提供了广阔的平台和前所未有的机遇。

（一）桥梁健康监测的目的

对于现有的国内外部分科研机构开发的健康监测系统，由于采用了专用的数据线，因此，整个监测系统的费用昂贵，不适宜我国目前的实际需求。而国内目前所进行的定时检测或事后检测的方式，又会带来巨大的人力、物力的浪费和安全隐患。因此，开发一套便捷的桥梁健康监测系统，使之能真正做到既行之有效又经济可靠，而且能对桥梁实行实时在线监测，就显得非常迫切紧要。

随着公共电话线路的数字化传输和移动电话的不断普及，公共电话线路的数据传输速度、数字通信能力和无线移动通信能力得到了迅速发展。因此，不采用专用数据线而采用数字通信网络线作为方便的数据传输媒介，在其基础上新开发的桥梁监测系统将会带来遥控监测技术上的创新，使得数据传输更为便携和低廉。

（二）桥梁损伤诊断和识别

桥梁损伤诊断和识别应该包含四个方面：第一，损伤是否存在及损伤原因；第二，损伤位置识别；第三，损伤程度识别；第四，损伤对桥梁受力性能的影响有多大。

结构损伤识别或诊断的方法主要有以下六点：①基于动力参数的识别；②基于静力参数的识别；③子结构方法识别；④统计分析识别；⑤神经网络识别；⑥小波变换识别、时间序列模型等。绝大部分损伤指标和损伤识别方法仅适用于试验室模型，可供实桥损伤识别的实用方法不多。

（三）有限元模型修正与模型确认

有限元模型修正主要涉及修正参数的选取、目标函数的确定和优化算法的选择等方面。目前，常用的模型修正优化算法有 Gauss-Newton 法、最优线性搜索法、Monte-Carlo 法、遗传算法等，有的收敛较快，有的计算工作量较小，各有千秋，可以综合利用这些方法，相互取长补短。

传统的模型修正方法仍存在许多问题。①既有的桥梁有限元模型修正主要建立在确定性分析框架内，而桥梁健康监测数据和结构模型都具有强烈的不确定性，采用确定性分析方法处理本质不确定性的桥梁结构健康监测和安全评价，会导致理论方法与实际应用的矛盾，这正是目前基于模型的损伤识别技术很难应用于实桥的主要原因之一。②目前工程上采用的基于灵敏度分析的参数挑选方法是根据计算参数在某设计点处的灵敏度进行挑选。该方法只是计算了特征量的局部灵敏度，具有很大的局限性，没有在整个设计空间上挑选对特征量有显著影响的设计参数，计算效率较低，模型的预测预报效果不太理想。③传统的模型修正技术主要针对线性、低频系统，很难适用于冲击、爆炸、碰撞、耦合和随机性强的土木工程振动等非线性问题，以及计算和试验中含有明显不确定性的系统。因此，传统的模型修正技术亟待发展。

模型修正用来使模型计算结果与已有试验数据协调一致，换句话说，对原有计算模型的参数进行修正，使之能正确重现试验结果，而并非确定模型预示结果的精度。

（四）桥梁健康监测的海量数据挖掘技术

数据挖掘技术就是从大量的、不完备的、模糊的、随机的及多噪声的数据中，提取规律性的、人们事先未知的，但又是潜在有用的，并且最终可理解的信息和知识的非平凡过程。所挖掘的知识的类型包括模型、规律、规则、模式、约束等，它包括从数据库中发现知识、数据分析、数据融合及决策支持等几个方面。数据挖掘常用的技术包括非线性预测模型、决策树、关联规则挖掘、遗传算法等。数据挖掘具有自动预测趋势和关联分析、聚类分析等功能。

（五）桥梁健康监测的新技术应用

1. 土木工程新型传感器与测试新技术

针对重大工程结构长期健康监测的特殊环境和要求，研制结构局部性态（如应力、应变、裂纹、疲劳等）、整体性态（如位移、速度、加速度等）和一些环境作用（如温度、压力、车辆荷载等）监测的智能传感元件及无线传感网络的主要研究内容如下。

（1）智能传感元件、监测性能与信号采集系统。研究光纤光栅应变和温度交叉敏感耦合机理；针对钢结构和钢筋混凝土结构，分别研究光纤光栅金属封装应变传感器和树脂基纤维封装应变传感器及其应变传递特性、大应变监测性能与耐久性；探索结构大应变、局部损伤分布式定位和可能定量监测的其他光纤传感系统，如基于普通光纤传感器及其时域反射计的结构损伤定位与定量监测系统等。

（2）针对钢结构焊缝和钢筋混凝土结构裂缝损伤，研究压电薄膜和压电陶瓷裂缝/裂纹监测传感元件、监测信号与损伤特征的关系及其多裂缝的耦合影响、传感元件的耐久性与机体的融合性能，以及监测信号采集系统。针对钢结构疲劳损伤突出的问题，研究改善疲劳寿命电阻丝（箔）传感元件的监测性能和耐久性能，探讨累积电阻与疲劳损伤的关系及其应变幅值与循环周数的耦合影响，监测信号采集系统；研究基于疲劳寿命电阻丝（箔）的金属构件疲劳累积损伤评价和剩余寿命预测方法。

（3）机敏混凝土、碳纤维膜/片/筋及其传感系统。研究完善碳纤维、纳米及其混合填料水泥浆（机敏水泥浆）的制备，研制开发机敏水泥浆应力/应变传感器；研究传感器的感知特性及其环境温度、湿度、收缩徐变的影响和可能的补偿方法，长期感知稳定性与耐久性，电极设置与信号采集系统；研究机敏水泥浆应力/应变传感器与混凝土机体的界面效应、监测应力应变的效果；研究碳纤维、混杂纤维树脂基或改性树脂基膜/片/筋（机敏碳纤维膜/片/筋）的感知特性及其环境温度、湿度、收缩徐变的影响和可能的补偿方法，长期感知稳定性与耐久性，电极设置与信号采集系统；研究机敏碳纤维膜/片/筋传感器与混凝土机体或钢结构表面的界面效应、监测应力应变的效果。

（4）多功能无线传感器及其网络系统。研究无线加速度传感节点/网络、无线应变传感节点/网络及多种类传感器集成节点/网络；研究无线传感器网络局部数据处理方法，以及数据在节点和节点、节点和基站之间的通信与传输方法；研究无线传感器组网及网络优化设计方法。

（5）桥梁结构非接触检测系统研制及应用。包括雷达与红外热像仪检测技术，图像扫描、成像分析与识别技术等。

2. 传感器的优化布设技术、系统集成与数据传输网络技术

（1）传感器的优化布设技术。结构易损性分析与局部性态监测测点优化方法：依据不同技术方案，研究最小测点获取最多模态振型、信号空间相关测点选择、信息矩阵秩最小法、模态动能法等的差异，选择最优的传感器优化布置理论。

结构整体性态监测测点优化方法：进一步研究基于遗传算法和神经网络技术的传感器布置算法，确定最优的传感器优化布置技术方案。

（2）系统集成与数据传输网络技术。研究重大工程结构长期健康监测的数据集中采集、实时处理、管理和交换，以及实时损伤识别与安全评定、现场或远程健康监测的软硬件集成系统。

基于分布式网络的数据采集系统集成技术：研究开发结构健康监测的大规模监测数据集中采集实时处理的先进总线集成系统、数据网络管理系统、多用户查询和软件应用的数据交换方法；研究开发适用于不同传感元件、不同数据采集系统、不同数据管理系统、不同应用软件平台的结构健康监测集成系统。

多结构健康监测的集成系统网：以大跨度桥梁为典型结构，研究基于地理信息系统（GIS）的多桥梁结构健康监测系统的集成方法和集成系统网。

3. 桥梁结构健康监测数据管理与控制技术

研究重大工程结构性态响应和损伤变量等多参量、多传感元件监测数据

的融合、实时处理、远程有线及无线传输的智能化方法，其主要研究内容如下。

（1）多参量、多传感元件监测数据智能处理方法。研究多参量、多传感元件监测数据的融合方法；研究动态监测信息的噪声形成机理与噪声识别方法，发展基于现代信息处理技术的噪声过滤技术；研究动态监测信息的时域、频域、时频域实时处理方法和远程传输的数据压缩方法。

（2）监测数据的远程传输方法研究。研究多参量、多传感元件监测数据的分类集成和传输、分区域集成和传输的递阶集成与传输方法，研究开发多参量、多传感元件监测数据递阶集成与传输的有线和无线传输系统（包括软硬件集成系统）。

（3）基于动态数据库的数据管理和控制技术研究。主要研究基于动态数据库的数据查询、历史记录管理、特征值统计分析（峰谷值、平均值、方差统计）、不同类型数据的相干分析等。

4. 桥梁健康监测与养护管理的决策模型

探索桥梁健康监测与桥梁养护管理的有机结合点，将健康监测纳入桥梁管理系统的范畴，这是未来桥梁健康监测发展的大方向。侧重于桥梁生命周期内的养护维修策略，结合桥梁健康监测与能力预测，提出桥梁养护维修决策模型，推荐加固维修方案，比较并推荐优化的加固技术方案，将研究成果应用于具体桥梁工程的加固改造设计与施工。

第三节　隧道工程检测技术

一、隧道施工质量检测

隧道混凝土原材料和试件的检测方法，可以参考桥梁混凝土原材料和试件检测的相关方法。

（一）开挖质量检测

1. 隧道开挖方法

隧道开挖应根据隧道长度、断面大小、结构形式、工期要求、机械设备、地质条件等，选择适宜的开挖方案。

（1）全断面法。顺序包括：①全断面开挖；②锚喷支护；③灌注衬砌。

（2）台阶法。顺序包括：①上半部开挖；②拱部锚喷支护；③拱部衬砌；④下半部中央部开挖；⑤边墙部开挖；⑥边墙锚喷支护及衬砌。

（3）台阶分布法。顺序包括：①上弧形导坑开挖；②拱部锚喷支护；③拱部衬砌；④中核开挖；⑤下部开挖；⑥边墙锚喷支护及衬砌；⑦灌注仰拱。

（4）上下导坑法。顺序包括：①下导坑开挖；②上弧形导坑开挖；③拱部锚喷支护；④拱部衬砌；⑤设漏斗，随着推进开挖中核；⑥下半部中部开挖；⑦边墙部开挖；⑧边墙锚喷支护及衬砌。

（5）上导坑法。顺序包括：①上导坑开挖；②上半部其他部位开挖；③拱部锚喷支护；④拱部衬砌；⑤下半部中部开挖；⑥边墙部开挖；⑦边墙锚喷支护及衬砌。

（6）单侧壁导坑法。顺序包括：①先行导坑上部开挖；②先行导坑下部开挖；③先行导坑锚喷支护钢架支撑等，设置中壁墙临时支撑（含锚喷钢架）；④后行洞上部开挖；⑤后行洞下部开挖；⑥后行洞锚喷支护钢架支撑；⑦灌注仰拱混凝土；⑧拆除中壁墙；⑨灌注全周衬砌。

（7）双侧壁导坑法。顺序包括：①先行导坑上部开挖；②先行导坑下部开挖；③先行导坑锚喷支护、钢架支撑等，设置临时壁墙支撑；④后行导坑上部开挖；⑤后行导坑下部开挖；⑥后行导坑锚喷支护、钢架支撑等，设置临时壁墙支撑；⑦中央部拱顶开挖；⑧中央部拱顶锚喷支护、钢架支撑等；⑨中央部其余部开挖；⑩灌注仰拱混凝土；⑪拆除临时壁墙；⑫灌注全周衬砌。

2. 超欠挖测定方法

超欠挖测定方法主要有直接测量法、直角坐标法、三维近景摄影法和极坐标法（激光断面仪法）四种。下面重点介绍激光断面仪法。

（1）基本原理。通过洞内的施工控制导线可以获得断面仪的定点定向数据，在计算软件的帮助下可自动完成实际开挖轮廓线与设计开挖轮廓线的空间三维匹配，并可输出各个测点与相应设计开挖轮廓线之间的超欠挖值（距离、面积）。如果沿隧道轴线按照一定间隔测量数个断面，还可以算出实际开挖方量、超挖方量、欠挖方量。

（2）检测步骤。采用隧道激光断面仪对隧道断面检测前，先采用全站仪按照一定间距（根据检测频率要求，一般开挖断面为 20 m，初期支护为 10 m，二次衬砌为 20 m）放出隧道中线点，并用水准仪测量该点的地面高程 H_1，同时在隧道边墙上放出对应的横断面点。隧道激光断面仪检测隧道断面的具体步骤如下。

①将隧道激光断面仪放于所需检测断面的隧道中线点上，安装并调整好仪器，使仪器对中。

②在仪器安装好并对中归零后，测量仪器高度 Z_1（仪器高度为相对地面的高度）并记录。

③在掌上电脑的软件主界面中选择“测量断面”。

④选择“新测”，输入所检测断面的桩号，并设置好所检测断面的起始和终止测量角度及所需检测的点数等参数。

⑤选择“新测”，隧道激光断面仪测头自动完成断面检测，并将角度及斜距等参数保存在文件中，在现场可以看到所检测断面的轮廓线。当提示栏中显示检测完的信息时，即可退出，数据自动保存在掌上电脑中，然后进行下一个断面检测。检测断面数据可带回室内进行处理，以减少对施工的影响。

(3) 检测数据处理。现场检测完成后，将掌上电脑的检测数据传输到计算机上，采用专用数据处理软件处理检测数据。最后根据图表中的标准断面曲线和检测断面曲线，判断隧道开挖断面是否存在超欠挖、超欠挖的部位及超欠挖最大值和面积；可以判断隧道断面是否侵入支护（衬砌）限界，在哪些部位存在侵界，同时给出检测断面侵界最大值、侵界面积等信息。

（二）喷锚衬砌施工质量检测

喷锚衬砌支护主要包括锚杆、喷射混凝土和钢架三部分。其中，锚杆具有悬吊、组合梁、加固拱、支撑围岩（主动加固围岩）作用。喷射混凝土具有支撑、填补、黏结、封闭作用（主动加固围岩）。钢架可以应用于自稳时间短、初期变形大或对地表下沉量有严格限制的地层中。钢架是依靠“被动支撑”来维持围岩稳定的，在软弱围岩条件下，对维持围岩稳定钢架是必不可少的。

1. 锚杆加工质量与安装尺寸检测

(1) 锚杆的材质、类型、质量、规格、数量和性能必须符合设计和规范的要求。

(2) 锚杆插入孔内的长度不得短于设计长度的95%。

(3) 砂浆锚杆和注浆锚杆的灌浆强度应不小于设计和规范要求，锚杆孔内灌浆密实饱满。钻孔方向应与围岩和岩层主要结构面垂直，锚杆垫板与岩面紧贴。

2. 锚杆拉拔力检测

（1）仪器设备。其主要包括中空千斤顶、手动油压泵、油压表、千分表。

（2）试验检测。

①安装设备时，千斤顶与锚杆同心，避免偏心受拉。

②加载应匀速，一般以 10 kN/min 的速率加载。

③如无特殊需要，可不做破坏性试验，拉拔到设计拉力即停止加载。用中空千斤顶进行锚杆拉拔试验，一般都要求做破坏性试验，测取锚杆的最大承载力。这样一方面检验锚杆的施工质量，另一方面为调整设计参数提供依据。

④千斤顶应固定牢靠，有必要的安全保护措施。应特别注意的是，试验时操作人员要避开锚杆的轴线延长线方向，应在锚杆的侧向并远离锚杆尾部的位置上加压读数；测位移时停止加压。

（3）试验要求。

①按照锚杆数的1%且不少于 3 根锚杆做抗拔力试验。

②同组锚杆抗拔力的平均值应大于或等于设计值。

③单根锚杆的抗拔力不得低于设计值的 90%。

3. 砂浆锚杆砂浆注满度检测

对于砂浆锚杆，施工检测中应重点注意砂浆注满度或密实度（砂浆饱和度）。理论上，只要锚固的水泥砂浆长度大于杆体钢筋直径的 40 倍，则直至拉拔到钢筋颈缩锚杆也不会丧失锚固力。“砂浆饱和度检测的工作最早始于 1978 年，瑞典的 H. F. Thurner 提出用测超声波能量损耗的原理来检测锚杆系统的灌注质量。”① 其基本原理是，如果钢筋外密实、饱满地由水泥砂浆握裹，砂浆又与周围岩体黏结，则超声波在传播过程中不断从钢筋通过水泥砂浆向岩体扩散，使得能量损失很大，在杆体外端测得的反射波振幅很小，甚至测不到；如果无砂浆握裹，仅是空杆，则超声波仅在钢筋中传播，能量损失不大，接收到的反射波振幅则较大；如果握裹不密实，中间有空洞或缺失，则反射波振幅的大小介于前两者之间。激发与接收探头的耦合办法使得它要求杆体外端需进行机械加工并具有一定的平整度和表面粗糙度，且仅适用于杆径大于 20 mm 的锚杆。

① 张亮．基于 Qt 的锚杆锚固质量检测仪的应用软件设计思路［J］．中国新技术新产品，2009（6）：28.

4. 喷射混凝土质量检测

(1) 喷射混凝土施工前，必须检查开挖断面的质量，严格处理超欠挖。

(2) 喷射混凝土施工前，应采取引排、堵水措施，对围岩表面渗漏水、流水等情况进行处理。

(3) 受喷岩面必须清洁。

(4) 所用材料必须满足设计和规范要求。

(5) 采用钢纤维喷射混凝土时，钢纤维抗拉强度不得低于 380 MPa，且不得有油渍及锈蚀。

(6) 喷射混凝土支护应与围岩紧密黏结，不得有空洞，且结合牢固。喷层内不允许存在片石和木板等杂物。必要时应进行黏结力测试。严禁挂模喷射混凝土。

(7) 钢架与围岩之间的间隙必须用喷射混凝土充填密实。

(8) 喷射混凝土表面平整度应符合设计和规范要求。

5. 钢架支护施工质量检测

钢架支撑主要包括格栅钢架（主筋材料采用 HRB335 级钢筋或 HRB440 级钢筋，直径一般不小于 22 mm）和型钢钢架：工字形、U 形、H 形。

(1) 钢架的材质、规格、形式、制作和架设应符合设计及规范要求。

(2) 钢架之间必须用纵向钢筋连接，安装基础必须牢固。

(3) 钢架安装基底标高不足时，不得用块石、碎石砌垫，应设置钢板或采用强度等级不小于 C20 的混凝土垫块。

(4) 钢架应紧靠初喷面，其与初喷面出现间隙时，应采用钢楔或混凝土预制块使其与初喷面楔紧，顶楔后的连续间隙长度不得大于 2 m，间隙应用喷射混凝土喷填密实。

(5) 连接钢板与钢架必须焊接牢固，焊缝饱满密实；钢架节段之间必须采用螺栓连接或焊接牢固。

（三）隧道衬砌检测

隧道混凝土衬砌常见的质量问题有混凝土开裂和内部缺陷、混凝土强度不够、衬砌厚度不足、钢筋锈蚀和背后存在空洞等。

从结构形式上，隧道混凝土衬砌可以分为复合式衬砌、整体式衬砌、明洞式衬砌。

混凝土衬砌质量检测方法的选择取决于检测目的及内容、衬砌结构形式、经济技术条件、检测人员的素质和管理水平等。检测方法按照检测内容，可以分为衬砌混凝土强度、厚度、钢筋，混凝土缺陷和几何尺寸等检测；根据检测与施工工序的时间关系，可以分为施工检测、工后或运营检测。

基本检测要求如下。

（1）衬砌施工前，必须对初期支护施工质量进行全面检查，发现初期支护背部存在空洞、断面严重侵陷时，必须及时处理。

（2）所用材料的质量和规格必须满足设计和规范要求。

（3）防水混凝土粗集料尺寸不应超过规定值。

（4）衬砌背后的空隙必须回填注浆。

二、隧道施工监控量测

（一）隧道监控量测的内容与方法

1. 隧道监控量测的内容

施工监控量测的内容较多，通常分为必测项目和选测项目。

（1）必测项目。这类监测项目是施工过程中经常性测量的项目，通过对围岩及支护状态的观察、变形观测，判断围岩稳定性。必测项目一般量测方法较简单、量测密度大、可靠性高，对监视围岩稳定、指导设计和施工具有重要的作用。

（2）选测项目。这类监测项目是必测项目的拓展和补充，通过对围岩及支护结构受力、内力、应变，围岩内部位移等进行监测，深入掌握围岩的稳定状态和支护效果。选测项目一般较多、测试元件埋设难度较大、费用较高，一般只对特殊地段、危险地段或有代表性的地段进行量测。多数选测项目可在项目竣工后长期观测。

对复合式衬砌和喷锚式衬砌隧道施工时，应根据设计要求、隧道横断面形状和断面大小、埋深、围岩条件、周边环境条件、支护类型及参数、施工方法等综合选择选测项目。

2. 隧道监控量测的方法

（1）洞内外观察。

①观察目的。预测开挖面前方的地质条件；为判断围岩的稳定性提供地质依据；根据喷层表面状态及锚杆的工作状态，分析支护结构的可靠程度。

②隧道观察内容。该项观察主要包括掌子面观察、隧道已施工区间的支

护状态及施工状态的观察、洞外地表及周边建筑变形的观察。

※掌子面（开挖工作面）观察。该项观察应在每次开挖后进行，主要观察掌子面岩性、结构面产状、节理裂隙发育程度、断层的性质和产状，不良地质（如溶洞、断层、采空区、有害气体等）的揭露情况，掌子面的稳定状态、坍塌、掉块、明显变形、挤出等，地下水类型、涌水量大小、涌水位置、涌水压力等。观察中发现围岩条件恶化时，应立即采取相应处理措施；及时绘制开挖工作面地质素描图（或数码拍照），填写开挖工作面地质状况记录表和施工阶段围岩级别判定卡，并与勘察资料进行对比。

※已施工区间支护状态及施工状态观察：每天至少应进行一次，记录喷射混凝土是否发生裂隙和剥离现象；锚杆的受力变形情况，钢架是否有悬空及悬空长度、钢拱压曲变形、歪斜等；初期支护、二次衬砌、仰拱衬砌施作[①]时机；一次开挖长度、距开挖面的距离；初期支护、二次衬砌开裂及渗水情况（位置、状态、水量等）。

※洞外观察。该项观察的重点应在洞口段和洞身浅埋段，记录地表开裂、变形，边坡及仰坡稳定状态，地表水渗漏情况等，还应对地面建（构）筑物进行观察。

③观察方法。主要以目视为主，并借助使用地质罗盘、地质锤、钢卷尺、放大镜、秒表、手电、照相机或摄像机等工具或设备，进行详细记录和描绘。

（2）周边位移（收敛）量测。

①量测目的。周边位移（收敛）量测是隧道施工监控量测的重要项目。周边位移是隧道围岩应力状态变化最直观的反映，通过周边位移量测可以达到以下目的：

第一，判断隧道空间的稳定性；

第二，根据变位速度判断围岩稳定程度和二次衬砌施作的合理时机；

第三，指导现场的施工。

②测量仪器。隧道周边位移量测是在隧道两侧壁面对称埋设测桩，用收敛计进行量测。目前，隧道施工中常用的收敛计为弹簧式收敛计和重锤式收敛计。

③周边位移量测方法及要求。周边位移量测的主要内容包括仪器选择、断面间距、量测频率、测线布置、量测点埋设时间等。

---

① 施作，即施行运作。

※周边位移量测的间距与测点布置。周边位移量测沿隧道纵向，每 5～50 m布置一个量测断面。对于洞口段、浅埋地段、软弱地层段、大变形段，断面布置间距一般不大于 2 倍开挖洞径或 20 m。对于地质条件差或重要的工程，应加密布设。周边位移量测断面和拱顶下沉测量断面应布置在同一断面(桩号)。每个量测断面，一般布置两条水平测线。三步台阶开挖时，上台阶 1 条、下台阶 1 条；三步台阶开挖的隧道，单洞四车道隧道需设 3 条测线，每台阶至少一条测线；侧壁导坑开挖、双侧壁导坑开挖时，在导坑内按照同样的方法布设测线。测线应高出开挖底面 1.5 m 及以上。

※量测频率。它可根据位移速度和量测断面距开挖面距离来确定。在由位移速度决定的监控量测频率和由距开挖面的距离决定的监控量测频率之中，原则上采用较高的频率值。出现异常情况或不良地质时，应增大监控量测频率。

④数据记录与处理。量测原始记录应呈表格形式，注明断面编号、测点设置时间，列出量测内容并填写具体量测值，表中应留备注栏，以便记录施工情况，最后应有量测和记录人员的签名。每次量测后，需将原始记录及时整理成正式记录。对每一量测断面内的每一条测线，整理后的量测资料应包括：原始记录表及实际测点布置图，位移随时间及开挖面距离的变化图，位移速度、位移加速度随时间及开挖面距离的变化图。

在上述图表中应同时记入开挖、喷射混凝土、锚杆施工工序和时间，并将位移警戒线和极限值计算出来。当收敛值在 3～6 个月后还在发展时，一个月后的位移图可用单对数坐标表示。

每日的记录汇入日报表，整理的图表应及时进行数据处理并指导施工，最后汇入工程竣工档案中。隧道工程所遇到的许多变量都有相关关系，一个量变化，另一个也随之变化，但却无法从一个变量去精确地计算另一个变量，如围岩变形与地层压力的关系、隧道表面位移值与时间的关系等。所以，应及时对现场量测数据绘制时态曲线（或散点图）和空间关系曲线。当位移-时间曲线趋于平缓时，应进行量测数据处理或回归分析，以推求最终位移和掌握位移变化规律。

周边位移量测结果的主要用途在于评定隧道的稳定性。隧道的稳定性判断有两个方面：一是初期支护的稳定性判断，据此确定二次支护的时间；二是洞周边总收敛值判断，在规定允许值之内，且不大于预留变形量，据此保证结构不侵入限界。

（3）地表下沉量测。

①量测目的。浅埋段预测地表坡面的稳定；根据地表建筑物类别，控制最大下沉量。

②量测仪器。该测量采用水准仪或精密水准仪、塔尺，量测精度为±1 mm。

③测点布置。地表沉降测点横向间距为2～5 m，每个断面设7～11个点，监测范围应在隧道开挖影响范围以内。地表有控制性建（构）筑物时，量测范围应适当加宽。测点采用Φ22 mm螺纹钢，深入坡体60～80 cm，外露为5 cm，表面磨平后在表面打眼做标记。

④基点布置。基点埋设时间应在测点埋设之前。基点应选择在隧道开挖影响范围以外，通视条件良好、地基稳定不变形、监测期间不被扰动和破坏的坚硬岩石或结构物上。在稳定性好、强度高、不易风化的裸露基岩上埋设基点时，可在基岩上钻孔，其孔深为100～200 mm、孔径为38～42 mm，然后埋入直径为18～22 mm的钢筋，竖向埋设，钢筋露头50 mm且磨圆，用红油漆做明显标记。在土质区域，应在不被人畜踩踏、水流冲刷的位置设点，需挖坑（深度不小于300 mm，直径不小于400 mm），插入长500 mm、直径为22 mm的钢筋，周边灌注C20混凝土，钢筋露头50 mm且磨圆，用红油漆做明显标记。基点埋设后应记录埋设时间。

⑤量测频率。地表下沉量测应在开挖工作面前方，隧道埋深及隧道开挖高度之和处开始，直到二次衬砌结构封闭、下沉基本停止时为止。地表下沉量测频率应与洞内拱顶下沉和净空变化的量测频率相同。

（4）钢支撑应力量测。如果隧道围岩类别低于Ⅳ级，隧道开挖后常需要采用各种钢支撑进行支护，一般在Ⅵ，Ⅴ级围岩中常采用型钢支撑；Ⅳ级围岩中常采用格栅支撑。量测围岩作用在钢支撑上的压力，对维护支架承载能力、检验隧道偏压、保证施工安全、优化支护参数等具有重要意义。例如，通过压力量测，可知钢支撑的实际工作状态，从钢支撑的性能曲线上可以确定在此压力作用下钢支撑所具有的安全系数，视具体情况确定是否需要采取加固措施。再如，施工中采用上、下部分次开挖时，下部跳挖马口容易扰动架脚，造成上部拱架松动下落，轻则支护作用受到影响，重则可能导致局部坍塌。特别是当倾斜状岩层出现时，极易出现顺层滑坍，影响钢支撑作用的发挥。这时，如果上部拱架上设有压力计，便能从其读数变化情况判断下部开挖对上部支护结构的影响，根据量测结果调整马口开挖宽度，保障下部开挖的安全。

①量测目的。了解钢支撑应力的大小，为钢支撑选型与设计提供依据；根据钢支撑的受力状态，判断隧道空间和支护结构的稳定性；了解钢支撑的实际工作状态，保证隧道施工安全。

②仪器设备。目前使用较普遍的型钢支撑应力量测多采用钢弦式表面应变计，格栅支撑应力量测多采用钢弦式钢筋应力计。

③量测方法。根据量测目的选择量测断面，在量测断面内布置测点，测点一般为3个，也可视需要灵活设置。根据测力计的使用要求，安装测力计于钢支撑上面，注意测力计必须同时与钢支撑和围岩壁面或喷射混凝土面接触，安装应牢固可靠。

④结果整理。测力计测取的是围岩因变形而作用在钢支撑上的径向压力，此压力随时间发展而不断变化。量测成果整理工作主要是绘制各测点的压力-时间变化曲线。

（5）混凝土应力量测。该量测包括喷射混凝土和二次衬砌模注混凝土应力量测。其目的是了解混凝土层的变形特性及混凝土的应力状态；掌握喷层所受应力的大小，判断喷射混凝土层的稳定状况；判断支护结构长期使用的可靠性及安全程度；检验二次衬砌设计的合理性。

①仪器及原理。衬砌应力量测，一般采用钢弦式应力计进行。

弦测法的基本原理如下。钢弦式测试技术属于“非电量电测法”的范畴，测试工作系统一般由钢弦式传感器（或调频弦式传感器）和钢弦频率测定仪组成。因此，钢弦自振频率的变化反映了加于钢弦传感器上外力的变化。如果能测出钢弦频率的变化，就可以利用它测定施加于传感器上的外力。钢弦式测试的基本原理就是利用钢弦的这种性质，将力转换成钢弦的固有频率的变化而进行测量的。

一般测量钢弦频率的方法是使钢弦在电磁力的作用下激振，起振后将振动频率转换成电量，再进行频率测量。钢弦的激振方式通常有两种：间歇式激振和连续等幅激振。

②传压囊的设置。在现场进行实测工作时，为了增大钢弦压力盒接触面，避免由于埋设接触不良而使压力盒失效或测值很小，有时采用传压囊增大其接触面。囊内传压介质一般使用机油，因其传压系数可接近1，而且油可使负荷以静水压力方式传到压力盒，也不会引起囊内锈蚀，便于密封。装配传压囊时，必须将油尽量注满，且囊内无空气；钢弦压力盒与传压囊接触处，用

O形密封圈密封，压紧套管要压紧压力盒，达到施工设计要求，即负荷不漏油、不浸油时方可使用。

③压力盒的标定。压力盒使用前，必须先进行标定，即在室内测定每个压力盒频率与压力之间的对应关系，并绘出它们的关系特性曲线，以便现场测试使用。标定是在压力缸或材料试验机上进行的。

标定前，应先将压力盒预压3次（反复由零加至设计最大负荷），然后开始标定读数。每次读数压力间隔一般为最大压力的1/10～1/8。标定读数重复进行3次，取其平均值，并绘制其压力与频率平方差的关系曲线。

④压力盒的埋设与布置。由于测试目的及对象不同，测试前必须根据具体情况做出观测设计，再根据观测设计来布置与埋设压力盒。压力盒的埋设虽较为简单，但由于其体积较大、较重，给埋设工作带来一定的困难。埋设压力盒总体要求如下：接触紧密和平稳，防止滑移，不损伤压力盒及引线，并且需在上面盖一块厚6～8 mm、直径与压力盒直径大小相等的铁板。

⑤压力盒的观测方法。压力盒按照观测设计要求布置埋设好以后，应根据实际情况设立观测室，将每个压力盒的电缆引线集中于室内，并按照顺序编排好号码，以防弄混。电缆线铺设一定要得当，切不可被压断、拉断。观测时，根据具体情况及要求，定期进行测量；每次每个压力盒的测量应不少于3次，力求测量数值可靠、稳定，并做好原始记录。这样，通过一段时间现场观测，就可以根据所获得的资料进行整理分析。

（二）隧道监控量测的数据分析及应用

1. 隧道监控量测的数据分析

由于现场量测所得的原始数据不可避免地具有一定的离散性，其中包含着测量误差甚至测试错误，因此，必须对监测数据进行数学处理。

（1）量测数据处理的内容。①绘制位移、应力、应变随时间变化的曲线——时态曲线；②绘制位移速率、应力速率、应变速率随时间变化的曲线；③绘制接触压力、支护结构应力在隧道横断面上的分布图。

（2）量测数据整理、分析与反馈。

①每次量测后，应及时进行数据整理，并绘制量测数据时态曲线。

②选择回归曲线，对初期的时态曲线应进行回归分析，预测可能出现的最大值和变化速度。

③对支护及围岩状态、工法、工序进行评价。

④数据异常时，应根据具体情况及时采取增加临时支撑、加厚喷层、加密或加长锚杆、增加钢架等加固措施，并按照公司有关规定程序报告。

由于量测误差所造成的离散性，按照实测数据所绘制的位移等物理量随时间或空间变化的散点图上下波动，很不规则，难以用来分析，因此，需要采用数学处理的方法，将实测数据采用经验公式进行分析。

2. 隧道监控量测数据的应用

从维护围岩稳定性和支护系统的可靠性出发，现场测试人员要关心围岩变形量的大小、是否侵入隧道设计断面的限界、是否对施工人员的安全构成威胁，以便及时调整设计参数和进行施工决策。当发现隧道稳定性出现问题时，应对隧道施工方法进行调整，一般包括：①采取稳定开挖工作面的措施；②断面的早期闭合；③开挖进尺的改变；④开挖分部尺寸的改变；⑤开挖方法的变更；⑥支护结构的变更；⑦增加辅助工法（如超前支护、临时支撑、注浆加固等)。

监控量测控制基准包括隧道内位移、地表沉降、爆破震动等，应根据地质条件、隧道施工安全性、隧道结构的长期稳定性，以及周围建（构）筑物的特点和重要性等因素制订。

三、隧道施工环境检测

公路隧道在施工中带来强烈的噪声、冲击、振动、空气污染、弃渣污染，并对施工人员的身体产生危害。因此，在隧道施工阶段必须采取相应的措施，降低施工过程给人和环境带来的不利影响。采取措施的前提是对隧道施工过程中可能产生的有害物质进行检测、监控，从而针对性地采取有效措施。

（一）粉尘浓度检测

公路隧道所穿过的地层条件千变万化，施工中产生的粉尘危害性很大。一般的粉尘能引起职业病，危害施工人员的身体健康，特殊情况下在煤层内掘进时产生的煤尘还有爆炸危险，严重威胁着隧道的施工安全。因此，必须做好粉尘的检测与防治工作。

粉尘浓度应满足相关规定，我国常采用质量法测定粉尘浓度，目前普遍采用滤膜测尘法。滤膜测尘法是用抽气装置抽取一定量的含尘空气，使其通过装有滤膜的采样器，滤膜将粉尘截留，然后根据滤膜所增加的质量和通过的空气量计算出粉尘的浓度。

1. 仪器设备

（1）滤膜。一般为过氯乙烯滤膜，具有电荷性、憎水性、耐酸碱等特性，还有阻尘率高、阻力小、质量轻等优点。空气中粉尘浓度小于或等于50 mg/m^{3}时，用直径为37 mm或40 mm的滤膜；粉尘浓度大于50 mg/m^{3}时，用直径为75 mm的滤膜。

（2）粉尘采样器。其包括采样夹和采样器两部分，采样夹应满足总粉尘采样效率的要求，理想入口流速为1.25 m/s（±10%）。采样器用于个体采样时，流量为1～5 L/ min；用于定点采样时，流量为5～80 L/ min；用于长时间采样时，连续运转时间应不小于8 h。

（3）抽气装置（电动测尘仪）。

（4）分析天平。感量为0.1 mg或0.01 mg。

（5）秒表或其他计时器。

（6）干燥器。内装变色硅胶。

（7）其他。镊子、除静电器等。

2. 粉尘浓度测定

（1）采样点的选择。

①掘进按照工作面各设1个采样点。

②打锚杆、搅拌混凝土、喷浆当月在5个班以上时，分别设采样点。

③凿岩作业的采样位置设在距工作面3～6 m的回风侧。机械装岩作业、打眼与装岩同时作业、掘进机与装岩机同时作业的采样位置，设在距装岩机4～6 m的回风侧；人工装岩在距装岩工约1.5 m的下风侧。

④喷浆、打锚杆作业的采样位置，设在距工人操作地点下风侧5～10 m处。

（2）样品的采集。

①滤膜的准备。

※干燥。称量前，将滤膜置于干燥器内2 h以上。

※称量。用镊子取下滤膜的衬纸，将滤膜通过除静电器除去静电，在分析天平上准确称量，记录滤膜的质量。在衬纸上和记录表上记录滤膜的质量和编号。将滤膜和衬纸放入相应容器中备用，或者将滤膜直接安装在采样夹上。

※安装。滤膜毛面应朝进气方向，滤膜放置应平整，不能有裂隙或褶皱。

用直径为 75 mm 的滤膜时，应做成漏斗状装入采样夹。

②采样。

※定点采样。根据粉尘检测的目的和要求，可以采用短时间采样或长时间采样。

短时间采样。在采样点，将装好滤膜的粉尘采样夹，在呼吸带高度以15～40 L/ min 流量采集 15 min 空气样品。

长时间采样。在采样点，将装好滤膜的粉尘采样夹，在呼吸带高度以1～5 L/ min 流量采集 1～8 h 空气样品（由采样现场的粉尘浓度和采样器的性能等确定）。

※个体采样。将装好滤膜的小型塑料采样夹，佩戴在采样对象的前胸上部，进气口尽量接近呼吸带，以 1～5 L/ min 流量采集 1～8 h 空气样品（由采样现场的粉尘浓度和采样器的性能等确定）。

③滤膜上总粉尘的增量（Δm）要求。无论是定点采样还是个体采样，都要根据现场空气中粉尘的浓度、使用采样夹的大小、采样流量及采样时间，估算滤膜上总粉尘的增量（Δm）。滤膜粉尘 Δm 的要求与称量使用的分析天平感量和采样使用的测尘滤膜直径有关。采样时，要通过调节采样流量和采样时间，控制滤膜粉尘 Δm 在要求的范围内。否则，有可能因过载造成粉尘脱落。采样过程中，若有过载可能，应及时更换采样夹。

④样品的称量。称量前，将采样后的滤膜置于干燥器内 2 h 以上，除静电后，在分析天平上准确称量，记录滤膜和粉尘的质量 m_2。

（二）瓦斯检测

瓦斯是多种可燃可爆气体的总称，其主要成分是甲烷（CH_4）。瓦斯爆炸是含有瓦斯与助燃成分的混合气体在火源引燃下，瞬间完成燃烧反应，形成高温高压产物的过程。隧道中甲烷（CH_4）体积浓度不得大于 0.5%。瓦斯检测的主要测试仪器如下。

1. 催化型瓦斯测量仪

瓦斯检测常用的是载体催化型仪器，它使用的载体催化剂元件是一种热敏式瓦斯传感器。载体的作用是使催化剂有良好的分散度，提供足够的反应面积。通常使用的是 K 型氧化剂（Al_2O_3），常用的催化剂是销、钯、钍等铂族元素。

载体催化元件测量瓦斯浓度原理：铂丝是电阻温度系数很高的热敏材料，

元件的温度增量（ΔT）将引起电阻增量（ΔR），从而使电桥不平衡，产生一个与瓦斯浓度成正比的输出信号。

携带型瓦斯测量仪主要分两类：一类是由桥路输出直接推动电表指示；另一类是测量电桥的输出信号经过电子线路放大后，推动电表或推动数字显示电路指示瓦斯浓度。还有一类仪器使用蓄电池供电，经过一次充电，一般可连续工作 8 h。

便携式仪器必须保证以下三个基本性能：

（1）必须有性能稳定、功耗小的瓦斯敏感元件；

（2）应有适于长期在隧道内工作、性能可靠的较先进的电路设计；

（3）要有结构合理、体积小、质量轻的外壳及仪器的其他机械零件。

2. 光干涉瓦斯检定器

两束光在物镜的焦平面上产生白光特有的干涉现象，干涉条纹中央为黑纹，两旁为彩纹。某一物质的折射率等于光在真空中传播的速度除以光在这种物质中传播的速度。光程等于光线所通过的路程乘以光所通过的物质的折射率。两列光波光程长短的差别，叫作光程差。当光程差等于（$n+1/2$）λ 时，产生暗条纹；当光程差等于 $n\lambda$ 时，产生亮条纹。在一定路程内，各色光的光程差不同。单色光作光源，干涉将形成明暗相间的条纹；如果使用白色光源，干涉所产生的条纹为彩色条纹。

光通过的路程是固定的，根据条纹移动的大小可测得气体折射率的变化，可做定量分析，测出被测气体的浓度。仪器结构中空气室和气样室是不相通的。

（三）一氧化碳检测

一氧化碳（CO）对空气的相对密度是 0.97，体积分数在 13%～75%时能引起爆炸，且毒性极强，当空气中 CO 体积分数超过 0.4%时，人就会失去知觉，中毒死亡。

1. 标准要求

对于运营隧道。采用全横向通风与半横向通风方式时，CO 体积分数按照表 3-1 所列取值；采用纵向通风时，CO 体积分数按照相应表格所列各值提高（5×10^{-5}）取值；交通阻滞时，阻滞段的平均 CO 体积分数可取 3×10^{-10}，经历时间不超过 20 min。

表 3-1　隧道 CO 体积分数要求

隧道长度	隧道长度不大于 1000 m	隧道长度不小于 3000 m
CO 体积分数	2.5×10^{-4}	2.0×10^{-4}

2. 检测仪器

(1) 检知管。它是一支直径为 4～6 mm、长为 150 mm 左右的密封玻璃管，管内装有易与 CO 发生反应的药品。检知管有比色式检知管和比长式检知管。其中，比色式检知管是根据管内药品与 CO 作用后颜色的变化来判断 CO 浓度的。比长式检知管是吸入被测气体后，白色药品由进气端开始变成深黄色，变色长度与 CO 浓度成比例，与标准尺对比，即可确定 CO 浓度。无论是比色式还是比长式检知管，每支只能使用一次。

(2) AT2 型一氧化碳测量仪。它利用控制电位电化学原理检测 CO 浓度，是一种矿用安全火花型携带式检测仪器。

第四节　公路工程竣工验收检测与质量鉴定

一、公路工程竣工验收检测

(一) 公路工程竣工验收工作

按照公路工程管理权限，各级交通运输主管部门应于年初制订年度竣工验收计划，并按照计划组织竣工验收工作。列入竣工验收计划的项目，项目法人应提前完成竣工验收前的准备工作。

1. 竣工验收工作中参加各方的职责

(1) 竣工验收委员会负责对工程实体质量及建设情况进行全面检查。对工程质量进行评分，对各参建单位及建设项目进行综合评价，确定工程质量和建设项目等级，形成工程竣工验收鉴定书。

(2) 项目法人负责提交项目执行报告及验收工作所需资料，协助竣工验收委员会开展工作。

(3) 设计单位负责提交设计工作报告，配合竣工验收检查工作。

(4) 施工单位负责提交施工总结报告，提供各种资料，配合竣工验收检查工作。

（5）监理单位负责提交监理工作报告，提供工程监理资料，配合竣工验收检查工作。

（6）接管养护单位负责提交项目使用情况报告，配合竣工验收检查工作。

公路建设项目的设计、施工、监理、接管养护等有多家单位负责的，项目法人应组织汇总设计工作报告、施工总结报告、监理工作报告、项目使用情况报告，竣工验收时选派代表向竣工验收委员会汇报。

2. 竣工验收的条件

（1）通车试运营2年以上。

（2）交工验收提出的工程质量缺陷等遗留问题已全部处理完毕，并经项目法人验收合格。

（3）工程决算编制完成，竣工决算已经审计，并经交通运输主管部门或其授权单位认定。

（4）竣工文件已完成“公路工程项目文件归档范围”的全部内容。

（5）档案、环保等单项验收合格，土地使用手续已办理。

（6）各参建单位完成工作总结报告。

（7）质量监督机构对工程质量检测鉴定合格，并形成工程质量鉴定报告。

3. 竣工验收的工作程序

公路工程项目竣工验收的工作程序如下。

（1）公路工程符合竣工验收条件后，项目法人应按照公路工程管理权限及时向相关交通运输主管部门提出验收申请。其主要内容包括：①交工验收报告；②项目执行报告、设计工作报告、施工总结报告和监理工作报告；③项目基本建设程序的有关批复文件；④档案、环保等单项验收意见；⑤土地使用证或建设用地批复文件；⑥竣工决算的核备意见、审计报告及认定意见。

（2）相关交通运输主管部门对验收申请进行审查，必要时可组织现场核查。审查同意后，报送负责竣工验收的交通运输主管部门。

（3）以上文件齐全且符合条件的项目，由负责竣工验收的交通运输主管部门通知所属的质量监督机构开展质量鉴定工作。

（4）质量监督机构按照要求完成质量鉴定工作，出具工程质量鉴定报告，并审核交工验收对设计、施工、监理初步评价结果，报送交通运输主管部门。

（5）工程质量鉴定等级为合格及以上的项目，负责竣工验收的交通运输主管部门应及时组织竣工验收。

4. 竣工验收的工作内容

公路工程项目竣工验收主要包括以下工作内容。

（1）成立竣工验收委员会。

（2）听取公路工程项目执行报告、设计工作报告、施工总结报告、监理工作报告及接管养护单位项目使用情况报告。

（3）听取公路工程质量监督报告及工程质量鉴定报告。

（4）竣工验收委员会成立专业检查组检查工程实体质量，审阅有关资料，形成书面检查意见。

（5）对项目法人建设管理工作进行综合评价。审定交工验收对设计单位、施工单位、监理单位的初步评价。

（6）形成并通过“公路工程竣工验收鉴定书”。

（7）负责竣工验收的交通运输主管部门印发“公路工程竣工验收鉴定书”。

（8）质量监督机构依据竣工验收结论，对各参建单位签发“公路工程参建单位工作综合评价等级证书”。

竣工验收委员会由交通运输主管部门、公路管理机构、质量监督机构、造价管理机构等单位代表组成。国防公路应邀请军队代表参加。大中型项目及技术复杂工程，应邀请有关专家参加。

项目法人、设计、施工、监理、接管养护等单位代表参加竣工验收工作，但不作为竣工验收委员会成员。

（二）公路工程竣工验收的质量评定

（1）竣工验收工程质量评分采取加权平均法计算，工程质量评分大于或等于 90 分为优良，小于 90 分且大于或等于 75 分为合格，小于 75 分为不合格。

（2）对建设项目出现以下特别严重问题的合同段，整改合格后，合同段工程质量不得评为优良，质量鉴定得分按照整改前的鉴定得分，超出 75 分的按照 75 分计算，不足 75 分的按照原得分计算；建设项目竣工验收工程质量等级和综合评定等级直接确定为合格。

①路基工程的大段落路基沉陷、大面积高边坡失稳。

②路面工程车辙深度大于 10 mm 的路段累计长度超过该合同段车道总长度的 5%。

③特大桥梁主要受力结构需要或进行过加固、补强。

④隧道工程渗漏水经处置效果不明显，衬砌出现影响结构安全的裂缝，衬砌厚度合格率小于90%或有小于设计厚度1/2的部位，空洞累计长度超过隧道长度的3%或单个空洞面积大于3 m^2。

⑤发生过重大质量事故或存在严重质量缺陷，造成历史性缺陷的工程。

(3）对建设项目出现以下严重问题的合同段，整改合格后，合同段工程质量不得评为优良，质量鉴定得分按照75分计算；并视对建设项目的影响，由竣工验收委员会决定建设项目工程质量是否评为优良。

①路基工程的重要支挡工程严重变形。

②路面工程出现修补、推移、网裂等病害路段，累计长度超过路线的3%或累计面积大于总面积的1.5%；竣工验收复测路面弯沉合格率小于90%。

③大桥、中桥主要受力结构需要或进行过加固、补强。

(4）竣工验收委员会对项目法人及设计、施工、监理单位工作进行综合评价。评定得分大于或等于90分且工程质量等级优良的为好，小于90分且大于或等于75分为中，小于75分为差。

(5）发生过重大及以上生产安全事故的建设项目，综合评定等级不得评为优良。

(6）根据要求，竣工验收时需要核验建设项目依法用地和履行土地出让合同、划拨等情况。

二、公路工程质量鉴定

（一）公路工程质量鉴定方法

(1）分部工程质量鉴定方法。工程实体检测以规范规定的抽查项目及频率为基础，按照抽查项目的合格率加权平均乘以100作为分部工程实测得分；外观检查发现的缺陷，在分部工程实测得分的基础上采用扣分制，扣分累计不得超过15分。

(2）单位工程、合同段、建设项目工程质量鉴定方法。根据分部工程得分，采用加权平均值计算单位工程得分，再逐级加权计算合同段工程质量得分。内业资料审查发现的问题，在合同段工程质量得分的基础上采用扣分制，扣分累计不得超过5分；合同段工程质量得分减去内业资料扣分为该合同段工程质量鉴定得分。采用加权平均值计算建设项目工程质量鉴定得分。

（二）公路工程质量等级鉴定

(1) 公路工程质量等级鉴定的总体要求。路基整体稳定；路面无严重缺陷；桥梁、隧道等结构物结构安全稳定，混凝土强度、桩基检测、预应力构件的张拉应力、桥梁承载力等均符合设计要求；工程质量经施工自检和监理评定均合格，并经项目法人确认。不满足上述要求的工程质量鉴定不予通过。

(2) 工程质量等级划分。工程质量等级应按照分部工程、单位工程、合同段、建设项目逐级进行评定。分部工程质量等级分为合格、不合格两个等级；单位工程、合同段、建设项目工程质量等级分为优良、合格、不合格三个等级。

分部工程得分大于或等于 75 分，则工程质量为合格，否则为不合格。

合同段（建设项目）所含单位工程（合同段）均合格，且工程质量鉴定得分大于或等于 90 分，工程质量鉴定等级为优良；所含单位工程均合格，得分大于或等于 75 分且小于 90 分，工程质量鉴定等级为合格；否则为不合格。

不合格分部工程经整修、加固、补强或返工后可重新进行鉴定，直至合格。

第四章　公路工程检测专业技术人才管理

第一节　公路工程检测技术人才培养新模式

人力资源是影响企业核心竞争力的关键因素之一，公路工程公司要实现发展，需要把握人才，完善人力资源管理体系，实施有效的企业战略。

一、公路工程公司人力资源战略整合

（一）人力资源的内涵

人力资源和其他众多资源相比，最大的不同就在于人力资源是一种专属于人的资源，拥有其他资源所不具备的人的基本素养，并且这种资源只能够进行自我利用。

人力资源蕴藏着极为丰富的内涵，众多专家学者在关于人力资源定义这一问题上仍存在较大争议。下面就当今社会对人力资源解释相对完善的六种定义展开具体论述。

(1) 人力资源具体是指社会劳动者能力的总和，并且能够推动社会的发展及国家的进步。

(2) 人力资源是指一切具备劳动能力的人的总和。

(3) 人力资源是具有主观能动性及智慧的人的集合体。

(4) 人力资源更像是一种潜在的社会生产力，具备劳动能力的个体能够产生这种生产力。

(5) 人力资源是能够推动整个社会发展并且具有劳动能力的公民的总和。

(6) 人力资源是指所有能够为社会创造价值、服务社会、奉献社会的人。

总之，可以将人力资源视为一种劳动资源、社会资源或人类资源。从整体上来看，人力资源其实是一个集合体，囊括社会发展所需要的劳动力及经济资源。在人类历史发展过程中，人力资源在所有资源中最活跃、综合性最高。人力资源作为一种天然可再生的资源，其形式有潜在和现实之分。

在现实的生活中，人力资源被赋予了不同的意义，通常可以从两个方面来对其进行解释。一是广义的解释，即无论是达到就业年龄，还是不符合就业年龄限制的人，均可视为一种人力资源；换言之，人力资源就是一个国家或地区所有具有劳动生产能力或能够从事体力劳动、脑力劳动的公民的总和。二是狭义的解释，在管理中，人力资源更多被视为一种劳动力资源，具体是指具有一定劳动能力并且满足就业年龄的人的集合体。

总而言之，虽然众多专家学者对于人力资源的定义至今仍存在较大争议，但是人口作为人力资源的基础与核心，并且离不开劳动力的支撑，这种观点是毫无争议的。

（二）与企业基础战略的整合

1. 与低成本战略的整合

低成本战略就是成本领先战略，是指企业通过对内部成本控制的强化使相同产品和服务生产时的研究、开发、生产、销售、服务及广告等成本得到不断压缩，从而比主要竞争对手获得更低的成本与费用的支出，加强市场占有率及利润的提升，并在行业中形成自己的优势和地位的一种竞争战略。它是企业利用行业内最低的成本投入来获得竞争优势的一种方法。它的本质在于，促进企业在各个价值链环节中有低于其他同行的成本投入，从而获得比同行更高的利润的一种竞争手段。

最低成本战略需要根据自身条件和途径来实现，像进行规模化生产，投入先进技术和设备，加强销售和市场份额的扩展，实现经验曲线效应，对一些固定费用（如间接费用和其他行政费用）予以缩减，在开发、广告、服务及分销等方面减少成本投入，等等。

特别要关注的是，低成本战略可以促进公路工程公司以低成本来获得持续的竞争优势，在同行业中占据优势地位，这和通常的削价竞争是不同的，削价通常是以减小利润来实现的，更甚者可能导致亏本。

实施低成本战略的生产者在行业中具有明显的优势：第一，从竞争者的角度来看，由于具有低价优势，也促进了低成本生产者销售份额的扩大，为其争取了更高的利润；第二，从客户的角度来看，在强大的客户面前，低成本企业的利润是有所保障的；第三，从供应商的角度来看，低成本生产者的价格谈判优势要高于一般的竞争对手，所以材料上涨等因素对其影响会更小；第四，从潜在的进入者角度来看，低成本生产者可以抵御潜在竞争者的侵害，同时能保持已有的优势；第五，对于替代品，低成本生产者可通过低价比其对手具有更强的防卫能力。

总之，公路工程公司若拥有了低成本，在面临强大竞争时就能够以较低的成本获得较高的利润，即拥有了相应的防卫竞争能力，利于提升客户的数量，更加具有行业价格水平竞争的优势。

因此，人力资源战略在与低成本战略配合时，由于成本领导者战略强调成为本行业中成本最低的生产者，企业多数都比较重视高效率的生产，主要以集权的方式进行企业管理。所以，稳定性和可靠性是企业在人力资源战略上对员工的需求。

2. 与差异化战略的整合

差异化定位是指企业可以将与行业竞争对手不同的产品和服务提供给顾客的一种方式。在行业范围内，公路工程公司能够将具备特色的产品和服务提供给消费者，这就是差异化战略。这种差异与特色可以体现在技术特征、服务方式、产品设计、销售方式、产品形象等方面，可以涉及一个或多个方面。

对于企业生产的产品来说，这种特色能够提升额外的价格，这便是企业的竞争优势。产品和服务的成本无法支撑公司的这种战略，其真正需要的是产品和服务的特色。但是需要强调的是，成本对于实行差异化战略的公司来说，依然十分重要。

公路工程公司可以通过以下方法来突显自己和竞争对手的差异。

（1）服务差异化战略。通常在送货、安装、顾客培训、咨询服务等方面可以体现出服务的差异性。

（2）人事差异化战略。礼貌、可信、可靠、善于沟通、反应敏捷是一个高素质员工的必备素质。

（3）形象差异化战略。公路工程公司需要对适用条件和组织要求进行确认后才能实施差异化战略，企业区别自身和竞争对手产品的差异可以通过多种方式来实现，还要确保这种差异的价值得到用户的认可；顾客需要多样化的产品和使用需求，这便是顾客需求差异性的体现；为了有效降低竞争对手出现的概率，体现公路工程公司的差异化优势，应该采取差异化的途径来实现，随着技术的不断发展，新的产品特色也会成为市场竞争的一个主要优势。

以上都是公路工程公司实施差异化战略的外部条件，以下是需要具备的内部条件：企业应该具备一定的研究开发能力，能够以创造性的眼光来看待研究工作；能够不断地提升产品质量和具有领先行业技术的实力；可以整合其他公路工程公司的技能；提升公路工程公司市场营销能力，加强各个部门（如研究、开发和市场营销等部门）之间的联系；同时要具有吸引创造性人才和高技能人才的物质优势；具备较好的销售渠道；等等。

公路工程公司的战略方向是由企业能力和顾客需求所决定的，顾客需求是差异化战略制订的基础和前提。战略方向要以满足顾客需求为目标，需要综合考虑和衡量顾客需求、企业核心能力和竞争对手的服务水平来进行差异化定位。

顾客的差异化也决定了需求的差异化，因此，也为差异化的服务提供了生存空间，对市场进行细分也是更好地满足差异化顾客的差异化需求，这也是公路工程公司需要予以重视的问题。确定细分市场可以让公路工程公司精准地找到目标顾客群，然后在差异化的竞争策略下提升竞争优势。同时，由于在执行差异化战略时不可避免地会遇到一些问题，使差异化战略在执行时会产生风险。例如，差异化的成本过高、竞争对手的模仿、消费者爱好的转移等。

（三）与企业发展战略的整合

1. 与集中型战略的整合

采用集中型战略的公路工程公司更加重视运营成本和市场份额，下面四种条件是这类企业必须具备的：①完全不同的用户群是其前提条件，而且用户需要的产品和服务都是有所不同的；②同目标市场中没有采用重点集中战略的竞争对手；③公路工程公司的资源条件不适应进行广泛的细分市场的追求；④同领域中具有差异化的成长率、获利能力和规模等，从而使其目标细分市场的吸引力要高于其他细分市场。

集中型战略具有非常显著的特征，表现在以下方面：具有简单便捷的管理，对产品市场和相关技术非常熟悉和精通；具有高度专业化的生产、集中的经营目标，以及有利于规模经济效益的实现等。以下方面也体现出了集中型战略的效果。一是若竞争厂商以多细分市场为目标，则对目标小市场的专业和特殊需求难以充分满足，就算勉强满足，也可能造成高昂的成本支出。二是在目标细分市场上，专业竞争对手不多。三是若公路工程公司资源不足以和整个市场的细分市场相竞争，则应该通过行业中的小市场和细分市场来发挥自己的集中型优势，从而扩展自己的目标细分市场。

职能型组织结构的规范化、层级指挥系统的集权化及运作程序的标准化是公路工程公司采取集中型战略必须具备的条件和基础。同时要求公路工程公司能够对现有的技能予以保持和发展，并重点集中有关的薪酬计划及培训计划等，从行为上来对绩效进行考核。

2. 与内部成长战略的整合

内部成长战略实现的主要手段是对企业寿命周期曲线进行横向延伸。公路工程公司对合资、产品开发和市场开发等内容的战略十分关注。重视公路工程公司的内部资源，以此使公路工程公司具备更强的优势。内部成长战略的目的是使企业能够持续性、渐进式成长，主要进行于企业的产品经营领域，在巩固培育企业核心能力方面，主要手段是积累资本和挖掘内部潜力。公路工程公司在成长的过程中，必须对员工进行不断地招募、调动与提升，在市场的差异下，灵活改善员工技能，重视对员工培训的投资。

3. 与外部成长战略的整合

企业寿命周期曲线的纵向提升是公路工程公司外部成长战略的主要手段。类似的措施包括吸引外来资本、技术转让、建立战略联盟等。公路工程公司的资本经营领域是外部成长战略的主要所在，这种战略的主要目的是使企业获得突发式和跳跃式的成长，扩张企业的核心能力，主要应用方式是资本集中和外部联合。

所以，对于应用外部成长战略的公路工程公司，人力资源战略也需要进行相应的改动。尤其是通过收购和兼并的企业，必须要强调整合两个企业的人力资源管理，使整体区域一致，包括工资结构调整、人员调动、技能培训和内部冲突解决等。

（四）提升企业竞争优势

1. 提供提升竞争优势的实践证据

（1）就业安全感。不能因为工作减少而轻易解雇任何一名员工，这是公路工程公司对员工的一个基本保障，这有利于提升员工的就业安全感。

（2）招聘时的挑选。对合格的员工进行细致的甄选和聘用。与不合格的员工相比，合格的员工具有两倍以上的平均劳动效率。

（3）高工资。求职者往往会被高工资所吸引，企业可以向合格的求职者支付高于竞争对手的工资。这样可以有效避免员工的流动性，也可以让求职者了解到企业对员工的重视程度。

（4）诱因薪金。分享津贴给绩效提升明显的员工。这一实践的公正性和公平性也得到了员工的认可。若是员工创造的价值都归功于高层管理者，则会造成员工的不满，导致员工的工作积极性受到打击。

（5）员工所有权。通过公司股份份额和利润分享方案的实施来让员工享受到企业的所有者利益。若是方法得当，则能够促进员工将自身利益和企业利益紧密联系起来，从而增强员工对企业的忠诚度。

（6）资讯分享。将企业的运作、生产率及盈利率等信息告知员工，以便促进员工将自身利益和公司利益相结合，并帮助员工获得成功。

（7）参与和授权。分散化决策，并积极引导员工参与到工作中来。公路工程公司要从惯用的、发挥协调和控制作用的层级制管理体系转为这样的管理体制，才能让处于较低级别的员工做更多有利于绩效提升的工作。

（8）团队和工作再设计。为了更好地对自身的工作进行协调和监控，需要发挥跨学科团队的作用。要对恰当的工作量和工作质量规范进行设定，这样个体会感受到团队的带动作用。公司可以对努力的群体予以奖励，并由其自主控制工作环境，这将会带来更多正面的促进作用。

（9）培训和技能开发。为了使工作及时、高效的完成，公路工程公司需要进行一定的技能培训。通过培训，可以促使员工顺利完成工作，同时这也是公司提供给员工的一种福利。

（10）交叉使用和交叉培训。让员工有机会尝试不同的工作。这样能够保持工作的趣味性，同时更有利于经理合理地安排工作。

（11）象征性的平等主义。可以通过开放办公室大门等措施来实现对员工的公平性。从而促进员工和企业利益的统一化程度，减少员工的对立化情绪，并为员工提供一个共同的奋斗目标。

（12）工资浓缩。缩小员工之间的工资差别。若是需要通过协调或互赖的方式来完成工作，为了避免人际竞争加剧，则可以采用浓缩薪酬的方法来提升生产率。

（13）内部晋升。可以通过晋升低层次的员工来进行职务空缺的弥补。要重视培训活动和技能开发的作用，为员工的成长提供一个好的氛围，同时给予员工想要的公平性和正义性。

(14) 长期观点。以人力资源优势来提升竞争优势是一项长期而艰巨的任务，这需要公路工程公司予以重视。从短期的角度来说，解聘员工或许可以获得更实在的利益，减少培训活动虽然在短期内能让利润保持在高水平，但是想要以人力资源优势来提升公路工程公司的竞争优势，以上方法都是不适用的。

(15) 对实践的测量。公路工程公司对员工的首创精神、员工态度、各种方法及员工绩效水平等方面都要进行精准的衡量，从而了解员工最在乎的是什么，并以此来引导员工的行为；同时可以反馈员工的表现，给予员工肯定和赞扬。

(16) 贯穿性的哲学。在管理哲学理念的引导下，将所有员工联系起来，形成一个有机的整体。

2. 获得持续的竞争优势

资源基础论是指企业战略管理理论是以资源为基础而建立的。企业资源包括：物质资源、人力资源、组织资源。这一理论的提出，也让公路工程公司对人力资源管理更加重视，有利于公路工程公司对人力资源知识、技能及能力的培养，也表明了企业竞争优势的一个重要组成部分就是人力资源。

对公路工程公司持久竞争优势的来源进行深刻分析后，可总结出五个具备形成竞争优势潜力的企业资源特征。

(1) 有价值的。即企业在机会利用和对外部环境带来的威胁予以规避中都具有价值的一类资源。

(2) 稀缺的。即表示该种资源不管是在企业还是在企业的竞争对手处都是稀少的。如果企业不能以稀缺资源为基础建立企业战略，那么也代表其很容易被同样拥有该项资源的竞争对手所取代，也就无法形成自己的竞争优势。通常情况下，判断资源稀缺性主要是看拥有独特价值资源的企业数和形成完全竞争状态所需企业数量的对比，若是前者少于后者，则表明该项资源具有稀缺性。这也是企业形成竞争优势的一个有力保障。

(3) 不能被完全模仿。通过长期积累才能形成的资源，是其他企业短期内无法超越和模仿的，从而形成了企业独有的资源优势和资源能力。

(4) 其他资源无法替代的。

(5) 有附加价值性。通俗地说，就是该种资源能够为企业带来实实在在的利益，而不只是符合资源的定义。

对企业所有资源进行分析后可知，符合巴尼所提出的企业持久性竞争优势资源所有特征的只有人力资源。其主要原因如下。

（1）只有人力资源才具备能动性，其自身素质和能力的提升是可以实现的，因此，也造成不同智力水平和知识体系的人才差异。在某个时间范围内，只有少数的高素质人力资源，会使企业加速人才竞争。这也是公路工程公司竞争性优势资源的稀缺性条件。

（2）任何一个人都具备自己的道德标准和行为准则，但是在其进入一个企业后，企业文化也会对其形成一定的影响和作用，从而具备企业的道德标准和行为准则特征。这也是不能被轻易模仿和掌握的。

（3）人力资源对于任何类型的企业来说都是非常重要的。企业在聘用人才时也会考虑其专业性，并尽可能地吸引高素质的人才。所以这也是人力资源不可替代性的体现。

（4）劳动才是创造商品“附加价值”的一个重要因素，所以利润实质上来自人力资源。企业想要追求高额利润，就需要不断提升商品的附加价值。因此，也体现了人力资源的附加价值性。

所以说，公路工程公司对人力资源管理的重视也能有效提升其竞争优势。除此以外，从战略职能的角度来说，人力资源管理理念是将人力作为公路工程公司的一个核心资源来看待的，也是一种重要的企业投入。高效的人力资源管理能够让企业的竞争力得到不断地提升。因此，应该将人力资源放在和企业技术、资金及其他各要素同等重要的地位来看待。

二、公路工程公司人力资源规划

（一）人力资源规划的影响因素分析

1. 企业生命周期

（1）创业期的人力资源战略。处于创业阶段的公路工程公司，没有建立完善的内部管理机制与相关的制度，如生产条件和环境、企业管理制度、人力资源及企业战略规划等内容都需要逐渐筹划和确立。企业创立初期，通常规模不大、员工数量不多，对企业进行管理时，常常出现一名员工身兼数职的情况，相应的岗位职责也不清晰。此时，公路工程公司本身需要面对很多不确定因素的影响，由于没有形成科学有效的管理机制，企业的应变能力相对比较薄弱。

公路工程公司在创业阶段，既面临可以不断成长的机遇，也要应对挑战中的困难。在这个阶段，消费者对企业的产品了解不多，产品销量增速缓慢；同时企业各方面的支出较多，很多时候利润微薄甚至是亏损的。对于实力和经验不足的企业来说，资金匮乏、生产经营情况波动较大、创业者之间意见不合等问题会加速企业倒闭的风险。因此，创业阶段的企业需要重点关注并解决的问题如下：构建适合企业发展的营商环境；设定正确的产品定位；注重销售；科学合理地投入人、财、物等资源，保障企业运营。

创业期是新企业诞生的一个过程，此时企业不利因素有很多，包括产品品种单一、产品质量差、市场占有率低、管理水平低、企业知名度不够、人才匮乏等诸多问题。这一时期人力资源战略的核心就是要充分发挥创办者的人格魅力和影响力，不断向外界借鉴优秀经验，在工作中细心挖掘优秀员工，为以后企业的深入发展打下基础，同时促进人才的组织化，为员工提供良好的职业生涯规划。由此可见，创业期的企业应充分利用这个时期人力资源管理简捷性、灵活性、高弹性的特点，确立正确的人才招聘策略（以聘用有工作经验、技术技能的人为重），确立正确的公司发展定位和目标，并让企业员工认同企业的理念和目标（在企业成长的初始期后期更为重要），努力吸引和留住具有企业需要的专有人力资本的核心员工，激发员工的积极性，从而推动企业顺利成长，进入成长期。

（2）成长期的人力资源战略。成长期企业充分集聚资源，进行组织的分化，由原来的直线制转变为直线职能制，分化出市场部、财务部、技术部、人力资源部等，管理更加规范，规模扩大，实力增强。需要注意的是，企业销售额的不断增加会推动规模的扩张，这就要求企业招聘更多的人员。这样一来企业的资产得到了很大的提高，但是也增加了企业的管理难度。成长期是公路工程公司效应迅速增长、规模持续扩大的阶段，这也意味着公路工程公司获得了市场的接受和认可，并且逐渐进行多样化和多元化发展，从而提高了企业的营业额和利润。最终，企业各方面的资源不断增加，并且具备越来越强的核心竞争力。这也意味着，在企业发展初期建立的人力资源管理机制已经不适应成长期企业的发展。与其他要素资本相比，人力资本的重要性逐渐凸显出来，尤其在高新技术产业中，人力资本已成为影响企业竞争力的关键因素。

（3）平稳发展期（成熟期）的人力资源战略。企业的成熟阶段，其组织内部的管理机制逐渐健全，呈现制度化、程序化，形成科层组织机构，分工更为精细；企业提供的产品或服务线相对成熟，服务更加多样化；伴随平稳的内部环境，企业经营范围逐渐扩展，需要协调交流的内容越来越多。这时的管理以专业化为主，企业内部已经组建了经理人队伍，企业的经营目标是不断扩大市场的同时发掘促进经济增长的新领域，使企业多元发展。

公路工程公司的利润、销售额都达到了最高峰，拥有了多样化的产品。此时成熟期的公路工程公司需要中层管理者来束缚。

随着公路工程公司的成长，企业拥有了大量的员工队伍，企业规模庞大，大量的职能部门、较多管理层次及组织结构复杂化和多样化，导致企业内部各部门间的矛盾冲突不断发生，协调、沟通更加困难。在这一时期，管理者（创业者）意识到了“以人为本”的人力资源管理对企业成长的重要性。企业已形成较为科学的招聘、培训、绩效考核体系，较为完整、规范的人力资源管理战略基本建立；处在成熟期的大多数企业拥有较为规范的人力资源规划与相关政策，有些发展较好的企业会对员工的长远发展制订发展规划，形成与企业经营战略相一致的人力资源管理战略，从而更好地激励员工的积极性；招聘走向规范化、程序化，但对一般员工的需求量减少，经营管理人才成为这一阶段所需的关键性人才。

总之，成熟期的公路工程公司应该注重建立科学的激励约束机制，从而调动员工的工作热情；重视企业文化在成熟期的重要作用，及时创新或重塑企业文化，加强企业文化的管理，通过正规的途径向员工宣传组织文化，建设拥有创新精神和有利于人际关系的企业文化，提高企业的创新能力；提高企业员工的工作和学习能力，建立学习型组织，保持人才竞争优势。同时要加强企业沟通、培训等人力资源管理策略，从而延长企业成熟期或通过创新进行成长中的蜕变。

（4）衰退期的战略人力资源规划。企业的组织结构发生僵化、对变革的抵制会导致企业对内外环境变化的忽视。在这一阶段，管理者明白人力资源管理观念的重要性，但对人力资源管理战略的重视程度却有所下降，甚至有的企业仅仅把人力资源管理看作一种形式主义；对企业人力资源规划和员工个人发展规划的重视程度也明显下降；企业对人才几乎没有吸引力，招聘人数下降甚至停止。

公路工程公司一旦进入衰老期，必须强化对高层管理者的培训，帮助高层管理者树立正确的心态，学习新的管理知识和管理技能，以提高公路工程公司创新能力。通过企业合作的模式，削弱官僚层级的控制力，让权力更多地转化为企业的自主行为，使企业重新向新形势的分权模式发展。坚持公平性原则，重新建立科学的绩效考核和薪酬体系，并努力为员工提供发展机会，为员工发展提供更大的空间等，以求降低员工离职率，以此努力延长企业成长周期，或者寻找新的生机，开始再次创业或组织再造，使企业进入新的发展历程。

2. 组织战略

人力资源规划是一项非常重要的人力资源管理职能，它是直接服务于企业战略的，以促进企业战略目标的实现。尽管不同企业的企业战略类型不同，一般来说，企业的管理层是建设人力资源管理机制和体系的主体。一方面要求人力资源管理机制立足于全体员工都同意的企业长远发展目标，符合员工的利益；另一方面要与企业内部和外部的利益相一致。换句话说，人力资源管理机制和发展规划与企业的战略发展始终保持一致，一是能不断提升企业的管理水平，进而推动企业绩效和经济效益的提高；二是为企业的人力资源开发和管理工作提供科学、正确的指导，合理利用人力资源来不断提高企业的效率；三是人力资源管理机制中为企业设定的目标对于实现企业的战略发展有巨大的推动作用。这样，企业人力资源机制的制订便一步步从被动的反应者，成为了企业实现战略的推动者、实行者和制订者，最后成为最大的贡献者。

(1) 基于总体战略的人力资源规划。总体战略是组织总体的、最高层次的战略，决定着组织今后的发展方向、规模及实现这些目标的措施的总体规划，是一个组织战略体系的主题和基础，起着统率全局的作用，主要解决的是组织发展的目标问题。按照组织经营的态势，一般可以将总体战略分为以下三种。

①基于增长型战略的人力资源规划。增长型战略表示企业或组织在适当的时机紧紧抓住内部环境和外部环境较好的机会，持续扩大企业或组织的经营。这种战略又叫发展型战略、扩张型战略和进攻型战略。其主要特点：在市场中投入大量的资源，刺激生产规模的扩大，从而让组织或公路工程公司在市场中的份额越来越高。具体来说，增长型战略可以分为内部增长型战略和外部增长型战略。

※内部增长型战略主要是通过企业自身条件的开发和积累来实现规模与实力的扩大。内部增长型战略可以分为两种途径：一种是市场开发；另一种

是产品开发。市场开发是指借助产品自身的优势来开发多个市场，扩大市场份额；产品开发是指为市场提供多个产品，以产品的数量或种类来赢得市场。不同的增长途径对人力资源的要求也会有所不同。前者要更多地关注员工的甄选和培训，因为市场的扩张必然带来生产人员、销售人员等数量上的增加，需要对招募的员工加强培训等。后者要特别注重加强对技术人员的技能培训和知识管理，因为产品开发是以技术人员为核心的，需要通过技术培训将新观念、新技术、新知识、新方法源源不断地传递给技术人员，同时加强知识管理，包括产品知识的积累、知识产权的保护等。

※外部增长型战略主要是通过企业的合并或兼并等方式来实现规模和实力的扩张。企业合并或兼并的目的是使组织能够在很短的时间内实现组织的规模和实力的发展。为了实现这一目标，人力资源规划要关注的重点是组织文化的整合，避免因为两个不同组织文化的冲突而影响组织的稳定发展。因为在进行企业合并或兼并时，不同的组织文化特性必然发生碰撞，引发矛盾或纠纷。有资料表明，全球企业并购中，由于文化冲突而导致失败的案例占一半。有人总结了并购领域存在的一个现象，即70%的并购企业未能实现所期望的商业价值，70%的失败源于并购后的整合，而并购后最难整合的莫过于组织文化的融合。

②基于稳定型战略的人力资源规划。稳定型战略是指经过一个稳定的增长后，组织机构会对少量和中等程度的资源投入量进行控制，使当前规模和市场占有率水平维持现状，企业的竞争地位相对保持稳定和巩固。这种战略是以安全经营为宗旨，不冒较大风险，适用于已经取得一定的经济效益、目前又暂时没有进一步发展机会的组织。

实施稳定型战略的组织，其组织结构和规模并不会发生较大的变动，这是其中一个比较突出的特点。换句话说，组织内部会维持原有的职位，以此来保证组织结构的稳定性。但从该组织的特征来看，当年轻员工位于组织中层职位时是没有优势的。因为组织不可能给员工更多的机会，这些年轻员工希望通过自己的努力来使自己能够在组织内部得到晋升的愿望可能无法实现。因此，实施稳定型战略的组织经常会遇到一个严重的问题，即组织机构内各个岗位上优秀的中青年骨干难以保持稳定。为了解决这个问题，员工激励方法的确定及对员工职业规划的管理工作也是人力资源规划的一个重点问题。而且对员工的激励也不要局限于物质层面，更多的可能是在目标和愿景方面。职业管理的重点应该是在职业通道的设计方面，给员工提供比较清晰的职业发展路径，让员工很清晰地知道自己的发展方向及如何发展。

③基于紧缩型战略的人力资源规划。紧缩型战略是指当组织机构所在的内外部环境出现大的变化时，其经营范围会遇到阻碍，组织实施经营战略时，会进行计划性地缩小和撤出，以此积聚实力，为未来的发展进行谋划。不同于增长型和稳定型战略，紧缩型组织战略是相对消极的。组织只有在遭遇内外部环境不利变化时才会无奈地选择实施收缩战略，其目的是减少损失。换句话说，实施紧缩型战略谋求的是以退为进。

实施紧缩型战略的组织从规模来看是在缩小，并适当地退出某些经营领域或地区，会加大力度控制组织资源的使用率，同时减少各项成本，将经营资源最小化。而裁员则是实施紧缩型战略的一个明显特征。裁员是一把双刃剑，既可以通过裁减一部分员工来降低人工成本，帮助组织渡过眼前的难关；但也可能导致一部分优秀员工离职，进而降低组织的核心竞争力，使组织在未来的发展中面临新的难题。在这种情况下，人力资源规划的重点是如何在做好裁员工作的同时，还要避免打击在职员工的积极性，以防止优秀员工的流失。所以，实施紧缩型战略的组织在制订人力资源规划时，要明确组织在将来所要采取的战略，同时依据该战略来判断哪些人才符合组织的要求，并且保留合适的人才。

(2) 基于经营战略的人力资源规划。总成本领先战略旨在通过较低的成本获得竞争优势。成本领先需要大力建设有效率的工厂和设施（这需要持续的资本投资），强化对工人的监督，千方百计地寻求削减成本，以及严格地控制经销成本和管理费用。

低成本领先的企业往往强调结构合理的任务和责任，并且适合低成本导向企业的人力资源战略，强调有效率的低成本生产；坚持合理的、高度安排有序的程序，以消除不确定性；并且不鼓励创造和创新（这些创新也许需要付出代价高昂的试验费用和差错）。

一家实行差异化经营战略的公路工程公司试图通过创造出一种被认为是独特的产品或服务来取得竞争优势。这类公司的一些共同特点是，强大的市场营销能力，强调产品设计和基础研究，公司的高质量产品的声誉，以及用舒适的福利设施吸引高技能的劳动力。与差异化战略适配的人力资源战略强调创新、灵活性，通过从其他公路工程公司吸引新的人才更新劳动力队伍，为特立独行的人提供机会，以及加强对创造性天赋的支持（而不是打压）。

集中战略依赖于低成本的优势和差异化，其为一个狭窄的目标市场提供比其他企业所提供的更好的服务。公路工程公司或是通过更好地满足特定目标市场的需要，或是通过降低服务该目标的成本，或是两者皆有来取得差异化。可能最适合集中战略的人力资源战略将处在为低成本生产者和差异化生产者所描述的战略的中间。人力资源战略通过提高效率、降低成本来反映这种集中战略。

3. 组织个性特点

人力资源战略要有成效，必须根据组织的个性特点进行量身定做。一个组织的个性特点可以分为以下五种主要类型。

（1）将投入转化为产出的生产流程。具有比较正常的生产流程的企业往往能从强调控制（如明确的工作说明和针对岗位的培训）的人力资源战略中得益。相反的情况对于那些不具有正常的生产流程的企业也成立。这些企业从支持组织的适应性、对变化迅速做出反应和创造性决策的灵活的人力资源战略中获益，它们包括宽泛的工作分类、松散的工作计划和普通的培训。

（2）企业的市场状况。那些经历销售额的高增长率及从事旨在取得广泛的市场份额的产品创新的企业，往往从支持增长和企业家的创业活动的人力资源战略中获益。这些人力资源战略包括外部招聘（购买技能）、分权的工资决策和定制的评估。相反的情况对于那些增长率较低、产品的创新有限、市场份额注定狭窄的企业也成立。这些企业往往更多地是从强调效率和控制企业的专门知识的人力资源战略中获益。这些战略包括内部招聘（制造技能）、在职培训及高度依赖上级。

（3）企业的总的管理哲学。有些高层管理者厌恶风险，以专制的领导风格经营企业，内部的等级秩序极其严明，并且注意力集中向内而不是向外的公司，也许会发现某些人力资源实践与这一观点最匹配。在这一类企业中最经常用到的人力资源战略包括：基于年资的工资；正规地雇用新雇员并使他们社会化；由人力资源部门做出选择雇员的决定；利用自上而下的沟通渠道。与高度重视风险承担、员工参与、平等主义及一个外向的前瞻的环境导向的管理哲学相适应的人力资源战略包括：可变工资制；在做出雇用决定时让管理者起主要作用；自下而上的沟通渠道；多重投入进行绩效评估。

（4）企业的组织结构。有些人力资源战略非常适合高度正规化的组织，这些组织被划分成几个职能区域，并且由公司高层做出决策。适合这种类型企业的人力资源战略包括：强调控制、集中工资决策、明确的工作说明书、基于岗位的工资。那些组织结构不太严密的企业，将从一套完全不同的人力资源战略中获益。这些战略包括新雇员的不正规雇用和社会化、分权的工资决策、宽泛的工作分类，以及基于个人的工资。

（5）企业的组织文化。培育有创业氛围的公司将从某些支持性的人力资源战略中获益，这些人力资源战略包括松散的工作计划、非正规地雇用新雇员和社会化，以及可变的工资。那些不鼓励创业精神的公路工程公司通常喜欢强调控制具体的工作计划、正规地雇用新雇员和使他们社会化，以及固定的工资。通过大力强调道德责任，公路工程公司试图在企业和雇员之间培育一种长期的感情上的依附关系，这也与某些支持性的人力资源战略有关。这些战略包括：强调采取预防性而不是补救性的纪律去处理雇员的错误，保护雇员的利益，以明确的道德法规去监督和指导行为。那些对道德责任要求低的企业通常依赖于雇员和公司之间的权力关系。与这一导向相符合的人力资源战略包括强调用纪律或惩罚去减少雇员的错误、任意雇用及非正规的伦理标准。

4. 组织能力

一个企业的组织能力包括它的独特能力，即那些赋予企业以竞争优势的特点（如技术能力、管理制度及公司声誉）。人力资源战略在以下两方面工作中越出色，则它对公司的业绩贡献越大：①帮助公司充分利用其独特的优势或实力，同时避免弱点；②帮助企业更好地利用自己独特的人力资源技能和资产。比如，以出色的顾客服务闻名的企业，付给销售人员的报酬往往只有一部分是按照佣金，从而就减少了销售人员得罪顾客的行为和过度推销的可能性；较小的公司可以用对自己有利的薪酬方案，可以向员工支付较低的工资，但是慷慨地给员工提供股份。

5. 外部环境

战略人力资源规划的作用在于，一方面提高企业预防、控制及处理对企业或组织产生较大风险的环境力量；另一方面帮助企业或组织提升环境资源的利用率。任何一种因素都会对企业的竞争和发展，乃至该企业所处的行业的发展产生一定影响，甚至有些因素的影响更大。

对于环境的考察可以从四个维度进行：①不确定性，即组织可以利用多少精确的信息去做出恰当的经营决策；②波动性，即环境变化是否经常发生；③变化幅度；④复杂性，即环境中有多少不同的因素影响着企业，这些因素是独立还是一起影响到企业。例如，计算机和高科技行业的许多企业在上述这四个方面的程度都很高。

以上四个方面对于高端的企业，更有可能从促进灵活性、适应性、快速反应、技能的可转移性、从外部获得所需要的人才的能力，以及通过可变的报酬与雇员分担风险的人力资源战略中获得好处。相反，那些面对不确定性、波动性、变化幅度、复杂性程度低的环境的公路工程公司，则更有可能从考虑以有序、合理和日常的方式方法应付相对可预测的及稳定环境的人力资源战略中获益。

（二）人力资源规划的原则与目标

1. 人力资源规划的原则

（1）适应性原则。进行人力资源规划时，需做到充分了解内外部的环境变化、预测运营时有可能遇到的问题、制订化解风险的策略，真正服务于组织或企业发展的目标。内部的环境变化具体指组织或企业自身及员工个人的变动因素，外部的环境变化包含政治环境、经济发展、科学技术水平、相关人力资源的政策、行业的环境因素等。人力资源规划应具备战略方向，根据国家未来经济发展的方向和全球化趋势，使处于社会整体发展系统之内的组织或企业完成相应职责。

（2）人员保障性原则。预测人员的双向流动（通过持续完善员工的素质和结构，对人力资源队伍进行整体的优化）、动态监测和分析社会人力资源的供给情况、关注国家政治经济政策、员工绩效及薪酬产生的影响等。切实有效地保障人力资源供给能力，可促进其深入的发掘及管理。

（3）整合协调原则。在制订人力资源战略的过程中，规划人力资源是必不可少的一部分，具体需要处理的关系如下：整体和局部、当前和未来、必须和可能、数量与质量、速度与效益。

（4）整体利益原则。人力资源的科学规划可以助力企业发展及员工职业发展，三者之间是相互促进的关系。仅仅满足企业的发展需求，而无视员工职业生涯的规划，会在一定程度上影响企业战略发展目标的达成。为了更加科学地管理人力资源，应该加强沟通和交流，这样才能促进企业和员工共同发展。

（5）弹性发展原则。为了更加灵活地应用人力资源，需要培训员工，使之拥有专业以外的特长。例如，不仅要使各部门行政助理可以执行专业性工作的部署，而且要赋予他们其他的职责，使之能够习得专业以外的能力，推动个人发展空间的拓展与人力资源水平的提升。

2. 人力资源规划的目标

战略性是人力资源规划的一个特征，为了让企业的人力资源需求得到最大限度的满足，必须保证人力资源规划的合理性与科学性。对其目标的调整不仅要充分考虑企业员工及工作结构发生的变化，而且要考虑企业所处环境发生的改变。

人力资源规划对于员工的整体发展和企业的未来发展都要进行高度关注。人力资源规划的核心任务在一定程度上是对核心员工进行规划。一个组织或企业可以保持经济增长的重要因素就是核心员工。占总员工20%的核心员工创造的企业产值可能会达到企业总产值的80%。在注重人力资源管理的当代组织中，正是核心员工持续创造出的附加价值才使公路工程公司拥有了竞争力。

(1) 有效控制人工成本，得到和保持一定数量具备特定技能、知识结构和能力的人员。为了对人工成本进行有效的控制，需要保障企业具备相关技能和相当数量的员工。在预测中长期组织的人工成本时，人力资源规划发挥着非常重要的作用。成立不久的组织或企业，若基础职务员工人数较多，则人工成本也不高，随着时间的推移，人员职务也会不断增加，对应的人工成本随之大幅上升。

(2) 减少企业在关键技术环节对外部招聘的依赖性，确保组织对环境变化能做出适当的反应。获得人力资源及合理的安排可以促进组织或企业的持续发展壮大。当今社会，随着科学技术的不断进步，社会环境瞬息万变，社会不稳定因素加剧，因此，在合适的时机获得适量的人力资源是对人力资源规划的严峻考验。

(3) 有利于人事决策的公平、公正。人力资源规划有利于人事决策的公平、公正，将业务管理人员与职能管理人员的观点结合起来。例如，一个企业需要一名基层经理，是晋升组织内某类有经验的员工，还是从外部招聘？如果在没有确切信息的情况下，决策是难以客观的。准确的信息是至关重要的，提升内部员工有利于稳定人才，提升组织的竞争力。

(三) 人力资源的供需预测与平衡

1. 人力资源需求预测的定性预测法

(1) 经验预测法。该方法是管理人员在自己历年的经验下进行的判断，他们会根据过去的人力资源状况的变化，来对未来的人力资源需求进行预测，进而服务于组织的人员安排。这种方法比较主观，是人力资源需求预测中最简单的方法，比较适合于较稳定的小型组织。管理者因个体的不同，可能会有不同的预测，要想使预测获得更高的准确度，可以考虑应用历史记录查询和多人综合检测等方法。需要注意的是，只有在一段时间内组织的发展方向保持平稳的情况下，才能应用经验预测法。如果职务是新设的，或者有很大程度的工作方式发生变化，则不适合使用经验预测法。

（2）德尔菲法。德尔菲法，又称专家集体预测法。德尔菲法的特点包括：①多次反馈，预测过程包含的反馈必须包括几轮，最终得出趋于一致的专家意见；②专家参与，在讨论中得出最优解；③专家通过匿名的方式对自己的判断进行单独发表；④对每一轮的反馈预测结果，通过统计的方式来进行处理并得出相应判断。这种方法的缺点是花费时间较多，往往应用于中长期的人力资源预测，要想使该方法有效进行，需要遵循以下原则：①将足够的信息提供给专家，让他们的预测能够更加准确；②尽量以简单的方式提出问题，避免专家对问题产生误解和分歧；③提出专家能力范围内的问题；④不过分要求专家预测结果的精确度，但需要他们表示对结果的态度；⑤将预测对组织的重要性传达给专家和高层领导。

2. 人力资源供给预测

（1）影响企业外部人力资源供给的因素。

①地域性因素。

※企业所在地的人力资源整体状况。具体包括两点：一是该地区的人力资源比率和人口总量与该地的人力资源总量成正比关系，并对其起决定作用；二是该地区各个层次与类别的人群中能够提供的人力资源质量与数量受该地区人力资源总体构成的决定。企业外部人力资源的供给是否有效，主要取决于企业所在区域的性别比例、受教育程度和年龄、人口总数等整体劳动力资源状况。

※企业所在地对人才的吸引程度。企业所在城市及周边经济社会发展水平、自然环境、人文环境、科技环境和地方政策等对外来人才的吸引力将影响企业的外部人力资源供给。

※企业自身的吸引程度。企业性质、所属行业、企业规模、薪酬福利、企业文化等因素对外部人力资源产生重要影响，从而影响外部人力资源的供给决策。同时，拥有良好美誉度的组织，往往能够比较容易地吸引优秀人才的加盟，组织的社会声望能够给员工带来自豪感、成就感和满足感。

※个体择业心理的影响。那些具有较好的文化素养、技术能力和综合资质的人是劳动力市场比较稀有的人力资源，他们在客观上比较容易引起一些组织的注意，在主观上也比较愿意为了事业而流动。关注个体择业心理的分析，不仅能够帮助组织确定哪些类型的人可能成为组织潜在的员工，而且可以帮助组织预测哪些类型的人可能在组织中获得成功。

②全国性因素。

※经济发展的影响。经济发展对人力资源供给的影响主要表现在两个方面：一是经济发展加快，提供了更多的就业机会，增加了对人力资源的需求，出现求大于供的局面；二是经济发展放缓，就业机会减少，人力资源相对过剩，出现供大于求的局面。一般来说，失业率高的地区对外部人力资源整体供给将产生负面影响。

※国家政策法规的影响。例如，改变了劳动者法定工作时间，企业就会增设职位；国家人口迁移政策的改变能够使城乡人口的各项要素产生变化；不同的国家教育投资政策可以影响人力资源结构和素质的改变；等等。

※高等教育的规模和质量。高等教育每年向社会输送的大学毕业生的数量和质量情况，可以改变劳动力市场的供给结构，应届毕业生的综合素质与技能对组织人力资源需求的满足程度有明显的影响。

※科学技术的发展。人力资源供给预测受科技的影响主要体现在以下方面：其一，市场上掌握高科技的人才越来越多，社会的大环境决定了企业越来越需要能够掌握高科技的员工，这也促进了高科技人才在教育界中培养力度的提升；其二，在科技发展的同时，人们拥有了更多的闲暇时间去娱乐、旅行，提升了服务行业的劳动力需求。

※工会。西方的行业和企业多有工会组织，工会通过与资方的集体谈判来确定工会会员的待遇、聘用条件及与员工利益相关的问题，这些谈判结果都会上升到劳动合同的形式加以固定。劳动力的供给很大程度上受工会制度完善与否的影响。

(2) 内部人力资源供给预测方法。

①技能清单法。该预测方法是通过为每位员工建立技能档案来了解组织现有人力资源状况、预见未来人力资源供给情况。其中，记录员工技能档案的项目可以根据员工的不同类型和工作岗位的需求进行设计和调整。通常都能够用于管理人员继任计划、确定晋升人选、工作再设计、优化薪酬体系、分配特殊项目工作、分析培训需求、组织结构再造和分析不同工作岗位员工

的供应状况等。

通常来说，人力资源管理信息系统是技能清单法完成的工具。人力资源管理信息系统能够将员工的能力特征和工作经历等信息录入建立的员工技能档案库的技能清单中。这项清单应及时更新维护，保证最新动态的录入。员工技能档案的主要功能是对员工的工作能力特征和主要工作经历进行追踪记录并加以反映。员工技能档案可以体现其已有的关键能力和可供开发的潜力，这将有助于组织预测现有员工接受调配、补充工作岗位空缺可能性的大小，明确能够适应当前空缺岗位工作需要的人选。

技能清单法在网络技术和计算机发展过程中的使用越来越便捷，技能清单能够准确迅速地提供组织内可用技能的工具。技能清单法不仅能够帮助调动和晋升进行决策，而且能被应用于未来培训甚至员工的招聘工作规划。所有员工都可以作为技能清单的应用对象，当然也可以应用于部分员工，可以根据具体情况对项目进行一定的调整修改，来对员工类型的主要特征进行反映。

②人员接替模型。该模型是为了确认组织内部特定职位候选人的一种常用的和有效的方法。该模型阐明了组织内部相关职位的人员变动状况，记录了每个相关人员的工作能力、工作经历和业绩等内容，可以评价相关人员目前的工作情况及达到接替职位要求的程度。建立人员接替模型是进行人力资源内部供给预测的一项基础性工作，对各个职位任职要求的确定要充分参考职位分析信息，所选的候选人可以是一位，也可以是多位，或者是有潜力能够肩负起该职位的人。组织内部不同层级职位人员发生的任何变动都能够通过人员接替模型显示出来，如内部提升接替人员、外部招聘补充人员、具备晋升实力人员及退休和离职人员等所有人员的变动信息。

建立人员接替模型的基本过程的主要内容如下：其一，对每个职位的接替人选进行确定，考虑范围包括所有能够对岗位进行接替的人；其二，对需要考虑接替人员的职位进行确定；其三，对可接替的人员进行评价，考察其工作技巧、工作能力等现有能力是否与职位的任职需求相符合，在可接替人员内部将员工分级，级别可以分为三个，分别是能够直接接任、还需一定打磨和有待考察；其四，增强职业管理的有效性。对接替人选进行职业生涯规划构建的帮助，结合个人与组织的目标，适当培训接替人选，使之能够获得胜任职位工作的能力，顺利连接组织职位与人力资源的供给。人员接替模型通常会根据组织内部的工作性质和层级差异被分为一般人员接替模型和管理人员接替模型两类。

采用人员接替模型的方法，现有员工是最先得到评价的，并以此来分析他们是否适合调动和晋升，同时预测企业在当前的人员供给情况。此外，还能够对职位需求进行预测，找到哪些职位需要补充人员。

③马尔科夫模型。该模型是通过收集研究各类人员流动转移概率的历史数据，通过组织内部人员变动数据的规律，来对未来人员的变动趋势进行预测的方法。其基本假设是：组织内部的员工会按照一定的规律进行转移和流动，员工如果处于 $t+1$ 时刻，t 时刻状态是唯一决定员工状态的；外部因素不会影响转移的概率，转移拥有稳定的概率，有一个固定的比例，可以确定给定时期内由低岗位向高岗位的转移比例。所以，如果想对未来各种员工的数量和分布进行预测，可以参考已有各类人员流动的历史数据。这种方法对组织内部员工的流动整体形式进行了描述，对于拥有单一员工类别的组织，它能够提供人力资源供给的预测帮助；对于拥有复杂员工类别的大型组织，它也能够对人力资源的供给进行预测。

首先马尔科夫模型的可操作性、严谨性和方便性是其能够被广泛应用的主要原因。这种模型拥有明确的意义和严谨的结构，所以应用的领域十分广泛，不仅仅局限于人力资源的规划需求，也得到了大量的实例验证，是数理统计中很重要的预测模型。其次，马尔科夫模型在计算方面也具有方便性。因为根据现有组织结构的实际情况，大量组织中各类职位的人员都存在只升不降的现象，这类组织在马尔科夫模型的概率转移矩阵中就会存在大量零元素，给计算上带来很多方便。最后，马尔科夫模型的可操作性较强。要想对转移概率进行推算，只需要 $t-1$ 时刻的人员数量，而后要想对 t 时刻的人员数量进行计算，可以通过该类转入人数的计算来推算。一方面，马尔科夫模型与其他预测方法相比所需的历史数据数量较少，这使它获得了更强的可操作性。另一方面，马尔科夫模型虽然被广泛应用于许多国际性的大公司，但其估计的人员流动概率还存在一定误差，所以如果在预测人力资源供给时应用这种模型可能会获得不太精确的结果。这种模型的主要价值就是将一种内部人员流动的分析框架提供给公司。

(3) 外部人力资源供给预测方法。

①市场调查预测法。该预测方法能够有效对外部人力资源供给情况进行预测。在这一预测过程中，组织的人力资源管理人员会对相关的专业人员进行组织，来对目标劳动力市场进行预测与调查。进行这种预测，主要是为了

调查分析竞争对手的人力需求状况、外部市场中的劳动力供给状况、企业能获得人力资源的各种渠道等，进而协调企业的人力资源战略，预测未来可能发生的危机或状况。这种预测方法比较强调数据调查的客观性，分析推算已掌握的第一手信息来对人力资源未来的变化趋势与发展规律进行预测，这样的预测方法更加客观全面。

市场调查的过程是动态的，通常来说，整体过程包括调查任务与目的的明确、有效市场信息的获取和调研报告的最终得出。其具体环节如下。

第一，明确调查目标。这是市场调查非常重要的一个环节，需要调查者充分利用现有的二手资料，认真分析组织在未来一段时间内人力资源的需求，明确人力资源需求的类型和数量，尤其要关注组织内部是否拥有可满足需要的劳动力，在确定内部确实无法满足需要的情况下，明确本次调查的主要目标和任务。

第二，设计调查方案。明确了调查目标之后，还需要设计一份完整的调查方案，包括辨别所需信息的类型和可能来源、确定信息获得的方法和渠道、对调查人员进行必要的培训、预算调查费用、计划调查时间进度等。要充分利用组织的现有条件和多年的行业积累，借助成熟、有效的调查方法，避免造成资源浪费，尽可能地减少成本。

第三，收集数据信息。这是市场调查的关键环节，直接关系到预测结果的准确性和可靠性。通常在分析和掌握了一定的背景资料之后，应尽可能地与外部的有关部门，如政府的有关职能部门、相关的信息咨询中心或有关的专家取得联系，听取一些专业人士的意见。

第四，整理和分析信息。对收集的数据和信息进行整理与分析，去伪存真；通过对这些信息的分析与研究，总结出外部人力资源变化的趋势，为人力资源供给预测提供决策依据。

第五，总结调查结果。市场调查的最后一个环节是在整理与分析信息的基础上形成调查结果，必要时还要撰写一份调查研究报告，包括市场调查的目的、调查分析的过程、调查研究的结果、最后的结论与建议等，供决策层参考。

②相关因素分析预测法。能够找出对外部劳动力市场供给产生影响的各个要素，并对这些要素产生的影响与作用进行分析，进而对未来劳动力市场的发展趋势和规律进行预测，就是相关因素分析预测法。如前所述，影响劳动力市场的因素很多，概括起来主要有区域性劳动力市场影响因素和全国性

劳动力市场影响因素。区域性劳动力市场影响因素包括组织所在地的人口总量与人力资源比率、人力资源总体构成、区域经济发展水平、区域教育水平、区域优势（如交通、生活质量等）、劳动力就业价值观、同一行业劳动力的竞争力和平均价格、外地人口受区域地理位置的吸引程度、同行业的劳动力需求等；全国性劳动力市场影响因素包括高等教育规模和专业设置、经济发展态势、国家政策法规等。通过分析这些影响要素，可以对未来组织获取的外部人力资源和劳动力的可能性进行分析判断，进而将一定的判断依据提供给人力资源规划的制订者。

3. 战略人力资源供需的平衡

（1）人力资源需求和供给之间。一般来说，人力资源需求和供给之间存在四种关系，即供大于求、供不应求、结构失衡和供求平衡。结构失衡是指某类人员供不应求，而另一类人员又存在供大于求的情况。企业的人力资源状况大多数时候处于不平衡状态。在企业不同的发展阶段，其人力资源供需关系有着不一样的表现。

公路工程公司初创期至扩张期，人力资源需求旺盛，而供给则相对不足，处于供不应求的状态。企业成熟时期，人力资源会存在结构失衡的情况，一方面，在一些传统部门会出现人浮于事、人力资源供过于求的情况；另一方面，在一些新业务部门，由于所需知识和素质不断改变，需要大量具有最新知识和素质且能适应新环境的员工，而企业在这方面的供给不足，存在供不应求的情况。在衰退时期，企业绩效下降，人力资源成本成为企业的负担，而企业人力资源工作效率低下，由于多年的积累冗员过多，企业的人力资源状况表现为严重的供过于求。

在公路工程公司的各个阶段都面临着人力资源供求不平衡的问题，所以企业要努力使企业人力资源需求和供给基本相等。但是同时必须认识到，人力资源平衡工作并不只是为了实现数量上能够达到供求平衡。不仅如此，企业要在进行人力资源平衡时让人力资源有更好的利用率，尽量减少其成本，这些都是企业在完成目标的过程中必不可少的。

（2）战略人力资源供需平衡分析。平衡人力资源的供需是组织人力资源规划的最终目标，所以在对人力资源的供给需求进行预测后，就要通过比较的形式来为决策提供参考。但是，平衡仅仅是一个时刻的，而供需是一个不断变化的动态过程，所以需要不断地进行调整。

①需求和供给在总量上平衡，但在结构上不匹配。企业内部很难完全平

衡人力资源的供需，这种平衡不仅仅存在于供需的总量，还存在于结构和层次方面，这几方面的平衡很难达到统一。下面是出现结构性人力资源供需不平衡情况时应采取的措施。

第一，参考未来一段时间内组织的业务变化来对人员进行降职、调动和晋升，使空缺的职位得到弥补。

第二，针对性地培训组织内部人员，使他们能够获得更强的技能和知识来应对空缺岗位。

第三，同时进行裁员和招聘，置换组织内部人员，对一些不胜任工作的员工进行解雇，同时将企业急需的人员招聘进企业内部，对企业内部人员的结构进行调整。

②人力资源供不应求。这种问题出现得最多的组织是技术和技能要求较高的行业。解决这种问题的方法可以通过构建合理的奖励和激励机制，加强对现有员工的培训、工作再设计等方式来提高现有员工的工作满意度，增加对外界人员的吸引力。当人力资源出现供不应求时，组织的调整可以借用组织内部和外部两方面的人力资源。

在对企业内部人力资源未来可能出现的短缺状况进行预测时，为真正避免短缺情况的发生，需要对各种方案进行选择。下面是公路工程公司人力资源短缺的主要解决方法。

第一，外部招聘。从外部雇用人员需要考虑外部劳动力市场的状况。如果组织需要的劳动力种类在市场上处于过剩状态，那么获得人力资源将比较容易；相反，如果这类人员在市场上处于紧缺状态，那么获得的难度将加大。而组织能否获得它需要的人力资源，还取决于组织的实力及自身的人力资源政策。如果组织实力强大，愿意出高于市场平均价格的工资，即使在人员紧缺的情况下也可能获得组织需要的人员。另外，组织还可以采取返聘退休人员的方法。这一方法最为直接，而且人员上手时间较短。

组织在考虑从外部雇用人员时，还要考虑是选择全职人员还是兼职人员。如果需求是长期的，就可以雇用全职人员；如果需求是短期的，则可以采取雇用兼职人员或临时人员的方法。包括对退休人员的返聘，这种方法是最直接的，雇佣的形式可以是兼职，也可以是全职，这应根据企业的岗位需求来决定。企业可以通过雇佣临时工来完成一些临时性的工作。这种方法能够使人员培训和福利等方面的支出成本得到缩减，还能够使企业拥有弹性的生产规模。但是为了避免产生负面的影响，企业必须协调全职员工和临时工之间的关系。

第二，提高企业现有人员的工作效率。在供给增加方面也可以考虑对现有员工的工作效率进行提升。组织可以通过提升员工工作技能、培训员工技能、给予加薪等多样的方式来提升员工工作效率，这些方法能够让员工在更少的时间创造出更多的产品，使劳动成本大大降低。为了提高生产率，可以考虑对工作的方法和程序进行重新设计，升级生产工具与设备。

第三，延长工作时间。如果并未出现严重的短缺现象，可以在员工意愿的基础上，按照相应法规将员工的工作时间延长并给予相应的报酬，这种措施仅应用于短期的应急。

第四，降低员工流失率。员工离职会导致组织岗位出现空缺，致使组织人员短缺。组织采取相应的人力资源政策，减少员工流失率，可以保持组织现有人力资源规模，避免由于人员流失带来的人力资源供给不足。

第五，加强内部流动。当出现人员供不应求时，可以通过加强内部流动来获得人员使用上的满足。组织人员内部流动包括内部晋升和内部调用。当较高一级岗位出现人员不足时，可以晋升一些低级别的员工；当组织内部各部门之间人员配置不均时，可以采用内部调用的方式，将一些部门的富余人员调到人员短缺的工作岗位上，达到人员供给平衡。

第六，业务外包。可以将企业的有些业务外包，这实际上等于减少了对人力资源的需求。

③供大于求分析。

第一，开拓新领域或扩大规模。通过生产经营项目的上新、核心产品的开发等新的经营领域的开拓来对富余的人力资源进行吸收。

第二，撤销、合并不必要的机构，减少冗员。很大一部分企业都存在机构臃肿的问题。如果人力资源状况是供大于求，将不必要机构的合并项目撤销是首先应当考虑的办法。

第三，对过剩的员工进行技能培训。对过剩的员工进行组织，让他们学习相关的技能，可以使企业获得更强的人力资源储备，为未来企业扩大经营规模做准备。此外，被裁的员工也能够以更好的技能为筹码寻找下一份工作。对企业的员工开展轮训活动，以此来促进企业人力资本的提升；重视员工培训活动的开展，让员工的专业技能和竞争力获得显著提升。

第四，鼓励提前退休。制订提前退休激励计划，让老员工能够自愿退休，这种方式能够增加年轻员工的成长空间，同时减少老员工工资的成本。但相比之下，老员工拥有更丰富的经验，这也会给企业带来损失。如果有提前退休的老员工，则应当对他们实施一些优惠政策，如让他们能够像正常退休那样获得保险工龄的累计，如果企业有条件，还可以对他们发放一定的补助。

第五，缩短员工工作时间或实行工作分享制度。视人力资源过剩的状态，企业通常会采用这种方法。企业也可以使多名员工完成少量的工作量，并按照工作量进行工资的计算。从本质上来看，这种方法与上一种方法相同，都是对工作时间和工资水平的同时降低。

通过制订政策来使人力资源供需达到平衡的过程往往不会出现单一的供需大小差距，通常会有部门员工供求不均衡的情况出现，这一情况在高层次和低层次人员中也会出现。所以在人力资源部门或业务规划的制订过程中，需要按照具体情况进行制订，尽可能地平衡各部门人力资源的层次、数量、结构等。

（四）人力资源规划的趋势分析

多元化、网络化、灵活化、扁平化及全球化是未来企业组织的发展趋势，于是，公路工程公司在将来的人力资源管理中也要相应地改变管理目标、管理技术、管理职能及对管理人员的要求标准，战略人力资源规划也随着这些要求出现了下列发展趋势。

（1）动态性规划。企业的人员流动能够通过战略人力资源规划实现预测和管理，还可以统筹和协调好人力资源管理活动之间的关系。规划更有利于企业对人力资源需求进行预测，以便促进各个部门人力资源供求关系的均衡化发展，并最大限度地开发员工的潜能。

（2）系统性规划。企业全局成为了战略人力资源规划的重点，统筹属于企业战略的范围，同时为人力资源管理系统提供全员、全面及全过程的筹划。规划是在充分分析人力资源问题之后为企业提供一套完整的解决办法，从战略层面帮助企业提高人力资源管理水平。

（3）超前性规划。战略人力资源规划充满了前瞻性，愈加着眼于未来，超出了客观事物的发展速度，为人力资源管理带来了宏伟的愿景。

（4）跨文化性规划。战略人力资源规划开始了与企业文化的深入结合，让组织通过更强的约束力来约束规划的制订与实施，并且从战略的层面让员工充满归属感。企业经营越来越向全球化和国际化靠拢，因此，企业跨文化管理就显得尤为重要，于是文化背景差异也成为了战略人力资源规划必须充分考虑的内容。

三、公路工程公司人力资源管理

（一）人力资源管理的认知

（1）人力资源管理的内涵。人力资源管理就是要用科学的方式来管理组织的全部成员。人力资源管理要做到三点：一是让人与事之间得到完美的配合，做到知人善用，事得其人；二是让人与人之间实现良好的合作，展现团队的力量，求得共同的进步与发展；三是让每个人都能在适合自己的岗位上充分发挥优势，做出应有的贡献。

20世纪60年代末至70年代初出现了现代人力资源管理这个概念，这和传统的人事管理有很大的差别。这种管理的重点在于开发，是学习型组织常用的，可以从战略层面帮助企业，高级管理层中一定要有资深人力资源管理者的一席之地，工作上直接对接总经理。我国在20世纪90年代初才开始流行人力资源管理，而人力资源管理在当下已经实现了以人为本的理念，向着战略性道路迈进。

（2）人力资源管理的意义。现代人力资源管理的首要问题就是让企业可以更好地进行人力资源管理，其中有三个层次：第一个层次是企业生存，也就是保证企业的生产经营处于正常状态；第二个层次是企业发展，也就是为企业带来更好的业绩；第三个层次是企业强盛，这能让企业的竞争优势更为突出。

通过人力资源管理来促进企业竞争优势的发挥也是现代人力资源管理的第二个目标，主要包括以下六个方面：一是为企业带来所需的人力资源；二是为企业培养和开发好人力资源；三是为企业使用好人力资源；四是为企业协调好人力资源；五是为企业激励好人力资源；六是为企业维护好人力资源。

（3）人力资源管理的职能。获取、配置、激励、开发、评价及维护是现代人力资源管理的六个基本职能。获取指的是让人力资源符合企业各种目标的需求；配置指的是让每名员工都能够胜任自己的工作；激励指的是让员工充分发挥自身的创造能力，积极地投入工作中并且忠诚于企业；开发指的是发掘和释放员工潜在的工作能力，为企业的目标贡献力量；评价指的是从客观的角度来评价员工的个人、组织和团队业绩，找到不足之处并予以调整；维护指的是要保证员工的权利和利益，让同级员工之间、上下级之间、企业与员工之间、管理者与被管理者之间不仅存在合作的关系，而且存在良性竞争的关系。

(4) 人力资源管理的理论。企业发展的一个核心因素就是人力资源，所以企业管理中要重点关注人力资源的管理，而且这一问题一直被各个管理学派所关注。不同的人力资源管理认识形成的管理理论也各有不同，比较突出的观点包括泰勒提出的科学管理理论、行为科学理论、人本管理理论、人力资本理论及人性假设理论等。下面主要针对人力资本理论和人本管理理论展开讨论。

①人力资本理论。该理论提出资本包括两种形式：一是物质资本；二是人力资本，即和劳动者相关的技能、知识等所形成的资本。人力资本的内容包括以下五个方面。

其一，在所有的资源中，人力资源是最重要和最关键的，经济学的核心就在于人力资本理论。

其二，社会经济增长是建立在人力资本的积累之上的。

其三，人力资本积累的一个重要手段就是教育投入。人力资本投资包括五个方面：医疗保健、学校教育、社会培训、在职培训、人力资源迁移。

其四，强化人力资本投资，有助于改善国家的贫困状况、增强人口素质。

其五，市场供求关系是教育投资的依据原则，其衡量是基于人力价格的浮动而进行的。

②人本管理理论。20 世纪 30 年代诞生了人本管理理念，但是直到 20 世纪 70 年代这一理念才开始运用于企业管理中。人本管理理论是一种全新的管理思想，是和现代企业管理理论和管理思想相协调的一种理论。

人本管理顾名思义就是对人的管理。在这个理论中，最核心和最关键的因素就是人，充分展现了对人的尊重和对人力资源的开发，并积极引导员工共同价值观的形成，从而充分激发了员工的创造性和自主性，为企业预定目标的实现创造了强劲的动力。

人本管理由以下几个方面组成：一是要积极地构建以人为本的全新管理理念；二是人本管理的首要目标就是最大限度地开发人的价值；三是企业最高原则就是对员工的尊重；四是企业想要获得成功，就不能缺少对人的塑造；五是人本管理的最终目标便是让人得到全面发展；六是企业运营的前提和保障就是加强员工之间的凝聚力。

以人性为核心的人本管理的具体内容如下。

第一，树立以人为本的管理理念。人始终作为社会活动不可或缺的一部分，人在企业发展过程中也发挥着不可磨灭的作用，企业管理必须将人放在首位，在开展各项企业活动时应当始终秉持以人为本的原则，对人类本质的剖析及理解会对企业管理指导方针的确立产生深远的影响，只有坚持以人为本的基本原则，才能更好地分析人性，认清人类的本质。树立以人为本的管理理念，不仅能够推动企业的快速发展，而且能够发挥员工的主动性，为企业创造更多价值。企业的发展与每一名员工都息息相关，员工是公司发展的基础及核心动力，企业管理必须关心每一名员工的工作状况，及时解决员工所面临的问题，真正贯彻落实以人为本的企业发展观。

第二，以激励为主要方式，满足人的需要。从人本管理的层面来说，让员工积极地工作才是激励的重点。企业管理突出的以人为中心，就是要用激励和引导的方式来满足个人需求，这也是人本管理的原则。让人们根据管理和目标提出的标准行事才是激励要达到的目的。

(5) 人力资源管理模式。

①美国人力资源管理模式。该模式是在19世纪末至20世纪初期逐步形成的，它是将管理与开发融为一体的市场化、综合性、开放性的人力资源管理模式。美国人力资源管理模式的特点：注重市场调节，实施等级化和制度化的科学管理，注重刚性工资体系和劳资关系的对抗性。美国人力资源管理模式的具体内容如下。

第一，资源配置的市场化。在相对开放的美国市场中，资源的合理配置，尤其是人力资源的优化与配置，对推动市场发展而言具有重要意义。对于需求方的企业所需的各类人才，可运用市场机制，通过规范的程序招聘；至于企业的核心人才乃至高层管理者，也会通过猎头公司等专门机构去其他企业“挖掘”；企业过剩人员，则流向劳动力市场。作为供给方的员工，根据劳动力市场信息和市场方式来谋求职业。例如，委托职业中介、阅读招聘广告乃至网上求职等，通过市场来寻找就业机会。该配置的优势在于其选择流动并不是单向的，而是双向的，匹配的范围扩大到了整个社会；劣势则是组织员工缺乏足够的稳定性，从而对积累特殊人力资本带来难度。

第二，计划化、制度化和专业化。从人力资源管理的角度来看，注重管理的计划、制度及专业能够很好地展现美国文化中的理性主义。分析企业中的所有职位是人力资源管理部门的职责所在，制订岗位说明书，规定职位的工作责任、工作条件、能力要求、技术要求及对员工素质的其他要求。企业分工精细、严密，专业化程度高。采用此方式，管理工作得到了极大的简化，工作更容易上手，企业也不必为人员短缺的问题而烦恼，简单的工作模式使得招聘员工的门槛越来越低。但这种方式也存在一定的弊端，员工的工作效率及工作主动性明显有所下降，这并不利于企业的长期发展。

第三，重能力与人才快速提拔。美国企业比较看重员工的工作能力，对员工的学历、资质没有过于严格的要求。员工的工作能力越强，所承担的责任就越大，权利自然也就越大。此制度虽然能够拓宽人才的选拔渠道、吸引更多的优秀人才，让表现突出的员工能够在企业中脱颖而出，但这也会降低员工对升职加薪的渴望，进而打击员工的积极性，并且降低员工的归属感。

第四，劳资关系的对抗性。企业和员工具有不同的利益诉求，企业追求利润最大化，员工则追求高水平工资和就业的稳定性。由于劳动内容的简化、规范化、制度化，以及通过库存来保证市场的连续性，使普通员工在利益上讨价还价的能力变弱。普通员工认识到个人力量有限，就把组织工会、形成强有力的斗争力量作为保障自己利益的主要手段，而企业方往往会尽量削弱和打击工会力量。

第五，制订激励机制时侧重对人才的吸纳和保留。企业的分配制度相对灵活和有效。美国企业员工的收入差距很大，企业给予高端人才十分优厚的经济、福利条件，如赠予企业股票，提供交通、住宿补贴，提供昂贵的保险；对于没有专业技术、管理能力的员工，如工勤人员、普通雇员，企业向他们支付的薪资非常有限，甚至不高于政府规定的最低工资标准，企业一般不会给这些员工股票，他们基本不会享受到企业购买的特殊医疗保险服务。企业工资分配制度的特点是具有显性的收入和社会化的福利。企业向员工提供的收入主要包括薪金（工资）及各种保险，这两项的具体内容都由员工个人能力和对企业价值、贡献所决定，企业不负责住房和医疗等方面的福利，员工需要自行与社会房地产公司、医疗机构沟通解决。这样的分配制度非常灵活，因此，员工工作的积极性也被充分激发和调动起来。

②日本人力资源管理模式。

第一，终身雇佣制、年功序列制与企业内工会。它们构成人力资源管理模式的三大支柱。终身雇佣制指的是企业对员工的聘用会一直持续，直到其退休。员工会因为终身雇佣制而终身在企业进行劳动，这样可以增加彼此的信任感，方便信息交流。这一制度有利于塑造团队精神，创建“家族式”企业文化。年功序列制是指依据员工的年龄、工龄、经历和学历来确定工资和晋升的一种制度，其主要内涵是员工的工资待遇随员工本人的年龄和企业工龄的增长而逐年增加，在管理者的提拔使用和晋升制度中都规定了必须具备的资历。因此，企业中各层管理者的地位高低与年龄长幼之间呈现较为整齐的对应关系。年功序列制有利于稳定组织高级管理者队伍、培养各层管理人员，缓和劳资矛盾、增强员工对企业的向心力。

第二，以精神激励为主的激励方式。日本企业的激励方式以精神激励为主。无论是员工之间，还是领导与员工之间，都会有工作上的合作，彼此之间会更加信任，变得更加亲密，让企业始终充满愉快、和睦的氛围，这样可以给员工带来足够的归属感与安全感，员工会用积极的心态去面对工作。企业在管理过程中也可以让员工参与进来，这样既能够让员工充分了解企业，还能够对企业的决策提出自己的建议，让劳资向着合作的关系迈进。从物质激励的角度来看，工资可以采取弹性的制度，企业可以拿出一部分经营所获得的红利来发放工资，占工资的25%左右即可。其优势在于能够让普通职工更积极地投身到工作中，当企业出现危机时，弹性的工资成本让企业不用再通过解雇工人的方式来渡过危机；劣势在于员工会因为不高的淘汰率而安于现状，集体决策也不够果断，同时缺乏时效性。

③中国人力资源管理模式。

第一，转变观念，加强员工培训。在我国，企业应该长期进行员工培训这项工作，同时使自身得到发展。职业生涯规划应该成为员工培训的重点，而且员工培训要立足于企业的发展目标，实现内容的多样化，激发员工的潜在能力，让企业在竞争中占据更多的优势。

第二，建立合理的薪酬体系。我国企业应该用先进的人力资源投资理念来代替以往的收入分配制度，使用现代的薪酬管理方式。薪酬管理体系的构建既要立足于企业的真实情况，又要借鉴国外先进的薪酬管理制度，保证其规范性与科学性。

第三，实行合理的激励机制。我国企业应该构建符合自身情况的激励机制。从物质激励的层面来看，要在工资和福利待遇方面让员工满意，同时给予其他方面的保障。从精神激励的层面来看，企业可以构建相应的激励体系，并以此来表彰员工，让员工对企业有更高的忠诚度，充满归属感，进而积极地奉献自己。

(6) 人力资源管理发展趋势。21世纪，人类进入知识经济时代。企业既离不开知识资本，也需要人力资源来保驾护航，企业是否具备良好的核心竞争力，在很大程度上取决于人力资源所具备的价值。由此也给人力资源管理带来了更多的挑战，但也使其有了新的发展。

①更注重知识型员工的管理。在知识经济时代，人才是企业竞争的关键，而人才的重点不仅在于企业家，还在于知识创新者。知识工作系统、知识型员工及知识工作设计成为人力资源管理的三个趋势。随着科技的进步与社会经济的发展，在主要发达国家，劳动和产业结构日益向“知识密集型”转化，知识型员工所占比重越来越大。人力资源管理要关注知识型员工的特点，其重点是如何开发一个与知识型员工管理相互匹配的人力资源管理体系。

②战略地位将被进一步提升。人力资源管理部门已成为促使企业成功的关键部门，在21世纪，这种现象愈发明显。企业应该放眼于未来，在整体的发展战略中融入人力资源管理。在企业中，人力资源管理部门除了占据“战略伙伴”的位置，还应该被提升到企业发展的“战略先导”地位。监督者、经营者、创新者、支援者及适应者都是人力资源管理部门需要扮演的角色。该部门不仅要为企业带来价值，而且应该让企业拥有更多的竞争优势，具备战略性意义。人力资源部门的工作重点有两个方面：一是为企业发展战略的制订和实施出谋划策、制订方案；二是创建企业文化。

③全球化、信息化、虚拟化。

※全球化。人力资源管理的全球化主要表现在人力资源管理战略的全球化、人力资源管理者全球化和全球化企业文化建设三个方面。

※信息化。人力资源管理信息化是指基于计算机技术的发展和已开发的软件所提供的平台，借助互联网络及其资源实现对企业员工的管理。信息化的人力资源开发与管理的优势如下：提高了人力资源管理的质量和效率；降低了企业人力资源管理的成本；使人力资源管理全球化得以实现。

※虚拟化。随着信息技术的发展和专业化分工的日益完善，人力资源管理部门的各项业务存在虚拟化管理的趋势。一些公司已逐渐将相对固化和趋同性较强的人力资源管理职能外包给专营公司或专业咨询公司，将企业的优势资源进行整合，从而提高竞争力。人力资源外包的内容基本就是制订和实施培训、招聘、薪酬及福利等方面的计划，让其他公司来负责本公司的人力资源管理活动。不确定的工作量及组织内部不断发生改变的投资结构是人力资源管理外包的主要原因。

④专业化、柔性化、扁平化。

※专业化。人力资源管理专业化是指高度专业化的职能专员负责人力资

源管理的主要环节。在西方发达国家规模较大的组织机构中，分别有负责定岗、招聘、薪酬、培训、劳资关系等方面的人力资源开发与管理专员，分工的专门与细致程度一般与组织规模成正比。负责不同业务的专员需要不同的知识和技能，其知识水平的高低和经验的多寡决定了各项人力资源管理工作质量的优劣。

※柔性化。将协作、和谐、敏捷、灵活、融洽、韧性等柔性特征充分展现在人力资源管理中就是人力资源管理的柔性化。这是一种分权化管理，在这个过程中，必须保证人的尊严和独立性，要让企业员工充满归属感，不断增加凝聚力。

※扁平化。进入20世纪90年代，精简中层使组织扁平化成为一种潮流。人事协调复杂化是由办公分散化等引起的，互联网使分散化办公成为可能。但分散化办公会增加人力资源开发与管理的难度，这无疑是对人力资源开发与管理者的一种挑战。

⑤更注重企业文化、价值观念与道德修养。随着经济全球化和一体化趋势的加快，人力资源管理也正变得越来越国际化，人们常常会看到组织内部有来自不同国家和民族的员工。而这不仅会让组织内文化越来越多元，而且会产生价值观念上的矛盾。但是，知识型管理和全球网络化经营需要不同文化、不同价值观的整合与共享。

由文化和价值观引起的矛盾是需要人力资源管理部门来化解的，人力资源管理部门要保证这些来自不同国家和民族的员工能够和谐共处，一起努力完成目标。人力资源管理的任务就是正确地揭示企业价值的内涵并有力促成其传播，尊重员工个人价值并有效整合组织伦理价值。

随着人力资源管理面临的问题在数量和复杂性方面的增加，在实际工作中，道德规范方面的压力和挑战也随之增加。道德规范方面引起的根本问题是有关公平、公正、诚实和社会责任的问题。如何解决人力资源管理中的道德问题，已经成为人力资源管理中必须研究的一个重要领域。

（二）人力资源管理与组织设计探究

1. 企业组织设计

如一个人的性格一样，组织也有其鲜明的特点。这种性格称为“组织文化”，或谓之“组织氛围”。公路工程公司组织文化是组织在较长的实践过程中渐渐发展起来的，为本组织所特有，是组织成员的价值观念和行为规范的集中体现。在世界经济趋同化潮流指引下，企业应当选择一种最合适的组织结构与其战略规划相匹配，并共同创建优秀的企业文化。

（1）组织设计的基本含义。

①企业组织。

※组织。在管理学意义上，组织是指按照一定的目的和程序组成的一种权责角色结构。组织既是一组工作关系的技术系统，又是一组人与人之间关系的社会系统，是两个系统的统一。它涵盖职权、职责、负责（上下级的一种关系）和组织结构四个方面。组织具有整体性、适应性、有效沟通性和秩序性等特点。

※企业组织。它是指为了实现企业的目标，以一定的层次、规则而集合在一起的具有共同利益的社会团体。从人力资源角度看，企业组织是通过对企业经营活动、企业组织结构的设计及执行企业决策所需要的资源整合的一系列管理活动。任何一个组织结构都应具有清晰的职位层次、流畅的沟通渠道及有效的协调合作体系。

※职位。它是组织结构的基本单元，指承担一系列工作职责的某一任职者所对应的组织位置，职位与任职者是一一对应的。职位也是战略执行与承担的基点，战略的转型与组织（流程）的再造必须以职位调整与再造为实现条件。

②组织设计。它是指对组织活动和组织结构的设想计划，是将组织内的人力资源合理分配于不同的任务，并取得协调一致的战略方向。组织设计影响到工作过程中的活动、信息流及决策之间的关系。一个有效的组织结构不仅具备高效能的运作平台，而且必须具有适应环境变化能力的人员，适当的工作任务及适当的价值理念。这里的“组织结构”意义特指最能适应迅速变革的环境，又兼具组织的连贯性并保持资源整合发展的一种组织结构。

③组织 7S 理论。7S 理论包括组织的结构（structure）、制度（system）、风格（style）、人员（staff）、技巧（skill）、战略（strategy）和共同的价值观（shared values）。其中，结构、制度和战略显示管理的技术性特征；共同的价值观、技巧、人员和风格则显示管理的艺术性特征。

（2）我国公路工程公司在组织结构改革实践中的设计原则。

①目标和任务原则。企业的经营目标和战略是组织设计的服务对象，组织设计的目标是实现企业的目标。

②结合协调专业分工的原则。分工不应过于细致，而应合理，否则办事

程序和管理就会变得十分复杂。

③统一指挥原则。协调部门之间的责任在于首脑，即上层领导下层。这种组织是直线职能制，拥有最强的统一指挥性。

④结合管理层次与管理幅度。越小的管理幅度会带来越多的管理层次。反之，应当立足于有效管理的幅度，使管理层次尽可能减少。

高层管理跨距为3～6人，中层管理跨距为5～9人，低层管理跨距为7～15人。在灵活型大型组织中，从最高层到最基层，管理层次不超过6～8个。管理层次越少，表明决策越快，即意味着高层管理与基层之间的雇员关系更为密切。

⑤结合责权利原则。有机统一责权利是企业组织结构设计过程中需要注意的内容。

⑥结合分权与集权的原则。这两种权利实际上是一种上下级分工关系，分权在现代企业中占据主要地位。

⑦分设监督与执行机构原则。稳定性最强的是直线结构，而适应性最强的是矩阵结构。企业要立足于自身的实际情况来对合适的组织机构进行设计和选择。

⑧人才使用与人才发展相结合原则。优先选用组织内人才，按照使用、发展、招聘原则激励人才成长。

(3) 企业组织机构的设置。

①组织设计的重点。

※组织的目标性。立足于公司整体的经营目标，让组织内部的各个部分将能力充分发挥出来。

※组织的成长性。对公司的持续成长和业绩经营进行参考。

※组织的稳定性。组织内部的调整在公司成长的过程中是必要的，但如果对程序和权责等内容进行频繁变更，可能会削减员工的信心。

※组织的简单性。人力分配和内部协调在简单的组织内更容易进行。

※组织的弹性。以基本形态为基础，随环境条件的变化而调整。

※组织的均衡性。组织内部在拥有均衡业务量的情况下，能够更好地分工。

※指挥的统一性。如果有两名以上的主管管理同一个人，员工可能会无所适从。

※权责明确分化。工作通常会因为不明确的职责和权责而出现推诿、遗

漏和重复现象，从而导致员工失去信心。

※作业制度化。明确的制度与标准作业可减少摸索时间，提高作业效率。

②影响组织设计的主要因素。

※组织目标与任务。一个组织的愿景与使命决定其发展的空间。

※企业环境。包括宏观经济形势、政府政策及法令、行业特点、人力资源供求状况、能源问题等。在较稳定的环境下，组织采用的是较为稳定的结构（如集权型组织结构）；而快速变化的环境下，组织则采用适应性较强的弹性组织结构（如分权型组织结构）。

※现有的人力资源数量和质量及其结构也会产生重大影响。20%的核心人力资本决定整个组织的竞争力。

2. 企业组织类型与组织结构形式

组织结构是实现公路工程公司战略目标的重要保证，是为实现目标对资源的一种系统性安排。企业组织结构设计合理与否，关键是能否体现组织管理的协同性、集中性和有效性。应对企业成长环境的不同阶段，需要适时调整企业结构，以灵活应对企业现实存在情况。

（1）企业组织类型。它取决于管理层次和管理幅度。管理层次是指自上而下的层次数目，管理幅度是指每一个管理层次中直接主管管理的下级人员的人数。管理层次与管理幅度成反比。一个管理者的管理幅度是有一定限制的。管理幅度过小，会造成资源的浪费；管理幅度过大，又难以实现有效的控制。

20世纪90年代以后，大多数组织所面临的挑战就是要建立灵活的管理模式——一种相当大且复杂的具有灵敏度高、适应性强、富有创新精神的管理模式。例如，计算机及软件公司、财务金融服务公司、高新技术公司等企业。

（2）组织结构形式。

①直线制。直线型组织结构是最早形成的，其组织形式也最为精简。领导关系基于垂直系统形成，呈现由上向下的直线型，没有设置专门的职能组织机构。

适用范围：规模较小或业务活动简单、稳定的企业。

②职能制。企业组织由各级职能机构管理运营，企业组织分为多个职能机构，由行政主管向其明确管理职责和相关权限，不同的职能部门根据自身的业务范围可向下一级发出指令，下一级的行政负责人既要服从其上级行政主管的指令和指挥，同时需要接受和服从上级所有职能机构的指挥和领导。

优点：能够适应企业生产技术发展和经营管理复杂化的要求，能够发挥职能机构的专业管理作用及专业人员的专长。

缺点：易形成多头领导，命令不统一，不利于责任制的建立，容易造成生产管理秩序混乱。

③直线职能制。其基础是直线制结构，这种结构同时具备直线主管领导及主管人员下设的职能部门，分别从事职责范围内的专业管理的组织形式。

特点：直线主管领导垂直管理职能部门及其相关业务，不同级别的直线管理人员根据职责权利可以向下属员工进行直接领导和指挥，同时需承担相应的各种责任。直线主管领导参考职能管理部门提供的意见，对下级机构可以进行业务指导、提出建议，但无权向下属机构及管理人员发布命令。

④矩阵制。其组成包括各个职能部门和为了某个临时任务的完成而成立的各个项目小组，即在直线职能制基础上，再增加一种横向的领导关系。

优点：拥有较强的适应力和灵活性，部门间能够配合良好，工作进度快，可以充分发挥员工的作用。

缺点：不具备稳定的人心，临时性较强，且拥有较高的项目负责人要求。

适用范围：拥有复杂管理模式和较强创新性的企业、大型协作项目。

（3）组织模式。

第一，网络型组织。该组织共同承担风险，共享科研成果，一旦实现联盟目标，该组织自然终结。网络型组织并不具有明显的稳定性和实体性，对管理者有特别要求，包括指导技能、合作技能和关系管理技能。

网络型组织的特点：该组织只注重核心经营活动，不关心其他成员企业的问题，因而组织结构有较大的松散性；该组织善于抓住市场机会，优化资源配置，组建强大的研发团队和发挥整体经营的优势，因而具备极强的竞争能力。

第二，柔性组织。高度柔性的企业应具有扫描环境、评估市场和竞争者，在竞争之前快速完成变型和转变的能力。柔性组织要求管理者具备技术知识、跨职能经验、国际经验、协作的领导能力和自我管理的技能。

柔性结构组织紧凑密集，同时弹性灵活，属于新型的团体组织。它具体是指压缩管理层级和职能机构的数量，减少工作人员的数量，取消或压缩企业决策层和操作层间的各种中间管理层，这样企业的决策权可以实现向组织最底层延伸，企业经营效率进而提升。组织的柔性能使企业在外部环境竞争中不断调整自己的适应能力。柔性对组织而言体现的是一种特征，基于内部组织的可塑性，使组织外部形成灵活的应变能力。柔性组织结构同时具备变与不变的特征，这种新型的组织结构可以满足企业持续生存管理的需求，虽然组织架构是静态的，但具备动态的组织机构。柔性组织的优点是灵敏、迅速、效率高。

第三，专家型组织。专家型组织在众多组织模式中占据重要地位。这种形式的组织更能适应知识经济时代的发展，紧跟社会潮流，随着互联网的发展及社会科技的不断进步，开放的数字化网络平台为产业的发展奠定了坚实的基础，形成了较为完善的经济管理体系。由于市场竞争日益激烈，企业应当做到知识更新能力与技能水平高、严于律己、创造能力强、经验丰富及职业道德高尚的专家型组织。

专家型组织的特点：职务分工更加明确并逐步向专家化方向靠拢；专家职位不断增多，覆盖范围不断扩大；团队共同协作、结构紧密；队员具备扎实的基本功及专业技能；专家型队员能够享有更多优待，承担更多的责任；建立健全专家团队的管理制度，鼓励并倡导专家之间沟通交流、共同进步。

上述内容均为专家型组织的基本特征，而如何建立专家型组织也是人们热议的话题。专家团队的建立必须从以下两个方面进行考虑：一是纵向的人员组成，专家组织通常由集团管理专家、职能部门管理专家及事业单位管理专家组成，这三类不同的专家能够使组织正常运作；二是横向的人员组成，职能是横向划分的重要依据，根据职能的不同，可以将其划分为管理、营销、研发等众多部门的专家。

在建立专家组织的过程中，专家的自治权应当得到相应的保障，可以通过下列方式进行解决：其一，对领导方式进行改革，冲破传统领导方式对于创新型专家的束缚，取消一切形式的现场命令，建立相对科学、合理的现场协调方案，高度重视专家的自治权，树立明确的管理目标，采用先进的管理政策；其二，正确认识专家所创造的社会价值，给予专业型人才一定的鼓励与支持，可采取分红、入股的方式调动成员的积极性和自主性；其三，帮助每一位专家完成目标和对未来的规划，不断提升其专业水平，充分发挥不同类型人才的优势。

3. 组织发展、规划与变革

（1）组织发展。任何一个组织的发展过程都随着内部条件和外部环境的变化而采取自我完善的变化活动过程。组织就是一个有机体，要不断地适应环境的变化。外部环境变化主要有宏观经济政策、技术进步、市场竞争、社会价值观的变化等，内部环境变化主要有组织目标、人力资源素质、技术水平、人际关系及管理理念变化等。内部变化发展反映在改变员工的工作态度，充分调动他们的积极性，促进他们的凝聚力，进而提高他们的效能；外部变化发展在于组织的购并，或实体，或流水线，或注入资产等。适当的组织设计在很大程度上取决于该组织的战略。组织的存在有赖于组织的对内对外均衡，而组织均衡又经常面临被打破的威胁，这就需要组织不断地发展，在新的发展层次上达到高度动态平衡。

技术、机器设备和资金在知识经济时代已经不是组织依赖的内容，员工的经验和知识技能才是组织与外界竞争的重要武器。人力资源管理的管理者应极其重视这种变化趋势，充分发挥人力资源管理专业的影响力。由于信息技术的发展，组织的工作和管理性质发生了显著的变革。组织的长期发展需要致力于改变组织成员的工作态度，协助员工的职业生涯发展，协调好员工之间的人际关系，加强企业文化的凝聚力，从而提高组织的效能。当今的许多组织结构已变得扁平化，更多的工作任务需要团队或项目组来完成，这就需要通过以下四个方面来实现目标。

第一，敏感性训练。它是指对人的行为进行改变，是通过无领导小组的互相作用进行的。在训练中，成员处于一个相对自由的环境中，互相讨论并且有专业的行为学家加以引导，为参与者创造机会，积极探讨他们关注的议题，表达自己的观点和态度。使参与者获得更高的对他人的倾听与移情能力是敏感性训练的主要目标，此外，还应使参与者能够获得更强的包容性和处理冲突的能力，使组织结合得更加牢固。

第二，团队建设。它是指有意识地在组织中努力开发有效的自我管理的工作小组。其优势在于提高员工的积极性，提高生产率水平，增强员工的满足感，改善沟通状况，拓展工作技能，增强组织的灵活性。团队建设的目标是改进队员的协作能力，通过高强度的互助合作提高团队工作效率和工作业绩，以促进组织更好地发展。在人员配备方面，团队要选配合适的人员，而且要从资源方面给予全面的支持。例如，在相应的范围内，赋予该团队调拨人员和资源的权力，以及对工作流程进行决定的权力，组建团队的前提是要有共同的目标，达到一致的共识。在进行协同工作时，团队要安排好成员的角色及职责，做到成员间优势互补，在信息交流方面做到及时而有效。当工作目标按照预期达成后，可解散团队，由各部门抽调的人员回归各自岗位，一旦出现新的工作任务，则再组建新的团队。为了团队工作的顺利进行，所有职能部门应当给予团队相应的支持，如在机构设置方面给予一定的弹性空间，而团队成员也应当享有自由进退的权利，并且要对团队中具体人员的贡献给予合理的衡量，制订科学的奖励方式。

第三，过程咨询。它是指依靠外部咨询者帮助管理者，对其必须处理的事件形成认知、理解和行动的能力。咨询者帮助管理者更好地认识他的周围及他和其他人之间正在发生什么事，咨询者不负责解决组织中的具体问题，只帮助管理者诊断哪个过程需要改进。

第四，群体发展。它是指试图改变不同工作小组成员之间的态度、成见和观念，以此来改善群体间不协调的关系，来提升工作绩效，促进组织发展。

(2) 组织规划。它是对组织结构的一种准确定位，有助于人力资源战略的组织实施，并且可重新定位权力体系。这种定位属于一种制度范畴的安排，它是由多种因素决定的，比如宏观环境的具体情况、消费方面的需求、产业技术方面的水平、企业的具体规模、总体战略及在人力资源方面的存量等。组织规划是对组织发展或演变过程的规划。战略决定结构，但战略不是决定结构的唯一要素，还必须审慎人的因素：一方面是组织发展对人的要求；另一方面是人对组织发展的适应能力。

组织规划的主要内容如下：①对组织的基本运营模式做出规划；②结合企业的总体发展战略，对组织发展不同阶段的运营模式做出规划；③对组织在不同阶段的职能进行分组；④对组织职能的强化、减弱、增设及取消的原则做出规划，并且据此调整组织的原有职能设置；⑤对组织调整方案加以明确。

组织发展规划是一个解析层，它连接了企业发展战略及人力资源规划，只有深刻了解并掌握了组织发展的根本趋势，才能做好人力资源的整合。以万科企业股份有限公司为例，2005 年该企业提出了引起房产界瞩目的新概念，企业的发展模式由开始的“香港模式”逐步转向“美国模式”。这两种模式有着本质上的区别，对自身资源的成功整合是香港模式的追求目标，而对行业资源的成功整合是美国模式的追求目标。如果选择“美国模式”，则企业首先要打好两个基础：一是要在行业内部实行专业化的分工合作，并且这种分工必须是高水平的；二是需要资本市场保持良好的环境，并且金融衍生工具要足够丰富。万科用“万科化＝专业化＋规范化＋透明度”公式完成了万科的核心战略技能所寄寓其中的组织发展规划和人力资源规划，使之能够在不同的组织发展阶段满足战略实施的要求。今日万科的成功也是中国企业在知识经济时代下走出的一条符合中国国情的创新之路。

（3）组织变革。它是组织形态和组织管理方式的转化和改变，是为了更好地适应环境而做出的较大范围的革新。组织发展是变革的前提，而组织变革则是达到组织发展这一目的的手段。在组织的成长过程中，企业所遭遇到的最大困惑就是优秀人才的不断流失，这些无形的智慧资产是公路工程公司的重要核心价值之一。

变革就是要将传统打破。这也因此让变革充满了各种风险。企业变革能否成功，不仅直接取决于员工是否接受变革，还取决于变革是否能够和外部环境的变化相一致。

①组织变革阻力的来源。在组织变革的过程中，那些与企业无法融合的内外环境因素及影响企业可持续发展的因素（如企业文化、企业制度及员工的工作方式和习惯等）都是要改变的。公路工程公司的每个层面都会出现变革，所以企业会重新调整和分配部门与个人的利益，这时便会出现各种各样的阻力。

※个人层面。从人们的个性中就可以看出其对待组织变革是何种态度。一般具有强烈变革意识的人都勇于创新，喜欢挑战，适应能力强并且有全局意识。而那些抵触变革、不能容忍变革的人通常都比较守旧，喜欢稳定。那些缺乏主见、喜欢依赖的员工往往会在变革中无所适从。个人层面产生的阻力不仅有经济利益方面的，而且有员工的不同个性心理方面的，这些阻力的力度虽然不大，但却是组织变革阻力中的基础组成部分。

※组织层面。其有不少因素会成为变革的阻力，其中既有显性阻力（如规章制度和组织结构等），还有隐性阻力（如员工的工作习惯、企业氛围和文化等）。组织变革会重新分配和调整组织中不同部门和群体的各项利益，于是这种变革就会成为那些拥有较高地位和较大权力的人的威胁。他们会从自身利益的角度阻碍变革。此外，公路工程公司的组织结构会因为再造的业务流程而进行重组，这会重新明确权责，撤销或合并一些部门，而那些受到威胁的部门就会抵制变革。组织内的隐性阻力比显性阻力要隐蔽得多，并且在短时间内是无法攻克的。组织文化及员工所采用的工作方法早已成为了习惯。员工与组织、领导和员工之间在长时间的朝夕相处中早就有了工作上的默契，而变革则代表着改变这种早已成为习惯的工作方式和默契，所以一定会引起一些员工的抵触情绪。

②组织变革阻力产生的原因。

※企业员工在个人利益和整体利益上难以取舍。通常情况下，企业变革

就是为了最大限度地提高企业的整体利益，这和组织内部的利益主体并没有冲突，但在这个过程中要重新组合不同的利益主体，于是就触动了各主体自身的利益。这意味着员工要有全局观念，有大公无私的精神，要从整体和全局出发去考虑变革带来的益处。

※员工不明变革的意义，对变革的发动者缺乏信心。在进行组织变革时，部分员工没有意识到企业变革的紧迫程度，认为变革只会威胁到自身利益。还有的员工为了个人的利益会凭空捏造，制造流言。有的员工虽然认为变革势在必行，但却会怀疑变革的动机和变革的成败，认为变革发动者不具备达到变革目标的知识和能力。

※员工对变革的效果不确定。在实施变革时，部分员工尽管意识到了变革迫在眉睫，但却不能对变革的效果进行充分把握，他们往往会不断地猜疑变革，觉得变革的效果会与预期不符，甚至威胁到组织和个人的利益，认为变革充满了风险。他们往往会在变革中以群体的态度为自己的态度，有些人还会阻碍变革。

※员工对自己的能力产生怀疑，认为变革是对自己的一种威胁。人员和技术往往会随着企业的变革而发生改变。企业员工在每一次的变革中都会面临新的标准和要求。员工要丰富自身知识、提高自身能力来应对新科技的出现，满足变革的需求。当公路工程公司出现变革时，有些员工就会认为这是一种威胁，会损害自身利益，这些人往往没有较大的进取心，或者是企业中那些循规蹈矩的员工。

③组织变革阻力的克服。

※公路工程公司的人力资源要为组织变革服务。从员工的个性中就可以看出其对待组织变革是何种态度。首先，人才测评技术应该被企业用在招聘中，从而获得那些无惧挑战、适应能力强的员工。其次，要在组织变革时进一步培训员工，拓宽员工的知识面，提高他们的技能。最后，企业要在生产经营活动中让集体主义观念深入人心，让员工充满归属感。

※加强与员工的沟通，让员工明白变革的意义。企业决策者应在变革开始之前给员工带来一种危机感，让员工意识到必须变革，认识到变革的益处，并将一些变革的信息释放出来，为变革提前预热。在实施变革时，要将具体的方案呈现给员工，让他们充分理解并且收集各种建议，让员工成为变革的一分子。此外，企业还要加强与员工之间的沟通与交流，了解他们在心理上产生的变化，这样可以给出一定的承诺，让员工减少心理上的不安。

※适当运用激励手段。一方面，在实施变革时，企业应该让员工享受到更好的福利待遇，让他们看到变革是有希望的。另一方面，企业可以对部分员工委以重任，以减少他们的不安和顾虑，从而可以全身心地投入工作中。

※引入咨询顾问。一方面，一般都是外部专家组成的咨询顾问团队，他们具备非常专业的知识和能力。另一方面，因为是第三方来进行变革，所以会客观地指出企业中存在的各种问题，并且提出相应的解决方法。

※运用力场分析法。1951年，卢因提出了力场分析法，他的观点是变革集合了不同的力量，这些力量是均衡的，有着相反方向的作用，变革对于企业来说是动力和阻力并存的，人们要对此进行充分的分析，发现变革的切入点。

※培植企业的精神领袖。领导企业变革的若是强力型的领导者，那么就会减少变革的阻力。那些业绩出众且拥有人格魅力的人，常常是企业的精神领袖，变革也会因为他们而减小阻力。

组织变革是为了带来一个“活的公司”。在探讨公路工程公司特质时可以分为两个方面。一方面是公司的特质，主要是敏锐地感知周遭环境、广开言路、善于纳谏及认同组织。另一方面是管理者的特质，即人比资产更值得赋予价值，和员工共同学习，增强集体观念。公路工程公司应该让员工从跟随组织变革到参与组织变革，这样也能让管理者减负，不再把时间全部花在传统管理上，而是可以用于完成其他的工作。

当然，组织的变革不是随心所欲的，一定要从组织设计的原理出发，根据组织自身的内部条件和外部环境，对组织的活动和运作方式做出相应的调整，使组织的目标更明确、更符合社会发展的要求。

组织变革专家Jason提出要实现三个R。重新思考（rethink）是第一个R，主要是探索成功的因素、愿景和典范，怎样从他人的成功中让自己获得进步。重新设计（redesign）是第二个R，主要是信息回馈管道的设计及对整体工作情况和工作流程的分析等，让员工清楚自己在当下的工作表现，思考怎样才能做得更好。重建工具（restructuring tools）是第三个R，主要是员工在发挥使用者设计功能及接近顾客时所用的信息科技和自主授权，将决策权赋予员工，将良好的服务提供给现场顾客，同时为他们提供所需的服务。

④组织结构变革的类型。

※危机型变革。如外部环境突变、企业间相互兼并、管理不善等亟须组织应变。此类变革持续时间较短。

※转变型变革。如组织环境发生根本性变化，组织亟须对自己的战略、

目标及决策全盘考虑并具体实施。此类变革持续时间较长。

※发展型变革。组织为进一步提升竞争优势而采取的一系列自觉的变革措施。此类变革持续时间较长。

（三）新时期人力资源的培训与开发

1. 战略人力资源管理与人力资源培训

(1) 建立职业生涯管理反馈制度。员工职业生涯目标的设计必须有跟踪管理制度。生涯的目标是富于变化的，不同人拥有不同的适应与学习能力，预先制订的生涯目标进入职业发展的过程中会发生一定的变化。

员工制订好了生涯计划后，将会在不同的岗位中按照计划转移，转移是由低层次到高层次。员工在提升自身层次和更换岗位的过程中，需要对自身的素质进行提升。为此，企业还需要实时跟踪员工生涯计划的实施并给予相应的评价，对员工优秀的方面进行肯定和鼓励；对员工不足的方面要帮其克服并监督其改善，使员工持续前进，走向自己的生涯目标。

为员工提供一个职业生涯管理的竞聘平台，将“事业留人”的主题展现出来。公路工程公司在将生涯管理导入的过程中，不仅要良好地进行沟通互动，而且要将和谐舒适的工作环境提供给企业的各级管理部门，让员工拥有实现自我的平台。但在调配手段方面，尽量不要选择行政干预等强制手段，应当鼓励公平竞争，让员工通过自身竞争力的提升来获得持续进步。

(2) 始终保持人力资源战略与企业整体战略的协调一致。从根本上来看，公路工程公司的战略才是员工职业生涯规划的最终服务对象，所以人力资源战略管理要求必须同步于企业的整体战略，并为其服务。也可以说，企业目标是个人目标的服务对象，个人无法脱离企业的目标走向资深的职业生涯目标。员工的职业生涯目标对于企业和个人来说都是十分重要的，其内部结合了企业和个人的双重利益。所以企业要对员工的职业目标和个人特点进行协调，使两者能够和谐共处。

2. 人力资源培训与开发体系设计

时代的进步和发展让企业对人才的需求随之提高，为了满足自身对人才源源不断的需求，企业人力资源管理的重点在于开发和培训现有的人力资源。所以这也要求公路工程公司的培训开发系统更加规范化、系统化、流程化，更加有针对性。

(1) 建立培训开发体系的目的。一般来说，企业对员工进行培训、整合内部的培训资源主要参照培训开发体系开展，建立和完善规范化的培训开发体系，对企业大有裨益：推动人才培养目标的实现；让企业的培训工作得到持续性和系统性发展；保证培训管理者能够有效评估员工的培训效果。

（2）培训开发体系设计原则。

①企业战略为主导。公路工程公司设计人力资源培训开发系统是为了实现企业的战略目标，为企业近期甚至是将来人才数量和质量的需求提供保障。因此，在开发体系的具体实施步骤方面，还要从企业长远发展的角度出发来组织相关培训工作。

②按需施教、学以致用。公路工程公司的培训活动要根据员工的层次、类型和基础开展不同的培训，从而提高培训的精准度与成效。这是因为，企业的员工在学历、基础和工作类别、工作层次等方面有很大的区别，为了让他们学习到更多的新技术、新知识、新理念，企业应该分类开展培训活动，即对不同类别的员工开展不同的培训，才能真正提高他们的技能，进而共同推动企业实现战略目标。

③全员培训和重点提高相结合。员工的利益和企业的利益紧密相连，企业的发展和成功也是所有员工一起努力的结果，特别是那些具有高技术的核心人才，他们为企业做出的贡献更大。企业培训并不仅仅包括新人培训和全员普及培训，也要对企业的高层次管理人才、领导层和骨干技术人才开展培训，做到统筹兼顾。

④长期性原则。公路工程公司的培训并不会取得立竿见影的成效，而是通过培训内容一点一滴的积累对员工产生潜移默化的影响，从量变转化成质变。因此，企业要充分认识到培训是长久投资和持续投资的过程，要持之以恒才能获得更好的成效。设计培训开发体系时，要坚持以人为本的原则，用长久性和持续性的精神组织培训活动。

⑤主动参与原则。公路工程公司人力资源培训开发体系的主体是企业的全体员工，同时员工又是企业实现战略目标的具体实施者和参与者，他们对自己的工作职责、工作中存在的问题了如指掌，也更加明白自己或企业需要改进和提高的方面。因此，企业要充分调动员工的积极性和参与感，使其加入设计企业人力资源培训开发体系的过程。这样一方面能帮助解决企业发展存在的问题，推动企业的发展；另一方面能让员工参加培训的热度不断提高。

⑥严格考核和择优奖励原则。不论是大企业还是小企业，都会开展员工培训活动，但是他们取得的成效往往有很大差别，主要是因为培训方式和培

训内容对员工的吸引力不同、培训老师的质量不一样，影响最大的因素还是培训的考核和奖励方式。如果将奖励和考核融合到一起，那么员工会十分愿意参加培训，如果严格考核，则员工会用端正的态度参与培训；如果没有考核或考核比较简单，则员工也不会认真参与。

⑦投资效益原则。人力资源培训开发体系的建设本质上是企业的一项长期投资，投资的产品是目前企业拥有的人力资源，与其他产品投资类似，企业对人力资源进行投资，利用培训的方式不断提高员工的专业能力，让他们为企业创造更多价值，这才是培训的最终目的。此外，还要依据企业的战略目的，不断调整培训方式和培训内容，争取实现培训效果的最大化。

第二节　公路工程检测专业技术人才的激励方法

随着现代交通运输业的快速发展和人们出行对公路质量标准要求的不断提高，公路工程检测岗位不仅人才出现了巨大的缺口，而且对专业技术人才的检测职业能力也提出了更高的要求。“公路工程检测企业的员工适岗期过长，降低了工作效率，对企业发展也必然会有所制约。如何通过培训，让新员工在最短的时间内由社会人转变为公司职业人，迅速适应本职工作，也是企业普遍关心和迫切需要解决的问题。”①

当前，在公路建设一线从事公路工程检测技术的人员大都未受过系统的专业训练，其中大部分是从公路工程相关岗位上抽调的技术人员，缺乏对检测理论、新方法和新技术的全面掌握与综合应用，无法满足目前公路建设持续发展和进一步提高建设质量的需求。高等职业教育作为高等教育的一种类型，为了培养出熟练掌握常规试验检测技术，满足生产、建设、管理、服务第一线需要的高素质技术技能型人才，需要不断改革试验检测人才培养模式，高度重视校企深度合作，有效提高学生的专业能力和职业素养。

一、“专业＋企业”技术人才培养模式

加强职业院校和实训基地建设，培养造就一大批具有精湛技艺的高技能型人才，“职业教育要以服务为宗旨，以就业为导向”，推进教育教学改革，

① 张信，何向红．高职公路工程检测专业“产教融合”人才培养模式调查研究［J］．职业教育（中旬刊），2015（11）：40-43，46.

实行工学结合、校企合作、顶岗实习的人才培养模式。

“工学结合”是指学校在课程教育设置中，为了培养学生的综合能力素质，以学习与工作交替进行为主流教育模式。教育人才培养模式决定着高等职业教育人才的培养规格和类型，创新人才培养模式是解决教育人才培养的必由之路，构建“专业＋企业”技术人才培养模式是培养公路工程检测技术高素质技术技能型人才的内在需求和必然选择。

“专业＋企业”公路工程检测技术人才培养具体有以下两种模式。

第一，专业＋校外企业。通过教师和学生参与到企业具体项目建设中，使教师能力素质明显提升，“双师”素质教师队伍得到加强；为学生的顶岗实习搭建广阔的平台，使学生有条件接受一定的职业训练，获得一定的工作经历。

第二，专业＋校办企业。该种专业建设模式是在国家大力发展教育的背景下，在高职学院建设过程中形成的一种新型的专业建设模式。与校办企业形成以专业带产业、以产业促专业，促进专业和企业双方资源共享。通过专业与企业之间在人才培养、教学改革、技术服务等方面展开全方位的合作，使得专业与企业之间达到“产学合作育人”的良好效果。

二、“专业＋企业”技术人才培养模式的创新

(1) 推行人才共育运行机制，推进合作办学、合作育人。在“专业＋企业”合作培养模式下，构建“2 年校内、1 年在企业参加工程建设项目顶岗实习”的“2＋1”3 阶段和 4 个紧密配合的工学结合人才培养模式。

①“1 阶段”。在实际工程项目中参加顶岗实习锻炼；采用灵活适用的考核与评价模式，实现三年“全程式”实施工学结合，使“校企合作教育‘2＋1’人才培养模式”得到进一步深化和完善。

②“2 阶段”。熟练掌握公路工程项目建设过程中岗位需求的核心能力。

③“3 阶段”。其模式为学校教学、学生的学习与职业定位、企业员工需求与要求在具体企业背景、企业环境和具体工作任务中找到有机结合。

④4 个“紧密配合”。即项目建设过程与教学过程紧密配合；知识、技能与素质培养紧密配合；教、学、做紧密配合；学校与企业紧密配合。在完成工程项目建设的同时完成教学目标，实现工程建设项目过程与教学过程的有机结合，真正达到“教、学、做”一体化。

(2) 推行过程共管交流机制，推进资源共享、协同发展，以校办企业、工程建设项目建设为重点，加强校内外实训实习基地建设。利用省级财政项

目投资，以“贴近企业、贴近项目、贴近工艺”的“3贴近”进行校内实训场地和硬件建设。与省内外多家企业建立长期的合作关系，共建集教学、生产、科研、服务于一体的校内外高水平实训基地，及时了解合作实训企业的相关情况，面向企业提供“订单式”人才培养，提供技术服务。

（3）推行责任共担推动机制，推进合作就业、合作发展，共同探索制订人才培养方案，开发适应职业岗位能力课程和教学资源，构建“职业基本能力和素质、职业核心能力、职业岗位能力、职业拓展能力”的课程体系，以“基本能力、专业能力、创新能力”实训任务策略进行综合实训。建立全面、系统、科学的工作绩效考核与评价机制，邀请项目建设单位人员和教师同时参与教学全过程与教学效果考核，实现考核和质量管理主体多元化。

（4）推行成果共享激励机制，推进优势互补、合作共赢。通过“重点工程挂职，校办企业轮岗，行业企业服务，职业教育培训”等举措，建设以校企互聘互兼的“双师型”优秀教学团队；同时将生产一线的新技术、新工艺、新材料引入教学，达到三方共赢的局面。

①企业方面。在“专业＋企业”合作中，企业的管理水平和效率得到显著提升；人才资源得到保证，人才招聘与培训成本大大降低；在职员工素质得到提高。

②学校方面。“在人才需求调研的基础上，围绕能力培养，按照公路工程检测工作岗位任务要求，校企合作双元教育思路，把职业道德、职业标准融入学习目标、学习内容中。”[①] 人才培养方案不断得到优化，实训实习条件得到明显改善，师资队伍水平整体得到提高，人才培养水平得到有效提升，服务行业能力取得显著成效。

③学生方面。理论与实践充分结合，专业素质和专业能力不断提升；能够获得企业提供的奖助学金和顶岗工作工资收入，大大减轻家庭经济负担；感受企业文化，培养了学生的人生观、价值观，学生的职业适应性明显提升，为实现高质量就业奠定了坚实基础。

三、“专业＋企业”技术人才培养模式的优化

（1）为专业教学提供真实的工作环境。构建“专业＋企业”人才培养模式后，专业核心课程可以直接在校办企业、校外实训基地建设项目的具体工

① 韦莹，仇益梅．高职公路工程检测技术专业“双元制”人才培养模式的创新［J］．广西教育，2016（39）：97-98.

作岗位上进行授课，有效实现理论与实践的无缝对接，大大提高了专业核心课程的教学效果，实现了工学结合、校企合作的培养模式。

（2）为专业设置提供坚实的实践基础。按照岗位能力需求，工学结合重新构建课程体系，以学校教育与企业培养交替式、素质教育与职业培养渗透式、技术教育与技能培养并进式为指导制订和优化人才培养方案，构建符合企业需求的课程体系，真正实现“项目导向、工作任务驱动”下的模块化教学。

（3）为师资培养提供良好的发展机遇。教师在全面参与项目建设过程中、在工程项目进行教学过程中、在合作开发课程与教材过程中教学能力不断得到提高；同时企业一线专家参与到学生实践指导中，使教师理论与实践能力明显提升。“专业＋企业”技术人才培养模式为实现建立“双师型”和“专家型”教师队伍提供了良好的发展机遇，为建成一支工程经验丰富、社会服务能力突出的双师型教学团队提供有力保障。

（4）为人才培养搭建广阔的学习平台。依托学校建立的职教集团，邀请省内外行业、企业专家进行人才培养探讨，为公路工程检测人才培养定位与课程设置提供有力依据；邀请省内外行业专家为公路工程检测技术实践担任指导教师，并开展“公路工程检测新技术”等讲座与研讨，为师生了解行业、学习专业、提升认识等搭建了更为广阔的学习平台。另外通过推行“师徒制”等教学方法，极大地提高了学生的学习兴趣，破解了教师难教、学生厌学的顽疾。

“专业＋企业”公路工程检测技术人才培养模式的构建，实现了学校与公路工程检测企业之间产教深度融合，达到了“产学合作育人才”的良好效果，是一种具有良好借鉴意义的人才培养模式。但完善人才培养模式是一个复杂的系统工程，为了更好地对我国高等职业教育的改革与发展起到良好的促进作用，更好地培养人才强国下的高素质技能型人才，仍需要在实践中不断探索、总结、推广和提高。

第三节　公路工程检测专业技术人才激励优化设计

一、薪酬激励

（一）薪酬的含义

薪酬由薪和酬组成。古人云：“大者可析，谓之薪；小者合束，谓之柴。”薪是生活必需品的代名词，即代表一种物质价值。而酬乃劝酒也，“先自饮，乃饮宾，为酬”，即代表交互性，所谓有来有往、以心换心。

薪是指个人付出劳动之后得到的货币化回报，表示工资、薪资，是一种物质化的报酬，主要包括资金、分红、物资福利和工资，可以用一定的数量和数据对薪资进行衡量。例如，逢年过节给员工发点儿花生油、米等物资。

酬是一种精神上的回报，表示报答、感谢、酬谢等，是指非货币化的酬劳，如福利、上升空间、成就等，主要指对人们心理和精神方面的满足，它包括许多内容，包含所有的非经济报酬，其中包括公众认可、社会地位、发展机会和舒适的工作环境等。此外，还有像员工生日宴会、员工旅游和关心爱护等情感。

薪和酬是关系紧密、相互依存的两个面，就同硬币的正、反两面一样，是同时存在的。如果只有薪没有酬，员工和企业之间就只有金钱和利益，而没有理想和情感，那么员工对企业几乎不存在归属感；如果只有酬没有薪，只有理想，不存在金钱和利益的回报，那么员工也不可能生存下去。简而言之，薪表示钱，酬是心理上的满足，要么在获取员工价值后给予钱，要么给予其他精神方面的满足，若能把两者结合起来，那么所得到的劳动将更加高效。

（二）薪酬的组成

薪酬由工资、奖金和福利三个部分组成。

（1）工资。它是薪酬中的固定部分（不包括福利和津贴），代表一个工作的职位价值，不代表职位任职者的实际工资。1951 年，国际劳工组织大会正式讨论通过同工同酬公约，在我国的劳动法中，也对同工同酬的分配方法和原则进行了规定，具有法律效力。

（2）奖金。它指支付给职工的超额劳动报酬和增收节支的劳动报酬，衡量标准是绩效考核分数。这是薪酬中的第二部分。一般来说，奖金是企业给予员工工资之外的奖励，它不一定是货币化的奖励，也包括休假、旅游、商品折扣、购物卡等。奖金是避免吃大锅饭的最好形式，它反映了员工的现实价值。雇员在现代的人力资源管理观念中被认为具有双重属性：①商品属性，作为企业的雇员，企业给予相应的酬劳购买他的劳动力；②他在人力资本中也占有一定份额，并且能从资本利润中分一杯羹。如此看来，现代的雇员获得的收入不仅有企业雇佣劳动力的薪资收入，还有资本利润的收入。资本性的收益是以奖金的形式体现的，包括短期和长期激励。

奖金和工资比较起来，工资是稳定的、刚性的，但是奖金却是变动的、灵活的。基于结果的绩效考核分数往往不完全等于员工的实际能力，其中有误差和运气的成分。但是如果员工业绩非常优异而且通过业绩可以确信员工能力有某种程度提高的话，就可以给予员工一定程度“永久的奖励”，这种根据员工的实际工作绩效确定的基本薪酬增长称为绩效加薪。

(3) 福利。它的支付是固定不变的。福利包括法定福利和非法定福利。员工从企业获得的除法定福利之外的其他商业福利称为动态薪酬。这种薪酬是国外企业支付给员工的，主要包括带薪休假、帮助危重家属的计划、养老医疗保险、赡养父母的开支和托儿服务等。这些福利和上文中提到的薪酬是企业雇佣劳动力支付的所有薪酬。

从狭义的角度看，工资、奖金、福利基本上等同于薪酬，但是金钱不是万能的。钱可以买到房屋，但不可以买到一个家；钱可以买到钟表，但不可以买到时间；钱可以买到一张床，但不可以买到充足的睡眠；钱可以买到书，但不可以买到知识；钱可以买到医疗服务，但不可以买到健康；钱可以买到地位，但不可以买到尊贵；钱可以买到血液，但不可以买到生命。人们往往用金钱的数量来衡量一个人才的层次，可在实际情况中，面临一样的工资水平，有些企业让员工尽心尽力，发挥自己的能力做好工作，并且帮助员工不断提升自己；有些企业的员工无心工作，只想离职，就算留在企业也很难发挥作用。这样看来，薪酬并不是工资的高低、薪水的多少，另外一部分重要内容是精神激励。从广义的角度看，薪酬不局限于货币化的薪酬福利，其中加入了赞扬、地位、学习机会、雇佣安全与挑战性工作的机会等内容。

（三）薪酬的激励作用

薪酬的激励作用，可以实行岗位绩效工资制度，岗位绩效工资由岗位工资、奖金和津贴补助三部分组成。其中，岗位工资为基本工资，实行“一岗一薪”，岗位不变则基本工资也不变，每月的月薪中发放100%的部分。奖金主要由年终奖和总经理特别奖两部分构成，年终奖由上级单位核定发放，一般增发10个月或12个月工资总额的奖励，发放标准是公司全年安全平稳发展，没有重大质量事故；总经理特别奖是由公司总经理按照员工在该年度有无特殊贡献或表现而给予的特殊奖金，发放标准受到总经理个人判断的主观性很强。津贴补助主要指高原地区艰苦作业补助、误餐补贴、加班补贴等，用于鼓励优秀人才多劳多得。

二、晋升激励

专业技术人才晋升激励主要是职务的晋升，即专业技术人才努力工作与学习，提高自身的业务能力水平，以此引起业绩贡献和岗位表现的变化。同时，该变化满足公司较高岗位的要求，并得到公司主要领导的认可，被选拔聘任为公司一定的职务，以此所带来个人收入和福利的增长。

在企业新组建之初，可以每年提拔具有多年管理经验和业务经验的专业技术人才担任一定的职务，如公司副总经理和总工程师、公司总部机关各职能部门经理和副经理等。他们除了担任公路检测的技术测算和监管等业务工作，还可以兼任一定的领导职务。这种专业技术人才叫作“复合型”的专业技术人才。提拔优秀专业技术人才的制度可以在一定程度上调动人才的积极性。

三、福利保障激励

（一）员工福利

福利很难用客观标准来衡量，这也是这种长期投资在管理上的难处。企业福利政策的制订既要立足于经营策略，又要让员工在福利政策的驱使下不断创造出更好的业绩，否则福利就无法对员工发挥激励作用，甚至还会让员工安于现状、不思进取。福利在企业处理和员工的关系中至关重要，于企业而言，一方面，企业要用更好的福利待遇让员工留下来，不断创造价值；另一方面，企业制订福利要以企业的营业额和利润为基础，在成本控制的前提下给予员工更好的福利。

总之，企业支付给员工的总薪酬中，福利是主要内容。薪酬关乎企业所建立和设定的福利政策体系，这个体系的完善需要经过漫长的时间。同时，企业要根据自身发展所处阶段的差异，让福利项目有所增加和削减。此外，企业管理者的理念对员工的福利待遇有很大的影响。

1. 福利的概念

福利制度有助于制订有竞争力的总薪酬组合中的条款，可以提供福利满足员工安全方面的需求及满足员工有时提出的特殊经济支援的要求。因此，可以论证这些福利是人道组织中的一部分，也是为了提高员工对组织的承诺而提供了一种可以通过征税产生效率的报酬方法。

一般来说，员工的劳动福利就是指福利待遇，它属于薪酬中不可缺少的一部分，是企业向劳动者提供工资和奖金等基本生活需求之外的劳动报酬，如服务、货币及实物等，是对工资和奖金的一种额外补充。

现代企业员工福利待遇的组成主要有两个部分。一是国家法律法规规定的强制性福利，也就是企业必须给予员工的福利待遇。体现在我国就是企业要按照国家劳动法律法规为员工缴纳养老保险、失业保险、医疗保险、生育保险及工伤保险等各种社会保险。二是非法定福利，也就是企业自愿提供的福利，是企业从自身出发并且结合员工的需求，将带薪休假、实物、补充保障计划及服务提供给员工，如免费工作餐、交通补贴、住房补贴等。

如今市场环境越来越开放，企业和员工之间存在双向选择的关系。企业要想在市场竞争中获得更大的优势，就必须拥有更多的人才。为了吸引所需的人才，企业必须创造出更好的薪资条件和工作环境，才能留住人才、吸引人才。通常来说，企业对劳动者的吸引力包括工资、奖金、工作环境、福利待遇、工作岗位、企业发展等。企业要主动为员工创造良好的工作环境和福利待遇（如职工食堂、免费午餐、休闲娱乐设施等），还要安排带薪休假、团建活动等，增加员工交流互动的机会，提高员工的身体素质，使他们能更好地投入工作，这些都不是工资、金钱可以衡量的。

在每名员工心中，企业制订的福利政策体系应该包括多方面内容，满足他们各个方面的需求，这样他们才会在企业中充分发挥自己的作用，为企业创造更多价值。这些需求有基本的安全、提供保护的需求，如医疗保险、退休金、抚恤金、公费疗养、因工伤残津贴等；经济生活方面的需求，如工作餐、住房租房津贴、工作交通补贴、加班费等；社交休闲的需求，如企业团建、带薪休假和集体旅游活动等。

2. 员工福利的意义

对企业而言，员工福利的战略意义主要表现在以下六个方面。

（1）吸引优秀员工。组织的发展离不开优秀员工。以往的观点是优秀员工会被高工资所吸引，但现在有不少企业家都意识到，相比于高工资，优秀员工更容易被良好的福利所吸引。

（2）提高员工的士气与干劲。良好的福利会让员工全身心地投入工作中，免除后顾之忧，让员工的工作热情高涨。

（3）提高员工对组织的忠诚度，降低流动率。组织会因为频繁的员工流动而遭受损失，但员工也许会因为良好的福利而放弃流动的想法。

(4) 激励员工。员工会因为良好的福利而愈发地对工作满意，于是积极主动地为实现组织目标而共同努力。

(5) 凝聚员工。在构成组织凝聚力的众多因素中，良好的福利是必不可少的因素，因为这能够将高层管理者以人为中心的观念展现出来。

(6) 提高企业的投资回报率。良好的福利不仅能够让员工享受到很好的待遇，而且会让员工给予企业更多的回馈。

总之，员工会因为良好的福利待遇而积极地投入工作，并有利于企业凝聚力的产生，促进企业竞争力的产生，此外还能够让企业给员工留下一个良好的印象。企业吸引人才的一个有效途径就是高薪，但是想要留住人才，还是要依靠良好的福利待遇。

我国仍有大部分人选择国有企业，因为其福利待遇良好又健全。稳定是国有企业福利待遇的一大特征，每项福利制度既完善又到位，退休金也较高，而且近些年的国民经济有了快速的增长。相反的，私企虽然薪资水平高，可以在初期吸引不少的优秀人才，但由于福利一般，也会出现留不住人才的状况。灵活的制度既是私企的优势，也是其劣势，它保证了私企的活力，但其制度不够完善，员工得不到稳定、丰厚的福利，会缺乏应有的安全感。

当员工福利政策缺乏公平和合理性时，不仅无法激励员工，不能让企业有更好的凝聚力，反而会产生破坏作用，影响员工对企业的忠诚性，同时消极怠工。例如，给公司高层配豪车或是给新入职的没有业绩的员工配房等，都会让其他员工产生想法。

（二）福利保障制度

企业可以实行国家强制性福利保障制度与公司内部福利保障制度相结合的办法。强制性福利保障制度包括国家要求的公共福利制度、医疗保障制度、离退休制度、假期制度、社会保险制度等。另外，还可以制订以下福利保障制度。

(1) 节假日慰问费。这一般是党委和工会关心专业技术人才生活的一种常用方式，可以在每年的节假日发放。

(2) 年休假。专业技术人才可以根据自己参加工作的年限申请年休假，也就是参加工作以来的累计年数和每年休假天数成正比。例如，参加工作 5 年的可以休假 5 天，参加工作 15 年的可以休假 15 天。这种年休假是带薪休假，休假对工资和年终绩效没有任何影响。

第五章　公路工程检测技术创新与应用

第一节　无机结合料稳定材料试验检测技术

采用一定的技术措施，在粉碎的或原来松散的土中掺入适量的无机结合料（如水泥、石灰等）和水，经拌合均匀、压实及养生后，得到一种强度或耐久性符合规定要求的复合混合料，称之为无机结合料稳定材料，又称无机结合料稳定土。

一、无机结合料稳定土的类别划分

（一）依据无机结合料的种类划分

按照无机结合料的种类不同，混合料可分为石灰稳定土类、水泥稳定土类、综合稳定土类、石灰工业废渣稳定土类等。

（1）石灰稳定土类。用石灰（消石灰粉或磨细生石灰粉）稳定各类土而得到的混合料。

（2）水泥稳定土类。用水泥稳定各类土而得到的混合料。

（3）综合稳定土类。同时用石灰和水泥稳定某种土而得到的混合料。

（4）石灰工业废渣稳定土类。用石灰稳定工业废渣或稳定工业废渣与某种土的混合物而得到的混合料。其中，按照稳定土是否含有活性材料（粉煤灰），可分为石灰粉煤灰稳定土类（用石灰粉煤灰稳定工业废渣或某种土的混合物而得到的混合料）和石灰其他废渣稳定土类（用石灰废渣稳定某种土或工业废渣与某种土的混合物而得到的混合料）。

（二）依据土的粒径大小和组成划分

依据土的粒径大小和组成，混合料可分为无机结合料稳定土和无机结合料稳定粒料两类。

（1）无机结合料稳定土。用无机结合料稳定细粒土混合得到的混合料，如石灰土、水泥土、石灰粉煤灰土（简称二灰土）等。

（2）无机结合料稳定粒料。用无机结合料稳定中粒土或粗粒土等混合得到的混合料。其中，按照粒料种类不同可分为两类。一类是无机结合料稳定沙砾，用无机结合料稳定中粒土或粗粒土，与天然沙砾或级配沙砾（沙砾中无土）等混合所得到的混合料。常见的有石灰土沙砾、水泥沙砾、石灰粉煤灰沙砾（简称二灰沙砾）与石灰煤渣沙砾等。另一类是无机结合料稳定碎石，用无机结合料稳定中粒土或粗粒土，与天然碎石土或级配碎石（包括未筛分碎石）等混合所得到的混合料。常见的有石灰碎石土、石灰土碎石、水泥碎石、石灰粉煤灰碎石（简称二灰碎石）与石灰煤渣碎石等。

二、无机结合料稳定土的组成材料

为了保证无机结合料稳定土具有良好的技术性能和使用品质，必须正确选用原材料。

（一）无机结合料

目前，无机结合料最常用的有水泥和石灰（消石灰粉或磨细生石灰粉），它们是稳定土强度形成的主要来源，又是组成材料中价格最贵的。正确的选择原则是，既要满足工程质量的要求，又要满足经济性的要求。

（1）水泥。普通硅酸盐水泥、矿渣硅酸盐水泥和火山灰质硅酸盐水泥都可用于稳定土。为了满足施工操作工艺过程的需要，应选用初凝时间为 3 h 以上和终凝时间较长（宜在 6 h 以上）的水泥。快硬水泥、早强水泥及受潮变质的水泥不得使用。宜采用强度等级较低的水泥，如 32.5 级或 42.5 级。

（2）石灰。各种化学组成的石灰均可用于稳定土，但石灰质量应符合合格品以上标准。石灰放置时间过久，其有效钙和有效镁的含量会有很大损失，因此，要尽量缩短石灰的存放时间。如需存放较长时间，应采用覆盖封存措施以妥善保管，一般最好在生产后 3 个月内使用。对于等级低于合格品标准的等外石灰及贝壳石灰或珊瑚石灰，可适量增加剂量，经试验其无侧限抗压强度必须满足要求。对于高速公路和一级公路，为了获得很好的稳定效果，通常采用磨细生石灰粉。

（二）土质

对土的一般要求是易于粉碎，满足一定的级配要求，便于成形。

（1）液塑限与塑性指数。水泥稳定类，土的液塑限不宜超过 25%，塑性指数不宜超过 16；用水泥稳定粒径较均匀的砂类，难于碾压，可在砂中掺入少量塑性指数小于 10 的黏质土或石灰土；二灰稳定类，土的塑性指数为 12～20；石灰稳定类，土的塑性指数为 15～20。

（2）颗粒组成。用作基层时，粒料的最大粒径不应超过 31.5 mm；用作底基层时，粒料的最大粒径不应超过 53 mm。最大粒径太大，拌合、摊铺、压实均有困难时，表面平整度也难达到要求；最大粒径太小，则动稳性不足且投资增加。水泥稳定类材料用作底基层时，土的不均匀系数应大于 5。在实际工程中，不均匀系数宜大于 10。（不均匀系数指通过率为 60%的筛孔尺寸与通过率为 10%的筛孔尺寸的比值。）

（3）压碎值。稳定土所用的碎石、砾石应具有一定的抗压碎能力。二级和二级以下公路的粒料压碎值应不大于 35%；高速公路和一级公路的粒料压碎值应不大于 30%。

（4）硫酸盐与有机质。水泥稳定类，有机质质量分数应不大于 2%，硫酸盐质量分数应不大于 0.25%；有机质质量分数超过 2%及塑性指数偏高的土，不应单用水泥稳定，若需采用这种土，必须先用石灰进行处理后，方可用水泥稳定。石灰及二灰稳定类所用土的有机质质量分数不应超过 10%，硫酸盐质量分数不应超过 0.8%。

（三）工业废料

（1）活性材料——粉煤灰。在粉煤灰中，SiO_2，Al_2O_3，Fe_2O_3的总质量分数应大于 70%，粉煤灰的烧失量不应超过 20%，粉煤灰的比表面积宜大于 2500 cm^2/g。干粉煤灰和湿粉煤灰都可以使用。干粉煤灰若堆在空地上，应加水湿润，防止其飞扬造成污染；湿粉煤灰中水的质量分数不宜超过 35%。使用前应将凝固的粉煤灰块打碎或过筛，同时清除有害杂质。

（2）煤渣。它是煤经锅炉燃烧后所得到的残渣，其主要成分是 SiO_2，Al_2O_3。一般要求所使用煤渣的最大粒径应不大于 30 mm，颗粒组成有一定级配，且不含杂质。

三、无机结合料稳定土的技术性质

（一）抗压强度

1. 石灰土强度的影响因素

（1）石灰的品质。石灰的品种和等级不同，其稳定效果不同。各种化学组成的石灰均可用于稳定土。在剂量不大的情况下，钙质石灰稳定土比镁质石灰稳定土的初期强度高，但镁质石灰稳定土的后期效果并不比钙质石灰稳定土差，尤其是在剂量较大时，还优于钙质石灰稳定土。石灰的等级越高，其活性 CaO 和 MgO 的含量越大，稳定效果越好。在相同剂量下，石灰细度越大，其比表面积越大，石灰与土粒的作用越充分，反应进行得越快，因而稳定效果越好。

（2）石灰的剂量。它是指石灰稳定土中石灰的质量占全部粗细土（即砾石、砂粒、粉粒和黏粒）干质量的百分率。其测定方法有 EDTA 滴定法和直接式测钙仪法。石灰的剂量对石灰稳定土强度的影响显著，石灰剂量较低（小于 4%）时，石灰主要起稳定作用，使土的塑性、膨胀性、吸水性降低，具有一定的水稳定性。随着石灰剂量的增加，石灰稳定土的强度和稳定性均提高。但当石灰剂量超过一定范围时，过多石灰在土中以自由灰形式存在，将导致稳定土的强度反而下降。因此，石灰稳定土中石灰土强度同石灰剂量的关系之间存在一个最佳剂量，其最佳剂量随土质不同而异，也与养生龄期有关。在生产实践中，最佳剂量的选用范围，对于黏性土及粉性土为 8%～16%，对于砂性土则为 10%～18%。

（3）土质。各种成因的亚砂土、亚黏土、粉质土和黏质土都可以用石灰来稳定。一般来说，黏质土颗粒的活性强，比表面积大，其稳定效果显著，强度高。粉质土早期强度较低，后期强度可以满足行车要求。粉质黏土的稳定效果较好。

（4）含水量。水是石灰土的重要组成部分，它能促使石灰土发生物理化学变化，形成强度，施工过程中便于土的粉碎、拌合及压实，并且有利于养生。不同土质的石灰土具有不同的最佳含水量，需要通过重型击实试验来确定。

（5）密实度。石灰土的密实度增加，其强度也会增加，水稳性和抗冻性也会提高，缩裂现象会减少。

(6) 石灰土的龄期。石灰土的强度随龄期增长而增长。一般初期强度低，前期（1～2个月）强度增长率较后期快，半年时的强度均为1个月时的1倍以上，并随时间增长趋于稳定。

(7) 养生条件。养生条件不同，石灰土的强度形成差异很大。气温高时，物理化学作用强，强度增长快；气温低时，强度增长缓慢，在负温度下强度甚至不增长。养生时，在潮湿条件下养生比在一般空气中养生强度高。

2. 水泥土强度的影响因素

(1) 水泥的剂量。水泥稳定土的强度随着水泥剂量的增加而增长。过多使用水泥虽然获得强度增加，但也使温缩和干缩现象增多，在经济上也不一定合理。考虑到水泥稳定土的抗温缩、抗干缩及经济性，应尽可能降低水泥的剂量。水泥的剂量控制在5%～10%较为合理。

(2) 土质。用水泥稳定级配良好的土，既可节约水泥，又可取得满意的稳定效果。稳定效果最好的是级配良好的碎（砾）石和沙砾，其次是砂性土，再次是粉性土和黏性土。对于重黏土，由于难以粉碎和拌合，不适宜用水泥稳定。

(3) 含水量。使混合料含水量达到最佳含水量的同时，也要满足水泥完全水化水解的需要。一般水泥正常水化所需水量约为水泥质量的20%。对于砂性土，完全水化达到最高强度的含水量较最佳密度时的含水量小；而对于黏质土，则相反。

(4) 施工工艺过程。水泥、土和水拌合得越均匀，且能在最佳含水量下压实，其密实度越大，强度和稳定性就越高。

(5) 养生条件。水泥稳定土需要湿法养生，养生温度越高，强度增长越快。要保证水泥稳定土在养生期间具有一定的温度和湿度，以满足强度不断增长的需要。

（二）缩裂特性

无机结合料稳定土的缩裂现象主要有干缩裂缝和温缩裂缝两种。

一是干缩裂缝。随着无机结合料稳定土强度的不断形成，水分逐渐消耗及蒸发，体积发生收缩，收缩变形受到约束时，逐渐产生裂缝，称为干缩裂缝。

二是温缩裂缝。无机结合料稳定土具有热胀冷缩的性质。随着气温的降低，稳定土会产生冷却收缩变形，收缩变形受到约束时，会逐渐形成裂缝，称为温缩裂缝。

无机结合料稳定土裂缝的防治措施如下。

（1）改善土质。无机结合料稳定土的缩裂性质与用土的黏性有关。用土越黏，则缩裂越严重。故应采用黏性较小的土，或在黏性土中掺入砂土、粉煤灰等，以降低土的塑性指数。

（2）控制含水量及压实度。稳定土因含水量过多产生的干缩裂缝显著，压实度小时产生的干缩要比压实度大时的严重。因此，稳定土压实时含水量比最佳含水量略小为好，并尽可能达到最佳压实效果。

（3）掺加粗粒料。掺入一定数量（掺入量为60%～70%）的粗粒料，如砂、碎石、砾石、煤渣及矿渣等，使混合料满足最佳组成要求，可以提高其强度和稳定性，减少缩裂产生，同时可以节约结合料和改善拥挤现象。

（4）其他措施。加强初期养护，设立隔离过渡层等。

第二节　结构混凝土超声法检测技术

一、结构混凝土超声法检测的依据与方法

结构混凝土内部缺陷与表层损伤的超声法检测技术涉及的检测内容主要包括混凝土内部空洞和不密实区的位置与范围、裂缝深度、表层损伤厚度，以及不同时间浇筑的混凝土结合面的质量和钢管混凝土中的缺陷检测等。

（一）超声法检测混凝土的依据

（1）根据超声波在混凝土中传播时遇到缺陷的绕射现象，按照声时和声程的变化来判别和计算缺陷的大小。

（2）依据超声波在缺陷界面上的反射抵达接收探头时能量显著衰减的现象，来判别缺陷的存在和大小。

（3）依据超声波脉冲各频率成分在遇到缺陷时衰减程度的不同，从而造成接收频率明显降低，或者接收波频谱与反射波频谱产生差异来判别内部缺陷。

（4）根据超声波在缺陷处波形转换和叠加造成波形畸变现象来判别缺陷。

（二）超声法检测混凝土的方法

用超声法检测混凝土缺陷时，发射和接收换能器与测试面之间应具备良好的耦合状态，发射和接收换能器的连线必须离开钢筋一定距离或与钢筋轴线形成一定夹角，并力求混凝土处于自然干燥状态。超声法检测混凝土内部缺陷与表层损伤的方法总体上可分为两类：一类为用厚度振动式换能器进行平面测试；另一类为采用径向振动式换能器进行钻孔测试。

1. 平面测试方法

（1）对测法。一对发射和接收换能器分别置于被测结构相互平行的两个表面，且两个换能器的轴线位于同一直线上。

（2）斜测法。一对发射和接收换能器分别置于被测结构的两个表面，但两个换能器的轴线不在同一直线上。

（3）单面平测法。一对发射和接收换能器置于被测结构同一个表面上进行测试。

2. 钻孔测试方法

（1）孔中对测。一对换能器分别置于两个对应钻孔中的同一高度进行测试。

（2）孔中斜测。一对换能器分别置于两个对应的钻孔中，但不在同一高度，而是在保持一定高程差的条件下进行测试。

（3）孔中平测。一对换能器置于同一钻孔中，以一定高程差同步移动进行测试。

二、结构混凝土结合面质量的超声法检测

用超声法检测两次浇筑的混凝土结合面的质量时，应查明结合面的位置及走向，明确被测部位及范围。若构件的被测部位具有声波垂直或斜穿结合面的测试条件，可采用对测法与斜测法进行检测。

1. 测点布置

（1）使测试范围覆盖全部结合面或被怀疑的部位。

（2）各对声波传播不经过结合面和声波传播经过结合面的换能器连线的倾斜角测距应相等。

（3）测点间距应根据被测结构尺寸结合面的外观质量情况确定，一般为100～300 mm，间距过大易造成缺陷漏检。

2. 声时、波幅和主频率测量

按照布置好的测点分别测出各点的声时、波幅和主频率。

3. 数据处理及判定

(1) 对同一测位各点声速、波幅和主频率分别进行统计计算。

(2) 当测点数无法满足统计法判断时，可将声波传播经过结合面的声速、波幅等声学参数与声波传播不经过结合面的进行比较，若声波传播经过结合面的声学参数比声波传播不经过结合面的声学参数显著降低，则该点可判为异常测点。

(3) 当通过结合面的某些测点的数据被列为异常，并查明无其他因素影响时，可判定混凝土结合面在该部位结合不良。

三、结构混凝土表面损伤层的超声法检测

检测混凝土表面损伤层厚度时，被测部位和测点的确定应满足一定要求：根据构件的损伤情况和外观质量选取有代表性的部位布置测位；构件被测部位表面应平整并处于自然干燥状态，且无接缝和饰面层；检测时，为保证检测结果的可靠性，宜做局部破损验证。

(一) 测试方法

(1) 超声法检测混凝土表面损伤层厚度的方法大致有两种：一是单面平测法；二是逐层穿透法。

①单面平测法。此法可应用于仅有一个可测表面的结构，也可应用于损伤层位于两个对应面上的结构或构件。将发射换能器置于测试面某一点保持不动，再将接收换能器以测距为 30，60，90 mm 等依次置于各点，读取相应的声时值。每一测位的测点数不得少于 6 个，当损伤厚度较厚时，应适当增加测点数；当构件的损伤层厚度不均匀时，应适当增加测位数量。

②逐层穿透法。在损伤结构的一对平行表面上，分别钻出一对不同深度的测试孔，孔径为 50 mm 左右，然后用直径小于 50 mm 的平面式换能器，分别在不同深度的一对测试孔中进行测试，读取声时值和测试距离，并计算其声速值。或者在结构间某一位置先测一次声速，凿开一定深度的测试孔，在孔中测一次声速，再将测试孔增加一定深度，测声速，直至两次测得的声速之差小于 2%或接近于最大值时为止。

(2) 应用表层损伤层评测法检测时，宜选用 30～50 kHz 低频厚度振动式

换能器。

（二）数据处理

（1）当采用单面平测时，将各测点的声时测值 t 和相应的测距值 l 绘制“时—距”坐标图。如图 5-1 所示[①]，可求得声速改变所形成的转折点，该点前、后分别表示损伤和未损伤混凝土的 l 与 t 的相关直线，用回归分析方法分别求出损伤和未损伤混凝土的 l 与 t 的回归直线方程。

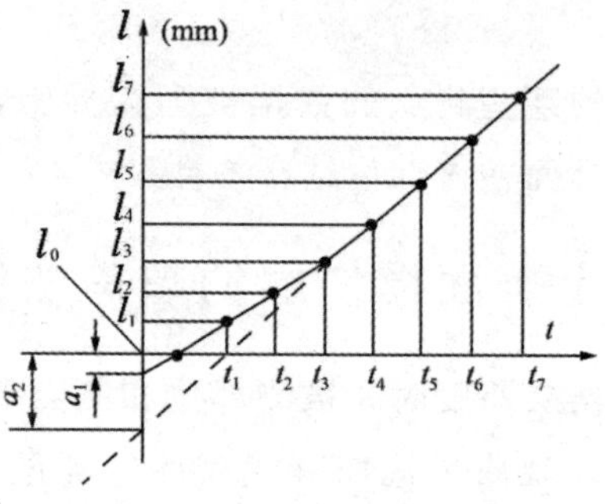

图 5-1　采用平测法检验损伤层厚度示意图

损伤混凝土：

$$l_f = a_1 + b_1 t_f \tag{5-1}$$

未损伤混凝土：

$$l_a = a_2 + b_2 t_a \tag{5-2}$$

式（5-1）和式（5-2）中，

l_f——损伤前测距，mm，对应图 5-1 中的 l_1，l_2，l_3；

t_f——损伤前声时，对应图 5-1 中 t_1，t_2，t_3；

l_a——损伤后测距，mm，对应图 5-1 中的 l_4，l_5，l_6，l_7；

t_a——损伤后声时，对应图 5-1 中的 t_4，t_5，t_6，t_7；

a_1，a_2，b_1，b_2——直线的回归系数，分别为损伤和未损伤混凝土直线的截距和斜率。

（2）采用单面平测法检测的损伤层厚度 h（mm）可按照式（5-3）、式（5-4）进行计算：

$$l_0 = (a_1 b_2 - a_2 b_1)/(b_2 - b_1) \tag{5-3}$$

$$h/h_1 = l_0/2(b_2 - b_1)/(b_2 + b_1) \tag{5-4}$$

① 姚立阳．公路工程试验检测技术［M］．北京：中国建材工业出版社，2019.

式中，h_1——当声速趋于基本稳定的测孔深度时，混凝土损伤层的厚度。

第三节 基桩完整性检测技术

一、低应变反射波法基桩完整性检测

“低应变反射波法是目前测试基桩完整性的主要手段，其测试仪器轻巧方便，测试方法简单易行，测试结果直观明了，处理数据快捷，工作效率高，工程费用经济，是基桩检测中的必备方法。”① 该方法又称为锤击法，其基本原理为一维弹性杆应力波动理论。通过在桩顶施加一锤击荷载，振源沿桩身产生一维纵向弹性波，该弹性波可以沿着桩身传播，当遇到桩身波阻抗变化截面时（如扩径、缩颈、断桩等），应力波会发生反射及透射现象。通过在桩顶位置处安装加速度传感器可以接收应力波的传播过程，经过相应的计算分析，可以得到应力波沿桩身的传播速度、缺陷的类型及位置，从而对桩身完整性进行判定。该方法得到广泛应用是基于其方便性和灵活性，但它也存在一些缺点。如该方法不能检测桩顶以下一段深度的桩身缺陷；不能对桩身的缺陷进行定量判定，而只能进行定性判别；对于多缺陷桩容易错判漏判；对检测人员的经验要求较高；等等。

（一）参数设定

在低应变反射波法检测基桩完整性的过程中，测试仪器系统采集获取的为数字模拟信号，计算机不能够实现该类信号的综合深入分析和处理。因此，需要依赖一定频率的采样技术，实现对模拟信号的处理，将其转换为间断的数字信号。

（二）现场测试设备选择

1. 激振设备选择

低应变反射波是通过力棒、手锤等激振设备进行桩顶锤击，得到相应的应力波信号，其机理是碰撞理论。

现场实践及理论分析结果均表明，只有通过合适的锤击得到理想的振源，

① 孙涛．低应变反射波法在工程中的应用［J］．科学技术创新，2021（35）：124-128.

才能够获取较为理想的桩身反射波曲线。一般情况下，振源为瞬态的脉冲信号源，衡量其质量的三个主要指标为时域脉冲宽度 τ、幅度 A、频域主瓣宽度 δ。通常情况下，力棒的材质越软，碰撞所产生的撞击速度越小；相反，锤越重，产生的撞击接触面积越大，信号的低频相对比较丰富，δ 较窄，τ 变大。在工程实际中，需根据桩长、土质等实际情况，选取合理的激振设备。

2. 传感器选择

用于低应变反射波法基桩完整性检测的传感器包括力传感器、加速度传感器、速度传感器及位移传感器等几种类型。在这几种传感器中，加速度传感器的动态测试范围一般在 140～160 dB；而速度传感器相对较低，其动态范围低于 60 dB。在基桩低应变检测中，应该优先选择阻尼较高、频带较快的速度传感器。对于加速度传感器，虽然其性能能够满足检测过程中频带等方面的要求，但在实际应用过程中，一般是通过速度响应曲线进行完整性判定，加速度响应信号需要通过积分操作才能实现。

3. 信号采集分析仪

基桩动测采用的信号采集仪器一般通过模/数（A/D）转换器进行速度及加速度信号分析。信号分析的频率取决于所采用的 A/D 转换器的位数，相关规范规定其最低位数为 12。假定该位数为 n，对应于该模拟信号的输入量为 V_a。

在现场检测过程中，采用的信号分析仪器一般要求性能稳定、便于携带和操作，具备良好的分析、存储、计算和传输性能。其通道数一般不少于 2，数据缓存器的最低容量应达到 1 kB。在多通道采集情况下，振幅的最大偏差不宜超过 3%，相位不超过 0.1 m/s，采样时间在 100～500 μs。

（三）桩头预处理

(1) 考虑到桩顶浮浆不密实，与下部桩身混凝土之间会形成一个间断界面，在桩顶锤击时，所产生的应力波会在界面处产生反射现象，从而引起应力波能力降低，掩盖桩身缺陷的信号。因此，桩头位置应凿除浮浆，直至露出坚实的混凝土面。

(2) 传感器安装位置和锤击点应打磨成一定面积的平整平面，并与桩身成近似垂直关系，便于信号采集和锤击时产生良好的应力波源。

(3) 激振的位置应尽量远离钢筋笼的主筋，以避免主筋共振对测试信号产生干扰；如果主筋外露的长度过大，应将其锯短。

（四）传感器安装与测试

（1）激振点应选择在桩中心位置，传感器安装于距中心 2/3 桩径处。理论与实践结果表明，2/3 桩径处应力波所产生的叠加效应最小。

（2）当直径较大桩存在局部缺陷时，在不同位置测试获得的时域曲线会产生一定的差异，应视具体情况选择不同的测点位置进行测试。

二、超声波透射法基桩完整性检测

超声波透射法基桩完整性检测的基本原理在于，通过在钢筋笼上焊接或绑扎一定数量的声测管，在声测管中灌入清水作为耦合剂，两个声测管中分别放置发射和接收传感器，发射传感器可以将电能转变为机械能，透过混凝土进行传播，接收探头可以将该机械波转变成电信号。考虑到两传感器之间的距离一定，而超声波的传播时间可以通过信号测试获得，因此，可以计算得到超声波在混凝土中的传播速度，进而对混凝土的质量进行判定。一般来说，混凝土的密实性越好，波速越大；反之，混凝土越松散，如存在离析、蜂窝、裂缝等，其波速越低。

（一）埋设规定

（1）当基桩桩径不大于 1.5 m 时，需埋设 3 根声测管；当桩径大于 1.5 m 时，需埋设 4 根声测管。

（2）应采用金属管作为声测管，声测管内径应比换能器外径大 15 mm，声测管宜采用螺纹方式进行连接，且不应有漏水现象。

（3）声测管应焊接或绑扎在钢筋笼的内侧，应连接牢固，且相互平行、定位准确，并埋至桩底部位，声测管管口应高出基桩桩顶 30 cm 以上。声测管管底应封闭，并在管口上方加盖。声测管布置的起始点以路线前进方向的顶点为基准，并按照顺时针方向对声测管进行编号和分组，两根声测管分为一组。

（二）检测规定

检测前的准备规定如下：

（1）被检测基桩的混凝土龄期应达到 14 d 以上；

（2）向声测管内灌满清水以保证声测管的畅通；

（3）对超声测试系统的延迟时间进行标定；

（4）对声测管的内、外径及相邻两根声测管外壁之间的距离进行准确测量；

（5）取芯孔的垂直度误差应小于0.5%，在进行超声检测前应清洗测孔。

（三）检测步骤

超声波透射法检测基桩完整性时，可采用对测、斜测、交叉斜测及扇形扫测等方法。通常情况下，优先选择平测法进行基桩完整性检测。当遇到缺陷区域时，可考虑采用斜测、交叉斜测及扇形扫测等方法进行辅助定位。当采用平测法时，检测步骤如下。

（1）通过深度标记，分别将发射换能器和接收换能器置于两根声测管中的测点处。

（2）以相同标高同步升降发射换能器和接收换能器，测点步距一般小于250 mm。

（3）实时显示和记录超声波接收信号的超声波曲线，读取声时、首波峰值和周期值，同时显示主频值和频谱曲线。

（4）如果埋设多根声测管，以两根声测管作为一个检测剖面进行组合，检测所有剖面。

（5）在可能存在的桩身缺陷区域，应采取相应的辅助检测，如密测（可加密至5 cm甚至1 cm）、斜测、扫测等，进一步确定缺陷的位置和严重程度。

（6）检测同一根基桩时，超声仪器发射电压和参数设置须保持不变。

在采用超声波透射法和低应变反射波法进行基桩质量检测时，桩身的波速、声时及波形曲线与混凝土的灌注质量密切相关。现阶段，对基桩完整性的判定仅通过所测声学参数，依据相关规范进行。但在实际应用过程中，影响基桩完整性判定结论的因素有很多，单一参数对实际基桩完整性的评定结果不够全面。因此，在实际工程中，综合考虑多种影响因素并做出最为合理的判定是必要的。

第六章　低碳背景下的公路工程建设与创新

第一节　公路施工期对生态环境的影响与保护措施

一、公路施工期对土壤生态的影响与保护措施

（一）公路施工期对土壤的影响与保护措施

1. 公路施工期对土壤的影响

在公路建设过程中，施工建设时很容易乱挖，对地表土的影响比较大。当地表植被受到非常大的侵害时，会影响动物的多样性，对生态环境造成很严重的破坏，最终导致水土流失严重。公路施工期对土壤的影响具体表现在以下方面。

第一，公路用地范围内的裸露坡地，易诱发新增水土流失量。公路建设对地面扰动、破坏类型多。公路建设中，路基工程对公路征地范围内的原地面进行填筑或挖方，造成了地表植被被破坏，使土壤表层裸露，原地表坡度、坡长发生改变，从而使它的抗腐蚀能力降低，诱发新的水土流失。

第二，取土、弃土、弃渣产生的水土流失。公路施工过程中，产生的大量取土、弃土、弃渣由于受到地形及运输条件的限制，可能被就近倾倒于沟谷或峡谷间。由于没有采取有效的防治措施，这些空隙大、结构疏松的岩土就会导致新的水土流失及生态环境的恶化，并可能影响公路的安全运营。

第三，临时占地及土石的水土流失。在公路施工过程中，施工区内的临时施工便道及土石渣料，缺少必要的水土保持措施，遇到大的降雨或大风很

容易产生水土流失。另外在施工过程中，由于水泥等建筑材料的管理和使用不当，使这些建筑材料进入土壤，造成土壤的硬化板结。在车辆运输的道路上，由于车辆的载重较大，将土壤的表层严重压实，或者由于土壤含水量少，车辆的碾压造成表层土松散和粉化，形成了粉尘，严重影响了表层土的效用和人类的活动。

道路运营期，在路面上降落的汽车尾气微粒、在路面上滴漏的汽车燃油及轮胎与路面产生的磨损物等不断产生，当降水形成路面层径流，这些有害物质就随之进入土壤，造成污染。

2. 公路施工期对土壤的保护措施

第一，工程基建开挖和采石取土场开挖，应尽量减少对植被的破坏，且废弃土石不许向河道、水库、行洪滩或农田倾倒。施工前应选择适宜的地方作为固定弃渣场，并布设护渣、拦渣及导流设施。对崩塌、滑坡多发区的高陡边坡，要采取适当的措施进行治理，如削坡开级、砌护、导流等。应逐步在施工中对植被破坏较严重的地区进行植被恢复或复垦，同时要在道路沿线增加绿化。

第二，要根据需要对公路沿线的地区加强护路、护河、护田、护村（镇）等工程措施，还应造林种草，修建梯地、坝地，达到保护土地资源，减少水土流失，提高防洪、防风沙能力，减少向大江大河输送泥沙的目的。

第三，加强对原有地区的水土流失及风蚀沙化的综合治理。

（二）公路施工期对植被与土地资源的影响与保护措施

1. 公路施工期对植被及土地资源的影响

以高速公路为例，高速公路路基较宽，一般四车道高速公路路基宽度为26～28 m，同时路基较高，边坡坡脚范围内所占用的宽度一般可达40 cm左右，高速公路和一级公路平均每公里占地约80亩[①]，需要侵占大量的土地资源。此外，在高速公路建设期，路基的挖掘过程中会产生大面积的临时占地，有可能造成沿线地区生态环境的破坏，以及农耕地的减少。在施工过程中，由于大型施工机械对地面的碾压、水泥等材料利用的不合理，有可能造成土壤结构的变化和农耕地耕种质量的降低，并且在短期内很难恢复。

---

① 1亩＝666.7 m^2。本书采用通行叫法。

2. 公路施工期对植被和土地资源的保护

在植被保护方面，公路经过林地时，应严格控制林木的砍伐数量，严禁砍伐公路用地以外的不影响视线的林木，如果在公路线路周围有闲置土地，应该对其进行绿化。公路经过草原时，应注意保护草原植被。取土、弃土场地应该选择在牧草生长差的地方，同时应该及时对取土、弃土场地加强绿化，防止水土流失等情况发生。此外，在公路沿线植树种草，能有效地降低噪声，吸收汽车尾气，达到低碳经济的目的。

在土地资源保护方面，公路选线应全面调查沿线土地利用情况，遵照节约用地的原则，少占用耕地、果园，多利用荒坡、荒地、滩涂等荒芜土地。合理选择取土、弃土地点，尽量在荒地和低产田集中取土，并采取多种措施降低填土高度，考虑粉煤灰等工业废渣的利用，这样不仅减少污染，减少了土方的用量，而且做到了低碳经济的要求。施工的弃方应尽量不要毁坏植被、侵占农田，并不得阻塞原有的排水系统，以避免污染水体。应对弃土堆及时平整、复垦或绿化，以提高其使用价值。应该尽量降低农田地区的路基高度，运用合理的方案比选，设置支挡、护坡或高架桥等结构，减少占地，节约用地。

（三）公路施工期对生物多样性的影响与保护措施

1. 公路施工期对生物多样性的影响

公路在建设中对周围环境的一些影响是不可逆的，破坏后环境很难再恢复。特别是生态环境遭到破坏后，容易对系统内生物多样性产生比较大的影响，甚至造成某一种生物灭绝。为了保护生物多样性，需要对此采取一定的措施，推进可持续发展的建设。

2. 公路施工期对生物多样性的保护

对于生物多样性的保护，主要的措施是建立自然保护区、合理选线及采取相关措施。其中，合理选线是指公路建设应该避开珍稀濒危野生动植物及古树名木分布区，减少过往车辆的噪声和产生的废弃物对动植物的生活区域及繁衍区域的干扰。如果必须经过特殊区域时，应该有网栏、兽类通道及桥涵等保护措施。强化道路周围植物带的保护，不仅美化环境，而且降低了噪声对动植物的影响。

二、公路施工期对生态水循环的影响与保护措施

（一）公路施工期对生态水循环的影响

在施工期间，当河床受到影响时，会导致泥沙发生变化、河水水质被污染，公路隧道施工时有可能切断山体中水的径流，破坏原有的山体水、地表水、地下水的循环，同时机器在基坑开挖、筑岛钻孔、打桩时产生的废水如果排入河道，会污染水循环。此外，施工人员产生的生活污水、废水如果排入自然水体，会导致动物饮水困难，使动物难以生存或迁徙。

（二）公路施工期对生态水循环的保护措施

在施工期间，要调查和搜集公路中心两侧的地表水资源分布、容量及水体的主要功能。公路建设需要经过河流、湖泊时，要运用一定的方法来预防公路建设过程中对河流或湖泊水的流动的影响。施工时要尽量做到不污染水源，不对周围水环境产生大的破坏和影响，保障其在汛期不堵塞。在有隧道时，要充分考虑山体中的自然水线路，并做好对水体的引流，以防止污染。同时不能使未处理的污水进入水循环，防止出现潜在性的污染。

三、公路施工期对水资源的影响与保护措施

（一）公路施工期对水资源的影响

对水环境的影响包括地表水资源和地下水资源的影响。对地表水资源的影响主要体现在对地表水体的水文条件产生影响，如废渣侵占河道、沿河而建的公路、跨越河流的桥梁等都会影响河流的过水断面、流量及流速等水文条件，可能会导致冲刷动能增大、河岸的侵蚀加速，从而诱发洪水等灾害。

对地下水环境影响主要包括三个方面：①可能造成地下水流失，引起局部地下水含水层疏干、水位降低等水文地质问题；②危险化学品运输车辆在事故状态下泄漏化学物质，造成地下水环境污染；③施工期人员和机械排污及运营期服务区污水排放等，造成地下水水质污染。

总之，公路建设工程在施工期对水环境的影响，主要有以下几个方面：施工过程中的水土流失对周围水环境的影响；挖泥、取砂引起的水质混浊；施工机械的含油污水造成的油污染；施工人员的生活污水直接排入水体；因

保管不善而进入水体的沥青、油料、化学品等。

（二）公路施工期对水资源的保护措施

（1）沥青、油料、化学品等不能堆放在民用的水井、河流和湖泊的附近，并需要积极采取防御措施，避免雨水冲刷进入水体。

（2）为减少生活污水的排放量，各施工营地需建设化粪池等生活污水处理设施，并要求生活污水与处理后的工地食堂污水一并进入化粪池。化粪池污泥可供当地农民用作农家肥，用于临近农作物的施肥灌溉。禁止生活污水、生活垃圾等直接排入水体。

（3）对桥梁施工时使用的机械、船只，必须进行严格检查，防止船只油料泄漏，并严禁将废油、施工垃圾等随意抛入水体。

（4）水泥混凝土拌合站应建设在水源地保护区外。

（5）规范桥梁的施工场地。首先是泥浆池，应该选在不易外溢的地段；其次是桥梁的场地，必须有良好的排水系统，避免因排水不畅影响路基的质量。

（6）水泥搅拌站周边应设置简单的泥浆水收集池，使其自然渗透过滤，防止泥浆水直接流入周边水域，影响水质环境。

（7）隧道工程中的施工废水，在排出隧道口后，必须采取多级处理才能排入水体。

（8）在施工过程中一旦发现地下水泄漏现象，必须采取应急措施，减少水资源的流失。

四、公路施工期对固体废弃物的影响与保护措施

（一）公路施工期对固体废弃物的影响

公路施工期产生的固体废弃物主要有废弃土方、施工废模板、废弃的建筑材料、废旧设备及其维修废料、施工机械废油、生活垃圾等。根据工程分析，施工期所产生的主要废弃物是废弃土方；施工机械废油的量虽然不是很大，但属于危险废弃物，应及时处理。

生活垃圾对周边环境的影响，首先表现在可能对周围陆域和水域环境的污染；其次是因管理不善而对环境卫生和景观的影响，胡乱堆放生活垃圾既影响人们生活，也有碍观瞻。而且，生活垃圾中的有机物含量较高，极易腐

败，会散发出氨、硫化氢等气体，具有恶臭的气味和毒性，会影响周围的生态环境和附近居民的身体健康。此外，垃圾堆积易滋生蚊蝇，它们传播疾病的源头。因此，必须及时收集、清运与处理生活垃圾。

公路建设可能会对公路沿线地形地貌、自然植被斑块、河流水系、稀有生境和物种等不同位置的生态环境产生不利影响。公路建设项目在施工期，会产生大量的固体废弃物，对沿线的生态环境、自然景观、空气环境、水资源环境等造成破坏。这些固体废弃物如果不经过处理或处理不当，更会造成一系列的环境问题。固体废弃物对自然环境的影响主要表现为以下四个方面。

（1）影响土地，损害地质地貌和天然植被，破坏景观和影响周围环境卫生。固体废弃物没有经过处理时，需要找地方存起来。这时就需要挤占土地面积，固体废弃物存放得越多，需要挤占的土地面积就越多。堆积固体废弃物的土地长时间不处理会造成土壤遭到破坏，使土壤失去本身的一些特性。同时，随意堆放和丢弃固体废弃物，还会影响自然景观和环境卫生，对人们的健康构成潜在的威胁。

（2）污染土壤和地下水。土壤是许多细菌、真菌等微生物聚居的场所。由于固体废弃物长期露天堆放，经过风化、地表径流的侵蚀等，渗滤液会带一小部分的有害物质侵入土壤中，对土环境和水环境造成比较大的影响。如果物质有毒又有害，会对动植物的生长产生巨大影响，导致整个食物链也发生变化，最终可能会影响生物的多样性。

（3）污染水体。固体废弃物可随天然降水和地表径流进入河流湖泊，或者随风飘迁落入水体，从而将有毒有害物质带入水体，污染人类饮用水水源，危害人体健康。同时，随意丢弃固体废弃物，还可能造成河道淤积、堵塞。若固体废弃物直接排入水体，造成的水体污染将更严重。

（4）污染大气。公路工程建设期间产生的大量固体废弃物，若不及时进行回收利用或处理处置，其中大量的细小颗粒物和致病菌在风向的作用下会污染空气，并对施工人员及周围区域的居民造成危害。另外，一部分有机固体废弃物在一定条件下会发生生物降解，释放出沼气，造成周围空气中氧气含量降低，导致植物衰败甚至死亡。同时，固体废弃物在运输和处理过程中也可能产生粉尘和有毒有害气体。

公路工程建设如果不采取相应的保护措施，产生的固体废弃物将会给沿线的人群健康、自然环境等造成不良影响。因此，科学设计、合理规划公路建设中固体废弃物的处理与处置，净化公路两侧的环境，保护生态环境，防止污染，是公路建设的重要内容，也是做好公路建设环保工作的重点。

（二）公路施工期对固体废弃物的保护措施

（1）尽量避免使用一次性餐具等，减少生活垃圾的产生。

（2）施工期产生的固体废弃物应分类收集、堆放，统一管理。应制订严格的管理措施，禁止将施工固体废弃物、生活垃圾直接投入水体中。

（3）施工期产生的废弃土方应及时清运至指定的地点堆放。

（4）废弃建筑材料等可回收利用的资源，应由施工单位集中收集后定期外卖。其余未能回收利用的施工垃圾，应该送到指定地点处置。

（5）废旧设备或其废零件多为金属材料，应由施工单位集中收集后再由废品站回收。

（6）生活垃圾必须定点收集、及时处理，可在施工人员生活集中区设置若干垃圾桶，并联系当地环卫部门，定期上门收集垃圾，运到城市垃圾处理场处理。

第二节 公路施工期的低碳管理

一、公路施工期低碳施工材料的应用管理

（一）公路施工期低碳材料的使用政策与建议

1. 加强对交通低碳材料利用发展的组织领导和宏观指导

切实加强对发展交通低碳材料的组织领导。将发展交通低碳循环经济作为编制有关规划的重要指导原则，会同发展改革（经贸）、环境保护等有关部门制订和实施交通循环经济推进计划，明确目标、重点和政策措施，建立交通低碳循环经济评价指标体系和统计考核制度，加强对交通低碳循环经济主要指标的分析与监测，作为交通低碳循环经济发展的行业指导与调控。

2. 依法推进交通低碳材料的发展

加紧研究与交通建设材料低碳循环利用有关的规范性文件，建立健全符合我国国情和交通运输行业实际的交通循环经济法律法规体系。加大依法监督管理的力度，认真贯彻落实有关法律法规，并会同有关部门对各地推进交通公路低碳材料使用情况进行监督检查，依法加强对交通建设低碳材料循环

利用的监督管理工作。建立健全交通工程建设政府监督、社会监理、企业自检相结合的督察保证体系，落实交通建设材料低碳循环利用的目标责任制。

3. 完善交通建设材料循环利用相关标准规范体系

抓紧制订交通低碳循环经济技术政策、技术导向和技术装备目录。支持引进国外发展交通低碳循环经济的核心技术，加快新技术、新工艺、新设备的推广应用。加紧完善交通建设材料节约与循环利用技术政策，制订和完善促进交通低碳循环经济发展的标准规范体系。

4. 加强交通建设材料循环利用技术研发与推广

加大交通建设材料低碳循环利用技术科研投入，将交通建设材料低碳循环利用重大技术列入交通运输行业中长期科技发展规划纲要及相关科技发展计划，安排一批重大技术项目，攻克一批关键和共性技术。加强交通建设材料低碳循环利用领域创新团队和研发基地建设，推动建立以企业为主体、产学研相结合的交通建设材料低碳循环利用技术创新体系与成果转化体系。加强交通建设材料低碳循环利用的基础研究，广泛开展交通建设材料资源节约与循环利用相关技术研究和推广应用，研究开发工程新材料、新技术，采用新工艺，应用新设备。建立交通循环经济技术咨询服务体系，充分发挥行业协会、学会等中介机构和科研单位、大专院校的作用。加强交通建设材料循环利用技术的国际交流与合作。

5. 完善促进交通循环经济发展的激励政策

积极争取和着力完善相关经济激励政策，设立交通循环经济发展专项资金，加大对交通循环经济发展的支持力度，对促进交通循环经济发展的产业活动给予税收优惠，对交通循环经济发展给予投资倾斜，积极争取相应的价格、税收和收费政策。

6. 积极营造交通循环经济发展的行业文化氛围

牢固树立交通低碳循环经济发展理念，加强交通低碳循环经济的宣传引导，提高全行业对发展交通循环经济重大意义的认识，以及相关管理政策的了解，增强全行业资源环境忧患意识。着力营造倡导资源节约、环境友好的良好氛围，形成交通低碳循环经济文化。加强交通低碳循环经济的教育培训，组织开展经常性的交通建设材料低碳循环利用培训教育、技术和经验交流工作，把努力提高材料节约与循环利用水平，作为交通行业全体从业者的自觉行为和共同行动。积极开展交通低碳循环经济的示范试点，树立一批先进典型，以点带面促全局发展。

（二）公路路基施工的低碳材料类型及其应用

低碳材料是指在保证不可再生自然资源使用性能的前提下，降低其使用量，在制造过程中低排放、低能耗、低污染，使用寿命长，在长时间的使用过程中不会产生有害有毒物质，在使用后还可以回收制造成新型的材料。低碳材料可以实现节能减排，其主要是在生产和使用过程中起作用，是可持续和面向未来的材料。在公路建设中，以下低碳材料具有较高的可行性。

1. 粉煤灰

粉煤灰是火力发电厂煤粉燃烧后排放的粉状灰粒，是我国当代主要的工业固体废弃物之一。由于我国用煤炭发电约占发电总量的80%，并且今后相当长的一段时间内以火力发电为主的结构仍将继续。粉煤灰的堆积有两方面的不足：一是要占用大量的土地资源，花费较大，主要用在征用土地、筑坝和管理方面；二是造成巨大环境污染，给周围居民的生活和工作带来了影响，严重的情况下还会危及周围居民的人身和财产安全，给经济建设的发展及生态环境的保护带来很大的阻碍。

（1）粉煤灰作为路基的可行性。①强度高。粉煤灰的容许承载能力远大于土基的强度。②均匀性好。粉煤灰路基均匀性好。③用粉煤灰做的路基在遇水后强度损失变化小，但因为其黏性比较差，所以在施工中必须采取必要的措施隔离地下水。④自重轻。粉煤灰的最大干密度占土基的50%～60%，不足1.1 g/cm^3，粉煤灰特别适用软土地基，因为其对地基承载力的要求低。⑤粉煤灰在施工中要加强现场压实，这有利于提高粉煤灰的路基强度。这些都是因为粉煤灰对压实系数的敏感性大。

根据粉煤灰理化性质，粉煤灰在高速公路建设中有利于减少路基下沉，提高路堤稳定性和强度。特别是在软土地基路段，能充分利用粉煤灰质量轻的特点，减轻路堤自重，增加软性路基的强度，降低沉降程度，同时提高路堤稳定性，使施工受雨季影响小；可缩短施工周期，降低工程造价，同时还能节省大量土壤资源，具有十分显著的经济效益和社会效益。

（2）粉煤灰在公路建设材料中的具体应用。

第一，将石灰、粉煤灰及其他掺入材料按照合适的比例、最佳含水量、合理的工艺过程拌合均匀，经压实、养生后成为具有规定抗压强度的混合料，如石灰、粉煤灰混合料（简称二灰混合料）。常见的有二灰碎石、二灰沙砾、二灰砂和二灰土等。二灰土可用于高速公路路面底基层，其具有良好的力学性能、板结和水稳定性，还有一定的抗冻性，其抗冻性比纯石灰土高得多。二灰土中粉煤灰用量越多，混合料初期强度越低，三个月龄期的增长幅度也越大。二灰碎石中如果加入少量水泥，可以提高其早期强度，但会给施工带来难度。在大新高速公路建设中，路基底基层采用的就是二灰混合料。

第二，以电厂粉煤灰、水泥为主要原料，配以外掺剂，按照试验配合比拌合成流态粉煤灰。粉煤灰中的氧化硅、氧化铝和氧化铁的总含量不得少于70%，烧失量不大于20%，不可有结块现象。

(3) 粉煤灰路基应用时的注意事项。

首先，粉煤灰在作为路基材料循环利用方面有着很大的优势，而且节约成本，环保节能。粉煤灰有着很明显的优点，但是在使用过程中也存在着诸多问题。由于粉煤灰吸水性较差，特别是在高温大风的天气条件下，制作的粉煤灰会产生塑性收缩及开裂。要避免这一现象的产生，主要的措施有两种：①使用拉毛喷洒防护，对已经成型的路面进行拉毛，同时定期喷水养护，保持路基的含水量，防止干裂，并覆盖帆布，避免阳光直接照射；②喷洒雾化水保持湿润。在实际工程中，提倡使用第一种方法来对粉煤灰路面进行综合性养护和管理。路基的管理主要是防止裂缝的产生和路面灰化，裂缝的产生会导致路面不完整，路面质量下降。因此，在施工过程和施工管理中，对于路面的养护尤为关键。需特别注意的是，高于 28 ℃或在大风天气下，要重点监视路面情况，及时采取防护措施，提高洒水养护的频率。

其次，注意断板和裂缝。由于粉煤灰自身的特点，冬季施工阶段，粉煤灰路面由于温度较低会产生路面的整块脱离、裂缝。粉煤灰水泥的黏合性较差，前期硬度较差，需要比较长的时间才能很好地黏合和投入使用。同时，冬季施工期间，对粉煤灰路面的横缝切割要先于其他类型的路面，使用软切割技术进行切割处理，并根据区域地质条件和路面情况对横缝加深或提前，严格保证切割质量。在冬季施工养护完成后，要定期对路面进行检查和汇报，可以先进行前期路面试车，并及时通报路面试车情况。在工程交工之前，对粉煤灰路面进行多次检查和试车，同时要求在 10 ℃以下时停止施工。

最后，加强并延长养护时间。在高于 25 ℃的施工情况下，就要喷洒养护剂防护，同时上覆麻袋或帆布，且尽量在养护期间禁止通车。

2. 钢渣

钢渣具有强度高、耐磨、压碎值小等特点。

(1) 钢渣用于路基材料的背景。我国的钢渣利用率只有52%，造成了大量钢渣的积存。钢渣本身具有相对特殊的力学特点，在我国还没有成功的实例。但是在低碳利用方面，钢渣具有很高程度的重复利用率，因此，可以考虑把钢渣运用到公路建设之中。钢渣可以掺入路面材料的骨料之中，增强路面的强度和耐磨度，同时路面运用的各项性能指标都要达到混凝土的使用要求。将选出的粒子钢回炉重炼，较大的颗粒可以作为路面的骨料，钢沫可以掺入水泥和结构材料中，作为掺合剂使用，这样不仅增强了水泥硬度，而且提高了路面的抗压性。

（2）钢渣的工程应用。在低碳公路建设方面，钢渣主要是运用于路基回填材料，也可以作为骨料掺入混凝土中作为替代材料使用。钢渣和无机结合料掺杂在一起，配合而成一种良好的公路路基筑路材料，无论是在强度方面还是在抗性方面，都要高于砂石和沙砾组成的材料。同时，使用钢渣掺杂无机结合料的混合料作为路面施工的主要材料，其成本都低于其他材料成本。但是钢渣的体积膨胀会影响混合料的路用性能，导致路面出现各种病害，因此钢渣的工程应用，需要注重钢渣的稳定性问题。

（3）钢渣作为高速公路填筑材料应用时的注意事项。

首先，钢渣的处理分为前期、中段和后期。钢渣的前期处理在这三个阶段中最为重要。使用热泼渣工艺和破碎磁选方法对钢渣进行前期处理，同时对钢渣稳定性进行分析和检测，合格后方能用作路面材料。

其次，要保证钢渣的稳定性和防止热膨胀，可在人工方面进行预防。分别选择气、水蒸气、水作为媒介对钢渣进行预处理。这种方法在钢渣选择的程度上要求较高，坚固性好、压碎值小、强度高、弹性模量高的钢渣是作为路基材料的首选。在处理完路面材料时，要保证一定的空隙膨胀度，同时要保证钢渣的稳定性。对于钢渣的处理，一定要选择合适的级配与压实度，保证钢渣在处理后的稳定性。在水泥中掺入钢渣提高路基的整体强度和抗压性。

再次，在钢渣的运输和管理方面一定要重视，对钢渣中的重金属离子和放射性物质要提前进行分选，或不将其作为路基材料；在确定使用之前一定要对钢渣中有毒有害的物质进行物理化学生物检测；填筑路堤时采取黏土包边及防渗隔渗等工程措施；钢渣要单独进行堆放，不能和其他建筑材料混合在一起，应选用专车专人进行运送。

最后，对施工材料特别是钢渣材料要重点进行检查。

3. 聚苯乙烯泡沫

路基轻质填料在国内有很广阔的研究和应用前景。聚苯乙烯泡沫属于性能优越的路基轻质填料，拥有化学性能稳定、施工简便、使用寿命长和经济效益显著等特性，在桥梁、道路和涵洞等建设工程中得到广泛应用。聚苯乙烯泡沫在解决差异沉降、过度沉降和道路连接处的沉降中取得了很好的效果，极大地解决了桥台的侧向压力和位移，以及涵洞上覆土压力等一系列问题。国内对聚苯乙烯泡沫的研究基本处于一个比较初期的阶段。

(1) 聚苯乙烯泡沫作为路基材料的可行性。

①减重。首先，聚苯乙烯泡沫由于质量小和一些独有的力学特性，使它在提高路基的稳定性和降低基础自重荷载方面取得了很好的成效，防止路面地基由于路基材料发生变形，从而确保投入使用后路面的使用寿命长、质量高等优点；其次，聚苯乙烯泡沫替代回填土方面能够有效地降低自身重量，遏制因路基基础不牢固导致的沉降差异，避免桥头跳车情况的发生。

②减压。聚苯乙烯泡沫由于具有一定的可压缩性，将其放置在一个指定的位置会有沟槽，回填土在两侧受力不均匀，可能造成不小的额外压力，因此，它的可压缩性可以将作用力集中在顶部受力，极大减轻了它在结构物上的受力。此类方法已经在一些土木工程中得到应用，并取得了非常好的效果。同时，根据聚苯乙烯泡沫受到压力时会发生力向变化的特性，它用作公路路基填充材料时能节约空间，更能节省土地资源。

③保温隔热。聚苯乙烯泡沫在保温隔热性能上具有显著效果，特别适用于比较寒冷的地区，可提高在寒冷天气施工工程的质量可靠度，防止公路路基表面因天气寒冷而冻裂。

④减振。聚苯乙烯泡沫应用时能起到减小振动和护垫作用，能够降低路面汽车噪声及对周围环境的声影响，将声环境影响降到最低。

(2) 聚苯乙烯泡沫在公路路基施工中的应用。聚苯乙烯泡沫是一种新型的、重量轻的公路路基填充材料，在国外应用广泛。由于聚苯乙烯泡沫优秀的特性使它在公路建设中取得了非常不错的效果。虽然聚苯乙烯泡沫工程在造价方面费用比较高，但是它的许多优良特性在公路路基材料使用中非常成功。伴随着科学技术的发展，聚苯乙烯泡沫的成本逐渐降低，因此，在施工建设中更能体现出其经济价值和社会价值。

4. 风积沙

风积沙实际是辽河、绕阳河及大凌河水系冲积而成的细砂，其中含有少量粉粒土。该砂经大风吹积形成砂丘、故名风积沙。

(1) 风积沙作为公路建设路基填充材料的可行性。风积沙多为黄褐色、灰白色，矿物主要成分为石英，含有少量粉粒土，在天然状态下呈松散状态，透水性较好。该种材料具有天然级配，颗粒多集中在 0.20～0.74 mm，塑性指数大于 2，液限在 16～28，最佳干容重在 1.7～1.9，最佳含水量为9%～15%。风积沙具有很好的强度指标、压实度指标、边坡稳定性及丰富的历史经验，在国内一些地区有过一些工程实例，并且都取得了不错的效果。风积沙的各项性能均适合作为公路建设路基填充材料，因此，它在公路建设应用中是可行的。

（2）风积沙作为公路建设路基填充材料应用时的注意事项。①其倾斜角度大约在 2%。②风积沙在建设中含水量不能超过 2%，否则会极大地影响压实度，含水量过大会造成严重的后果，导致工程质量不合格。③使用风积沙时要做好准备工作，如先将其存放一定的时间，等到其含水量达到要求后再进行施工，这样才能保证施工质量。④施工过程中要保持填充路面的湿度，这样路面不会产生开裂问题。⑤风积沙在建设过程中要勤洒水，使路面保持一定的湿润，才能使其稳定性得到保证。

5. 煤矸石

煤矸石是煤矿在建设、生产和洗煤加工过程中排出的固体废弃物。煤矸石堆积一定时间后由于受空气的氧化，很容易排放出大量有毒的二氧化硫、硫化氢、氮氧化合物、二氧化碳及一氧化碳等气体而污染环境，从而破坏矿区生态平衡，危及人类的健康。煤矸石在回收利用方面，早期大多用于回填及恢复农田，在国外一般用于高速公路、水利工程等一系列的工程建设。近年来，把煤矸石作为公路路基填充材料是国外处理煤矸石废渣最主要的方式。煤矸石作为路基材料在公路上应用，既能代替土，节省土地资源，又能对存放的煤矸石废渣进行二次利用，并且具有非常大的环境效益、经济效益和社会效益。煤矸石在公路工程应用中需注意的问题如下。

（1）煤矸石中可能存在一些有机煤和软岩，这种性质的煤矸石需要放置在缺氧的条件下，否则会发生自燃现象，所以煤矸石存放的环境需要格外注意。在选取煤矸石作为路基材料时，要禁止选用含有大量有机煤和残留煤的。煤矸石作为公路路基材料，一定要预防其氧化和水化。

（2）煤矸石在有氧的环境下容易风化、软化，所以要采取一定的措施使其性能充分显现出来。煤矸石在压密方面非常重要，解决好这个问题是煤矸石作为路基材料可靠度的核心。由于煤矸石的性质，加入一些化学材料来增强其特性也是值得研究和讨论的。

（3）煤矸石作为路基材料时，想要使其可靠度比较高，需要进行一定的措施处理，比如风化、崩解和破坏等，在施工时要在路堤方面增加一些举措来提高路基的稳定性。积极寻求其他更加快速的解决方案，既能使工期变短，又能提高公路建设的质量。

（4）根据煤矸石的力学性质，煤矸石在颗粒组分上含有的粗粒土等，对提高路基稳定性有着重要作用。分析研究煤矸石有利于公路建设的其他特性，对于施工建设有着巨大帮助。

（5）煤矸石作为路基填充材料时，一定要把好质量关，对于不适合作为路基材料的产品一定不能使用，否则造成路基材料的不稳定性，最终将导致整个工程质量不合格。

6. 低碳防护栏杆材料

防护栏杆在公路建设时中是必须安装的，它可以降低交通事故发生率，也可以美化环境，起到装饰作用。新型防护栏杆主要采用PE、PP、玻璃钢、PVC等材料，而传统防护栏杆主要是混凝土护栏、铁制护栏和波纹钢护栏等。新型防护栏杆在特性上与传统防护栏杆相比，具有比较大的优点。传统材料吸能能力差、不能循环利用，并且造价与维修费用也不低，因此，积极寻找新材料是必由之路。

PE材料抗冲击能力比较好，还具有能量吸收特性；PP材料强度、硬度和刚度都比较高，耐冲击性、抗弯曲性非常高；玻璃钢材料具有质轻、高强、防腐、保温、绝缘、隔音等诸多优点，还具有吸能效果好、强度高等特点；PVC材料具有坚固耐用、工期短、成本低、使用期长、耐候性好、绿色环保等优点。其他材料方面，人们也在积极研究集抗冲击能力好、吸能特性好、强度高、硬度高、刚度好、使用期长、绿色环保等许多优良特性于一身的新型低碳材料。

二、公路施工期低碳施工工艺的应用管理

（一）高架桥建设工艺

山区的地形、地貌复杂。其中，地形复杂表现为地面高差大，变化频繁，横坡陡；地貌复杂表现为岩溶、滑坡、不稳定斜坡、崩塌、陡崖、煤气地层等不良地质，环境脆弱。由于人类对自然系统的过分开发利用活动，导致其敏感度高、忍耐力低，因此，生态系统容易受到人类活动的影响，导致其受

损和退化。

高架桥以“以桥代路”为新思路，对于以往公路建设的思路是一种超越和创新，在山区中具有特别大的优越性，能与山区中特殊的地形、地貌相结合，能够充分利用优势减少对生态自然环境的影响与破坏，使公路能与自然环境很好地融合到一起，在保护生态环境上收到很不错的效果。高架桥相对具有更高的可靠性，但施工过程比较复杂，费用也不菲，建设难度也比较大。

在地形、地貌较复杂的山区修建公路时，在施工平面方案基本确定的条件下，采用高架桥的施工方式，比其他施工方式对当地生态系统、路线协调程度上都有着较大的优势。

1. 高架桥在环境方面的优势

（1）取弃土场设置的影响。由于高架桥“以桥代路”的理念，所以对地表土方的需求要比高路堤的少，对取弃土场的影响很小，同时减少对原地面的扰动。

（2）对农作物影响。高架桥比高路堤的占地面积要小，同时对取弃土场设置要求也低。因此，高架桥对农作物的影响要比一般公路小。

（3）水环境的影响。高架桥取弃土较少，可防止土掉入河道、堵塞河道。同时对路面排水做特殊设计，即在硬路肩边缘设置拦水缘石，每隔一定距离通过路堤边坡上设置的泄水槽把水排到侧边沟，边沟水通过排水沟汇集到水池，进行净化后排放。这样也充分减少了对水环境的影响。

（4）噪声污染。高架桥一般是从高空穿过，而非和地面在一个平面上，所以某种程度上增大了与声源的距离，减小了噪声的分贝，即减小了噪声对人类及动植物的影响。

2. 高架桥在生态方面的优势

（1）对动植物栖息地的影响。高架桥相对高路堤占用耕地面积比较少，影响也较小。

（2）植被破坏。公路施工过程中合理规划施工便道、场地营地，严格规定影响范围和车辆行走路线，可有效防止对施工范围以外的植被造成破坏。这在气候干燥的生态条件特殊地区尤为重要。高架桥适合干燥条件的施工，同时产生的粉尘少。

（3）工程占地。由于高架桥只有桥墩接触地面，需要的土方量也小，因此，在占地方面相对高路堤有明显优势。

（4）水土流失影响。基于山区生态环境的高路堤与高架桥建设方案研究，在高路堤与高架桥方案的评价指标及其取值方面，由于高架桥的水土流失是轻度侵蚀，所以高架桥方案比高路堤方案更优。

采用高架桥建设代替高路堤建设方案，在技术上是可行的，费用上也是合理的。在山区开展公路建设时，能与周围环境相融合，对生态环境影响较小。对比高架桥和高路堤，高架桥能在更大程度上降低对生态环境的影响。公路建设中，挖方方面不可避免地会对生态环境造成破坏，高架桥在这一方面能很好地避免挖方面积过大造成比较严重的生态环境破坏。综合环境指标和生态方面，高架桥在山区高速公路建设中优势明显，因此，在公路建设过程中，采用高架桥是可行的。

（二）GP 生态截水沟

公路的排水一直是公路水环境保护的重点。在公路施工时，工程需要安置排水边沟，从而使雨水不到处乱流。一般在施工时采用矩形或梯形的浆砌片石结构，这样能够很好地满足公路排水的要求。但浆砌片石截水沟的边沟会对自然环境及周边环境造成二次伤害，同时会造成自然景观的破坏。根据已经通车的排水沟的设置经验，按照以往边坡汇水情况，可以设置断面形式不一样的浅碟形升天植草边沟，以此调整生态截水沟的边沟宽度，使其更符合公路排水的要求。浆砌片石截水沟的汇水量比较大，在施工时危险性比较大，需要通过一些措施来降低其危害性。建设中产生的污水将通过采用简单的工艺进行处理，将污水对周围居民的危害性降到最小，避免产生负面影响。

1. GP 生态截水沟的优点

（1）填土量大。GP 生态截水沟的多孔混凝土基盘的空隙率约为 30%，填土率可达其自身体积的 70%；而传统多孔混凝土的填土率最大为 40%，对种植的植物普遍存在供养不足的问题。填土量大的 GP 生态截水沟能为植物提供营养环境良好的生长环境，使草坪密植率增加。

（2）抗冲刷性能好。GP 生态截水沟内草坪的密植率增加，加上多孔混凝土基盘对植物根系的固定作用，草沟中植被的耐冲刷性显著提高，这使 GP 生态截水沟可用在坡度较大、径流速度较快的地方。

（3）降污效果突出。GP 生态截水沟综合草、土壤及多孔混凝土的沉淀、过滤、吸附和渗透作用，降污效果比传统植草沟好。

（4）二氧化碳排放量少。GP 生态截水沟在建植时施用低碳型水泥，并且用废弃混凝土和砖为骨料，其二氧化碳排放量比水泥沟的少。另外，GP 水沟内的植被在进行光合作用时，能吸收空气中的二氧化碳并释放氧气，起到改善空气中的二氧化碳和氧气的比例、减少空气中二氧化碳含量的作用。

（5）美化环境。GP 生态截水沟完全解决了浆砌片石截水沟不能绿化、不能与周围植物和自然环境融合的缺点，它不仅有绿化环境的效果，而且能与周围景色融为一体，具有优秀的景观效果。

2. GP 生态截水沟的理念与应用

GP 生态截水沟的独特设计使其清除的表土会随着水沟的铺砌回填到水沟中来，建成后的水沟将生长草本植物，可以和原始生态融为一体。在施工中，GP 生态截水沟不仅能排走从山体汇集的污水，而且将减少约 95%的可悬浮颗粒。GP 生态截水沟比水泥混凝土水沟节约水泥用量约 80%。

GP 生态截在运用中受到了诸多阻碍，比如地表径流流速不能超过5 m/s，纵坡不能大于 5%，但是其在国外得到广泛应用。我国截水沟技术发展起步比较晚，主要是在降污效果上进行深入研究，并且在一些地区被限制得很严格。这种 GP 生态截比较适合降雨量比较大的地区（如我国湖南、安徽等地），因为这些地方降雨量大，公路排水时压力比较大，需要及时将雨水及污水排除，所以 GP 生态截在这些地方应用会取得特别好的效果。我国虽然总土地面积很大，但是耕地面积比较少，人均耕地面积就更少了，因此，合理利用 GP 生态截，有利于节省土地资源。

3. GP 生态截水沟的养护与展望

公路建设完成，GP 生态截水沟开始运营后，需要设专人对其进行维护。要使 GP 生态截在运行中一直保持良好的效果，需要每隔一段时间对其进行一次修剪，从而使 GP 生态截的草保持适宜的高度和非常好的覆盖率，同时生态截需要按时维护和管理。GP 生态截水沟在运行时，容易堆积垃圾和沉淀物，很容易对水沟的正常使用造成影响，因此，一定要按时清除垃圾和沉积物，保持 GP 生态截水沟的运行状态良好。

为了响应国家建设环境友好型、资源节约型社会的号召，公路建设正在逐步抛弃以前高能耗、高排放、高污染的传统产品，改变低效率的传统降污模式，为此需要应用更多优秀的环保产品。GP 生态截水沟汇集降污、净水、固土、减排、绿化等多项优点，是一款科技含量高、适用范围广、使用性能优越的环保产品。基于该产品推出的一系列排水方案，有着优秀的环保效果、巨大的推广潜力，将成为未来公路排水和水处理的核心技术。

三、低碳公路施工建设的配套管理措施

“随着我国积极推进生态型社会的构建，我国各行各业也都在积极探索绿色发展理念。公路工程建设是我国基础设施建设非常重要的一环，在新的发展形势下，立足低碳理念，不断推进绿色公路建设，不但符合我国新时期经济社会发展的需要，也利于公路建设的转型升级。”① 低碳公路建设除了相应的低碳材料和低碳工艺的应用，还应有相应的管理措施与之配套，以健全低碳高速公路建设环境保护工作体系，使低碳高速公路建设能够更高效地实施，从而促进低碳公路建设工作的制度化、规范化、标准化，以指导和规范低碳公路建设工作的开展。

（一）低碳公路建设管理机构

对于施工废水、废渣及低碳材料施工管理工作，设专职管理人员。管理人员应由工作责任心强、有一定环保经验、经过专职培训的技术人员担任，建立健全施工垃圾管理体系，加强对垃圾处理处置工作的组织领导。建立以项目经理为组长、项目书记和总工为副组长的低碳材料应用与施工废水、废渣处理管理领导小组，项目其他领导和有关业务部门的负责人为小组成员。

低碳公路建设管理领导小组的主要职责是制订各施工过程中产生的废水、废渣处理处置规章制度，并监督执行，定期组织低碳公路建设大检查，及时发现和指出施工期间出现的材料应用与施工工艺、废物处理不妥善的问题，并迅速进行整改和完善，做好施工期低碳公路建设管理领导工作。

（二）低碳公路施工环境保护

公路建设过程中会产生大量的固体废弃物、生产废水和生活污水，而这些污染物中有一部分是可回收和利用的。例如，生产废水经沉淀处理后可用于降尘、喷洒绿地；固体废弃物中包含可堆肥的生活垃圾和可重复利用的无机垃圾（如废金属、废塑料、废玻璃、废纸等）。因此，应妥善处理废水、废渣，使其无害化，并尽量对其进行回收利用，使低碳理念贯穿于公路建设中。低碳公路建设期管理的重点是固体废弃物及废水的处理与利用等。

① 邢向达．低碳理念下绿色公路建设的探讨［J］．科学技术创新，2019（11）：127-128.

1. 施工固体废弃物的处理与利用

公路建设过程中产生的固体废弃物主要来自公路主体工程（包括路基工程、隧道工程、桥梁工程等）产生的废弃土石方、公路施工场地的建筑垃圾、征地拆迁产生的建筑垃圾和施工营地施工人员产生的生活垃圾等。

（1）生活垃圾的处理与利用。

①生活垃圾分类。生活垃圾一般可分为四类：可回收垃圾、厨余垃圾、有害垃圾和其他垃圾。从有利于固体废弃物后期处理与处置来分，生活垃圾大致可分为三类，即有机垃圾、无机垃圾、有害垃圾。有机垃圾主要包括剩菜剩饭、骨头、菜根菜叶、瓜果皮壳等食品类废弃物，这部分垃圾将用于垃圾的厌氧堆肥；无机垃圾主要包括废纸、废塑料、废金属、废玻璃、废织物等，无机垃圾绝大部分通过回收利用，可以减少污染，节省资源；有害垃圾主要包括废电池、废日光灯管、废水银温度计、废油漆、过期药品等，这些垃圾需要特殊安全处理。

因此，在生活营地需设置三种不同分类标志的密闭收集容器，用于收集上述三类生活垃圾。例如，蓝色垃圾桶是有机垃圾，绿色垃圾桶是无机垃圾，红色垃圾桶是有害垃圾。

②生活垃圾的收集与运输。垃圾收集容器在施工营地实际的布设位置和数量应根据实际情况来确定。各种废弃物回收箱应放置在公共环境中，要设置在易于查找、易于投放的位置，还应防风避雨，以防止回收箱被风吹倒，垃圾倾倒扬散或雨水进入回收箱混成污水流出，将对周围环境造成新的污染。

生活垃圾的清运应根据施工营地生活垃圾的实际产生量，定时定点清运，保持施工营地良好的生活环境和卫生状况。收集垃圾时，应做到密闭收集，防止二次污染环境，收集后应及时清理现场，并清洁收集容器。生活垃圾的运输应实现密闭化，防止生活垃圾暴露和散落，防止垃圾渗滤液滴漏，应淘汰敞开式运输方式。同时，根据公路建设项目沿线施工营地布设位置，掌握垃圾处理场地、废品回收站、危险废弃物处理场所的位置情况，优化各施工营地生活垃圾的收集和运输线路。

③生活垃圾处理方法。

首先，回收利用。施工营地分类收集的无机垃圾，绝大部分可以回收利用，因此应根据无机垃圾产生的量，定期清运，运送至附近的废品回收站。

其次，自然堆肥。自然好氧堆肥法（简称堆肥法）是指以好氧菌为主的微生物对垃圾中的有机废物进行吸收、氧化、分解的生化降解，使其转化为腐殖质的一种方法。堆肥施于农田或旱地，既可为作物生长提供所需的营养元素，又可起到改良土壤质地的作用。

再次，工艺流程。生活垃圾分类→收集和运输（将有机垃圾运往垃圾处理场）→堆垛第一次发酵（即发热阶段）→翻堆、破碎，进行第二次发酵（即高温阶段）→翻堆、破碎，进行第三次发酵（即降温阶段）→腐熟保肥阶段→堆肥产品。

最后，堆肥方法。厌氧堆肥是在无氧条件下腐熟而成，堆肥的温度不超过 50 ℃，腐熟时间较长，为 3～5 个月。堆积方法随季节等条件不同，有平地式、半坑式及地下式三种。

（2）弃土弃渣。对于这类固体废弃物，首先应充分利用，然后将剩余部分运至弃渣场并按照要求进行堆弃，同时采取相应环保措施。弃渣场使用结束后应充分利用垃圾堆肥进行生态恢复。

第一，主体工程间的弃渣利用。公路建设项目主体工程主要包含路基、路面、绿化工程等。在项目实施过程中，要对土石方用途及数量进行计算和预测，并且要考虑其他一些因素。所以，在研究试验阶段，应选择在建设过程中对工程有利的条件和方案，并且回收利用一些矿渣弃土。

第二，结合其他有关规划利用弃渣。公路快速发展，我国经济也在迅猛增长，土地资源越来越紧张，也慢慢呈现出很多问题。目前，全国多个地方都在指定一些方案和措施来对荒地和部分区域进行规划，逐渐减少耕地面积并加大城市建设土地面积，而在城市建设中，需要大量的土地资源。与此同时，公路项目在建设前，需要对工程周边的居民进行安置和搬迁，搬迁后的重建工作和其他一些问题需要得到解决。所以在弃渣过程中，可充分结合相关规划，就地取材，综合利用弃土弃渣，使之变废为宝。因此，合理利用土资源能够很好地给子孙后代创造更好的生活环境，并且对资源进行二次利用，实现低碳生活，走可持续发展道路，既能节约资源，又能实现经济价值。

第三，选择合适的弃渣场，进行生态恢复。由于公路建设项目产生的弃渣量较大，除去上述方面的利用，还会剩余大量的弃渣，因此，需要选择合适的弃渣场进行堆弃。弃渣场除了合理的选址及必要的排水工程和边坡防护工程外，待使用结束后，应进行植被恢复，使弃渣场与周围生态环境相协调。

2. 施工废水的处理与利用

公路施工过程中产生大量的施工生产废水和生活污水，主要含有悬浮物、石油类物质、有机物及氮磷化合物等污染物，若不采取有效的处理措施，将对公路沿线的地表水及地下水产生严重的影响。通过对施工期产生的生产废水和生活污水的合理处理与处置，不但可以消除污水对周围环境的影响，而且可以实现废水的再生利用，一举两得，为低碳公路建设添砖加瓦。

（1）施工期生产废水的处理与利用。公路施工生产废水主要包括隧道施工废水、桥梁施工废水及少量的路基工程施工废水和预制厂拌合站废水。路基工程、预制厂拌合站施工废水水量较小，可通过设置良好的排水管网进行集中收集，避免对公路沿线水环境造成影响；而隧道和桥梁施工废水对项目沿线水环境影响较大，主要污染因子均为石油类物质和悬浮物。混凝沉淀法对石油类物质去除效果并不理想，而沉淀池出水经过滤处理后，废水中石油类物质的去除率有明显上升。综合考虑公路建设线点多、环保技术人员缺乏、公路施工废水的来源及水质水量等特点，在实际工程中应采用“混凝沉淀＋砂滤”的处理工艺。

公路施工废水首先进入调节池，进行水量调节；然后进入搅拌池，按照时间顺序依次进行加药、机械搅拌混合；待搅拌充分后，进入混凝沉淀池，污水经混凝沉淀池处理后进入滤池；滤池底部铺设沙砾进行过滤，出水可用作道路施工用水、隧道内部的降尘洒水及厕所冲洗用水等。

（2）施工期生活污水的处理与利用。根据对施工营地生活污水水质水量进行调查，发现生活污水水量较小，污水中主要污染物指标为COD，NH_3-N，TN，TP。可采用“化粪池＋人工湿地”的处理工艺，该工艺出水水质较稳定，污染物去除率较高，处理工艺投资少且运行管理方便。

施工营地生活污水量经化粪池预处理后，废水中的固体颗粒物质、有机物物质及病原微生物的去除效果较好。对于人工湿地，可利用植物及微生物代谢，去除污水中的氮、磷等物质，该工艺出水水质较好，可用于周边区域的农田灌溉或植被绿化。

3. 施工人员做到低碳生活

“低碳生活”不再是一种理想，更是一种“爱护地球，从我做起”的生活方式。在公路建设过程中，施工人员和管理人员的低碳生活习惯对于低碳公路建设有着不容忽视的作用，从生活的点滴中体现公路建设的低碳理念。在节能工作方面，项目部办公室加强项目部日常管理，从小事做起，从我做起。除了重要资料和上报资料，内部资料尽量采用正反面用纸，提倡无纸化办公，做到节约纸张；提倡不开会、少开会、开短会，做到节约会务费用；规定人走灯灭、尽量少开或不开空调，不用漏水的水龙头，做到节约用电用水；合理安排公车出差，几人同车。项目部在狠抓落实上下功夫，做到“三明确”“三到位”，即明确指标、明确责任、明确任务，领导到位、宣传到位、措施到位。

第三节　绿色低碳公路建设实践分析

一、绿色低碳公路建设的基本理论

由于经济的飞速发展，人类赖以生存的自然环境日益受到各种侵害，衍生出众多民生问题。自然资源被大量耗费，人均可分配资源越来越少，许多领域的产出正是以高额的资源消耗为代价而换取的，资源短缺的问题已无法避免。因此，我们需要寻求一种新的社会发展方式：可持续发展—绿色经济—低碳经济。“现阶段中国绿色公路建设已初具规模，全国各省市因地制宜建设了一批景观公路、低碳公路、生态公路示范工程，绿色公路建设过程中采用诸多新理念、新技术、新工艺、新材料等创新实践。理念创新立足公路交通转型发展的迫切需要，强调节能减排、资源节约、服务提升、智慧高效在公路建设中的重要性。”①

（一）可持续发展理论

20世纪末，人类意识随着社会环境的变化而发生了极大变化，人们为了求得生存，为了获得更多、更大的经济收益，不惜以破坏生态环境来达到目的，因而导致生态环境遭到严重破坏。但为了子孙后代能够继续繁衍生息，能够在今后的道路上继续生存和发展，人们不断进行探索性思考，提出了一种新的社会发展思路，即如何才能够获得永久性发展、持续性发展，这一理论被称为可持续发展理论。可持续发展理论的提出，不仅对社会、对人类发展有着重大意义，更对国民经济发展起到重大的推进作用。

首先，可持续发展理论提高了人们的认识水平，多数人已意识到人类赖以生存的大自然的重要性，已懂得了保护大自然、节省自然资源消耗的意义，他们已决定改善人与自然的相互关系。因此，人类在开发自然资源之时必须

① 张正一，王朝辉，张廉，等．中国绿色公路建设与评估技术［J］．长安大学学报（自然科学版），2018，38（5）：76-86.

注重和保持生态平衡。

其次，从理论创新的角度来看，可持续发展改变了人们旧有的思维方式，那种落后的、不符合现代化发展的生产方式、生活理念将予以淘汰。人们通过大量消耗不可再生资源来促进经济发展，实现经济增长，这种生产方式实质上是一种不合理的方式，其所带来的结果是自然资源日益短缺、环境日益恶化、生态危机日益威胁着人们的生产生活。因此，要使社会发展能够更加和谐，就必须摒弃先破坏再治理这种不符合发展要求的做法。

最后，可持续发展理论改变了人类对自然环境的看法，建立了新的人与自然协调发展模式。传统的经济发展方式以大量消耗自然资源为代价，通常情况下，这种方式不会过多地注意到其对自然环境所造成的破坏程度。新的经济发展模式则较全面地考虑到这一问题，尽力避免在发展过程中造成环境损害、资源大量消耗，而是通过新技术、新工艺、新方式来提高资源的利用效率，减少自然负荷，保证生态与经济共同进步、协调发展。

公路建设是社会、经济发展中的重要环节，在实现我国经济的可持续发展、构建完善又现代化的绿色低碳公路、创建新型公路运输体系过程中，发挥了重要作用，是当前我国乃至全世界共同关注的重点。

（二）绿色经济理论

目前，绿色理念逐步在学术界引起高度关注。绿色经济通常被定义为人们在社会经济活动中通过正确处理人与自然、人与人之间的相互关系，高效、文明地实现对自然资源的永续性利用，合理开发，保护生态环境，是一种持续性生产方式或经济发展形态。

绿色经济这一概念自产生以来就受到学界的高度重视与高频关注，各国专家学者对绿色经济的内涵进行了相当全面和深入的探讨。绿色经济是以西方的“深绿色”思想为指导，以保护自然、节约资源为基础，以满足人类长久生存为目的的区域性自给自足的经济发展模式；绿色经济是可持续发展的扩充方式，是以资源循环利用、生态环境全面保护为特征的人与自然协调发展、平衡发展的现代经济模式；同时，绿色经济是以人的全面发展为目标，以生态承载能力为基础，实现全面改善自然环境、提高人们生活质量的一种高效率化的经济发展模式。绿色经济要获得良好发展，必须探明其基本特征，具体如下。

首先，绿色经济是持续型经济，其发展必须依附于生态平衡，要与生态发展维持一定的统一，社会经济的持续发展是以自然资源长久利用为基础的，生态变化、环境恶化必然造成经济衰退，也决定了经济发展的水平与方向。

其次，绿色经济的发展与其他类型的经济发展有一定的区别，这种发展与市场竞争同步、与生态竞争统一，是高度强调“持续发展”的经济。当前较多的投资者纷纷将如何发展绿色经济作为重点考虑的问题与研究的方向。

最后，绿色经济强调“效益”，强调经济、生态、社会发展的高度统一，更强调持续。发展经济一要瞻前顾后，二要遵循自然发展规律，三要以资源节约、环境保护、减少污染为准则。

随着可持续发展理论的日益成熟，其实践经过长时期的验证，特别是伴随着近年来全国乃至全世界物流行业的飞速发展，绿色运输业已成为全世界关注的焦点。

（三）低碳经济理论

低碳经济实质是通过技术进步与创新、产业结构优化和开发使用清洁（可再生）能源等措施，达到节约、循环和高效利用能源，优化能源结构和大幅度提高能源利用效率的目的，以实现社会经济的可持续发展。

1. 低碳经济的提出背景

随着人类对能源的开发和利用，人类社会逐渐从农业文明发展到现在的工业文明。但是，环境污染的后果已经不容人类忽视。由大气中二氧化碳浓度升高引起的全球气候变化及水污染、酸雨等，都被认为是人类破坏自然环境和不健康生产的严重后果。因此，要改变人们的生活方式及对能源的利用模式。在这样的发展情况下，人们开始倡导低碳生活，“低碳”“零碳”等一系列新概念逐渐出现，与之有关的一些新政策也逐渐落地。能源、经济及价值发生重大变化的后果可能会导致人们走上一条生态文明的新路径，即通过低碳的方式，实现经济的可持续发展。

面对全球变暖的巨大挑战，人们开始将目光聚焦在低碳经济上，这也是全球人们关注的热点。欧美发达国家积极推进“低碳革命”，研究“低碳技术”，将低碳排放放在发展的重点，国家也对产业和能源政策进行重大调整。可以说，“低碳经济”已在全球悄然展开。

2. 低碳经济的含义

低碳经济是一种新的经济发展模式，有以下三层深刻含义。

首先，低碳经济的参照物是高碳经济，两者之间的对比形成新的经济发展形式，其关键在于控制与降低单位能源消耗的碳强度。

其次，低碳经济是与新能源相适应的经济发展形式，其发展的关键在于实现在低碳排放下的高收益。

最后，低碳经济与人类高碳释放相对应，是一种健康的经济发展形式，其发展的关键在于不断提高人们对于碳本身及碳排放量所具有的危害的认识，扭转人们长期以来所形成的高碳消费偏好。

低碳经济的发展宗旨就是以最低能耗、最低污染、最低排放为基本理念，不断促进新型经济发展，最大限度地保护自然、社会、不可再生资源环境，形成合理、可持续发展的新局面。

3. 发展低碳经济的目的和意义

（1）发展低碳经济的目的。低碳经济的特点是发展低碳能源、研发低碳技术、构建低碳工业体系，旨在减少温室气体排放。这种低能耗、低污染的经济发展体系能让社会可持续、健康地发展下去。低碳能源体系是指通过发展风、电、地热、太阳能、生物质能、核电等清洁能源替代化石能源，减少二氧化碳排放。低碳技术的类型也有很多，如IGCC是一种清洁煤技术，CCS是一种捕获与封存二氧化碳的技术。低碳产业体系包括发展新能源汽车、进行工业节能减排、进行资源回收等。

低碳经济的出发点是计算碳源和碳足迹。二氧化碳的重要排放源中最主要的是火电排放碳源。在全球，汽车排放产生二氧化碳的问题越来越严重。在建筑二氧化碳的排放中，其二氧化碳的排放量占总量的27%，这一数据正随着建筑数量的增加而稳步上升。低碳经济的含义是通过社会活动来让低碳发展变成现实的经济模式。煤、石油都是高碳能源，通过降低大气中二氧化碳的浓度，达到减缓大气中二氧化碳浓度上升的目的，最终实现经济社会发展与生态环境保护的双赢。

（2）发展低碳经济的意义。生态资源低碳经济的可持续发展，有助于调整经济结构，促进提升能源利用效率及新兴产业发展，促进我国建设生态文明。这是摒弃传统发展模式后的一种切实可行之道，这种经济模式是人类社会的创新发展成果，有利于人类长远发展。低碳经济的本质是高效利用能源，有效发展清洁能源，形成绿色GDP，促进产业结构调整，以及发展体系创新，让经济模式发生根本性转变。低碳经济的发展背景是全球变暖，人类生存和发展面临着巨大的调整，由于全球人口的持续增长，经济的迅猛发展，雾霾、光化学烟雾和酸雨的风险都在威胁着人类的生存，同时周围碳浓度增加导致能源使用带来越来越多的环境问题，世界各国都需要积极应对调整，因而发展低碳经济是不争的事实。

（四）绿色低碳发展理论

绿色低碳公路是促进可持续交通运输的基础，将低碳理念与绿色交通结合在一起，提出建设绿色公路理念，实现人与自然、人与社会之间的和谐发展，实现社会和谐发展，实现可持续协调发展。

绿色低碳公路是以提高交通运输能源效率为第一要求，以高能效、低能耗、低污染、低排放为基础，以降低公路设施的高碳能源消耗为目的的公路。这是一种以人为本而建设的新型环保公路。建设此类公路，其主要目标在于减轻交通拥挤、降低环境污染、消耗最低成本、提供最大货物运输。

结合低碳公路、绿色交通、绿色物流等概念，可知绿色低碳公路建设是指公路建设要符合现代发展条件，以环境保护为总体要求，坚持公路建设与资源低消耗相结合，坚持可持续发展的宗旨，建设既符合现实要求又满足客观需要、能促进社会和谐、成倍提高运输效率的现代化公路。

根据公路建设与运输管理等相关理论，深入探讨影响绿色低碳公路建设的各种潜在因素，为现代公路建设提供参考。我国公路建设主要还是沿用传统方式，在建设时自然资源的使用较多，在运输途中能耗过大，对环境造成极大污染，既限制了绿色低碳理念的形成，又给经济可持续发展造成极大影响。

伴随着人们生活水平和经济能力的提高，特别是不断追求外出便利性，交通工具日益增加，公路事业蓬勃发展。公路在建设过程中和交付通车使用以后，所要消耗掉的自然资源较多，自然资源的过度消耗必然会对生态环境造成不同程度的破坏和影响。温室效应、光污染、高能源消耗、电磁污染、噪声等，均严重影响着人们的生活，并严重阻碍了社会经济建设与发展，致使“两型社会”建设的推进无法达到预期效果。因此，建设新型现代化公路、发展绿色低碳公路、形成绿色低碳环保理念，这是实现我国交通运输行业可持续发展的必经之路。

以下以生态理念为指导，从环境建设、资源节约和高效利用、社会和谐等多个角度对公路建设进行全面剖析，以包茂高速东胜段工程建设为例，研究绿色低碳公路建设状况，对促进我国和谐社会建设、优质公路建设有着极为重要的理论与实践意义。在道路改造过程中，将绿色、低碳、环保等理念渗透于整个施工过程，通过绿色低碳型公路建设与建成通车后的低碳排解、管理及维护，将该段打造成绿色低碳高速公路样板路和示范路段。

二、绿色低碳公路建设的指标体系——以包茂高速东胜段为例

绿色低碳公路建设中，各阶段有着不同的阶段性任务，要求根据建设所面临的问题与客观需求来设置相应的指标体系，并根据指标体系实施各项具体工作。

（一）绿色低碳公路建设的组织领导

包茂高速东胜段绿色低碳公路建设由于已具有建设基础，前期工作相应较少，即公路建设期的绿色低碳理念的渗透和公路建成通车运输后的绿色低碳排解与维护工作较少；重点在于后者，即如何维护、如何节能与减排。

第一，设置相关组织机构，其中公路建设项目总部是整个绿色低碳公路建设的指挥中心。指挥中心要设置于公路建设的现场，以充分发挥“引领、协调、监督、服务”职能，将绿色低碳的理念在公路建设现场得到全面体现，使各建设施工者都能够将其内化于心、贯穿于行。

第二，在项目建设过程中，各项技术要综合运用，特别是要将各种节能技术、减排技术、减碳技术、节能工艺和低碳装备等广泛应用。

第三，强化绿色低碳公路建设的组织领导，从上层建筑来狠抓公路建设的技术保障，依托路桥建设、资源环保、地理勘测等各种专业科学团队的精诚合作和先进设备、技术、人才的支撑，开展绿色低碳公路建设技术攻关，加强相关实施人员的培训及技术、管理等教育，力争使项目建设好、发展好。

第四，全面推进“绿色、循环、低碳”理念的形成，推进主题性项目的实施，实现“抗冻耐久、循环利用、低碳节能、资源节约、环境友好、景观优美”的绿色低碳公路建设目标。

（二）绿色低碳公路建设的参考规范

任何一个绿色低碳公路建设项目，在建设施工之前都要进行精心设计、科学规划，应按照建设“生态高速、人文高速、绿色低碳高速”的先进理念，应用现有高速公路绿化和减碳新技术、新工艺。包茂高速东胜段绿色低碳公路建设严格遵循以下相关指标。

第一，高度注重公路建设与运营过程中，低碳排放和环保节能等相关指标的优化，选用连续、均衡、稳定的平向指标与纵向指标，以提高公路行车安全性。

第二，路线设计是绿色低碳公路建设的关键，高度注意不同设计单元之间的衔接性及相互连接路段的技术指标选取。

第三，通过调整相邻路段的指标组合，实现改善公路运行过程中的速度差的问题，从而消除公路运营过程中可能存在的各种安全隐患，保障工程顺利建设与安全运营。

（三）绿色低碳公路建设时期的具体任务

1. 项目筹建设计阶段

环境保护工作相对于公路建设来讲，其主要任务是完成公路建设项目的环境影响评价报告，编制完成水土维护与保持的方案等。就包茂高速东胜段而言，进行绿色低碳公路建设实质上是在原有道路的基础上进行的绿色低碳提质改造，其路线走向早已确定，有关于水体保护、路基建设中的取土场选择等基本不需要过多考虑。但应该重点考虑以下问题。

第一，相关材料的处理与加工场所的设置。例如，沙石场所的设定，环保沥青在投入施工前进行特殊处理场所的选择，施工过程中供电供水站点设定，等等。

第二，项目施工的环境保护项目书的制订、宣传，以及相关工作人员的前期培训。

2. 项目施工阶段

在公路施工时，主要环保任务在于施工工人严格执行环境影响评价报告书中所提出的各项指标，并采取环保措施施工，防止或减小公路建设项目潜在的环境破坏因素，在这一过程中需要重点注意以下方面。

（1）实际施工中绿色低碳理念渗透。绿色低碳公路建设中，各个环节均应体现绿色低碳理念，并将预先设置的绿色低碳标准执行到位，强调全体管理、施工等相关人员的绿色低碳理念的执行与落实。

（2）严格执行各指标参数。绿色低碳公路建设项目的施工，必须按照预先设置的指标参数进行，并且应该严格执行，维持生态平衡，减少自然环境伤害。包茂高速东胜段绿色低碳公路工程建设虽然只是在原有路基上进行提质改造，但必要的山体开凿、隧道整修、线路便利线修整等依然必不可少，其施工后的裸露面也必须采取相关措施补救，及时加固或采取覆盖措施，防止水土流失和泥石流事故发生。在公路设计中采用的工程防护和植物防护措施要走在公路主体工程施工前，特别是要在当地雨季到来之前完成。

（3）建设施工的噪声处理。公路施工必然要用大型重型机械，也就必定会产生巨大的噪声，这将对周边居民造成严重困扰，尤其是夜间施工，噪声更加明显。因此，施工时务必安装有效的消声器以降低施工噪声。在施工现场 20 m 范围内如果有居民区或工厂区，则要合理安排施工时间，避免加夜班，尽可能将噪声大的作业安排在白天。如因赶工期必须加夜班，首先应该与当地政府或环保部门进行联系，并取得书面形式的许可文件后方可施工。

（4）减少大气污染。铺设路面用的沥青等混合料，应该采用集中的厂拌方式。拌合厂必须设置于距离居民区和敏感区 11 km 以外，以免造成空气污染。拌合机等各项设备在施工过程中均应配备除尘等附加设备，以最大限度地减少环境污染。

3. 项目营运维护阶段

公路建设完工后，当所有的施工工具撤出、公路进入营运阶段后，其主要环境问题与环保措施应从以下方面着手。

（1）运输噪声防治。根据环境影响评价报告书，运用噪声预测模式对公路沿线主要敏感区有可能发生的噪声干扰进行预测，如学校、乡镇集中地、居民区等。通常采用的是美国联邦公路管理局的交通噪声预测模式——FHWA。

（2）大气污染防控。绿色低碳公路建设，在中央分隔带上种植灌木丛、草皮，可起到挡尘、降噪、防眩及美化环境的作用。

（3）水环境影响控制。公路通车运营后，水环境处理主要在于路中服务区的位置。因此，服务区设置应尽量靠近城镇，使服务区制造出的污水尽可能排入当地城镇的污水管网中，以减少水环境污染，最大限度地降低污染。

（4）突发性交通事故中化学危险品泄漏的应急计划。公路营运过程中，有可能出现交通事故，运营单位及有关单位应联合成立应急事件领导小组，以备不时之需。加强公路运送管理，重在进出口检查，避免有毒、有害化学品车辆上路运行，或者对危险品运输做好详细记录，在公安局进行登记，给危险品做记号，而且对于此类物品的运输应合理安排时间，尽量避开车流量大的时段。一旦发生事故，应组织人员对车辆、设备、药物等及时控制，采取应急预案进行应急处理，尽量缩小事故影响面。

结束语

当前，我国的公路工程建设项目数量不断增多，为人们的出行提供了高效便捷的服务，推动了经济社会的发展。检测是加强公路施工期质量控制的有效措施，是质量控制的关键环节。

未来公路工程检测技术会更为先进、高效，进而保障公路工程的顺利实施，如随着各种质量检测新材料、新参数的增加，检测技术方法也愈发复杂。面对越来越复杂的检测技术与数据，提高检测效率是势在必行的。随着信息化技术的发展，未来公路工程检测管理系统也要实现一体化质量构架体系，进而实现信息共享、资源共享。

参考文献

[1] 陈明德．市政公路工程风险管理与应用［M］．上海：同济大学出版社，2015.

[2] 仇益梅．隧道工程喷射混凝土质量控制与检测［J］．混凝土，2011（7）：143-145.

[3] 方留杨，陈华斌，吴晓南，等．基于无人机三维建模技术的桥梁检测方法研究［J］．中外公路，2019，39（1）：109-113.

[4] 费月英，任小艳，武彦芳．基于“专业＋企业”的公路工程检测技术人才培养模式创新实践［J］．中国建材科技，2019，28（5）：14-16.

[5] 何向红，张信．公路工程检测专业人才培养模式研究与实践：以长江工程职业技术学院为例［J］．内蒙古教育（职教版），2015（11）：83-84.

[6] 贺拴海，赵祥模，马建，等．公路桥梁检测及评价技术综述［J］．中国公路学报，2017，30（11）：63-80.

[7] 黄震，张陈龙，傅鹤林，等．隧道检测设备的发展及未来展望［J］．公路交通科技，2021，38（2）：98-109.

[8] 蒋慧杰，吴慧博，夏立明，等．高速公路施工进度风险评价［J］．重庆大学学报（社会科学版），2012，18（2）：87-93.

[9] 刘红亚，蒋翠花，张永强，等．高速公路施工气象指数的建立［J］．气象，2001，27（5）：50-52.

[10] 罗廷赤．公路施工期空气环境影响研究［J］．公路，2013，58（2）：198-201.

[11] 石兆旭，李建斌，陈建勋．公路隧道工程质量交工验收检测及评定方法体系［J］．长安大学学报（自然科学版），2003，23（5）：46-48.

[12] 唐喜林，赵曙蔚．高速公路施工管理过程中的优化问题探讨［J］．科技进步与对策，2002，19（5）：118-119.

[13] 陶西贵，李少红，张凡．隧道工程渗漏水检测与治理［J］．施工技术，2007，36（3）：51-53.

[14] 吴建奇，郑晓，张婷婷．桥梁检测中的静载试验研究［J］．铁道建筑，2011（2）：42-44.

[15] 谢海花，马晓飞，赵月平，等．基于回归预测的公路施工扬尘扩散预测［J］．公路，2021，66（5）：89-92.

[16] 杨健，张毅，陈建勋．地质雷达在隧道工程质量检测中的应用［J］．公路，2001（3）：62-65.

[17] 张建边．公路工程［M］．北京：中国铁道出版社，2012.

[18] 余晓琛．湖南绿色低碳公路建设研究：以京港澳高速岳阳段为例［D］．长沙：湖南农业大学，2017.

[19] 张帆，林涛．公路施工的安全管理模式研究［J］．中外公路，2010，30（5）：332-335.

[20] 赵洪波．基桩完整性检测技术在吉林省公路工程中的应用研究［D］．长春：吉林大学，2013.

[21] 赵全胜，齐越，李增壮．桥梁检测和加固技术研究［J］．建筑技术，2015，46（S2）：392-397.

[22] 郑俊杰，梁艳，资谊．既有隧道改建工程防渗检测技术研究［J］．铁道科学与工程学报，2006，3（1）：83-86.

[23] 周用安，万智，陈晓辉．桥梁检测机器人系统及应用［J］．公路工程，2017，42（3）：145-150.

[24] 周玉超．高速公路低碳建设期研究［D］．西安：长安大学，2012.

[25] 朱海城．地质雷达检测技术在寒冷地区客运专线隧道工程中的应用［J］．铁道建筑，2012（6）：86-88.